D1134463

HISTOIRE INCONNUE
DES HOMMES

Robert Charroux

HISTOIRE INCONNUE
DES HOMMES
depuis cent mille ans

FRANCE LOISIRS
123, boulevard de Grenelle, Paris

Édition du Club France Loisirs, Paris,
réalisée avec l'autorisation des éditions Robert Laffont

© Robert Laffont, Paris 1963

ISBN 2-7242-8325-2

CE LIVRE EST DÉDIÉ

Au premier homme qui, venant d'une planète, assolit jadis sur la Terre...

À l'Homme de Tiahuanaco qui s'appelait aussi Prométhée et Lucifer...

Au Poitevin qui grava les dalles de Lussac-les-Châteaux...

Au Glozelien écrivain du Message de Glozel...

Et au premier homme de nos temps qui, s'évadant de la Terre, assolira vivant sur une autre planète.

À *Garcia Beltran,*
À *Philippe Bernert,*
À *Charles Carrega,*
À *Gérard Heym.*

Sans les révélations de la Puerta del Sol, de la Bibliothèque Préhistorique de Lussac-les-Châteaux, et de Glozel, Histoire inconnue des Hommes *aurait manqué d'éléments essentiels.*

Sans mes amis Garcia Beltran, Philippe Bernert, Charles Carrega et Gérard Heym qui m'ont apporté une excellente documentation et leurs encouragements, mes efforts auraient été vains.

Je les remercie de leur précieuse collaboration et je remercie aussi, pour des raisons identiques, d'autres amis qui doivent avoir leurs noms ici : Roger Delorme, l'ingénieur Émile Drouet, Jean-Albert Foëx, le docteur André Guillard, Serge Hutin, le docteur Marcel Lapipe (in memoriam), W. Losensky-Philet, en les priant de me pardonner si mes vues sur certains sujets, et notamment en préhistoire, heurtent quelque peu leurs sentiments personnels.

R. C.

AVANT-PROPOS

Des secrets, qui auraient pu précipiter l'évolution de l'humanité, ont été tenus cachés pendant des millénaires, dans la crainte que leur révélation ne provoquât un cataclysme.

Ces secrets étaient détenus par des hommes de grande sagesse, dans des sanctuaires dont personne — ou presque — ne connaissait la destination véritable.

Pendant dix mille ans, cent mille ans ou davantage, les Livres du Secret dormirent d'un sommeil immense et rassurant.

Il était nécessaire pour le bonheur de l'humanité que nul ne pût les lire.

Histoire inconnue des Hommes, en s'appuyant sur des documents et des découvertes, va solliciter la révélation d'un passé dont les hommes n'ont plus la souvenance.

Nous n'avons pas l'ambition de substituer à l'histoire des quatre millénaires connus une autre relation des faits, mais de révéler, sous forme de reportage, l'essentiel des phénomènes inexplicables qui ont été observés autrefois.

Nous en avons les preuves : des fusées sidérales ont sillonné le ciel, il y a des millions d'années ; des bombes atomiques ont détruit une ou plusieurs civilisations ; des extraterrestres ont laissé le témoignage de leur passage sur plusieurs points du globe ; Moïse connaissait le rayon de la mort et les explosifs ; Salomon utilisa les parafoudres ; un homme s'éclairait à l'électricité sous Saint Louis ; un avion vola sous Jean V de Portugal ; des sociétés secrètes ont forgé le destin des hommes.

11

D'autres conjurations travaillent dans l'ombre à leur avènement.

Il y a cinquante ans, les alchimistes taisaient le secret de la fabrication de l'or : aujourd'hui, les physiciens fabriquent des puddings de diamants dans les terres atomisées du Nevada et de l'or de transmutation dans les fours nucléaires d'URSS.

Depuis 1940, une nouvelle ère est commencée, avec une nouvelle science thaumaturgique et un Dieu nouveau que traquent déjà les microscopes dans l'infiniment petit et les fusées spatiales dans l'infiniment grand. Ce qui paraissait vrai pour les hommes de 1939, se révèle désormais contestable ou dépassé.

Les hommes sont de moins en moins fixés sur les événements de la genèse, sur la définition de l'homo sapiens ; la notion de Temps s'étire et se contracte sans jamais se limiter.

La science et les spéculations philosophiques interfèrent de plus en plus dans un univers qui devient démentiel. Une seule certitude en ce délire : avec leurs règles fausses et leurs compas truqués, les savants ont trouvé le feu infernal !

Désormais, la science des hommes atteint le volume critique et menace de les replonger dans le cataclysme qu'ont connu leurs aïeux.

Les temps sont arrivés.

Il n'y a plus de nécessité de secret. Tout peut être dit !

Avant la grande peur de l'an deux mille, le Pape « trahit » des secrets de la Bibliothèque Vaticane ; le sultan du Maroc autorise l'accès aux Livres Sacrés de Fez ; les Gitans affirment que l'heure de vérité a sonné ; les quipocamayos *incas traduisent le langage de leurs mystérieuses cordelettes ; les Bibliothèques Secrètes s'ouvrent ; les Alchimistes éteignent leurs athanors et des Inconnus supérieurs entament avec les savants une lutte dont la survie du globe est l'enjeu.*

Alors, jaillit des temps obscurs un message pathétique.

Histoire inconnue des Hommes, *reliant le passé inconnu au présent fantastique, se propose d'expliquer ce message et d'ouvrir certaines portes interdites, ces portes qui défendent des trésors cachés depuis des millénaires par des ancêtres dont nous ignorions jusqu'à l'existence.*

1

Découvertes

Les connaissances humaines, celles même qui paraissaient hier les plus évidentes, se révèlent aujourd'hui douteuses. Elles sont souvent bouleversées par les savants, qui proclament faux l'univers et périmées certaines lois.

Fausses, la physique, la chimie, la philosophie, les mathématiques. La ligne droite a cessé d'être le plus court chemin d'un point à un autre, le *postulatum* d'Euclide [1] est dépassé, la table de multiplication et même la rotondité de la Terre [2] ont été réputées inexactes.

La préhistoire est un tissu d'erreurs. L'homme ne descend pas du singe. Les ères géologiques ne sont que des hypothèses de travail.

La pesanteur est désormais battue en brèche par l'agravitation. Le temps, l'espace, l'atome échappent à notre mesure. La science tout entière n'est peut-être qu'une réinvention de découvertes déjà faites il y a des milliers d'années, par des ancêtres qui n'avaient rien de commun avec les hommes des cavernes.

---

1. Depuis 1962, dans les écoles de Belgique, on apprend aux élèves « les réalités des mathématiques plutôt que de les fourvoyer dans les postulats d'Euclide devenus insuffisants, et de réserver comme on le faisait jadis, aux seuls étudiants des Facultés, l'enseignement de la vraie science ».

2. Les photos prises par plusieurs fusées Discoverer américaines donnent une image inattendue de la Terre : elle est en forme de poire renflée à l'équateur, moins renflée au pôle Nord, en renflement pointu vers le pôle Sud. Les anomalies orbitales de Vanguard I avaient déjà donné des indications en ce sens.

Attention au feu

Tout nous incite à explorer le passé fantastique qui veut resurgir à l'heure où les savants atomistes nous conduisent à l'arène pour la « Hora de verdad », l'Heure de Vérité.

Les révélations jaillissent dans le monde entier, au hasard de découvertes providentielles, en Amérique, en France, en Asie, si miraculeuses qu'elles paraissent incroyables et nous obligent à réexaminer ce qui nous touche le plus : la genèse et le destin de l'homme.

La thèse que nous présentons peut se résumer ainsi : une civilisation très ancienne a précédé la nôtre. Cette civilisation, après avoir connu la radio, la télévision, la fusée sidérale, la bombe H, a disparu dans une catastrophe atomique.

Avant de mourir, sachant que des survivants, que des rescapés, après un long et pénible cheminement, continueraient l'aventure humaine, nos ancêtres ont légué un message destiné à préserver les générations futures de leur funeste expérience : attention à la science. Attention au feu.

Il est impossible que cette mise en garde ne soit pas l'expression de la vérité.

À l'heure où l'homme va chercher l'aventure vers les planètes du Cosmos, à l'heure où se fabriquent les armes qui peuvent anéantir la vie terrestre, il est important, il est indispensable d'étudier la signification profonde de ce message.

La Bible nous apporte, dès les premières lignes, des révélations sur la genèse :

— évolution de la Terre selon les strictes données de la géologie moderne ;

— l'homme a déchu pour avoir connu la science.

Comment peut-on expliquer que mille ans avant le Christ des hommes aient pu connaître le processus des ères géologiques et de la création de la nature, des minéraux aux plantes, et des plantes aux animaux ?

Et comment ces hommes auraient-ils pu savoir que Science veut dire péril de mort, ce qui ne fait plus de doute pour nous ?

Les textes disent : ces connaissances ont été révélées par Dieu.

Pour ceux qui croient en un Dieu qui parle, tonne, récompense et punit, l'explication est suffisante.

Pour les autres, pour ceux qui conçoivent un Dieu plus universel et pour ceux qui ne conçoivent rien, il faut une explication rationnelle, acceptable pour l'électricien qui a succédé au fabricant de bougies, pour l'électronicien qui descend de l'antique horloger, pour le cosmonaute, qui a pris la succession du chevalier errant.

Alors, une question se pose : qui a révélé ces secrets ?

Si ce n'est Dieu, il s'agit d'un Initiateur ou d'une expérience collective.

Inconnus, lointains des hommes dont nous ne soupçonnions même pas l'existence nous indiquent le chemin qui évite le précipice. Les morts protègent les vivants.

La Bible n'est pas le seul livre : les Avestas, les Vedas, la plupart des textes sacrés et les légendes traditionnelles abondent aussi en messages incompris qui semblent attester l'existence, il y a des milliers ou des millions d'années, de civilisations humaines, terrestres ou extraterrestres, qui avaient acquis une science technique et des pouvoirs qu'il nous reste à égaler.

Les témoignages — constructions architecturales, monuments, livres — n'ont pu résister au temps, mais les hommes se sont ingéniés à en assurer la survie, restaurant ce qui menaçait ruine, remettant ici une pierre, là un lambeau de phrase illisible.

Une grande partie du legs s'est effritée. Ce qui subsiste a souvent perdu son caractère originel, son sens de message et souvent aussi l'humanité paresseuse s'effarouche et refuse d'admettre une vérité surprenante.

Pourtant cette vérité jaillit pour notre sauvegarde, et pour prouver l'authenticité des civilisations disparues.

Certains savants n'avancent plus l'existence de ces civilisations comme une hypothèse, mais comme une certitude. Nous avons établi le répertoire des preuves, indices, décou-

15

vertes et connaissances qui appuient cette nouvelle vision de l'histoire humaine.

Par témérité ou par aventure, nous sombrerons peut-être dans l'erreur. On ne peut pas franchir d'un seul pas la route vertigineuse qui, par-delà nos connaissances, nos aïeux, par-delà les Gaulois, les Grecs, les peuples de Sumer, les Égyptiens et les hommes de Cro-Magnon, remonte vers les civilisations que nous devons connaître, car, sans le savoir, nous avons recueilli leur héritage.

Il faut avancer d'un pas, d'abord, d'un petit pas.

Les paratonnerres de Salomon

Il y a près de deux siècles, Benjamin Franklin inventait le paratonnerre. C'est une vérité admise.

Pourtant, il est absolument certain, et rapporté par les anciens chroniqueurs, que le Temple de Salomon, il y a trois millénaires, comportait vingt-quatre paratonnerres.

Ce temple ne fut jamais frappé par la foudre et le physicien François Arago, au XVIIIe siècle, a donné l'explication de ce privilège :

Le toit du Temple, construit à l'italienne et lambrissé en bois de cèdre recouvert d'une dorure épaisse, était garni d'un bout à l'autre de longues lames de fer ou d'acier pointues et dorées.

Au dire de Josèphe, l'architecte destinait ces nombreuses pointes (au nombre de vingt-quatre) à empêcher les oiseaux de se placer sur le toit et d'y laisser tomber leur fiente.

Les faces du monument étaient aussi recouvertes, dans leur étendue, de bois fortement doré.

Enfin, sous le parvis du Temple, existaient des citernes dans lesquelles l'eau se rendait par des tuyaux métalliques.

Nous trouvons ici, et les tiges des paratonnerres et une telle abondance de conducteurs, que Lichtenberg avait raison d'assurer que la dixième partie des appareils de nos jours est loin d'offrir dans la construction une réunion de circonstances aussi satisfaisantes.

16

Définitivement, le Temple de Jérusalem, resté intact pendant plus de mille ans, peut être cité comme la preuve la plus manifeste de l'efficacité des paratonnerres[1].

Comment Salomon et son architecte avaient-ils eu connaissance du paratonnerre ? Et pourquoi n'ont-ils pas légué leur secret ?

Voilà les questions que nous demandons aux hommes du XXe siècle de se poser sans parti pris, s'ils veulent honnêtement avancer sur le chemin de la vérité.

Une très vieille bibliothèque

Avançons d'un autre pas.

Août 1937 : dans la pénombre d'une grotte, deux archéologues fouillent la terre compacte, de couleur ocre, que quinze mille, vingt mille ans peut-être ont tassée sur la roche.

Un des hommes, une sorte de géant, examine à travers ses grosses lunettes une pierre à peine plus grande que la main.

— Je veux voir ça au jour ! dit-il.

À l'entrée de la grotte, le soleil de l'après-midi miroite sur des déblais de silex. L'homme se penche sur la pierre, l'essuie plusieurs fois avec soin et la fait miroiter dans la lumière.

— Nom de Dieu !

---

1. Numa Pompilius, second roi de Rome, savait provoquer à son gré le feu de Jupiter (foudre) et apprit à son successeur Tullus Hostilius le secret de son pouvoir. Mais Tullus Hostilius, moins savant sans doute, ne profita pas de l'enseignement. Selon Tite-Live et Denys, il commit un jour — en 630 av. J.-C. — une erreur de manipulation (mauvais isolement, pense-t-on) et périt foudroyé au cours d'une fête religieuse. Ce qui tendrait à prouver que Salomon n'avait pas eu tort de tenir la science hors de portée du profane. Au VIe siècle avant notre ère, Porsenna, roi d'Étrurie, connaissait le secret de Numa et s'en servit pour foudroyer un animal monstrueux (appelé *Volt*, curieuse coïncidence) qui semait la terreur dans le royaume. L'historien et médecin grec Ctésias, au IVe siècle av. J.-C., apprit au cours de ses voyages en Perse et en Égypte une sorte de secret magique qui paraît être la déformation d'une connaissance scientifique. Ctésias possédait deux épées « miraculeuses » qui, fichées en terre, la pointe en haut, écartaient les nuées, la grêle et les orages.

Le juron inhabituel, insolite, est à peine sorti de sa bouche que l'homme interpelle son compagnon.

— Hé, Péricard ! Venez voir ce qu'il y a sur vos pierres !

Léon Péricard, un paisible bourgeois de Lussac-les-Châteaux (Vienne), s'approche et de sa seule main (un bras perdu à Verdun en 14-18) saisit le galet de calcaire.

— On dirait des graffiti... Vous ne pensez tout de même pas ?...

— Si, réplique le géant, M. Stéphane Lwoff, si, je pense... je suis certain que vos pierres, celle-ci et peut-être tout le tas, à gauche dans la caverne, ont été gravées par les hommes préhistoriques.

Léon Péricard n'en est encore qu'à ses premiers étonnements. Le soir même, après un rapide examen qui a confirmé — et au-delà — que tout le monceau de galets recelait des centaines de dessins, souvent enchevêtrés, Stéphane Lwoff était le premier à formuler cette assertion, preuves en main :

— C'est extraordinaire : sur ces pierres gravées il y a quinze mille ans, les hommes, les femmes, les enfants sont habillés comme nous. Ils ont des vestes, des culottes, portent chaussures et chapeau.

Cette découverte [1] qui balayait tout ce que la préhistoire classique avait admis jusque-là était authentifiée par l'abbé Breuil en 1938. Actuellement, quelques-unes des précieuses pierres de Lussac font l'orgueil d'une grande vitrine au premier étage du Musée de l'Homme [2]. C'était une certitude nouvelle : les hommes du Magdalénien, les Poitevins de l'an — 15 000 s'habillaient, à peu de chose près, comme nous nous habillons aujourd'hui.

D'autre part, ces Poitevins habitaient certainement des cités à rues et à maisons en pierre et torchis, avec artisans, tailleurs, maçons, menuisiers, coiffeurs, décorateurs.

---

1. Bulletin de la Société Préhistorique de France, Livre 1957, n° 10.
2. 1ᵉʳ étage, salle de la Préhistoire. Toutes les pierres ne sont pas exposées, mais seulement les plus anodines... celles qui ne bousculent pas trop les théories classiques.

Avec les galets gravés de Lussac-les-Châteaux, la préhistoire prenait un autre visage, un autre sens, le passé sortait des ténèbres et nos ancêtres dépouillaient la gangue grossière dont on les affublait volontiers jusque-là.

Les cartes de Piri Réis

Un pas encore, torche en main, dans la grande nuit :

Juillet 1957 : On trouve, au palais Topkapi à Istanbul, des cartes anciennes qui ont appartenu au capitan turc Piri Réis, qui, après avoir été corsaire, commandait la flotte ottomane en 1550.

De Piri Réis, on connaissait les deux atlas Bahriyé conservés à la Bibliothèque de Berlin, qui donnent des relevés étonnamment exacts de la mer Rouge et de l'archipel méditerranéen, mais les cartes de Topkapi devaient se révéler beaucoup plus extraordinaires, quand l'ingénieur américain Arlington H. Mallery les examina.

Ces cartes, d'après Mallery qui, à vrai dire, doit être cru sur parole, donnent les contours très précis de l'Afrique occidentale et des Amériques du Sud et du Centre. En notes marginales, Piri Réis lui-même avait écrit ces explications :

Ces cartes ont été dressées selon les données de vingt chartes, des portulans de quatre Portugais qui montrent le Sind, le Hind et la Chine, et d'une carte dessinée par Christophe Colomb.

Elles sont aussi justes pour la navigation sur les Sept Mers que les cartes de nos pays [1].

Cependant, à côté de détails étrangement exacts, les documents comportent aussi des aberrations déconcertantes, comme si l'on avait voulu en brouiller la lecture.

---

1. Les cartes de Piri Réis — de même que les piles de Bagdad — constituent une des plus grandes énigmes de la primhistoire. En l'absence d'expertise officielle que refuse Mallery, on peut contester l'authenticité des documents. Toutefois, en ce qui concerne les cartes, il faut tenir compte de l'interprétation personnelle de H. Mallery et du fait que le contrôle de la Task Force ne fut peut-être pas aussi positif qu'on le dit.

En effet, pour lire correctement les cartes, il fallait une grille, dont Piri s'était servi mais qu'il avait détruite avant d'être mis à mort par ordre du sultan Soliman II, pour avoir levé le siège de Gibraltar moyennant une forte somme.

Avec l'aide de M. Walters, du Bureau d'Hydrographie de l'US Navy, M. Mallery entreprit le déchiffrement du document et reconstitua la grille, qui permit alors une étonnante découverte : les cartes reproduiraient le relevé exact des côtes de l'Amérique du Nord, de l'Amérique du Sud et de l'Antarctique ; et non seulement les contours, mais aussi la topographie de l'intérieur des terres : profils de chaînes montagneuses, vallées, plateaux et pics.

On ne devait pas en rester là : le document indiquerait, par exemple, en Antarctique, des chaînes de montagnes qui ne furent découvertes qu'en 1952. Et il en donnait l'altitude exacte.

En revanche, le Groenland était relevé sous forme de trois îles.

Des contrôles rigoureux par la Task Force 43 américaine, déléguée pour l'Année Géophysique Internationale, et par l'explorateur Paul-Émile Victor, des sondages sismographiques, réalisés avec les appareils les plus modernes de la science du XXᵉ siècle, confirmeraient les données des cartes : plateaux, monts, pics étaient placés aux bons endroits et le Groenland était bien assis sur trois grandes îles distinctes.

Plusieurs mystères resteraient à élucider :

— où Piri Réis, qui n'avait pas quitté la Méditerranée et les côtes d'Afrique, aurait-il puisé des renseignements et trouvé les fameuses chartes dont il parle ?

— pourquoi transmit-il les documents sous forme de message secret ?

— de quelle époque datent les relevés géographiques et topographiques ?

— comment et par qui furent-ils effectués ?

Une étude approfondie a donné des réponses à ces quatre points [1] :

— Piri Réis avait compilé huit chartes grecques très anciennes, transmises depuis l'époque d'Alexandre le Grand, par conséquent vieilles de treize siècles au moins. Résidant en Égypte, il avait probablement eu accès aux archives secrètes des prêtres égyptiens et musulmans ;

— la transmission du secret lui avait été faite sous condition ; ou bien Piri Réis, encore qu'il ne fût pas initié, avait compris que la divulgation serait dangereuse.

Peut-être même paya-t-il de sa vie la possession de ces cartes (l'affaire de Gibraltar n'étant qu'un prétexte).

Le sultan Soliman II était un prince très érudit, particulièrement en histoire et en science, et Soliman, en turc, signifie Salomon. (L'initié aurait fait supprimer le profane dangereusement instruit [2].)

MM. Mallery, Walters et le Pr. Daniel Lineham, directeur de l'Observatoire de Weston aux USA et chef des services sismologiques de l'Année Géophysique, estiment que les relevés datent de 5 000 ans au moins av. J.-C.

Plus précis, les glaciologues, déterminant qu'ils ont été dressés avant la dernière période glaciaire, assurent que les données des cartes sont vieilles de plus de 10 000 ans. C'est aussi ce que prouveraient les différences de profil des côtes, déterminées par le processus d'érosion.

Quant aux moyens techniques qui permirent les relevés et plus particulièrement ceux des chaînes de montagnes, ils ne peuvent avoir été qu'aériens. Arlington H. Mallery observe avec une certaine malice :

— Les géographes anciens devaient opérer en avion !

Au Département Hydrographique de l'US Navy, on remarque aussi :

— Les Anciens passent pour ne pas avoir connu l'aviation, pourtant il s'agit bien là de relevés aériens.

---

1. *Science et Vie*, sept. 1960, n° 516.
2. Des pythagoriciens furent tués par des membres de leur Société pour avoir trahi un secret de mathématiques.

L'historien Georges Ketman, qui étudia ce problème, conclut ainsi :

— On se trouve forcé d'invoquer certaines énigmes scientifiques qui permettent d'imaginer que des civilisations développées existaient sur Terre, il y a plusieurs milliers d'années. Existaient, ou du moins étaient en contact avec la Terre...

Le mystère de la Porte du Soleil

Novembre 1961 : un archéologue curieux pénètre dans le hall du Musée de l'Homme, place du Trocadéro à Paris. Il monte au premier étage, admire, en passant, la vitrine de Lussac-les-Châteaux, celle de Montignac-Lascaux et, traversant la salle de la Colombie, gravit un escalier de marbre.

Sur les hauts murs fleurissent des bas-reliefs, moulages de sculptures précolombiennes, rosaces mayas, aztèques, incas.

En haut de l'escalier monumental, une masse sombre. L'homme s'arrête et savoure la minute qui précède la découverte.

Il prend dans sa poche un agrandissement photographique représentant des personnages presque caricaturaux, hautement stylisés, qui ont cette particularité d'être comme habités par des machines compliquées, des engins aux savantes courbes, aux articulations précises.

À première vue, ces engins peuvent évoquer des sortes de scaphandres stratosphériques munis de moteurs à réaction ou à propulsion, des engins, des moteurs comme les hommes en inventeront sans doute en l'an deux mille.

La masse sombre qui a arrêté l'homme est un monolithe percé d'une porte, avec un fronton et une frise à trois rangées. Ce monolithe a un nom : la « Porte du Soleil » — *Puerta del Sol* — de Tiahuanaco (Bolivie). Il n'a pas d'âge. Aucun témoin, d'aucune époque, n'a vu la ville de Tiahuanaco, dans la cordillère des Andes, autrement qu'en ruine.

L'homme à la photographie compare les engins de sa photo avec la frise de pierre. Il est impossible, a priori, que ces engins, que ces scaphandres stratosphériques puissent figurer sur le monolithe.

L'homme s'approche. Il lève les yeux.

Là, en face de lui, à portée de sa main, les mystérieuses gravures de pierre — un moulage, bien sûr, mais qui reproduit exactement l'original — sont identiques à celles de la photo.

Ainsi, nos ancêtres du Poitou s'habillaient comme nous, de vestes et de pantalons, mais, vers la même époque, d'autres ancêtres, en Amérique, avaient inventé des vaisseaux spatiaux supérieurs aux Spoutnik, aux Discoverer et aux fusées Apollo.

De cela on possédait les preuves !

Que savaient donc, au juste, les hommes en toutes choses ?

Et que signifiaient nos inventions, nos découvertes, notre science, si de lointains ancêtres dont le souvenir était perdu dans la nuit des temps nous avaient précédés dans la découverte et avaient peut-être vécu des civilisations aussi ou plus avancées que la nôtre ?

Pourtant, les preuves aveuglantes paraissaient ignorées des hommes, comme si nul n'avait scruté les textes de pierre !

Impossible !

Quelques-uns, les plus sagaces, les plus initiés, avaient dû comprendre, traduire. Mais ils n'avaient pas parlé !

Et de là découlait une conclusion évidente : il existait une Société de Mystère, une Conjuration d'initiés qui, sans doute, avaient mission de cacher aux humains l'aventure prodigieuse de leurs ancêtres.

Depuis ces ancêtres, à travers les hommes du silex, les Égyptiens, les Grecs, les Gaulois, les hommes du Moyen Âge, une connaissance supérieure avait été transmise sans jamais être déflorée du moins pour l'essentiel : le dangereux !

Cette conjuration existerait depuis six mille ans au moins, distillant aux hommes le savoir scientifique qu'ils peuvent assimiler sans danger, mais cachant celui dont la divulgation serait périlleuse.

Les conjurés comptaient dans leurs rangs les chefs de Synarchies égyptiennes, juives, indiennes, musulmanes, chrétiennes ; des pontifes religieux d'Europe, d'Asie et d'Afrique ; certains chamans mongols ou de l'Amérique centrale ; des moines occidentaux.

La tradition, les messages se transmettaient oralement, mais des transcriptions existent cependant [1] à la bibliothèque Vaticane, dans les bibliothèques des imans initiés du Maghreb et du Moyen-Orient, dans les musées où sont conservées les tablettes de Babylone (tablettes que l'on ne veut pas traduire), sûrement à Tiahuanaco en Bolivie, au Musée de l'Homme à Paris, à Istanbul et à Pékin.

Depuis 6 000 ans au moins, des hommes savent quelque chose qu'ils ont mission de taire.

Et depuis 6 000 ans des hommes qui ne savent pas essaient, parallèlement, d'inventer, de créer, de faire avancer la science et la civilisation.

Bien qu'il n'y ait pas d'antagonisme entre les conjurés et les chercheurs, les conjurés freineraient l'évolution. Aujourd'hui, ils gardent peut-être encore la clef qui ouvre le sanctuaire interdit, mais les savants sont près d'avoir réinventé tout ce que contient le sanctuaire, peut-être même davantage.

Par un renversement des rôles, ces chercheurs, à leur tour, préparent une conjuration nouvelle. L'humanité indifférente — à de rares exceptions près — ignore tout de cette guerre secrète qui se déroule dans l'ombre avec, comme enjeu, l'avenir de l'humanité, la suprématie.

---

1. Les transcriptions les plus connues sont la Bible et le Talmud. Le premier livre du Pentateuque en particulier (Création du Monde), que l'on doit à Moïse, révèle un secret scientifique exprimé à la mesure de la compréhension antique mais qui dépasse les connaissances modernes.

Une nouvelle ère est commencée[1] depuis que les chercheurs ont atteint ou dépassé les maîtres antiques.

La vie est fantastique

En somme, les récentes découvertes en biochimie et en physique nucléaire donnent peut-être la clef de ce que cachèrent, avec un soin vigilant, Moïse et les grands initiés.

Il est même permis de croire que les procédés de fabrication de la bombe H, des drogues pharmaco-dynamiques et des carburants de fusées spatiales se trouvent au Pentagone et au Kremlin, mais aussi depuis des siècles, au Vatican, à Rabat et à Bénarès. Ainsi se démasque peu à peu l'histoire inconnue de l'humanité, dont la genèse plonge dans les abysses du passé et sans doute aussi dans ceux du cosmos.

L'aventure humaine, de plus en plus, s'écarte du contexte terrestre pour s'intégrer, sans limitation de temps ni d'espace, à l'évolution universelle. Ce que nous connaissons a déjà été connu et les prochaines soucoupes volantes qui partiront vers Mars ou Vénus, ne feront que reprendre les routes sidérales menant à nos anciennes colonies ou à nos antiques nécropoles.

La science, de l'infini passé à l'infini futur, est toujours au stade du présent.

Déjà, des esprits curieux et imprudents avaient soupçonné ce Fantastique : Anaximandre, Épicure, Petron d'Himère, Origène, Archelaüs de Milet, Plutarque[2], Lucrèce[3], Roger Bacon[4], Descartes[5], Swedenborg, Young, Milton[6], Éliphas Lévi, et bien d'autres.

---

1. La nouvelle ère a commencé en 1940-44 avec l'avènement de la bombe atomique et la science nucléaire. Tous les livres traitant de chimie, de biochimie, de physique et aussi de philosophie sont périmés depuis cette date. On les a changés dans toutes les universités.
2. Plutarque : *La cessation des Oracles.*
3. Lucrèce : *De Natura Rerum.*
4. Roger Bacon : *Speculum Alchimiae — Opus Majus* et surtout : *Traité d'optique ou de perspective.*
5. Descartes : *Méditations métaphysiques.*
6. Milton : *Le Paradis perdu.*

Camille Flammarion [1], en son temps, exprima des hypothèses que les savants accueillirent avec un sourire de commisération. Il interpréta le cosmos, agita tous les problèmes, mais sans apporter un début de preuve.

Pourtant, il ouvrit la course à l'incroyable. En Amérique, en France, en Angleterre, en Allemagne, d'autres esprits curieux prirent le relais, Charles Hoy Fort, Arthur Machen, Robert Amadou, Gérard Heym, Garcia Beltran. Il revenait à Louis Pauwels et à Jacques Bergier de forcer les dernières portes de l'insolite et de donner au grand public effrayé mais conquis, en un ouvrage admirable, la conscience et la réalité du fantastique [2].

De l'infiniment loin à l'infiniment près, de l'infiniment grand à l'absurdement banal, le fantastique est toujours présent. La vie quotidienne elle-même est fantastique, pas seulement par les fusées qui s'élancent vers le cosmos, la télévision ou les drogues miraculeuses, mais par ce qui saute aux yeux et que personne ne voit, par *ce qui est tu et que personne ne veut savoir*.

Durant 2 000 ans, les habitants du Grand-Pressigny (Indre-et-Loire), à 15 km de La Roche-Posay, ont foulé des millions de silex taillés (un très grand nombre atteignaient la taille d'un pain de 2 livres) et manifestement façonnés par l'homme. Pourtant, personne ne s'était avisé que ces énormes silex contre lesquels butaient les charrues, les sabots des chevaux et ceux des laboureurs, étaient des outils.

Personne — ou presque — ne le sait encore : les racloirs, les *nucléi* recherchés par les archéologues du monde entier jonchent 4 000 hectares de champs. On peut les ramasser avec une pelle et une brouette. On peut, en une heure, constituer un petit musée. Qui s'en inquiète ?

On peut citer d'autres exemples de notre fantastique quotidien. Demandons à dix personnes comment est indiquée la quatrième heure sur le cadran à chiffres romains

---

1. *La pluralité des Mondes habités*, 1862.
2. *Le Matin des Magiciens*, 1961, éd. Gallimard.

de leurs pendules. I — II — III... et ensuite ? Neuf personnes sur dix se tromperont[1].

Plus étonnant encore : jamais les passagers du *Normandie* ne surent que lors de son premier voyage Le Havre-New York, en mai 1935, le paquebot parvint en Amérique pratiquement sans hélices. Elles avaient été dévorées par les ultrasons[2].

En revanche, on trouve extraordinaires les expériences des Américains au-dessus de leurs terrains d'aviation : le brouillard dissipé, condensé en pluie par de puissantes émissions d'ultrasons.

Parfois aussi, le fantastique trouve une explication raisonnable, comme dans les mystérieux accidents survenus à Pierre Michelin, sinon à l'écrivain Albert Camus.

Les routes à maléfices

Le 4 janvier 1960, à 14 h 10, Albert Camus trouve la mort sur un platane du kilomètre 88,4 de la Nationale 5, entre Pont-sur-Yonne et Paris.

— Quelle coïncidence, dit quelques heures plus tard le conducteur du fourgon mortuaire de Villeblevin. C'est le deuxième habitant de Lourmarin qui vient se tuer à cet endroit et juste sur le platane du kilomètre 88,4 !

Quarante années plus tôt, des Gitans chassés des ruines du château de Lourmarin (Vaucluse), avaient jeté une malédiction sur tous ceux qui participeraient à la résurrection de cette vieille demeure. Douze personnes, entre 1925 et 1960, parmi les habitués du château, moururent subitement ou de mort assez peu naturelle. Albert Camus, qui riait de la malédiction, fut la treizième victime.

---

1. La quatrième heure sur la plupart des cadrans à chiffres romains est indiquée par 4 bâtonnets : IIII, et non par le chiffre IV.
2. Le professeur Prudhomme, de l'Institut Pasteur, étudia les raisons de cette détérioration, identifia les ultrasons coupables et préconisa les hélices à faces bombées qui éliminèrent cet inconvénient.

En Allemagne, sur la route de Brême à Bremerhaven, la borne 23,9 semble vouée au même rôle. Près d'elle, le 12 avril 1931, l'explorateur Trintler et son chauffeur trouvèrent la mort. Les accidents mortels se répétant au même endroit, la borne fut enlevée et transportée au Musée de Brême sans conjurer pour autant la malédiction : les autos continuèrent à se télescoper au même point ou à s'écraser contre les arbres de la chaussée.

Une autre série d'accidents va peut-être éclairer ces coïncidences d'un jour nouveau.

En 1949, l'industriel Jean-Luc Michelin roulait à 120 à l'heure sur la route large, rectiligne, de la Nationale 7, entre Briare et Montargis.

Il n'y avait aucun autre véhicule en vue. Soudain, et sans aucune raison apparente, la voiture quitta la route et dans un fracas d'explosion percuta un arbre de la rangée plantée sur la berme.

— C'est curieux, dit un témoin de l'accident. L'auto roulait vite, mais la voie était libre. Il y a bien eu, en dix ans, plus de dix tués à cet endroit [1].

On avança bientôt des explications incohérentes : il existe des endroits maudits. C'est la vengeance de la route sur les rois du pneu.

L'accident d'Albert Camus, sous quelque angle qu'on le prenne, offre un aspect mystérieux : il était mathématiquement impossible — pas une chance sur cent milliards — que deux habitants de Lourmarin dans le Vaucluse, puissent trouver la mort à 600 km de distance de leur village, sur le même arbre de l'Yonne.

En ce qui concerne les Michelin, une explication scientifique, insolite et pourtant vraisemblable, a été trouvée par un docteur de l'hôpital Sainte-Anne à Paris. Cette explica-

---

1. La famille Michelin et ses alliés ont particulièrement été éprouvés : 1937 — Pierre Michelin et quatre passagers tués entre Briare et Montargis. 1947 — Pierre Boulanger, président de la Société Michelin, échappe de justesse à la mort entre Briare et Montargis. 1949 — Jean-Luc Michelin et trois personnes se tuent entre Briare et Montargis.

tion fut clairement formulée par un autre docteur, M. Marcel Lapipe, lauréat de l'Académie de Médecine :

Tout individu qui reçoit dans les yeux 10 éclairs à la seconde entre en crise, s'il est prédisposé à l'épilepsie. Quand le soleil se couche derrière la rangée d'arbres de la Nationale 7, un automobiliste roulant à 120 à l'heure, reçoit par le jeu des ombres et des lumières, entre les troncs et les branchages, exactement 10 flashes lumineux à la seconde.

Pierre Michelin avait été victime de ce redoutable phénomène.

Ce que les yeux ne peuvent pas voir et ce que l'esprit ne veut pas entendre débordent largement le mystère de la vie quotidienne. Des éléments inexplicables pénètrent dans l'histoire, la préhistoire et la tradition, bouleversant nos habitudes de pensée, notre bon sens.

Le plus loin que les hommes puissent remonter dans leur genèse semble être au temps où les ancêtres à peine pensants, issus de leurs pères gorilles qui habitaient dans les arbres, taillaient leurs outils dans le silex, luttaient corps à corps contre les ours, enluminaient les grottes de dessins hautement colorés à signification magique.

Mais ces rustres sont-ils bien ceux qui firent démarrer la tradition de l'Arbre, de la Pomme et du Serpent ?

La Bible ne fait-elle pas état d'Ancêtres Supérieurs ?

Des textes révélés et les découvertes récentes ont illuminé le ciel inconnu des ères géologiques peut-être jusqu'à la borne zéro où débuta la Tradition.

De leur étude va naître un passé inédit pour lequel nous avons inventé un nom tout neuf étincelant de mystère : la primhistoire !

2

Les ancêtres supérieurs

Il n'y eut pas d'*homo sapiens* — d'homme savant — en deçà de l'ancêtre préhistorique de Neandertal ou de Cro-Magnon, qui connaissait tout juste le silex : voilà ce que nous dit la science classique.

Mais avec l'avancée fulgurante des hommes de l'aventure cosmique, avec la découverte des messages de Tiahuanaco et de Piri Réis, nous avons maintenant la certitude que l'heure de l'humanité n'a pas sonné dans les grottes d'outre-Rhin ou des Eyzies.

Comme si l'Homme, ce constructeur-né, issu, disent les préhistoriens, du gorille de l'ère tertiaire — qui pour sa part construit chaque jour sa cabane en branchages — comme si l'Homme donc, avait habité les cavernes !

Il faut d'abord s'attaquer à un certain nombre de notions établies.

Les hommes préhistoriques savaient construire des maisons en pierre, des huttes, des fortifications. Nulle part on ne trouve de grottes taillées, aménagées, pour devenir des habitations plus confortables. Or, il est évident que les hommes du silex n'auraient pas manqué de les aménager si elles leur avaient servi de maison.

Les cavernes servaient d'ateliers, de hangars — comme de nos jours — et comme de nos jours aussi elles pouvaient abriter exceptionnellement quelques individus déshérités.

En effet, si les hommes avaient habité les cavernes, où les situerait-on, dans ces fiefs préhistoriques qui ont donné leur nom à des époques géologiques mondialement connues : le Tardenoisien, le Pressignien, l'Acheuléen, le Chelléen, le Levalloisien ? Où trouver des cavernes à la Fère-en-Tardenois, à Saint-Acheul en Pas-de-Calais, à Chelles, à Levallois-Perret ?

Le Grand-Pressigny (Indre-et-Loire) s'enorgueillit de posséder les plus vastes ateliers mondiaux de taille de silex : des millions de *nucléi*, de grattoirs, de bifaces, jonchent 4 000 hectares de champs sur 1 à 2 mètres d'épaisseur. On ne trouve pas une seule grotte dans les parages.

À Charroux (Vienne) s'érigeaient à l'époque préhistorique des ateliers si importants que les haches se ramassaient à chaque pas sur 10 hectares de terres. Ce gisement — le second du globe — est à proximité (4 ou 5 km) de 49 cavernes forant les coteaux de la rivière Charente. Aucune de ces 49 cavernes, minutieusement prospectées, n'offre trace de la moindre occupation.

En outre, comment admettre que l'homme, qui recouvre le monde de millions de maisons, d'enceintes et de châteaux, n'ait pas su construire, dès sa première apparition, comme savent construire, filer, édifier et maçonner la plupart des animaux ?

D'ailleurs, nous avons les preuves que l'homme préhistorique savait maçonner et que de subtiles périphrases ont été employées pour masquer ce fait primordial.

Dans leur livre *Les Hommes de la pierre ancienne*, deux autorités, l'abbé Breuil et le professeur Lantier, écrivent textuellement : *Les civilisations préhistoriques ont également connu le four à cuire : four en pierre sèche du Drachenloch, circulaire, four utilisé pour la cuisson à l'étouffée à Noailles (Corrèze), à plan rectangulaire, fait de pierres dressées, légèrement inclinées vers l'intérieur et dont les vides entre les angles avaient été comblés par des pierres plus petites, maintenues par un blocage argilo-calcaire et sableux...* Belle circonlocution pour dire tout simplement : *pierres cimentées*.

Les incertitudes de la préhistoire

Par conséquent, si les hommes de la préhistoire connaissaient le mortier, s'ils savaient cimenter, ces hommes ne pouvaient pas ne pas construire des murs de maison. Voilà qui tombe sous le sens.

Et de là découle une conséquence logique : ils n'habitaient pas des grottes, ils meublaient leurs maisons, ils travaillaient le bois[1] outre l'os, le cuir et le tissu ; bref, les hommes préhistoriques sortent irrémédiablement de la nuit où l'on voulait les plonger et prennent leur véritable visage.

On nous a parlé d'une « époque du silex poli » postérieure au silex éclaté. Autrement dit, les hommes auraient d'abord fait éclater le silex pour en faire des outils, puis, se civilisant peu à peu, ils seraient parvenus à l'époque plus évoluée de la pierre polie. Cela paraît tout à fait discutable.

D'abord, il n'y a jamais eu d'époque du silex poli, pour la simple raison qu'on trouve très peu d'outils polis : un seul pour des millions d'outils en silex éclaté.

Les haches polies, dont on fait grand cas, ne servent à rien : rondes, elles ne peuvent ni couper, ni racler, ni scier sinon très difficilement, alors que le moindre silex éclaté est d'un emploi facile, immédiat.

Ces haches polies (car il s'agit de haches 99 fois sur 100) sont probablement des haches votives, des armes de panoplie, d'ornement, des cadeaux que l'on offrait ou que l'on polissait pour l'art, pour l'agrément. Peut-être aussi une monnaie d'échange.

---

1. Des microlithes sont trouvés dans les cavernes mêlés à l'argile. À quoi pouvaient servir ces outils minuscules ? Le mystère n'a jamais été éclairci. Vraisemblablement, à travailler, fouiller, décorer une matière abondante et énormément utilisée, car on peut ramasser des microlithes par millions. Logiquement, on doit penser qu'ils servaient au travail du bois et alors s'impose une hypothèse qui, à nos yeux, a valeur d'évidence : les hommes préhistoriques, les hommes du silex, utilisaient en premier lieu le *bois* ! Le bois était vraisemblablement la base de leur industrie.

De plus, il n'existe pas de champs de silex polis. Ces haches se trouvent dans les champs de silex éclaté, mêlées aux outils à éclats.

Enfin, il y a le bon sens.

Exprimant un jour notre idée au professeur Nouvel, directeur du zoo de Vincennes et du Jardin des Plantes de Paris, nous l'entendîmes s'écrier :

— C'est insensé ! N'importe qui peut polir du silex... personne ne sait le faire éclater !

S'il y a eu une époque de la pierre polie, elle est certainement antérieure à celle du silex taillé. En France, il n'existe que quatre ou cinq personnes capables de faire éclater — très mal — le silex ; mais des millions de Français pourraient aisément polir une hache avec un peu de patience.

Par ailleurs, la théorie de l'homme descendant du singe, de l'homme obtus à l'origine, n'est nullement démontrée. Les préhistoriens cherchent depuis un siècle des squelettes d'hommes préhistoriques vieux d'un million d'années, susceptibles d'accréditer leur thèse. S'ils n'ont pas effectué de trouvailles décisives, par contre ils ont échafaudé un processus [1]. Ainsi sont nés le Proconsul, l'Homme de Grosseto, le Zinjanthrope, le Pithécanthrope, l'Atlanthrope, l'Africanthrope, etc.

Maigre palmarès, en vérité, que l'on peut résumer ainsi : les tibias du Grosseto, la mâchoire de l'Atlanthrope ; un petit tas de cendre, c'est le Zinjanthrope ; une cupule en plâtre grande comme une paume, c'est le Sinanthrope dont nous ne possédons malheureusement plus l'original ; des débris de l'Australopithèque, des miettes du Plésianthrope. Quant à l'Homme de Piltdown, il s'agissait d'une superche-

---

1. Même en admettant la Terre extrêmement peu peuplée : 100 000 hommes en moyenne et 100 000 bêtes sauvages (ce qui est ridiculement bas) l'épaisseur des ossements répartis sur la terre serait sur un million d'années, formée par plus de 600 milliards de squelettes. Il est impossible que des matières organiques ne se désagrègent pas en cent fois moins de temps, mais s'il devait subsister quelque chose, ce serait une véritable montagne d'ossements.

33

rie. Et pour le Sinanthrope, Marcellin Boule a prétendu qu'il était, en fait, un gibier[1].

Le volume de la boîte crânienne de ces ancêtres ne dépassait pas 6 ou 700 centimètres cubes, alors que la boîte crânienne de l'homme est de 15 à 1 600 centimètres cubes. Nos ancêtres n'auraient eu que l'intelligence, les capacités du gorille.

Comment, avec une poignée d'ossements, dont l'un est en plâtre et les autres faux ou contestés, prétendre édifier une science exacte ?

En vérité, cette science ne repose que sur des hypothèses discutables. On ne trouve pas de squelettes d'hommes préhistoriques établissant les chaînons entre le singe et l'homme. On ne trouve pas de crânes à 1 100, 1 200, 1 300, 1 400 cm^3, c'est-à-dire les crânes des primates les plus proches de nous, ceux que, précisément, on devrait découvrir le plus facilement. De là une certaine tendance à défigurer la préhistoire.

On feint d'ignorer que les hommes du paléolithique savaient maçonner, habitaient des cités construites et fortifiées, avec rues, artisans, et sans doute même avec des coiffeurs[2]. On séquestre même, dans les « enfers » des musées, des indices et des preuves.

Quant aux estimations chronologiques, l'empirisme des expertises tient de l'invention pure et simple.

On brandit le fameux, le tout-puissant carbone 14 pour chiffrer l'ancienneté d'ossements ou de matières organiques. Or, il est absolument insoutenable que le carbone 14 puisse donner la moindre indication chronologique en préhistoire.

---

1. Dans *Les Hommes de la pierre ancienne*, de H. Breuil et R. Lantier, on lit, page 149, à propos de bilan sur l'Homme de Neandertal : « Au total, 1 squelette, 9 crânes, 5 mâchoires, de nombreux fragments d'ossements. » Et page 150 : « Les restes humains européens plus anciens sont infiniment plus rares. Trois seulement peuvent être retenus. » Et parmi ces « trois » figure le crâne de Piltdown... qui était une farce de carabins !
2. L'abbé Breuil, dans son ouvrage, *Les Hommes de la pierre ancienne*, parle de cheveux taillés « à la Nubienne » ou « disposés en deux petites bouffettes ».

34

La marge d'erreur cyclique du carbone 14 est de 50 % jusqu'à — 5 568 ans ; elle atteint 80 % de — 5 000 à — 10 000 ans et ensuite, le carbone 14 peut aussi bien indiquer — 15 000 ou — 50 000 au choix ou selon l'humeur.

Si le carbone 14 était efficace, on saurait par exemple à quoi s'en tenir sur l'âge exact des peintures rupestres des grottes de Lascaux, où furent trouvés des ossements.

En Amérique, le procédé du carbone 14 est souvent dénoncé comme un bluff et une escroquerie. Le Dr Morlet relate dans un de ses ouvrages sur la préhistoire, ses démarches auprès des savants américains, spécialistes de cette technique, pour dater le gisement du Champ des Morts de Glozel.

On lui a répondu qu'« établir un âge par la méthode du C^{14} ne pouvait être accompli proprement sur des os ».

M. Jean Maréchal, chef du laboratoire du Musée des Antiquités nationales, précise, d'autre part, la quantité de matière nécessaire pour une expertise :

— *Dents — ivoire — os = 2,200 kg.*

Or, on a daté des trouvailles — surtout des portions de crânes — d'après des prélèvements de quelques grammes, la trouvaille tout entière n'excédant généralement pas 0,300 kg !

Hormis ce système, les évaluations se font sans tenir compte d'une masse d'impondérables, tels que les conditions climatiques d'un milieu dont on ignore tout.

Quant à fixer une date à l'apparition de l'homme sur terre, c'est la bouteille à l'encre. Les évaluations caracolent de 50 000 ans (Neandertal et Aurignacien) à 10 millions d'années.

Avec une mâchoire laminée comme une tôle (d'un enfant de 5 à 7 ans, pense-t-on) incrustée dans un morceau de charbon, le professeur Johannes Hurzeler, du Muséum d'Histoire Naturelle de Bâle, a trouvé l'homme le plus vieux du monde ! Un homme de l'époque tertiaire. Du même coup, Johannes Hurzeler nie l'évolutionnisme darwinien et proclame :

— Il n'y a pas une chance sur mille pour que l'homme descende du singe.

La préhistoire classique imagine nos ancêtres d'après les squelettes d'individus vraisemblablement dégénérés qui auraient habité les cavernes, et d'après la qualité du matériel trouvé à leurs côtés. Dans un million d'années (en supposant une prochaine destruction de notre planète), on ne retrouverait plus les squelettes de Becquerel, de Rodin, de Renoir, d'Einstein, de Fermi, de Picasso, réduits en cendre impalpable, dissous ainsi que leur enveloppe charnelle et le cercueil en chêne massif. Par hasard, dans une caverne du Poitou, d'Indre-et-Loire ou de Provence, on exhumerait le squelette d'un clochard ou d'un ivrogne ancien troglodyte (il en existe encore des milliers en France) qui serait mort sur place dans sa caverne-habitation.

Son squelette, bien préservé dans du calcaire sec, aurait résisté au temps. Les préhistoriens de l'an 1001963 en déduiraient gravement :

— L'homme du xxᵉ siècle après le Christ mesurait 1,60 m. Il était bossu, bancal, scrofuleux. Son volume crânien était de 1 500 cm^3 et son intelligence à peine plus éveillée que celle d'un gorille. Sa civilisation lui permettait de connaître la cruche de terre cuite. Il avait comme siège des pierres entassées et ne connaissait ni la maison ni, par conséquent, la porte, la fenêtre, la cheminée.

Si le troglodyte était un ancien soldat du 6ᵉ Génie, on pourrait trouver comme ustensiles auprès de son squelette les deux silex réglementaires qui doivent figurer dans la trousse des artificiers de 1ʳᵉ classe, pour bouter le feu à la mèche lente.

D'où l'on déduirait encore, par raisonnement logique, que l'homme de 1963 ignorait le fer et le bronze (irrémédiablement détruits en quelques millénaires) et en était encore à l'âge du silex.

Des villes entières, vastes comme New York, Londres ou Paris, disparaîtraient sans laisser de trace, ensevelies ou désagrégées au fond de profondes vallées ou réduites en sable si elles étaient édifiées sur des plateaux ou à flanc de montagne [1].

Oui, du sable. Des millions de poignées de sable et de poussière, c'est tout ce qui resterait de nos murs, de nos maisons, de nos vitraux, de nos métaux et de nos matières plastiques.

Et le sable des mers est sans doute cela partiellement : des cités jadis étincelantes, des palais, des temples, des objets de luxe ou merveilleusement œuvrés, des vitraux de cathédrales, des vitrines de grands magasins...

Seules, peut-être subsisteraient les pierres précieuses, du moins pendant un certain temps ; et sûrement les silex qui persistent dans les champs alors que tout le reste a disparu [2].

La science préhistorique est lente et difficile à émouvoir. Le très docte représentant du ministère des Beaux-Arts d'un département très proche de l'Indre-et-Loire, a mis sept ans pour se décider à faire un petit tour dans les prestigieux champs de silex du Grand-Pressigny.

Il a fallu des dizaines d'années pour faire admettre les peintures rupestres d'Altamira en Espagne et des années pour accréditer Le Mas-d'Azil et Rouffignac.

À Savigné (Vienne), nul ne se soucie de reconnaître et de préserver la vaste nécropole mérovingienne dont les sarcophages sont brisés pour empierrer les routes, construire des murs.

À Charroux, toujours en Poitou, des champs de silex où l'on trouve à foison des haches taillées (500 à 600 ont été ramassées en un mois) ont été découverts en février 1962 et portés à la connaissance du public par tous les journaux

---

1. Les antiques cités de Babylone et de Saba sont à peu près introuvables après 4 000 ans. En France, nous ne savons plus où situer Gergovie, Alésia et Vouillé.

2. Les matières organiques, les métaux, les métalloïdes, sauf le silex, le jaspe, le verre et quelques composés de silicium, sont détériorés en quelques millénaires. En un million d'années, tout redevient poussière. Et l'on ne peut que s'émerveiller en songeant à une des vérités les plus puissantes — et vérité scientifique par surcroît — exprimée par le Nouveau Testament : « Souviens-toi, ô Homme, que tu n'es que poussière et que tu retourneras en poussière. »

37

régionaux, photos à l'appui. Aucun officiel ne s'est dérangé.

Et pourtant le sol était jonché de haches sur 100 hectares. Depuis il a été pillé jusqu'à épuisement.

En Loir-et-Cher se situe un gisement miraculeux sur une ancienne nécropole romaine où le Dr Filloux, de Contres, a trouvé des amphores, des poteries et des verreries qui feraient l'orgueil des musées de Paris, de New York et de Londres. Ce gisement est à l'abandon.

Actuellement, les puissants engins de la culture tractée broient les outils en silex taillés qui jonchent les champs de l'Indre-et-Loire, de la Vienne, de la Charente, de la Dordogne, du Lot.

Il est déjà bien tard pour réagir. Dans deux ans, trois ans, il sera trop tard, les silex seront réduits en poussière. Tout notre héritage préhistorique encore enterré sera irrémédiablement perdu.

C'est la petite société archéologique de Charroux (Vienne) qui agita le grelot, lançant un appel à l'Unesco, à la Présidence de la République, au Musée de l'Homme, à la presse.

Voici un condensé du manifeste, publié par *La Nouvelle République, Centre Presse* et *Aux Écoutes* :

SAUVEZ NOTRE PATRIMOINE !

Un crime irréparable va être commis.

Les deux plus importants ateliers de l'époque préhistorique se situent : au Grand-Pressigny (Indre-et-Loire) = 4 000 hectares et à Charroux (Vienne) = 100 hectares...

Depuis quelques années, les tracteurs à trois socs, les pulvérisateurs et les rotavators concassent le précieux héritage de nos ancêtres. FAITES QUELQUE CHOSE !

Nous aimons notre pays. Nous ne voulons pas qu'une de ses richesses les plus prestigieuses soit anéantie par indifférence, négligence ou incurie...

Nous demandons que les champs-ateliers du Grand-Pressigny et de Charroux soient classés et labourés aux frais de l'État et sous surveillance éclairée.

Les dépenses n'excéderaient pas quelques centaines de milliers de francs (anciens).

Rien n'a été fait.

Alors, quel crédit peut-on accorder aux imaginations de ceux qui n'ont même pas le souci de sauver le legs de nos ancêtres ? N'ont-ils pas déjà sacrifié les plus précieux documents légués par les anciennes civilisations ; les briques de Glozel, où les hommes du néolithique ont écrit — en écriture alphabétique linéaire — un message préhistorique capital ? Et non seulement le message écrit, mais aussi des os gravés — les plus beaux qui soient — des bracelets, des colliers, des poteries ; toute l'expression artistique et déjà intellectuelle d'un peuple contemporain du silex taillé et doté d'une culture qui révolutionne toutes les données classiques.

Glozel est authentique

Glozel est incontestablement authentique, reconnu comme tel par l'immense majorité des préhistoriens du monde entier.

Glozel est un hameau de quatre maisons dans la commune de Ferrières (Allier), à une vingtaine de kilomètres au sud de Vichy.

L'affaire débuta le 1ᵉʳ mars 1924, quand le jeune Émile Fradin et son grand-père, Claude, trouvèrent des briques, des tablettes gravées, deux tranchets, deux petites haches et deux galets portant des inscriptions. Trente-trois témoins, dont M. Augustin Bert, instituteur à Ferrières, et l'abbé Naud, curé-doyen de la paroisse, attestèrent l'authenticité de la trouvaille.

Au cours de l'été (on n'est ni pressé ni curieux dans le milieu préhistorique), la Société d'Émulation *(sic)* du

Bourbonnais se rendit sur place, puis fit parvenir des échantillons au Dr Capitan, aux Beaux-Arts.

Capitan laissa les échantillons en souffrance, quelque part, durant treize mois, puis, un beau jour, il se rendit à Glozel et déclara au Dr Morlet qui avait pris la direction des fouilles :

— Vous avez là un gisement merveilleux... Faites-moi un rapport détaillé[1].

Glozel était, pensait-on, reconnu.

Le monde étonné allait apercevoir une civilisation inconnue et, bien entendu, tous ceux qui n'avaient pas participé à cette découverte récolteraient les lauriers, recevraient les palmes académiques ou avanceraient dans les honneurs.

Le Dr Morlet, pionnier de la découverte, ne l'entendit pas ainsi et, avant d'envoyer son rapport, il le publia, le 23 septembre 1925, sous le titre *Nouvelle station néolithique.*

Capitan, déçu, furieux, convoqua Morlet à Paris.

— Vous n'êtes pas connu, votre plaquette ne se vendra pas. Mettez mon nom à la place du nom de Fradin (attesté et publié par le chanoine Cote).

Le Dr Morlet refusa net. C'en était fait de Glozel : du jour au lendemain, le gisement fut contesté, ridiculisé.

Bien plus, on attaqua les Fradin en correctionnelle. Motif : ils faisaient payer une taxe pour la visite de leur musée ; fraude et escroquerie (exactement : entreprise pécuniaire pour montrer les produits d'une mystification) !

Pourtant, en 1926, l'abbé Breuil, après Capitan, avait déclaré :

— C'est bien du néolithique. Je vous remercie, vous m'avez convaincu.

Mais après le refus du Dr Morlet d'accrocher le nom de Capitan à la magnifique découverte, on tentait de ruiner les Fradin et leur trouvaille. Dans son courageux livre *Glozel, trente ans après*, le chanoine Léon Cote affirme que des

1. Léon Cote. *Glozel, trente ans après.* Saint-Étienne, 1959.

causes personnelles motivèrent ce retournement, dû en grande partie à l'influence de l'abbé Breuil.

On connaissait bien dans le monde savant la redoutable trinité Capitan, Breuil, Peyrony (conservateur du musée des Eyzies), qui constituait une firme exclusive en préhistoire. Or, la découverte de Glozel avait pris les trois hommes à l'improviste, en bouleversant leurs thèses, sans leur laisser le temps de concerter leurs réactions.

Si encore ces trouvailles avaient été faites par un spécialiste patenté, chevronné, portant l'estampille académique, à la bonne heure ! Mais l'inventeur était un profane, qui s'affirmait indépendant. Il avait refusé de se mettre sous leur patronage, prétendant faire cavalier seul et haussait les épaules quand on lui offrait que son nom inconnu figurât modestement derrière leur signature.

Tous les procédés furent bons : lettres anonymes, faux télégrammes, supercheries. Un jour le Dr Morlet prit miss Garrod, éminence grise de l'abbé Breuil, en flagrant délit de truquage sur le terrain, alors qu'opérait la Commission des fouilles.

— Mademoiselle, c'est vous qui avez fait ce trou ! s'exclama le Dr Morlet qui la surveillait étroitement.

— Non, non, ce n'est pas vrai ! répondit-elle deux fois.

— Mademoiselle, j'ai des témoins.

— Eh bien oui, c'est moi !...

Un photographe put prendre sur place un cliché de la scène. On y voit miss Garrod baissant la tête pendant que Morlet, en présence des témoins Tricot-Royer et Mallat, explique à la commission ce qui vient de se passer [1].

Bref, pour perdre Glozel et déshonorer de braves gens, tout fut mis en œuvre avec tant de hargne et de malhonnêteté que le conseil municipal de Ferrières, puis la Ligue des Droits de l'homme, durent intervenir ! Par ailleurs, la justice ne suivit pas les officiels : d'abord en correctionnelle, puis en appel et en cassation, elle anéantit tous les chefs d'accusation et donna gain de cause aux Fradin.

---

1. Léon Cote, *Glozel, trente ans après*, pages 76 et 77.

Ce petit paysan de France avait gagné sur les puissants pontifes. Fallait-il qu'il ait raison !

Quand l'honnête Claude Fradin mourut, en 1951, l'abbé Léon Cote lui dédia cette épitaphe tragiquement humoristique :

À la mémoire de Claude Fradin
Paysan de France
Archéologue malgré lui
Combattant de la Guerre des Briques
Et qui mourut
Sans s'être demandé
Si l'Archéologie des Mandarins
Ne serait pas une science où l'on bafouille
Encore plus qu'on ne fouille.

L. C.

Voilà donc Glozel réhabilité, mais encore sous le coup de la calomnie.

Pourtant la découverte est prodigieuse [1] : une bibliothèque néolithique de plus de 100 tablettes à caractères alphabétiques — le premier alphabet connu — des outils en pierre éclatée, de merveilleux galets gravés, dessinés, des poteries absolument uniques. C'est à Glozel que la science

---

1. Pourquoi veut-on taire que le monde entier accepte « l'authenticité irréfutable » de Glozel et de l'écriture linéaire alphabétique ? Outre MM. Salomon Reinach, Depéret, Morlet, déjà cités, nous produisons les noms de : MM. E. Esperandieu, membre de l'Institut, J. Loth, membre de l'Institut, professeur au Collège de France, Dr Lucien Mayet, professeur d'Anthropologie et de Préhistoire à l'université de Lyon, Leite de Vasconcellos, conservateur du Musée de Lisbonne, Mendès-Corréa, Doyen de la Faculté des Sciences de Porto, Constantinescu-Iasi, professeur d'Archéologie à la faculté de Kichinev, V. Madsen, directeur du Service Géologique du Danemark, Birger Nerman, professeur à l'université de Stockholm, etc., qui, tous, affirment « formellement l'authenticité de l'ancienneté préhistorique » de Glozel et la « seule chose surprenante dans cette affaire : l'entêtement des savants français adversaires du Dr Morlet ». « Il faut être aveugle ou malhonnête pour nier l'authenticité de Glozel », écrit M. A. Bjorn, conservateur du Musée de l'université d'Oslo. Il est donc temps que cessent l'odieuse comédie et les manœuvres criminelles qui firent un tort considérable à la préhistoire en faussant une donnée essentielle du problème.

42

et le monde entier trouvent la filière incontestable reliant notre civilisation à celle de nos lointains aïeux.

En une époque ancienne de 10 000 à 15 000 ans environ, le Magdalénien, si l'on en croit les expertises [1], des hommes façonnèrent des idoles et des vases en terre cuite, représentant des êtres insolites.

Sur des poteries, sur des galets, des bijoux et des tablettes d'argile cuite, ils écrivirent des signes mystérieux dont certains ont l'exacte forme de nos V — W — L — H — T — I — K — O — C — J — X.

Ces signes ont un net caractère alphabétique et sont disposés par lignes, ce qui prouve indéniablement que les Glozeliens connaissaient l'écriture en plus de la poterie et de la sculpture.

Cette connaissance d'arts supérieurs suppose a priori des connaissances subalternes : maçonnerie, constructions de maisons, menuiserie, charpente, ferronnerie.

Oui, bien sûr : la connaissance du fer !

Évidemment, on ne trouve pas de métal préhistorique, pour la simple raison qu'un instrument en fer ne peut guère se conserver plus de 1 000 ans [2], mais un fait

---

1. Glozel est incontestable, c'est entendu, mais il est possible qu'on le situe trop loin dans le temps.

2. On a déterminé l'âge du bronze à 4 000 ans et celui du fer à 3 000. C'est tout juste le maximum possible de conservation de ces métaux. Le physicien autrichien Gurlt aurait découvert en 1886, dans un bloc de charbon datant de l'ère tertiaire, un parallélépipède en *acier* mesurant 67 mm X 67 mm X 47 mm, à arêtes vives très régulières d'un poids de 785 grammes *(Science et Vie*, n° 516). Le parallélépipède serait au musée de Salzbourg (Autriche). Cette trouvaille signifierait que des Ancêtres, vieux de 10 millions d'années, auraient connu les métaux, l'usinage et en conséquence une haute civilisation. M. K. Willvonseder, directeur du Salzbourg Museum, pense qu'il s'agit d'une erreur et déclare l'information dénuée de fondement. Il ne nous semble guère possible, d'autre part, que l'acier ait pu subsister durant mille millénaires, aussi donnons-nous cette relation sous toutes réserves. Il en est de même pour les clous d'acier à têtes plates découverts par Charles Brewster dans un bloc crayeux de l'ère secondaire. À moins que nos Ancêtres Supérieurs n'aient trouvé le secret pour rendre certains métaux inoxydables, ce qui n'est pas absolument impossible, car les traditions américaines rapportent que 2 000 ans av. J.-C., les Indiens fabriquaient du fer qui ne rouillait jamais. Dans la cour du Temple de Delhi aux Indes, la Colonne de Kutub vieille, dit-on, de 4 000 ans et faite de pièces de fer soudées ou collées ensemble, bien qu'exposée aux intempéries, ne présente aucun signe d'altération ou de rouille.

43

demeure avec valeur de certitude : les hommes n'ont pu inventer l'écriture sans connaître auparavant la fusion des métaux.

Autre constatation : si on ne trouve pas — et pour cause — des outils en fer dans les ateliers de taille du silex, on ne trouve pas non plus d'outils en silex dans les régions où abonde le fer (Alsace et Lorraine notamment), même à titre d'objets importés. On peut en déduire que, comme de nos jours, il y a eu contemporanéité du palais et de la masure, du fer et du silex.

Au Moyen Âge, en France, les couteaux de silex étaient encore utilisés par les paysans pauvres ; les Celtes employaient conjointement les outils en fer, en bronze, en or et en silex.

En 1912, il existait encore des paysans français qui labouraient leurs terres avec des charrues à soc en bois. En 1963, l'âge du silex n'est pas encore révolu, de même qu'il y a 20 000 ans l'âge de fer n'était pas généralisé. La coexistence fut donc possible — et probable — aux époques les plus reculées.

Il ne fait aucun doute que nos aïeux préhistoriques possédaient une culture beaucoup plus avancée qu'on l'imagine ; l'utilisation du silex n'était que le lot des classes inférieures.

La science et les techniques de fabrication se transmettaient sans doute entre initiés qui accaparaient le pouvoir. Ce qui était écrit en écriture hiératique sur les briques de Glozel était absolument impénétrable au vulgaire.

Parallèlement à la civilisation de Glozel, il est certain que des civilisations, plus raffinées encore, existaient en d'autres points du globe, principalement à Tiahuanaco en Bolivie.

Mais les hommes évolués de Tiahuanaco et de Glozel se trouvaient impuissants à faire pénétrer leurs connaissances dans la masse humaine, au même titre que nos physiciens et nos biologistes s'ils enseignaient les Zoulous ou les Papous.

Et d'ailleurs, voulurent-ils révéler leur savoir ?

Apporter la science sans avoir le pouvoir temporel absolu eût été pour les initiés le recommencement du crime ancestral dont ils avaient mission de préserver l'humanité.

Les connaissances supérieures étaient-elles un legs de civilisations terrestres très anciennes ou avaient-elles une origine extraterrestre ?

Deux quasi-certitudes nous guident : une civilisation très avancée a précédé notre époque préhistorique ; l'aventure cosmique que nous allons vivre a été vécue par d'autres humains.

Il est absurde, illogique, de raisonner à partir d'ancêtres inférieurs, ridicules, dépourvus d'intelligence et même d'instinct [1].

La tradition et le bon sens militent en faveur d'ancêtres supérieurs ayant accompli une chaîne complète d'évolution avant de sombrer, par la faute d'un cataclysme atomique que répudie la science classique, mais qu'admettent les textes sacrés et les traditions.

Le drame de la préhistoire

Cette catastrophe nucléaire ne peut être ni fixée ni calculée, car elle a faussé le processus naturel de modifications cellulaires et engendré spontanément des mutations qui eussent demandé, dans des conditions normales de pression et de température, plusieurs millions d'années.

Les estimations sont donc fausses dans la plupart des cas, ce qui explique l'incertitude des préhistoriens qui, par exemple, selon leur bon plaisir, donnent au « premier ancêtre » humain, l'Homme de Fontéchevade, 100 000 ans, 400 000 ans, 700 000 ans, 800 000 ans d'âge [2] !

---

1. Tous les animaux ont une intelligence et un instinct qui, par exemple, leur donnent la science infuse de la construction. Cette science, les moules, les papillons, les fourmis, les chenilles, les oiseaux l'ont à un degré suprême. La préhistoire classique refuse ces facultés créatrices à l'Homme.

2. L'Homme de Fontéchevade (qui n'était qu'un crâne) fut trouvé en Charente dans une caverne aujourd'hui écrasée, dans des terres argileuses et si humides que toute conservation y était impossible. Les préhistoriens, par complaisance,

45

La parabole du péché originel révélé par la Bible trouve sa véritable signification et une relation évidente avec l'hypothèse atomique et la crainte ancestrale, universelle, millénaire de la fusion des métaux et plus particulièrement du fer.

Le fer a toujours été considéré comme le « métal maudit », le métal du Diable et de Vulcain. Tous les textes anciens, les Vedas, le Talmud, la Bible, les chroniqueurs Hésiode, Lucrèce, les traditions égyptiennes et romaines, le nomment métal vil et pernicieux, et sa fusion est considérée comme œuvre diabolique.

Jadis, les ouvriers qui le fabriquaient étaient relégués au dernier échelon de l'humanité, et de nos jours encore, les Haddades du Sahara, derniers artisans forgerons dont la technique remonterait à l'an 6000 av. J.-C. forment une caste à part, méprisée des autres nomades, et vivent dans des campements à l'écart. Ce qui est aussi le cas des gitans qui pratiquent la fusion.

Pourtant, l'air, l'eau, la terre et le feu exceptés, c'est le fer qui est le guide des civilisations, avant l'or, le blé, le tissu et peut-être le bois.

Rien de ce qui fait l'orgueil des savants ne saurait exister sans lui : ni l'électricité, ni l'avion, ni le transatlantique, ni la fusée sidérale, ni la bombe atomique, ni les centrales d'énergie, ni les usines, ni le plus petit atelier d'artisan.

On peut dire que dans la formule établie de notre civilisation, le fer s'identifie avec la science.

Alors, comment expliquer l'universelle malédiction qui le frappa toujours et partout, sinon par le fait d'un cataclysme dont il fut responsable ?

Les hommes préhistoriques eux-mêmes fuyaient les contrées à minerai ferreux, comme saisis de panique, et se fixaient sur la bonne terre mère, argileuse et calcaire.

Or, l'homme préhistorique — l'*homo sapiens* — s'il avait cette crainte, s'il était abêti, détérioré..., s'il avait dégrin-

---

accordèrent à ce crâne un âge fabuleux : 500 à 800 000 ans. Nous rectifions : à grand-peine, il peut avoir 5 000 années !

golé l'échelle évolutive, n'était-ce pas à la suite d'un cataclysme ou d'un accident auquel le fer avait été associé ?

C'est cet accident qu'il fallait identifier pour comprendre la préhistoire... le drame de la préhistoire.

L'hypothèse d'une humanité supérieure, soumise à une explosion atomique il y a des centaines de milliers d'années et, corollairement, l'intervention d'extraterrestres, trouvent certains chaînons de vraisemblance que l'on est obligé de prendre en considération : l'incompréhensible abrutissement de l'homme préhistorique ; la malédiction du fer ; les messages transmis par la plupart des théologies ; le mythe du paradis perdu ; les traditions éparses faisant état de races et de continents disparus ; les découvertes insolites, Tiahuanaco, Glozel ; enfin ce destin que nous avons la certitude intime d'avoir vécu.

Nous commençons à imaginer la genèse du monde depuis que des savants, en produisant des énergies considérables de l'ordre de 39 millions de kilojoules, ont créé des corpuscules pesants, ce qui revient à dire, qu'avec de l'énergie on a créé de la matière, qu'avec rien on a créé quelque chose.

On pense donc désormais que le monde a pu naître à la faveur d'un orage cosmique, d'abord sous la forme de corpuscules qui ont engendré des cellules. La prolifération s'est développée, sans doute sous de hautes pressions et dans une température élevée — la « soupe chaude » des Américains — favorable aux mutations.

On peut admettre l'évolution biologique classique allant des ultravirus aux protozoaires, des poissons aux amphibies et jusqu'à l'homme, qu'une mutation exceptionnelle créa immédiatement apte, par son intelligence et ses facultés, à développer une civilisation certainement supérieure à celle des animaux les mieux doués : fourmis, abeilles, termites [1].

---

1. L'Église n'interdit pas la doctrine de l'évolution, pour autant qu'elle recherche si le corps humain fut tiré d'une matière déjà vivante, car la foi catholique nous oblige à maintenir l'immédiate création des âmes par Dieu. Encyclique *Humani Generis* — (12/8/50).

Puis l'homme procréa, étendit son empire sur la nature et déroula vers le futur le prodigieux destin des êtres hors série.

Il y a des centaines de milliers, de millions d'années, les hommes de la Terre possédaient une civilisation à peu près identique à la nôtre. Ils avaient érigé des cités puissantes, de vastes usines. Par les océans, leurs flottes assuraient des échanges commerciaux entre les continents, et dans le ciel leurs fusées établissaient des liaisons avec les planètes voisines et peut-être avec des étoiles.

Ces ancêtres, qui connaissaient leur origine, utilisaient les télécommunications, la radio, la télévision et leurs usines atomiques leur dispensaient un progrès raffiné.

Ensuite, il y eut une catastrophe brutale (explosion nucléaire) ou une lente détérioration. Le progrès se retournait contre la société. L'infiniment petit dévorait l'infiniment présomptueux.

En un jour ou en deux siècles, l'humanité fut décimée. Seuls survécurent quelques individus : ceux qui eurent la chance de s'exiler vers une planète voisine et d'autre part les exceptions qui confirment la règle et que nous retrouvons aujourd'hui.

Tout fut à recommencer sur la Terre.

On ne peut que supposer ce qu'il advint des hommes enfuis vers la Lune, Mars, Vénus ou quelque étoile lointaine, mais nos connaissances actuelles sur le problème de l'irradiation nous permettent de reconstituer en partie le drame des rescapés qui demeurèrent sur la Terre.

Ces hommes déchus, nous les imaginons d'autant plus aisément que leur mésaventure préfigure notre propre destin.

Donc, sur la Terre des hommes irradiés survivent, mais presque tous ont perdu leur instinct, leur intelligence, par suite de mutations désastreuses. L'*homo sapiens* ne redescend pas au stade originel : il s'engloutit dans des abîmes d'inconscience et de déchéance qui le placent au plus bas du règne animal. Il devient physiquement plus hébété, plus démuni que le singe ou l'insecte. Pourtant, il demeure un homme, avec au tréfonds de lui-même l'étincelle divine d'où peut jaillir la régénérescence. Peut-être est-il devenu un homme à peau noire, peut-être n'a-t-il jamais eu la peau blanche ?

Cet homme larvaire, au fil des millénaires, remonte lentement la pente, reconquiert un embryon d'intelligence et la plupart de ses qualités supérieures. L'homme des Temps Irradiés invente ou réinvente l'outil en silex éclaté ; il se construit une hutte, puis une maison.

De l'époque glorieuse, rien n'a subsisté : les cités, les usines ont disparu. Il ne reste plus rien de matériel, de tangible, rien sauf dans la conscience de quelques privilégiés, une petite lueur de souvenance et des bribes de savoir travesti.

Le cochon 311

Les hommes nouveaux commencent à repeupler la Terre et ceux qui conservent le savoir se groupent quand ils le peuvent.

Pourtant, il y eut, mais vite digéré par le magma, le rescapé unique — sinon plusieurs — et cette hypothèse est appuyée par la très étonnante aventure du cochon 311, lors de l'expérience atomique de Bikini [1].

Parmi tous les animaux soumis à l'irradiation, singes, lapins, cobayes, chèvres, un cochon portant le matricule 311, parqué sur un vieux navire de guerre, fut projeté à la mer par l'explosion. Il nagea jusqu'à l'atoll et, peu après, fut recueilli et soumis à un examen approfondi.

Les autres bêtes étaient irradiées, mortes ou en survie passagère. Seul de tous les animaux témoins, le cochon 311 était miraculeusement indemne, sans explication raisonnable possible. Il vécut longtemps et procréa de façon tout à fait normale.

---

1. Rapporté par André Maurois : *Nouveaux discours du docteur O'Grady*.

La légende de la création

Nos quatre grandes races humaines ont-elles un ancêtre commun ? C'est vraisemblable, mais la nature, en paraissant leur donner une sorte de hiérarchie, trouble profondément notre jugement.

Une curieuse légende, en expliquant la création de l'homme, détermine une vision prophétique de l'avenir.

Au début, il n'y avait pas d'homme sur terre et Dieu jugea bon d'en modeler un.

Il le fit avec de l'argile, mettant toute son application à l'enfanter harmonieusement et différent des autres créatures terrestres. Puis il mit la statue dans un four et chauffa neuf jours.

Quand il la sortit, elle était brûlée, toute noire et Dieu dit :

— Bah, ce sera un homme quand même.

La deuxième fournée dura huit jours, mais la statue avait pris un coup de feu, elle était rouge et Dieu fut mécontent.

Il fit une troisième statue et la mit au feu six jours seulement.

Elle était toute blanche, à peine cuite et Dieu dit :

— Il me faut encore recommencer !

La dernière fournée, qu'il fit cuire sept jours, fut la bonne et la statue sortit jaune, dorée à point.

— Celui-là sera l'homme parfait ! dit Dieu.

Certains ethnologues modernes pensent que la race noire pourrait être la race terrestre originelle, les vrais hommes de la planète Terre. Mais on peut tout aussi bien envisager les Noirs et les Blancs comme issus des survivants diversement mutés de la race des ancêtres supérieurs.

La supériorité intellectuelle de la race blanche est d'autre part interprétée de différentes façons :

1° Les hommes blancs descendraient d'une humanité extérieure à notre planète. C'est la thèse de certains américanistes et de ceux qui admettent l'hypothèse de Tiahuanaco-Atlantide.

50

2° Les hommes blancs seraient les descendants directs, n'ayant subi aucune mutation notable, des ancêtres supérieurs de la primhistoire. En eux auraient survécu et subsisté l'instinct héréditaire et la souvenance du message.

(En ce cas, les hommes noirs, jaunes et rouges seraient des descendants qui auraient subi une irradiation beaucoup plus prononcée.)

Il est séduisant de penser que les Vénusiens de Tiahuanaco étaient d'anciens Terriens revenus sur la planète mère après des millénaires d'absence. Notre système solaire n'étant pas le plus vieux du Cosmos, il est possible encore que les premiers habitants de la Terre et de Vénus aient été issus d'une autre galaxie.

Aujourd'hui, il est acquis que l'humanité presque tout entière redoute une prochaine fin du monde et prévoit la colonisation d'une planète où pourraient se réfugier des rescapés.

Bien avant un siècle, des hommes terrestres auront probablement fondé un empire dans le Cosmos.

Des Américains sont allés sur la Lune, d'autres cosmonautes « assoliront » sur Vénus ou sur Mars avant l'an 2000. Si trois ans ou cent ans après cet exode extraterrestre, notre humanité périclitait et sombrait, anéantie par un cataclysme atomique, serait-ce la fin des hommes ?

Une réponse se présente immédiatement : les Terriens, exilés sur une planète, reviendraient peupler la Terre. Des Terriens ou d'autres êtres planétaires.

Cette conjecture est actuellement parfaitement admissible. Dans la crainte d'un cataclysme atomique terrestre, des nations s'inquiètent, s'affolent[1] et ressentent les prodromes de la Grande Peur de l'an deux mille ; déjà pris de panique, des Américains se suicident ou construisent des

_____

1. À Helsinki, le dimanche 3 décembre 1961, un violent orage fit croire à l'éclatement d'une bombe atomique. Les Finlandais, pris de panique, téléphonèrent aux journaux et à l'Observatoire ; la foule se précipita dans les rues, tandis que les gens se terraient dans les caves par crainte des radiations atomiques.

51

abris antiatomiques individuels, familiaux, et même pour le bétail [1].

Les plus optimistes espèrent que les hommes, déjà frappés dans la procréation [2] et dans leurs facultés de réadaptation fonctionnelle, auront un répit de 150 ans avant de ne plus être aptes à procréer, sinon des mutants.

Ces mutants, ou les exilés revenus sur la Terre, seront-ils les hommes des temps futurs ? Le futur est à l'image du passé et le cosmos tout entier n'est peut-être qu'un éternel recommencement.

Voilà ce que confirment la tradition et les découvertes fortuites, qui sur tous les continents, semblent vouloir guider les hommes vers des hypothèses qu'ils avaient peur de formuler.

---

1. Des Américains très impressionnables construisent la nuit, dans leur propriété, depuis l'automne 1961, des tranchées-abris individuelles bétonnées et pourvues de ravitaillement en conserve dans des emballages de matière plastique. Dans le Nebraska (USA), M. Gordon Roberts, un fermier, a construit un abri antiatomique pour ses 200 vaches et ses 3 taureaux !

2. Statistique 1960 : 9 femmes sur 10 accouchent prématurément. Très souvent avec un mois d'avance. En ville, les fractures osseuses nécessitent un plâtrage de 90 jours (pour une jambe) contre 40 jours en 1930. Fréquemment, la recalcification demande des *années* : parfois elle ne se fait pas du tout, sans qu'il soit question de tuberculose. Il est devenu courant dans les hôpitaux d'envoyer à Berck, à Roscoff ou à Quiberon, des accidentés n'ayant eu qu'une simple fracture. La Sécurité Sociale reconnaît ces dispositions. Les raisons de ces anomalies et de cette détérioration physiologique : les psychoses, les produits pasteurisés, les antibiotiques, la chimiatrie à outrance, la radioactivité, la radiothérapie, la télévision et sans doute aussi les ultrasons, l'électricité, etc.

3

Tiahuanaco

Entre la première civilisation et la nôtre, il existe des chaînons et, en premier lieu, les civilisations pré-incaïques de la cordillère des Andes et de Glozel.

Déjà, en 1876, l'archéologue français Wiener écrivait : *Un jour viendra où l'on pourra dire des civilisations classiques des Pharaons, des Chaldéens, des Brahmes : vous êtes cataloguées dans nos livres comme étant les plus anciennes, mais la science prouve que la civilisation pré-incaïque de Tiahuanaco est de plusieurs milliers d'années antérieure à la vôtre.*

Les civilisations pré-incaïques interfèrent-elles avec l'histoire ou avec le mythe de l'Atlantide ? Probablement. Platon n'est plus le seul partisan de la théorie des ancêtres supérieurs.

Dans son livre *Un roman de Tanger. La Guerre nouvelle* [1], l'archéologue et écrivain René Gau apporte à cette théorie de l'Atlantide et à l'origine extraplanétaire des Atlantes une contribution nouvelle fondée sur la découverte, à Our, de plaquettes gravées que détiendraient les services politiques américains.

Ces plaquettes provenant des fouilles archéologiques effectuées par Wooley en 1927, si elles sont authentiques, ajoutent à l'étude de la primhistoire des indices qui rejoi-

---

1. Tip, Hispano, Arabiga, Tanger 1951.

gnent curieusement les hypothèses que nous avançons conjointement avec les savants et historiens d'avant-garde : les Russes Jirov, Agrest, et les Français Lucien Barnier, Louis Pauwels, Jacques Bergier et Jean Nocher.

Voici ce que M. René Gau écrit :

Il retraça toute l'histoire merveilleuse de la découverte en Chaldée (Irak) de la célèbre tombe du roi d'Our, par Wooley en 1927. Au printemps, les recherches méthodiques qu'il poursuivait allaient donner un résultat inattendu...

En déblayant toujours, Wooley, sous un coffre à vêtements, découvrit le puits qui devait le conduire au tombeau du roi.

Puis on nettoya encore une autre pièce, dans laquelle étaient de nombreux objets de valeur, dont un étendard où figuraient des dessins de scènes de guerre. Parmi les autres objets, l'un fut subtilisé habilement par un travailleur qui réussit à le dissimuler et à l'emporter, à la fin de son travail.

Tout à fait par hasard, le professeur Gerboult (que nous soupçonnons être René Gau), correspondant du British Museum et d'un Office culturel de New York, retrouva le coffret volé à Wooley chez un antiquaire qui s'en dessaisit moyennant un prix excessif que seuls les Américains acceptèrent de payer.

Le contenu de ce coffret était composé de pierres précieuses taillées et de bijoux gravés de signes intraduisibles [1].

Le professeur Gerboult garda intentionnellement 12 feuilles d'or sur lesquelles étaient dessinées des pictogra-

---

1. M. René Gau a écrit à propos dés signes cryptographiques gravés sur les plaques d'or : « La relation semblait toute différente de celle des plaquettes d'Our. Elle paraissait pour ainsi dire, un complément explicatif ; elle parlait du précédent coffret et deux plans qui s'y trouvaient étaient expliqués. L'un indiquait le moyen de se rendre en Haute-Égypte à l'hypogée des rois atlantes et l'autre donnait le plan en étoile des tombeaux groupés des trente derniers chefs atlantes, rois dont le 1er et le 30e étaient placés au centre et très nettement marqués sur l'étoile plate. Le lieu semble avoir été fixé un peu approximativement, car les indications faisaient comprendre qu'il se trouvait entre vingt et trente jours de marche du Nil. Un point précis était néanmoins mentionné se situant à moitié chemin entre Assouan et l'oasis du désert à l'ouest. Les feuilles d'or apportaient aussi la confirmation de la venue sur la Terre en Atlantide d'êtres humains très perfectionnés, débarqués des cieux, il y a 15 000 ans environ. »

phies, et une étoile à sept branches de 12 centimètres de diamètre.

La relation se poursuit ainsi :

J'appris par la traduction des textes gravés que les bijoux avaient une bien plus grande valeur archéologique que commerciale. Ils constituaient des talismans précieux venus des Atlantes qui les tenaient eux-mêmes d'êtres se disant humains, frères éloignés des étoiles. Ceux-ci les visitèrent un jour, étant venus des profondeurs intersidérales sur un navire volant...

Cette découverte devait servir de base à d'autres recherches archéologiques puisqu'elle confirmait les dires de Platon, avec, en plus, la nouvelle stupéfiante de l'existence de frères de notre humanité terrestre, nettement supérieurs à nous, issus d'autres galaxies...

Cette découverte s'apparente aux concepts nouveaux imaginés par les savants, les biologistes et les hommes de l'aventure interplanétaire. Mais les révélations d'Our — si l'on admet leur authenticité fort douteuse — n'ont pas, et de loin, la valeur des indices que l'on trouve sur les hauts plateaux des Andes.

La ville la plus vieille du monde

C'est par la Porte du Soleil que l'on pénètre de plain-pied dans le monde ignoré de Tiahuanaco, qui proclame son antique splendeur en Bolivie, à 4 000 mètres d'altitude.

Un jour de mai 1958, un Français venant de La Paz découvrit, sur un plateau sablonneux, une ville en ruine :

C'était Tiahuanaco, la plus vieille ville du monde.

Ce Français, le journaliste Roger Delorme, n'était pas sans connaître l'histoire inca et les traditions des vallées andines. Il avait visité Cuzco, Pachacámac, Ollantaytambo, et admiré les colossales constructions de pierres géantes dont certaines pèsent plusieurs tonnes.

Les anciennes cités incas, Machu Picchu en particulier, l'avaient fortement impressionné par une majestueuse harmonie malgré leur gigantisme. Mais là, à Tiahuanaco, devant les pierres et les statues éparses sur des kilomètres, devant cette Porte du Soleil ciselée comme un bracelet maure, il subissait une emprise indéfinissable, une sorte de magie qui dépassait toutes les émotions ressenties sur les hauts lieux du Pérou.

À Tiahuanaco, le désert était habité par un secret extraordinaire que l'esprit ne parvenait pas à identifier.

Roger Delorme demeura plusieurs semaines sur le plateau bolivien, subjugué par la Porte du Soleil, interrogeant le monolithe brisé en son milieu (selon la tradition, par une pierre jetée du ciel), questionnant les indigènes, essayant de donner un sens logique et scientifique aux paraboles, aux images et aux pétroglyphes.

Ces pétroglyphes gardèrent leur mystère littéral, mais point n'était besoin d'être grand clerc pour ressentir une étrange énigme, encore indéchiffrable, peut-être le secret de l'origine des hommes.

Alentour, sur le plateau, des personnages monolithiques en grès, à grandes oreilles, avec des mains à quatre doigts, contemplaient de leur regard vide l'homme du xxe siècle qui essayait de comprendre leur message.

L'origine de Tiahuanaco se perd dans les millénaires. Les Incas, lors de la conquête du Pérou par Fernand Pizarre, prétendaient qu'ils n'avaient jamais connu Tiahuanaco autrement qu'en ruine. Les Aymaras, le plus ancien peuple des Andes, disaient que la cité était celle des premiers hommes de la Terre et qu'elle avait été créée par le Dieu Viracocha avant même la naissance du soleil et des étoiles.

Roger Delorme, quand il revint en France avec une moisson de notes, nous parla avec enthousiasme du haut lieu de la cordillère des Andes. Ce fut presque par hasard qu'il accrocha notre attention. Ce fut par hasard que le capitaine Tony Mangel, vieux coureur de mers, nous apprit qu'il avait été intronisé *ambi* (prêtre) en Amérique du Sud.

En même temps, le capitaine nous mettait en relation avec l'énigmatique Rénovateur de la Religion du Soleil inca : M. Beltran Garcia, biologiste espagnol et descendant direct de Garcilaso de La Vega, le grand historien de la Conquête.

Ces hasards devaient amener un surprenant développement de la légende et de l'histoire de Tiahuanaco.

M. Beltran tenait de son aïeul des documents inédits relatifs aux traditions andines. La Porte du Soleil, en elle-même, n'était qu'un témoignage incomplet. Les traditions andines, en elles-mêmes, n'étaient qu'une affabulation. Le tout, juxtaposé, faisait succéder aux interprétations fragiles des mythologies et des traditions américaines, égyptiennes, grecques et même babyloniennes, une explication enfin acceptable.

L'Histoire, qui s'arrêtait aux dernières dynasties pharaoniques, venait de faire un bond dans le passé et se prolongeait maintenant jusqu'au dixième millénaire avant notre ère, sinon plus loin.

Voici ce que révélaient les documents secrets de Garcilaso de La Vega, traduits et commentés par M. Beltran :

Les écrits pictographiques de Tiahuanaco disent que dans l'ère des tapirs géants, des êtres humains très évolués, palmés, et d'un sang différent du nôtre, venant d'une autre planète, trouvèrent à leur convenance le lac le plus haut de la Terre [1].

Au cours de leur voyage interplanétaire, les pilotes lancèrent leurs excréments sans atterrir et donnèrent au lac la forme d'un être humain couché sur le dos.

Ils n'oublièrent pas le nombril, endroit où se poserait notre première Mère, chargée de l'insémination de l'intelligence humaine.

Cette légende, hier, nous aurait fait sourire. Aujourd'hui, nos hommes-grenouilles copient artificiellement les doigts palmés des colons de Tiahuanaco.

Des indigènes andins vivent à des altitudes où le Blanc ne pourrait s'acclimater, ce qui est la preuve qu'il peut exister un autre sang (sic).

---

1. Traduction littérale.

Dans leurs puissants télescopes, les visiteurs sidéraux cher-
chèrent donc une altitude et un lac favorables à leur orga-
nisme et à leur vie amphibie.

La signification d'« excréments » peut être : choses issues
de l'aéronef pour modifier les contours du lac, peut-être
bombes atomiques ?

À noter que pour ruiner la tradition et discréditer le lac
dans l'esprit des Andins, les cartes géographiques le représen-
tèrent jusqu'en 1912 avec une forme presque ronde. Au nom
légitime du lac : Titi (lac du mystère et du soleil), on ajouta
le suffixe caca qui, dans beaucoup de langues, signifie
excrément.

L'aéronef du lac Titicaca

Ainsi donc, les documents du descendant de Garcilaso
de La Vega faisaient état d'une Ève d'origine extraterrestre
et d'engins interplanétaires.

Ils donnaient aussi des précisions étonnantes.

À l'ère tertiaire (il y a environ 5 millions d'années), alors
que nul être humain n'existait encore sur notre planète peu-
plée seulement d'animaux fantastiques, un aéronef brillant
comme l'or vint se poser sur l'île du Soleil du lac Titicaca.

De cet aéronef descendit une femme ressemblant aux fem-
mes actuelles pour tout le corps des pieds jusqu'aux seins ;
mais elle avait la tête en forme de cône, de grandes oreilles[1]
et des mains palmées à quatre doigts.

Son nom était « Orejona » (grandes oreilles) et elle venait
de la planète Vénus où l'atmosphère est à peu près analogue
à celle de la Terre[2].

---

1. Les Grandes Oreilles (ou Orejones) formaient une caste supérieure en Amérique du Sud qui essaima jusqu'à l'île de Pâques. Les statues géantes de Pâques
et de Bâmiyan ont toutes de grandes oreilles et il est curieux de noter que les
bouddhas de l'Inde ont également la même particularité. D'autre part, ce sont les
Orejones qui, d'après Garcilaso de La Vega et Cieza de Leon, cachèrent les trésors
des Incas dont les cachettes ne furent jamais divulguées par les initiés.

2. Dans l'état actuel des observations astronomiques, on peut admettre que la
planète Vénus est habitable, au moins sur les sommets de ses montagnes.

Ses mains palmées indiquaient que l'eau existait en abondance sur sa planète originelle et jouait un rôle primordial dans la vie des Vénusiens.

Orejona marchait verticalement comme nous, était douée d'intelligence et sans doute avait-elle l'intention de créer une humanité terrestre, car elle eut des relations avec un tapir, animal grognant, marchant à quatre pattes. Elle engendra plusieurs enfants.

Cette progéniture née d'un croisement monstrueux naissait avec deux mamelles, une intelligence amoindrie, mais les organes reproducteurs restaient ceux du tapir-cochon. La race était fixée.

Un jour, sa mission accomplie, ou peut-être lasse de la Terre, et désireuse de revenir sur Vénus où elle pouvait avoir un mari à son image, Orejona reprit son vol en astronef. Ses enfants, par la suite, procréèrent, se vouant surtout au destin de leur père tapir, mais dans la région de Titicaca une tribu demeurée fidèle à la mémoire d'Orejona développa son intelligence, conserva ses rites religieux et fut le point de départ des civilisations pré-incaïques.

Voilà ce qui est écrit sur le fronton de la Porte du Soleil à Tihuanaco.

Voilà ce qui avait accroché si vivement notre curiosité, puis provoqué notre stupéfaction lorsque nous identifiâmes sur les pétroglyphes des scaphandres autonomes, des engins à moteur mystérieux, des machines vraisemblablement sidérales : tout cela d'une netteté singulière.

Si nets étaient ces dessins, qu'immédiatement une pensée nous vint : les anciens Aymaras ou ceux qui, quelque 10 000 ans avant notre ère, gravèrent ces figures, les avaient certainement enduites et fortifiées avec une préparation à base de silicone afin d'assurer la conservation de leur message (plastification ?).

Ce qui subsiste sur le haut plateau permet d'imaginer une antique cité (mais était-ce vraiment une cité ?) de dimensions considérables, avec des rues, des temples, des parcs publics. Les statues, les pierres gravées, les objets que l'on trouve dans les sables à peine fouillés relèvent d'une technique assez rudimentaire analogue à celle des Aymaras, des Incas ou des Aztèques. On ne sait s'il s'agit d'un art primitif ou d'un art dégénéré.

En revanche, la Porte du Soleil étincelle en cette jungle comme un pur joyau.

À première vue, il semblerait que Tiahuanaco ait été la cité où des hommes peu évolués sculptèrent leurs dieux et leurs totems en même temps que d'autres hommes, infiniment plus habiles et cultivés, ciselaient leur message dans les frises de la Porte du Soleil.

Plus tard, selon les géologues, un cataclysme ruina la cité, abattit les temples et les maisons : Tiahuanaco devint une ville morte. Peut-être les lois naturelles veulent-elles signifier ainsi à la fois la fin d'un règne et la disparition d'une race.

On ne manque pas complètement de documentation sur la cité ruinée, ensevelie ou submergée, et nous accordons un certain crédit aux révélations de Manuel Gonzales de la Rosa dans son opuscule *Les deux Tiahuanaco*[1].

Le langage des cordelettes

Gonzales de la Rosa, qui vécut longtemps au Pérou, rapporte les déclarations du *quipocamayo* (interprète des quipus incas) Catari, qui, retiré à Cochachamba au XVIᵉ siècle, traduisit à l'intention des Jésuites le langage des énigmatiques cordelettes à nœuds.

Le manuscrit de la traduction fut donné vers 1625 par le chanoine de Chuquisaca (Sucre), Bartolomé Cervantès, au Jésuite A. Oliva[2]. Depuis, le document est tenu secret — à la Bibliothèque Vaticane — mais l'essentiel de sa teneur est connu.

---

1. *Les deux Tiahuanaco*, par Manuel Gonzales de la Rosa. Wien, 1909.
2. Anello Oliva, chroniqueur italien de l'Ordre des Jésuites, auteur d'une *Histoire du Pérou* particulièrement documentée sur la région du lac Titicaca.

Voici en résumé la traduction du vieux Catari commentée par G. de la Rosa :

Le nom primitif de Tiahuanaco était Chucara. La ville était entièrement souterraine et ce qui existait en surface n'était que le chantier de taille des pierres et le village des ouvriers.

La cité souterraine donnerait la clef d'une étonnante civilisation qui remonte aux temps les plus reculés.

On accédait à la cité par plusieurs entrées que virent le grand naturaliste français Alcide d'Orbigny[1] et les voyageurs Tschudi, Castelnau, Squier, qui parlent de galeries sombres et fétides débouchant dans l'enceinte de Tiahuanaco.

Cette cité souterraine avait été édifiée pour permettre aux habitants d'y trouver une température plus clémente, ce qui prouve bien que l'altitude n'a jamais varié[2].

Auprès du lac Titicaca existait un palais dont il ne reste plus trace, car son édification remonterait, d'après les textes, à l'époque « de la création du monde »[3].

Le premier seigneur de Chucara, qui veut dire « Maison du Soleil », s'appelait Huyustus ; il avait partagé le globe en plusieurs royaumes. Les derniers habitants de Chucara n'étaient pas les Aymaras mais les Quéchas.

À Tiahuanaco, on enterrait les morts couchés. Dans les îles du lac vivait une race blanche et barbue[4].

---

1. Alcide d'Orbigny, célèbre naturaliste (1802-1857), explora l'Amérique du Sud durant sept années de 1827 à 1834. Auteur de nombreux ouvrages qui font autorité dans le monde entier. La partie principale de son livre *Voyage dans l'Amérique méridionale* traite de la Bolivie et a été traduite en espagnol sous le titre *Description Geografica, Historica y Statistica di Bolivia*. Paris, 1846. C'est dans cet ouvrage que Gonzales de la Rosa puisa sa référence.

2. Le quipocamayo Catari n'a pas dit explicitement (d'après les cordelettes) que la race de Tiahuanaco était d'origine extraterrestre ; pourtant il faut, là encore, noter la convergence des traditions rapportées par Beltran, Gonzales de la Rosa et les découvertes des savants russes. Si les habitants de Tiahuanaco avaient été des autochtones, la nécessité d'une cité souterraine ne se fût pas fait sentir.

3. Garcilaso de La Vega a parlé de ce palais.

4. Encore un indice : les habitants et vraisemblablement la caste supérieure des îles (et, l'hiver, de la cité souterraine ?) n'étaient pas de race rouge, mais blanche. Toujours l'indication d'une race extérieure aux Andes.

61

Pour Gonzales de la Rosa, les ancêtres des Uros étaient les fondateurs de Tiahuanaco.

Cette tradition fort peu connue, même des américanistes, appuie la thèse de l'origine étrangère des colons installés autour du lac Titicaca. D'ailleurs, toutes les traditions assurent que, précédant dans une haute antiquité l'avènement des Incas, une caste supérieure d'hommes blancs s'était établie dans les Andes.

Garcilaso de La Vega écrit :

Le Dieu Soleil, ancêtre des Incas, leur envoya dans des temps très anciens un de ses fils et une de ses filles pour leur donner la connaissance, délégués que les hommes reconnurent comme divins à leurs paroles et à leur *teint clair*.

Pedro Pizarre, cousin du Conquistador, dit dans sa chronique [1].

Les femmes nobles sont agréables à regarder ; elles se savent belles et le sont en effet. Les cheveux des hommes et des femmes sont blonds comme les blés et certains individus ont la peau plus claire que les Espagnols.

Dans ce pays, j'ai vu une femme et un enfant dont la peau était d'une blancheur inaccoutumée. Les Indiens prétendent qu'il s'agit de descendants des idoles (les dieux).

Ces *idolos* qui apportèrent la science, pourrions-nous les identifier comme les voyageurs de l'astronef vénusien, habitants des sommets de Vénus, là où le gaz carbonique des vallées fait place à un air plus pur et plus proche de l'air terrestre ?

Les hommes bleus

Une autre thèse, beaucoup plus séduisante, est apparue en URSS. Elle assimile les *idolos* aux mystérieux *hommes à sang bleu* qui, dans des temps lointains, constituaient une sorte d'élite.

---

1. *Descubrimiento y conquista de los Reinos del Peru*, 1571.

En 1960, une revue russe, s'appuyant sur les relations de l'historien égyptien Manéthon, d'Hérodote, et sur les inscriptions du papyrus de Turin et de la Pierre de Palerme, apportait une contribution précieuse, à la fois à l'énigme de l'Atlantide et à celle de la venue d'extra-terrestres.

Dans son numéro de décembre 1960, la revue *Atlantis*[1], sous la signature de l'archéologue Henry Bac, reprenait l'information.

Les Russes posaient la question suivante : « Les Atlantes furent-ils un peuple bleu ? » en rappelant que Platon leur attribuait une origine autre que celle des hommes terres-tres, et un sang différent.

« D'après certaines traditions, révélait le document, les Atlantes auraient été les fondateurs de la civilisation égyp-tienne. Les chefs les plus anciens des dynasties divines, douze mille ans avant notre ère, étaient des Atlantes de race pure. »

Les Égyptiens, poursuit Henry Bac, reproduisaient très soigneusement les objets sur leurs fresques et en respec-taient les couleurs. Or, de quelles couleurs peignaient-ils leurs dieux ?

Si Osiris était vert (dieu de la végétation renaissante), Thot était pigmenté, soit de vert, soit de bleu pâle ; Ammon et Shou étaient des dieux bleus. Pourquoi cette couleur fondamentale était-elle l'apanage des dieux égyp-tiens ? Une seule réponse nous semble possible : ces dieux seraient les descendants d'un peuple à peau bleue, ou considérés comme tels.

Osiris et Thot, venus en Égypte et n'y trouvant pas les conditions de vie d'un pays de hautes montagnes, mais au contraire une plaine au climat chaud et ensoleillé, ont vu leur teint modifié par le hâle qui a fini par leur donner une peau olivâtre (bleu + jaune) représentée par la couleur verte sur les dessins des premiers Égyptiens.

---

1. *Atlantis* — Revue d'Archéologie scientifique et traditionnelle, 30, rue de la Marseillaise, Vincennes, n° 204, nov.-déc. 1960.

Hypothèse admissible si l'on considère qu'il existe des peuplades d'« Indiens bleus » sur les hauts plateaux des Andes, dont la pigmentation a pour cause le manque d'oxygène dans le sang. Les Guanches disparus de l'île de Ténériffe, aux Canaries, avaient une peau olivâtre.

Il est biologiquement possible que la peau prenne une teinte azur assez vive par incorporation de grains de mélanine, pigment caractéristique des peaux noires. Ce phénomène explique la présence des teintes bleu clair, bleu foncé et violette sur la peau de certains singes.

Il existe des « hommes bleus » aux environs de Goulémine, au sud d'Agadir, et les Pictes de l'Écosse antique avaient coutume de se teindre la peau en bleu.

Il est curieux, enfin, de citer la notion bien connue de « sang bleu » que l'on emploie à propos de la noblesse ancienne. On notera que cette notion, très ancienne, est originaire de la péninsule Ibérique. Habituellement, on la rattache au séjour effectué en Espagne méridionale par la tribu des Vandales, mais cette explication n'est pas satisfaisante.

Lorsqu'on examine tous ces faits par rapport à la géographie, on s'aperçoit que dans la plupart des cas l'existence de tribus à la peau olivâtre ou bleue, naturelle ou teinte artificiellement, est liée au littoral atlantique.

On en vient donc à imaginer que les Atlantes, habitant une contrée aux montagnes élevées, constituaient une population à peau bleue, par suite des conditions biologiques de l'hérédité et du milieu, race déjà en voie d'extinction qui perdit ses caractéristiques au moment de la disparition de l'Atlantide.

Cependant en signe d'appartenance à l'antique race, les descendants de la dynastie régnante de l'Atlantide s'habillaient de vêtements bleus à l'occasion des fêtes, tandis que certains peuples du littoral atlantique européen et africain se teignaient artificiellement la peau pour ressembler aux puissants Atlantes. Hypothèse que renforce Platon en révélant que lors des sacrifices nocturnes et des lits de justice des rois « atlantes », ceux-ci revêtaient, pour une raison inconnue, des habits de teinte bleu azur foncé.

Il est possible que la perte de la pigmentation provînt chez les Atlantes d'une *migration ultérieure* qui eut pour conséquence de les faire vivre dans des régions moins élevées, circonstance qui détermina la disparition de la carence d'oxygène dans le sang, ainsi que celle du teint bleu qui en résultait et qui était demeuré stable durant des millénaires.

Henry Bac, analysant cet exposé soviétique, ajoute que l'expression « sang bleu » est employée encore de nos jours en Amérique du Sud : dans certaines contrées de la côte du Pacifique, on dit d'une personne issue de l'union d'un Indien et d'un Européen qu'elle est de « sang bleu ».

En Europe, cette expression désigne explicitement des individus prétendus de haute et antique noblesse.

En Russie, en Mongolie, les nobles étaient réputés de sang bleu ce qui, incontestablement, rejoint l'idée de supériorité.

Les déclarations de Platon et l'exposé russe prennent une singulière valeur si on les applique à des êtres extraterrestres venus de la planète Vénus où la haute teneur en gaz carbonique expliquerait une pigmentation naturellement bleue.

Vénus, la planète « bleue » des Anciens, avec ses montagnes de 4 000 mètres, sa végétation et sa température par endroits supportable par l'homme, selon les données de la fusée américaine Mariner II, serait-elle la patrie originelle des hommes bleus, des Atlantes, de la race de Tiahuanaco et de Glozel ?

Il n'est peut-être pas inutile de rappeler que des événements extraordinaires, notés par des astronomes antiques, se sont passés sur Vénus à une époque très reculée. Saint Augustin rapporte, d'après Varron, que Castor le Rhodien a laissé, écrit, le récit d'un prodige étonnant qui se serait opéré dans Vénus.

Cette planète qui avait plusieurs satellites aurait changé de couleur, de grandeur, de figure et de course.

65

Ce fait sans précédent serait arrivé du temps du roi Ogygès[1], comme l'attestent Adrastus, Cyzicenus et Dion, nobles mathématiciens de Naples.

De quel ordre était le prodige ? Collision ? Explosion nucléaire ? Nous ne pouvons le dire, mais il est vraisemblable que, « planète sœur » pourvue d'un ou de plusieurs satellites maintes fois observés, Vénus est liée à l'histoire de notre humanité.

Les temps ne sont peut-être pas loin où ces satellites fantômes s'identifieront avec des engins spatiaux dirigés, et peut-être avec l'astronef « brillant comme l'or » qui transporta sur notre Terre des transfuges de Vénus contraints de quitter leur planète menacée.

Il est curieux aussi de noter que les Russes, pionniers de la course au Cosmos — le retour aux sources ? — s'acharnent à relier le mystère de Vénus à celui de Tiahuanaco.

L'archéologue américain A. Posansky a découvert cinq civilisations successives anéanties par des catastrophes naturelles, dont deux inondations ou déluges, ce qui authentifierait la très haute antiquité de Tiahuanaco et accréditerait certaines approximations de l'ordre de 15 000 à 40 000 ans[2].

Certains américanistes, comme Denis Saurat et Hoerbiger, ont expliqué ces catastrophes par une effarante théorie où la Lune, descendue à proximité de la Terre, aurait aspiré les eaux océaniques dans la zone sud-américaine. En conséquence, les mers, désertant le reste du monde, se

---

1. Ogygès : dans la mythologie grecque, Ogygès avait pour père Neptune et pour mère l'Océan. Il est donné comme le plus ancien roi de l'Attique et son règne fut marqué par un déluge à une époque très incertaine puisque l'adjectif grec *ogygios* signifie : « fabuleux, précédant toute connaissance historique », et se rattache aussi à l'idée de cataclysmes antiques. Ogygès serait le fondateur de Thèbes et son existence est attestée par la plupart des traditions de l'ancien et du nouveau monde. Dans l'étymologie sanscrite, Ogygès = aughaga signifierait *né au déluge*. Voilà donc une relation qui associe sous le signe d'Ogygès : le déluge, la planète Vénus, l'Océan, l'Égypte, les Hommes Bleus, et Tiahuanaco, ce qui ne manque pas d'être troublant.

2. Saurat : *L'Atlantide et le règne des géants*, Denoël 1954. Saurat épouse à ce sujet les théories de H. S. Bellamy et d'Hoerbiger.

seraient accumulées en une gigantesque bulle d'eau salée autour de Tiahuanaco, qu'elles auraient engloutie.

Saurat appuie cette hypothèse sur l'existence d'une ligne de sédiments marins longue de 700 km.

« Cette ligne, écrit-il [1], commence près du lac Umayo au Pérou à près de 100 mètres de hauteur au-dessus du niveau du lac Titicaca et passe au sud de ce lac, à 30 mètres au-dessus du niveau de l'eau et va se terminer en s'inclinant de plus en plus bas vers le sud... Il y a donc eu là une mer », explique-t-il, et il poursuit quelques pages plus loin : « Les quais du port de Tiahuanaco existent encore et ils sont, non pas à portée du lac périmé, mais sur la ligne de sédiments... »

Par malheur, la réalité est au-dessus de la fiction.

L'altitude de Tiahuanaco est de 3 825 m, celle du lac de 3 812 m.

La ligne sédimentaire étant située entre 100 m et 30 m au-dessus du niveau du lac, le soi-disant « port » de Tiahuanaco aurait donc été le port d'une ville immergée à 87 m sous les eaux ! Ce n'est pas très sérieux.

En revanche, entre autres hypothèses — et pour sacrifier au mythe de l'Atlantide — on peut admettre que lors des pluies qui s'abattirent sur terre à l'époque du Déluge, la cité souterraine de Tiahuanaco fut engloutie sous des avalanches d'eau, de boues et de terres délayées, ce qui, en particulier, donnerait un sens à cette Porte du Soleil qui ouvre sur le vide d'une demeure ou d'une cité inexistantes.

Les pétroglyphes de la Porte du Soleil ont réservé aux astronomes et aux techniciens de l'astronautique de vives surprises. Les dessins représentent peut-être des engins interplanétaires ainsi que les avait décrits le descendant de Garcilaso de La Vega :

L'idéogramme sur la tête du personnage est un astronef terrestre (tête de jaguar : force, vie terrestre ; cônes stylisés : cabines, habitats ; tête de condor : voyage, espace).

---

1. *L'Atlantide et le règne des géants*, p. 49, de Denis Saurat.

Cette interprétation de M. Beltran rejoint celle des savants en ce qui concerne les dessins gravés sur le personnage : scaphandre interplanétaire avec moteur à l'arrière. Dans l'oiseau : moteur à réaction ou plus vraisemblablement à répulsion, la force motrice utilisée résultant sans doute « de la décomposition des rayons solaires, ou de leur désintégration en leurs deux polarités, comme ils se décomposent dans les *six* couleurs du spectre »[1].

Le physicien français Jean Plantier a étudié cette force ion-solaire qui, bientôt sans doute, propulsera les fusées sidérales, si ce n'est déjà fait.

D'autre part, l'ingénieur soviétique Alexandre Kazantsev a identifié un calendrier vénusien sur la Porte du Soleil à Tiahuanaco.

— Le plus ancien calendrier de la Terre, dit-il, avec années de 225 jours terrestres.

S'il ne s'agit que d'une coïncidence, elle est étonnante !

Et, rebaptisant la Porte du Soleil, le savant russe pose une interrogation :

— Comment les ancêtres des Incas ont-ils pu connaître l'année vénusienne et pourquoi s'intéressaient-ils si particulièrement à cette planète ?

On peut donc avancer que ces hypothèses de savants matérialistes accréditent singulièrement la tradition d'Orejona, l'Ève de Vénus, arrivée, il y aurait peut-être des millions d'années, en astronef à tuyères sur notre globe terrestre.

Bien entendu, la tradition d'Orejona (tout comme les dessins de la Porte du Soleil) a été déformée. Les descendants de Vénusiens — nos ancêtres ? — avaient sans doute oublié la technique du voyage sidéral, mais ils avaient été initiés à certaines connaissances scientifiques. Sentant confusément que leur civilisation dégénérait, les derniers

---

1. Il est évident que le spectre ne comporte que six couleurs et non sept : les trois couleurs fondamentales, bleu, jaune, rouge et les trois secondaires résultant de leur mélange deux par deux : vert, orangé et violet. L'indigo, juxtaposition du violet et du bleu est une couleur tertiaire... mais alors il y en a bien d'autres !

initiés léguèrent aux humanités futures le message de la Porte du Soleil.

Ces ancêtres américains étaient-ils les Atlantes ? Cette hypothèse expliquerait à la fois la révélation de l'Atlantide par Platon[1] dans le *Timée* et dans le *Critias*, et la soudaine, merveilleuse et incompréhensible apparition de la civilisation égyptienne.

Un exil en Égypte

En tout cas, il est certain que la haute civilisation de Tiahuanaco se développait parallèlement à l'époque du néolithique et sans doute du paléolithique. En Amérique, habitaient alors des hommes qui dessinaient des fusées sidérales, tandis qu'en Europe, en Asie et en Afrique végétaient des hommes beaucoup moins évolués — peut-être d'une autre origine — à peine capables de tailler leurs outils dans le silex.

Reste à connaître la nature du cataclysme qui brisa brutalement l'évolution des Andins du Pérou. Il y eut des déluges, peut-être des éruptions volcaniques, mais ces fléaux naturels ne peuvent expliquer la destruction du génie. Tiahuanaco fut habitée par des hommes à connaissances scientifiques poussées à qui succédèrent des hommes de moins en moins instruits qui tous vécurent comme en vase clos sans que le reste de la terre ressentît leur rayonnement.

---

1. Nous rappelons brièvement la relation de Platon : « Écoute, Socrate, dit Critias, une histoire admirable mais *très vraie* que raconte Solon... d'après une confidence des prêtres de Saïs » dont les livres sacrés contenaient leur histoire pendant une suite de 8 000 années (en 400 av. J.-C.). « Avant le Déluge, le royaume d'Atlantide (en mer Atlantique) était une île plus étendue que la Libye et l'Asie réunies (donc un continent). Un terrible tremblement de terre joint à un déluge procuré par une pluie continuelle et torrentielle d'un jour et d'une nuit, entrouvrit la terre... et l'Atlantide disparut sous la mer.
« Tel est, Socrate, le résumé de ce que mon bisaïeul disait avoir appris de Solon.
« Socrate lui répondit : Il est important qu'on regarde ce que tu viens de dire, non comme une fable inventée par nous, mais comme une *histoire vraie*. »

Cette race andine fut sans doute victime d'un mal qui frappa ses facultés de reproduction après un stade d'amoindrissement intellectuel, si bien qu'elle disparut par non-procréation. On peut imaginer le drame : la race, à son apogée, est victime d'une irradiation pour avoir joué avec des forces dangereuses. Les survivants se savent condamnés. Les derniers à conserver une bribe de savoir inscrivent leur douloureux message sur la frisure de la Porte du Soleil.

Ensuite la race est anéantie : Tiahuanaco ne sera jamais achevée.

Une deuxième hypothèse, parallèle, est plus vraisemblable et plus séduisante : des êtres de la planète Vénus ont soudainement apporté sur le plateau andin une civilisation merveilleuse.

Leur colonisation expliquerait la présence, à l'époque préhistorique, de cette enclave à quatre mille mètres d'altitude, dédaignant les hommes du néolithique et incapable peut-être de trouver des possibilités de vie ailleurs qu'autour du lac Titicaca (nous revenons à la tradition).

Ces Vénusiens à quatre doigts entretiennent des échanges avec leur planète originelle et commencent la construction de Tiahuanaco. Mais leur acclimatation sur la terre est contrariée par une trop profonde modification des conditions biologiques naturelles. La reproduction se fait mal, la race périclite et les derniers Vénusiens, incapables de revenir sur leur planète, transmettent le message de la Porte du Soleil avant leur extinction complète.

Si des Terriens se rendent bientôt sur Vénus ou sur Mars, on peut aussi redouter pour eux un impossible retour. Que deviendront alors ces colons ? Si le milieu biologique de Mars ou de Vénus contrarie leur reproduction — ce qui est probable — ces colons subiront exactement le destin que nous avons prêté aux hommes de Tiahuanaco.

Ainsi, alors qu'au Grand-Pressigny, à Lussac-les-Châteaux, à Charroux, à Lascaux, aux Eyzies, les vrais habitants de la Terre chassaient l'ours à la fronde et le brochet au harpon, des hommes, en un autre point du globe, utili-

70

saient peut-être des fusées spatiales et des moteurs ion-solaires [1].

N'y eut-il aucun échange entre ces deux humanités ?

Il semble que des cosmonautes se risquèrent hors des zones viables du plateau de Tiahuanaco.

Peut-être payèrent-ils de leur vie l'audace de descendre dans les vallées ou de franchir l'Océan, mais ils eurent cette audace, particulièrement après l'engloutissement et la destruction de la cité et la tradition grecque nous en a légué l'émouvant témoignage.

Le mystère de Prométhée

Prométhée [2] était le fils de Clymène, l'Océanide aux pieds merveilleux. Il donna aux hommes « un étincelant rayon divin, trompant une seconde fois, dit Hésiode, la prudence du Maître du Tonnerre ». Jupiter courroucé punit cruellement les mortels, à cause de ce feu.

L'histoire de Prométhée [3] apparaît alors lumineuse à la lueur mauve et blanc des bombes d'Hiroshima, de Nagasaki, de Reggane.

Imaginons, après une certaine acclimation, un cosmonaute vénusien quittant Tiahuanaco, traversant l'Atlantique et abordant l'Afrique stérile et l'Égypte où, déjà, la conscience des hommes commence à se libérer.

En Égypte, le cosmonaute rencontre un cercle de prêtres à qui il essaye de communiquer son savoir. Pour les Égyp-

---

1. Ce qui est encore le cas en notre XXᵉ siècle.
2. Hésiode : *Théogonie* et *Des Travaux et des Jours*.
3. Hésiode : Jupiter parla ainsi : « Ô fils de Japet (Prométhée) que nul ne peut égaler en adresse, tu te réjouis maintenant d'avoir dérobé le feu céleste et de m'avoir trompé ; mais un châtiment sévère attend et toi-même et les hommes à venir : *pour prix du feu qui m'a été dérobé, je leur enverrai un mal dans lequel tous se complairont :* la Vierge Pandore... l'Ève des Grecs, parée de toutes les séductions et détentrice du coffret où étaient enfermés tous les fléaux du monde... et aussi l'Espérance, fort heureusement ! » Ce message extraordinaire qui rejoint le Message Biblique du Péché Originel et de Lucifer, ange déchu, venu — ou à venir — de la planète Vénus, ne pouvait guère être compris des hommes avant le 7 août 1945 (bombe d'Hiroshima).

71

tiens, l'homme d'outre-Atlantique est un Atlante — pour les Grecs il sera Prométhée — et ils le croient quand il dit être venu du Ciel (c'est-à-dire d'une planète).

Il raconte la fin tragique de Tiahuanaco engloutie et révèle des secrets extraordinaires que les Égyptiens ne comprendront jamais entièrement ; certains de ces secrets expliqueront, justifieront l'épanouissement miraculeux, rapide, de la culture égyptienne.

L'homme de Tiahuanaco apporte la science du Cosmos, des astres, de l'écriture, des arts, de l'architecture, de la médecine ; il apporte aussi le secret du feu.

Les prêtres égyptiens reçoivent ces connaissances. Ils les oublient, les déforment, les défigurent, mais leur intelligence commence à sortir du limon, et bientôt ils en savent assez pour établir les premières lois d'une science qui dépasse leur temps de plusieurs millénaires, ce savoir qui se matérialisera dans les temples [1], dans les Pyramides et dans la civilisation de leurs successeurs orientaux et grecs.

On peut présumer que le cosmonaute, l'Homme de Tiahuanaco, a dû payer le tribut de son inadaptation à l'atmosphère épaisse, torride des plaines arabiques. Alors, se référant aux cartes que découvrit plus tard Piri Réis, par-delà la mer Rouge, il se dirigea vers le pays des cimes neigeuses, éparpillant sur sa route, en Arabie, en Chaldée, en Assyrie, des bribes de son savoir.

Et l'on songe encore à Prométhée, initiateur des hommes, châtié par Jupiter et enchaîné précisément — selon la tradition grecque — sur la cime du Caucase, *à une altitude qui est exactement celle du plateau des Andes.* La ressemblance est troublante entre l'Atlante, fils d'Orejona, et Prométhée, fils de l'Océanide aux jolis pieds.

---

1. On retrouve sous les traits d'hippopotame d'Apet, déesse de la fécondité, la déesse gravide du plateau de Marcahuasi au Pérou où d'autre part ont été sculptées des têtes dont la chevelure et la barbe furent imitées par les pharaons (Daniel Ruzo : *La Culture Masma*).

Quoi qu'il en soit, quelque 10 000 ans avant notre ère, Tiahuanaco entrait dans la nuit de l'oubli et Abydos, Héliopolis, Thèbes, Memphis, Karnac et Saïs ouvraient pour le monde occidental les premières pages de l'*Histoire inconnue des Hommes*.

4

La conjuration du secret

Ils n'étaient certainement pas nombreux ceux qui, en Égypte, avaient assez d'intelligence pour assimiler le message de l'Homme de Tiahuanaco. Ceux-là, des prêtres, écrivirent sans doute sous la dictée le premier livre de l'*Histoire inconnue des Hommes.* Ils y dessinèrent des machines, des plans de moteurs, la carte du globe.

L'Homme de Tiahuanaco [1] connaissait la géographie par ses aïeux, qui avaient survolé la Terre avant d'atterrir sur les Andes, et il avait appris aux Égyptiens qu'il existait, par-delà l'Océan, un continent d'où il était venu.

Ce continent, les prêtres lui donnèrent logiquement le nom — avec les mots de l'époque — de Pays d'outre-Atlantique que l'on peut identifier avec l'Atlantide de Platon ou l'Amérique du Sud, qui sont d'ailleurs vraisemblablement le même continent [2].

L'Atlantide avait disparu, sans doute au cours d'un grand cataclysme qui détermina la fin de Tiahuanaco.

---

1. Entendons-nous bien : l'Homme de Tiahuanaco existait en de nombreux exemplaires qui s'égaillèrent sur tout le globe et principalement en direction de l'Égypte, de l'Asie Mineure, de l'Himalaya et de la France.

2. Platon a bien spécifié que l'Atlantide était un continent. Ce qui éloigne de l'idée Amérique du Sud, c'est l'histoire de l'engloutissement par déluge. Mais il est permis de supposer que le continent américain pouvait, au large du Brésil ou du Venezuela, se poursuivre dans l'Océan. Ces terres submergées de nos jours seraient en ce cas l'Atlantide où l'Homme de Tiahuanaco aurait fait une escale avant d'aller en Égypte. Il n'y a donc pas incompatibilité avec le récit de Platon.

Bien que leur étude pratique ait duré des années, les prêtres n'avaient pu tout comprendre. D'ailleurs, l'Atlante ne pouvait pas être un maître en chaque discipline. Il avait dû limiter son enseignement à l'essentiel : la genèse, l'astronomie, la médecine, la fusion des métaux, la lévitation, et à des applications pratiques de l'électricité, des ultrasons et des forces encore inconnues de nos jours.

Les prêtres eurent la révélation de secrets trop subtils pour eux, d'une mise en pratique impossible. Alors, la nécessité du secret s'imposa et tout naturellement, le naos des sanctuaires se referma sur la science supérieure pour ne laisser filtrer que la science possible.

D'un seul coup, l'Égypte, un désert, fait éclater la plus fantastique civilisation de tous les temps : Héliopolis, Thèbes, Busiris, Abydos, Memphis, les pyramides et le Sphinx. Des routes, des canaux, des barrages, sont construits et les prêtres s'efforcent de créer un corps enseignant et de laisser le témoignage de leur savoir non dévoilé.

Nous sommes ici dans le domaine des suppositions, mais par quelle autre hypothèse expliquer le message des pyramides, du Sphinx, de l'Arche d'Alliance, du Temple et des découvertes archéologiques effectuées en Chaldée, en Assyrie et ailleurs ?

Le message de la pyramide de Chéops a certainement été falsifié, mais le document demeure, avec, comme corollaires, les autres pyramides du Mexique, de Perse et des Indes.

Il est impossible de savoir à quelle date elles furent édifiées, si Napoléon et les historiens modernes avancent quarante siècles pour Chéops, les auteurs anciens donnent non sans vraisemblance des dates beaucoup plus reculées.

Le secret de la Grande Pyramide

D'après l'historien arabe Abou-Zeyd-el-Balkhy, « l'inscription gravée sur les pyramides fut traduite en arabe. Elle apprenait l'époque de la construction ; le temps où, dit-il, la Lyre se trouvait dans le signe du Cancer ».

En calculant, on trouva deux fois 36 000 ans solaires avant l'hégire, soit environ 73 300 ans. Estimation exagérée ?

Peut-être ; Hérodote assure pourtant que les prêtres de Thèbes lui ont montré 341 statues en bois, représentant la succession de pères en fils des grands prêtres les ayant précédés depuis plus de 11 000 ans, ce qui prouve la très haute ancienneté du Sanctuaire [1].

Eliphas Lévi, érudit rationaliste du XIXe siècle, pense que l'ancienne Égypte était un pentacle dédié à Hermès Trismégiste. Plus les grands hiérophantes mettaient de soin à cacher leur science, plus ils cherchaient à en multiplier les symboles. En ce sens, les pyramides représentaient leur métaphysique, établie sur la science de la nature et des secrets transmis depuis onze millénaires.

Les plus anciennes, comme celle de Saccarah dans le Djezer, étaient à six gradins selon le principe bitrinitaire atlantéen.

On a voulu faire dire — surtout à Chéops — mille sottises inacceptables, mais il est prouvé néanmoins que ce monument est un témoignage, « un agrandissement des symboles » comme l'a très bien compris Eliphas Lévi, après Diderot et avant Georges Barbarin [2].

D'après une tradition copte, la pyramide fut construite 300 ans avant le Déluge, ce qui nous reporterait aux limites acceptables de 8 000 à 11 000 av. J.-C. Georges Barbarin rapporte le texte de l'écrivain copte Masoudi (957 de notre ère) dont le manuscrit se trouve à Oxford :

Surid... un des rois de l'Égypte avant le Déluge, construisit les deux grandes pyramides... Il ordonna aussi aux prêtres de déposer à l'intérieur la somme de leur sagesse et de leurs connaissances dans les différents arts et sciences d'arithmétique et de géométrie, de manière à demeurer comme témoi-

---

1. Hérodote, *Histoire*, II, 143.
2. Georges Barbarin, *Le Secret de la Grande Pyramide*, Adyar, 1955.

gnage pour le bénéfice de ceux qui pourraient éventuellement les comprendre...

Dans la pyramide orientale (Kéops) furent inscrites les sphères célestes et les figures représentant les étoiles et leurs cycles ; et en même temps l'histoire et la chronique du temps passé, du temps à venir et de chacun des événements futurs qui surviendront en Égypte.

Le manuscrit de Makrisi renforce cette révélation : « La première pyramide fut consacrée à l'Histoire et à l'Astronomie ; la deuxième à la science médicale. »

Ce sont en effet surtout des données astronomiques et mathématiques que l'on veut voir dans la Grande Pyramide, la seule qui soit orientée exactement nord-sud avec une erreur de 4'35", approximation qui paraît admirable quand on sait que l'Observatoire de Paris n'est orienté vers le nord réel qu'à 18° près.

Un méridien passant par Gizeh partage très exactement en deux parties égales les continents et les océans (nous l'avons vérifié), ce qui rend regrettable le choix de Greenwich comme méridien international [1].

La somme des quatre côtés de la base (931,22 m) divisée par deux fois l'axe vertical (148,208 m x 2) donne comme résultat le chiffre = 3,14. La hauteur : 148,208 m multipliée par 1 million donne approximativement la distance de la Terre au Soleil = 149 400 000 km.

On peut faire dire encore bien des choses à la Grande Pyramide, mais, calculs savants ou coïncidences, ces révélations sont loin d'être décisives, surtout quand elles s'aventurent dans le domaine de la prophétie.

L'astronome anglais Piazzi Smyth (1819-1900), un des ardents thuriféraires de Kéops, consacra tout un hiver à la mesurer dans ses moindres détails. En 1864, il déclara que ces mesures correspondaient à des relations géométriques et prophétiques précises :

---

1. Cette coïncidence ne résulte d'aucune science ; elle n'est que le fait d'un hasard heureux et... de la dérive des continents.

« Mais, raconte sir Flinders Petrie, un de ses disciples fut bien déçu quand un jour il trouva Smyth essayant de limer la saillie granitique de l'antichambre royale, afin de la ramener aux dimensions requises par la théorie [1]. »

Il est plus aisé de juger les pyramides d'un strict point de vue architectural. Cette étude apporte la preuve qu'aucun État du xxe siècle n'oserait entreprendre avec ses puissants moyens techniques modernes un travail aussi colossal, nécessitant l'emploi de 200 à 300 000 ouvriers, de plusieurs millions de mètres cubes de pierre taillée et des millions de millions de francs [2].

Les experts les plus sages estiment que l'Égypte du temps des pyramides devait nourrir plus de 100 millions d'habitants et posséder des machines d'une grande puissance et d'une perfection inconnue en notre siècle, pour avoir pu mener à bonne fin des travaux aussi gigantesques [3].

Toutes les explications, échafaudages, remblai, plans inclinés, rampes de terre glaise, ne résistent pas à l'examen.

Une hypothèse est avancée : les Égyptiens avaient peut-être une connaissance encore inimaginable de la puissance des ultrasons et des forces antigravitationnelles.

Le son et la lévitation

De nos jours, à l'Institut Pasteur de Paris, le professeur Prudhomme peut, avec de faibles puissances ultrasonores, soulever des balles de liège. Mais il n'apporte pas de preuves. Le physicien américain Hooper, en 1958, avait abouti à un résultat intéressant en libérant partiellement de la pesanteur un anneau de ferrite tournant dans un champ magnétique à plus de 15 000 tours/minute.

---

1. *L'Égypte Secrète*, Paul Brunton.
2. Kéops pèse 6 millions de tonnes. Bonaparte avait calculé qu'avec les pierres des trois édifices on pouvait ceinturer la France d'un mur haut de 1,50 m et épais d'un mètre.
3. Plus de 180 pyramides connues existent en Égypte et en Nubie.

L'allégement constaté était de l'ordre de 1 % : impossible encore d'imaginer le tapis volant, le déplacement de Notre-Dame de Paris sur la Butte Montmartre et de la basilique du Sacré-Cœur dans l'île de la Cité !

En France, le Dr Pagès est à l'avant-garde des recherches avec le principe suivant : faire tourner un champ électro-statique par un champ magnétique à la vitesse de la lumière, c'est-à-dire l'inverse de ce que réalisait l'Américain Hooper.

Sur ces bases révolutionnaires, par polarisation des champs de pesanteur, il devient théoriquement possible de soulever et de déplacer aisément des blocs de pierre de plusieurs tonnes.

Nous n'en sommes pas encore là, mais la lévitation des énormes pierres de Kéops, de Ba'albek et du Pérou[1] y trouve déjà un début d'explication.

L'automobile de Cugnot roulait à 10 km/heure ; nos automobiles atteignent le 634 à l'heure ! L'avion d'Ader volait au pas d'un homme ; l'X 15 des Américains troue l'antique mur du son à 6 500 km/heure.

---

1. Il est dérisoire de vouloir expliquer n'importe quel miracle par des pouvoirs occultes non contrôlables (magie noire) ou par des hypothèses scientifiques sans base. Toutefois, le développement fantastique de la science nous autorise à croire que les faibles performances des sciences occultes embryonnaires, actuellement, seront très nettement améliorées dans un proche avenir. La lévitation expliquée par un pouvoir surnaturel est peut-être une vérité, mais inacceptable dans l'ordre des connaissances acquises. La lévitation expliquée par les ultrasons ou par l'anti-gravitation est une solution acceptable parce que déjà l'antigravitation force les portes de demain. Et il est certain que l'avenir réservera en ce sens des surprises considérables, d'autant que le prince de Broglie, après une première attitude réticente, vient de faire volte-face à propos de l'énergie locale du vide qui est directe-ment en relation avec la gravitation, et déclare : « Le vide nous apparaît comme le siège d'une quantité formidable d'énergie, soit : 10^{27} joules par centimètre cube », soit très exactement l'énergie de fusion de l'hydrogène. Nous ne voulons pas en faire état, mais il est certain également que la volonté de puissance d'un organisme humain peut s'exprimer en joules (énergie = matière), ce qui très audacieusement encore, pourrait expliquer les « matérialisations » en magie noire, la lévitation de saint Diego et la marche du Christ sur les eaux. Quoi qu'il en soit, il s'avère de plus en plus que la science donnera une explication ration-nelle à tous les miracles des contes de fées : tapis volant, anneau qui rend invisi-ble, parole qui tue, parole qui fait apparaître un géant ou une table richement pourvue.

La lévitation par agravitation ou par ultrasons réalisera les mêmes prodiges ; et si nous associons les ultrasons à l'agravitation, c'est parce que la tradition égyptienne semble nous le permettre.

Le son, qui est peut-être une dimension inconnue, possède un pouvoir que la science moderne étudie depuis peu de temps. On a parlé d'une bombe à ultrasons susceptible d'anéantir toute vie animale dans le périmètre d'une grande ville, sans détériorer les monuments et les objets.

En médecine, on peut briser un os en produisant des ultrasons et entraîner la mort par un ébranlement cervical sonore. Par ailleurs, il est certain que le simple bang des avions supersoniques ébranle les nerfs et peut être mortel pour les sujets atteints de maladie de cœur. Il passe à tort ou à raison pour gêner la couvaison des faisans et provoqua même un incident curieux à Noisiel (Seine-et-Marne) où un garde-chasse, soudain furieux, tira des coups de fusil contre les avions.

Les occultistes assurent que le son des cloches est désagréable aux personnes sataniques. Jean-Jacques Rousseau a écrit : « Le son des cloches m'a toujours singulièrement affecté », ce qui fut ou est aussi le cas pour Karl Marx, Maurice Thorez et un certain nombre d'athées militants.

Une légende — mais est-ce bien une légende, car elle fut rapportée par les témoins de l'agonie du dictateur russe — veut que Staline ait été tué par le tintement soudain d'une cloche du Kremlin !

Quoi qu'il en soit, des ultrasons qui déterminent la mort ou la lévitation, aux ultrasons qui firent peut-être crouler les murailles de Jéricho, il existe une inconnue scientifique qui fut mise à l'épreuve dans l'Antiquité.

Sésame, ouvre-toi !

D'après des palimpsestes égyptiens, les prêtres de Karnak, d'Abydos et de Thèbes devaient avoir la voix juste, forte et belle. En prononçant un seul mot, d'une certaine façon, ils pouvaient faire ouvrir toutes grandes les lourdes portes d'un temple. Ce fait rapporté plusieurs fois — les récits orientaux fourmillent de portes magiques donnant accès à des temples, des cryptes, des cavernes — a pu être provoqué par des stratagèmes ingénieux ou des truquages [1], mais sa persistance et le mystère des pyramides portent à croire à une explication scientifique, simple ou extrêmement savante.

Simple : certains sons, à une vibration donnée, déclenchent des mécanismes à ressorts.

Savante : les sons ou les ultrasons impressionnent une cellule électrique comme le ferait la lumière [2].

Le mot magique bien connu « Sésame, ouvre-toi ! » n'est pas une invention gratuite : la graine de sésame, logée dans une capsule, éclate d'elle-même quand elle est mûre. Mais un son grave provoque aussi l'ouverture prématurée de la gousse. Ce phénomène n'était pas inconnu des Égyptiens, des Hébreux et des Orientaux et il y a peut-être lieu de croire que leurs plus hautes connaissances scientifiques reposaient sur un certain pouvoir de la voix. « Au début était le Verbe », disent les écrits sacrés, soutenus par saint Justin, et il est possible que la puissance du verbe ait été plus exotérique qu'on le croit.

Traditionnellement, la colère de Dieu s'exprime par la foudre ou le verbe tonitruant qui foudroie. On prétend qu'aux lointains temps préhistoriques l'homme était muet ou, en tout cas, privé de langage explicite. Les circonstances qui lui ont donné l'empire de la nature sont à peu près inconnues, mais il a toujours eu une haute idée du privilège que la parole lui conférait. Dans les premiers âges, le Verbe se confondait avec la Sagesse, avec le Pouvoir et avec la Magie. Le Verbe était la gloire de l'homme, au-dessus de

---

1. Une corde tressée en chanvre sec, humidifiée par de la vapeur d'eau ou inversement, une corde humide séchée au brûle-parfum est un truquage employé de nos jours par les sorciers noirs (rapporté par Henry de Monfreid).
2. Les Américains construisent des machines à écrire qui tapent d'elles-mêmes à la dictée par le processus de cellules à ondes sonores.

la force, puisqu'un mot pouvait arrêter ou commander l'acte brutal, dompter, courber, attendrir, pardonner.

Il est probable que l'homme préhistorique a su commander aux animaux par la magie du son, mais le secret s'est perdu au cours des siècles en même temps qu'une autre science se substituait aux paroles miraculeuses et qu'on brûlait les sorciers accusés de magie noire[1].

Toutefois, en Égypte, par révélation atlantéenne, la science du son et de la lévitation qui avait permis la construction des cités cyclopéennes d'Amérique, était, d'après la tradition rapportée, particulièrement en honneur. La lévitation n'était qu'un effet scientifique au même titre que l'antigravitation abolissant la pesanteur. Il fallait, en effet, pouvoir abolir la pesanteur pour transporter et mettre en place, pour tailler peut-être, ces énormes blocs de pierre qui constituaient les pyramides.

Il est intéressant de signaler que le sultan perse Melik al Aziz, en 1196, ayant eu l'idée stupide de détruire les pyramides, mobilisa des dizaines de milliers de travailleurs, sapeurs, et carriers et dépensa des sommes fantastiques pour un résultat dérisoire.

Les ouvriers s'attaquaient à la pyramide rouge, la plus petite des trois ; chaque jour, avec beaucoup de peine, ils enlevaient une ou deux pierres qui basculaient et s'enterraient dans le sable d'où il fallait alors les retirer. Après huit mois de travail harassant, la démolition fut abandonnée : la Petite Pyramide, de loin, ne paraissait même pas égratignée.

D'après Garcia Beltran, les pyramides d'Égypte constituaient des répliques de celles qui existaient dans les Andes.

À ce propos, il faut noter que la plus ancienne pyramide d'Égypte est celle de *Saccarah*, dans le Djezer, à 30 km du Caire et que le nom primitif de Tiahuanaco était *Chucara*.

---

1. Les hommes de la préhistoire connaissaient le phénomène des vibrations, qui leur permettait de tailler le silex en utilisant les ondes de choc. Connaissance millénaire dont ils avaient conservé une parcelle de souvenance.

En outre, le monument est à six gradins, comme au pays des pré-Incas. D'après M. Beltran :

Les pyramides avaient été créées, outre leur destination transcendantale, dans le but pratique de faire pleuvoir.

Elles étincelaient à des centaines de kilomètres, on les appelait « les Lumières », car elles étaient recouvertes de plaques de métal blanc très lisse, qui eût dû être de l'argent, mais que l'on avait remplacé par un alliage, l'argent étant trop rare en Égypte.

On retrouve ce métal actuellement, mélangé à un revêtement calcaire, sur les murs des mosquées et notamment sur ceux de la mosquée du Caire, qui ont un reflet brillant et argenté.

Les archéologues égyptiens savent que ce revêtement provient du pillage des plaques de métal des pyramides.

Il y a 10 000 ans, ces monuments, beaucoup plus anciens qu'on le dit, dominaient une région verdoyante et cultivée, irriguée avec art et qui produisait des moissons abondantes.

Memphis était alors la ville la plus peuplée du monde et la capitale de l'Empire. La campagne était un véritable jardin de verdure et de vie, car la pluie tombait à volonté.

En effet, le rôle exotérique des pyramides était de répercuter le verbe magique, de refléter la lumière lunaire en la changeant de polarité et d'ensemencer l'atmosphère de manière à faire pleuvoir à certaines lunes.

Aujourd'hui, de même qu'à Tiahuanaco, on ne voit plus que des ruines et le désert, car les pyramides ont été détruites ou détériorées par les adeptes de fausses et ténébreuses doctrines [1].

Cette relation, à première vue incroyable, est en réalité l'expression littérale de connaissances scientifiques profondes qui peuvent échapper au profane, mais aussi frapper d'étonnement certains savants.

Les pyramides servaient à faire pleuvoir ? Ce n'est pas impossible.

---

1. M.O.I. Garcilaso de La Vega, documents secrets.

Sur les aérodromes des États-Unis, le brouillard est dissipé par de puissantes émissions ultrasonores qui condensent les gouttelettes et les font tomber en pluie. En 1961, on a inauguré à Saint-Nazaire (Loire-Atlantique) une fontaine « aérienne » inventée par M. André Pasquet, débitant 300 litres d'eau par jour. Il s'agit là d'un monument de métal lisse, qui condense la vapeur d'eau atmosphérique ! Son inventeur — qui avait peut-être lu Garcilaso de La Vega — pense arriver à une production de 3 000 litres par 24 heures.

Il suffit pour cela d'utiliser le système ultrasonore des aérodromes américains, qui est lui-même un lointain souvenir de la science secrète égyptienne et précolombienne, car, toujours d'après Garcilaso de La Vega, « les anciens Incas, avec de l'air, savaient fabriquer de l'eau ».

Pourtant la tradition — du moins celle d'Amérique centrale — ne fait pas état de revêtements métalliques sur les pyramides des Mayas, situées, il est vrai, dans des régions extrêmement pluvieuses.

L'Homme de Tiahuanaco apporta, outre les sciences physiques, le secret de l'écriture, et non pas hiéroglyphique [1], mais linéaire et alphabétique, car il fallait bien que les secrets fussent transmis par un véhicule parfaitement explicite. Cette écriture, pense-t-on, était semblable à celle que nous utilisons actuellement, écriture dont l'origine phénicienne n'est pas établie (la Phénicie n'a sans doute été qu'une étape). Elle a été empruntée à l'Égypte qui n'en fut elle-même que le dépositaire. Cette question a une

---

1. Les prétendus « hiéroglyphes » égyptiens sont tout le contraire d'une écriture sacrée, secrète, à l'usage exclusif des initiés *(hiéros gluphein* : écriture sacrée), ils sont écriture vulgaire. Elle fut imposée aux Égyptiens primitifs pour remplacer par son sens universel les écritures dialectales intelligibles seulement pour les autochtones. Par exemple :

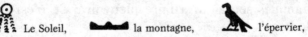 Le Soleil,   la montagne,   l'épervier,

sont d'expression facilement compréhensible aussi bien pour un homme d'Afrique que d'Asie ou d'Amérique. Il serait erroné de rattacher ces signes à une écriture sacrée.

importance considérable, car la civilisation, si elle s'exprime par des réalisations matérielles, ne peut se transmettre que par le verbe et l'écriture.

Or, si la tradition atlanto-égyptienne fut surtout léguée oralement, nous avons la certitude qu'il existe aussi, outre les cartes de Piri Réis et les pétroglyphes de la Porte du Soleil, une documentation écrite, encore cachée, mais dont on possède quelques éléments. Ces éléments d'écriture linéaire et alphabétique, les plus anciens du monde, sont exposés au musée de Glozel ; ils sont contemporains de la civilisation magdalénienne, donc approximativement, de la civilisation de Tiahuanaco.

On les retrouve en plusieurs points du monde néolithique, à Altamira, Balmori (Espagne), Alvao (Portugal), Seltsh (Bohême), Bautzen (Saxe), Puy-de-Lacan, Rochebertier, Laugerie-Basse, Saint-Germain-la-Rivière (France), etc.

L'archéologue français A. Morlet, de Vichy, quittant délibérément les ornières de la préhistoire officielle, a clairement démontré [1] le caractère irrécusable de cette écriture préhistorique alphabétique, dont l'existence avait déjà été pressentie par de nombreux chercheurs.

Dès 1891, Estacio de Veiga, étudiant à Alvao un tesson de vase avec des signes linéaires, écrivait :

Il est démontré que pendant le dernier âge de la pierre, il existait dans la péninsule Ibérique un langage écrit, figuré par des caractères graphiques.

Edouard Piette, qui fait autorité en la matière, découvrit dans la grotte du Mas-d'Azil, « vaste école où l'on apprenait à lire, à compter et à écrire [2] », les galets coloriés qui sont en fait les plus anciens documents d'écriture primaire, humaine, mais c'est à Glozel que furent trouvés les plus importants documents d'écriture préhistorique, soit sur os de renne, soit sur pierre, soit sur tablettes d'argile.

---

1. *Origine de l'Écriture*, Dr Morlet, Montpellier 1955.
2. *L'Anthropologie*, 1896, p. 385.

L'écriture de Moïse

Les préhistoriens du monde entier reconnaissent à la fois l'authenticité de Glozel, de son syllabaire et de l'écriture préhistorique, vieille de 10 000 ans environ.

Or, l'écriture est l'expression par excellence d'une haute civilisation et il est très difficile d'en attribuer l'invention aux hommes de Glozel. À quelle source avaient-ils puisé un tel secret ? On ne peut s'empêcher de songer à Tiahuanaco, seul centre culturel connu de cette époque. C'est par la filière de Glozel que l'on peut imaginer l'écriture utilisée par les prêtres de l'ancienne Égypte et par Moïse.

Nous voici peut-être en mesure d'apporter une solution à un irritant problème sur lequel butent la plupart des historiens : la rédaction des cinq livres du Pentateuque.

Le rationaliste Voltaire n'a pas manqué de s'étonner du fait dans son *Dictionnaire philosophique* :

En quelle langue, demande-t-il, *Moïse aurait-il écrit dans un désert sauvage ? Ce ne pouvait être qu'en égyptien ; car par ce livre même, on voit que Moïse et tout son peuple étaient nés en Égypte... les Égyptiens ne se servaient pas encore du papyrus ; on gravait des hiéroglyphes sur le marbre et sur le bois.*

Il est même dit que les tables de commandements furent gravées sur la pierre. Il aurait fallu graver cinq volumes sur des pierres polies ce qui demandait des efforts prodigieux.

Or, le papyrus était connu de la XVIIIe dynastie pharaonique, comme le prouve le *Rituel funéraire* du Louvre, et il ne fait aucun doute que si Moïse était un habile physicien chimiste [1], il était également un savant traducteur, capable de lire dans le texte le Message atlante, et de le transcrire aussi bien dans la langue des Glozéliens que dans celle des Hébreux.

Incontestablement, il assura la transmission du message et le transcrivit en écriture d'époque.

---

1. Nous le démontrerons au chapitre suivant.

S'il écrivit le Pentateuque, ce ne fut pas en le gravant sur la pierre, mais en le traçant à l'encre sur une surface lisse, légère et durable, comme on fit pour les secrets atlantes qui se transmirent au moins jusqu'aux prêtres de Saïs, mille ans plus tard, et peut-être jusqu'au rabbin Jechielé, au XIIIe siècle.

Le chroniqueur péruvien Fernando de Montesinos qui consacra quinze ans de sa vie à parcourir — en 1630 — les possessions espagnoles de l'Amérique du Sud, recueillit à leur source même les traditions les plus secrètes léguées par les pré-Incas.

Montesinos [1] a pu faire remonter leur chronologie jusqu'à 103 générations de souverains antérieurs à Atahualpa et assurer que l'histoire pré-incaïque est plus ancienne que le Déluge, ce qui fut confirmé ensuite par les pétroglyphes et les ruines de Tiahuanaco.

Or, Montesinos assure que les pré-Incas connaissaient *l'écriture sur feuilles de bananier, découverte sous le règne de Huayna Caui Pirhua (3e Inca de la dynastie antédiluvienne) mais que l'usage en avait été interdit sous le règne de Topu Caui Pachacuti IV (63e Inca)* [2].

Les devins et les augures ayant lu dans les écrits anciens que les pires catastrophes allaient ravager la région andine (ce qui se révéla vrai), Pachacuti IV ordonna de brûler toutes les feuilles de bananier qui servaient de papier et interdit d'écrire sous peine de mort.

De très anciennes traditions chinoises rapportent un fait qui relie curieusement le Pérou au continent asiatique : un empereur aurait voulu remplacer les idéogrammes peints par un alphabet où les lettres étaient figurées par des nœuds analogues aux quipus incas. Ce fut donc vraisemblablement avec l'alphabet de Glozel que furent transcrits la tradition et les secrets légués par l'Homme de Tiahuanaco.

---

1. Montesinos-Capaccuna (Liste des Rois). Le règne de ces souverains antédiluviens fut troublé par de grands cataclysmes naturels.
2. *Au Royaume des Incas*, Siegfried Huber, Plon, 1956, p. 282 (5).

Comment garder un secret

Au cours des millénaires, les papyrus effrités, tombés en poussière, ont disparu, comme s'effrita la civilisation égyptienne, si bien que le secret détérioré, en partie perdu, ne fut transmis qu'oralement ou par l'intermédiaire des langues prédominantes, hébraïque, grecque, musulmane.

Mais est-il possible que des secrets aient pu ainsi franchir plusieurs millénaires ? Il y eut des fuites, c'est certain, comme il avait été convenu avec l'Homme de Tiahuanaco, c'est-à-dire au fur et à mesure que la conscience universelle s'affirmait ; mais les grands secrets ne furent pas révélés.

De nos jours encore, la franc-maçonnerie, par exemple, ne révèle qu'à ses très hauts dignitaires (les initiés) ses plans d'évolution sociale ; l'Église agit de même et, dans d'autres sphères, les camarillas, les maffias, les gangs ont leurs secrets soigneusement tus.

Il y a surtout les secrets d'État : pactes, traités secrets, dossiers inconnus des centres de renseignements et d'espionnage (2e Bureau, Gestapo, GPU, BFI, Scotland Yard, etc.).

Ces secrets sont souvent miraculeusement gardés. En 1941, quand 320 fusées Eresa (les orgues de Staline) crachèrent la mort sur les panzerdivisions allemandes du front russe, le général Jeremko — pourtant classé troisième pontife dans la hiérarchie de l'Armée rouge — ignorait l'existence de cette arme nouvelle !

Les USA ont leurs plans secrets d'attaque et de défense et l'on imagine sans peine que les Russes paieraient à prix d'or le secret des bombes à brouillards drogués qui constituent l'arme secrète de leurs ennemis. Inversement, les Américains donneraient des milliards pour connaître le secret du carburant des fusées russes.

Les papes, ou tout au moins les papes qui furent initiés, ont toujours gardé des secrets sans jamais les trahir.

Il est même possible qu'ils aient eu la connaissance de faits historiques imminents, guerres, persécutions, troubles sociaux, sans essayer de s'opposer au processus naturel des événements [1].

Les secrets de Tiahuanaco furent transmis par cooptation, donc à des initiés jugés particulièrement dignes du dépôt, qui étaient sans doute des chefs religieux. Le Livre des Grands Secrets fut vraisemblablement mis à jour plusieurs fois, c'est-à-dire recopié, rectifié, au fil des millénaires. Toutes les grandes religions ont eu pour base les préceptes d'un exemplaire du Livre, ce qui explique les points, traditions et détails communs aux diverses théologies. La Bible, le Talmud, les Vedas, découlent donc, peutêtre, du Livre des Grands Secrets.

Les initiés étaient en principe des gens sûrs et l'on songe d'abord à Moïse, Pythagore, Platon, Numa, Jésus, Jechielé. Mais il est effarant de penser que durant plus de deux cents générations, des hommes ont eu mission de confier à d'autres hommes, sans jamais se tromper, des révélations fantastiques qui ne devaient pas être rendues publiques, sans que jamais nul ne s'écriât :

— Je sais les Grands Secrets. Je vais les révéler.

Proclamation, d'ailleurs, qui serait restée probablement vaine, car il arrive — et c'est même une astuce des services secrets — que la divulgation à grand tapage ne serve à rien. Personne ne prête attention aux vérités les plus évidentes.

---

1. Les papes étaient en possession des prédictions dites « de Fatima », faites le 13 mai 1917, aux trois enfants d'Aljustrel (Espagne). Ces prédictions mises sous scellés furent partiellement rendues publiques en 1942. Elles disaient (version de Lucie Dos Santos, religieuse) : *La guerre de 1914 va vers sa fin. Mais si l'on ne cesse d'offenser le Seigneur, sous le règne de Pie XI, il en commencera une autre qui sera pire (annexion de l'Autriche, guerre 39-45). Lorsque vous verrez une nuit éclairée par une lumière inconnue (nuit du 24 au 25 janvier 1938. Cette lumière fut qualifiée d'aurore boréale par les astronomes. Ce qui n'est peut-être pas la véritable explication), sachez que c'est le grand signe que Dieu vous donne, indiquant qu'il va punir le monde de ses crimes au moyen de la guerre, de la famine et de persécutions contre l'Église et le Saint-Père... Pour empêcher cela, je viendrai demander la consécration de la Russie à mon Cœur Immaculé. Si l'on écoute ma supplique, la Russie se convertira et l'on aura la paix. Sinon, la Russie répandra ses erreurs dans le monde, provoquera des guerres et des persécutions contre l'Église. Beaucoup d'hommes seront martyrisés, le Saint-Père aura beaucoup à souffrir, plusieurs nations seront anéanties...* La fin du message, détenue par Pie XII, devait être divulguée en 1960. Jean XXIII ne jugea pas opportun — avec juste raison — d'accorder du crédit aux divagations puériles des visionnaires.

Ainsi, de grands magasins new-yorkais purent mettre en vente, impunément, les modèles réduits des sous-marins atomiques US. Ni les services secrets américains ni la GPU russe ne prêtèrent attention à ces jouets, sinon trop tard !

Plus extraordinaire encore : en 1948, nous avons annoncé et donné les principes de la bombe H dans un grand hebdomadaire parisien, qui avait le plus fort tirage à cette époque [1]. La bombe H ne fut pourtant connue du grand public que trois années après, en 1951.

L'annonce était faite à la une sur six colonnes, en grand leader. En page 3 la divulgation était accréditée par une photo et une interview de M. Paul Chanson, maître de Conférences à l'École Polytechnique, directeur du Laboratoire du pic du Midi.

Après avoir annoncé que les Américains travaillaient à une « bombe super-terrifiante » à l'hydrogène, nous écrivions textuellement :

Aux USA, on travaille sur la bombe à hydrogène contracté, mais rien ne nous autorise à dire qu'elle soit au point.

La bombe à hydrogène (corps léger) sera 50 fois plus puissante que celles partant des corps lourds : uranium, etc.

... On sait que la libération de l'énergie des éléments lourds (uranium = bombe de Bikini) se fait par cassure ou fission du noyau.

Inversement, la libération chez les éléments légers (hydrogène, lithium = bombe à hydrogène ?) doit se faire par concentration. Mais cette libération est 50 fois plus grande que celle de l'uranium...

Il convient de tenir compte d'une indication capitale : les États-Unis n'ont pas participé à la course aux gisements uraniques de l'Antarctique. Nous pouvons voir là un indice valable tendant à prouver que désormais la bombe à hydrogène dite « super-terrific » a supplanté dans leurs recherches sa rivale de Bikini...

---

1. *Ici-Paris*, n° 144, du 6 au 12 avril 1948. Sous la signature de Robert Charroux.

En dépit d'explications insuffisantes et de détails vraisemblablement erronés, il n'en demeurait pas moins qu'une telle information, en avril 1948, constituait une divulgation d'une importance capitale, une catastrophe pour l'Amérique, une aubaine pour la Russie.

Certes, dès le 7 avril, M. Paul Chanson nous téléphonait, bouleversé (il n'avait certainement pas prévu ni voulu une telle publicité) ; certes, il y eut en grand secret un Conseil des Ministres à Paris pour étudier l'affaire, mais les choses en restèrent là et il est probable que personne ne tira profit de l'indiscrétion.

Des révélations semblables furent faites au cours des siècles : le paratonnerre avec Gerbert au XIe siècle, l'aviation avec Gusmâo en 1709, mais il est bien connu que les hommes n'attachent aucune valeur à ce qui leur est gratuitement offert.

Quand, par cooptation, les messages étaient confiés à un initié d'un autre pays, d'une autre langue, il fallait bien transcrire, en traduisant plus ou moins exactement. Les copies les plus fidèles seraient détenues actuellement par les prêtres musulmans et particulièrement par ceux de Fez. Une partie de ces manuscrits musulmans se trouve à la Bibliothèque Nationale de Paris, mais en si mauvais état que leur traduction est à peu près impossible.

Tout cela laisse penser que le message dont nous attribuons l'origine à l'Homme de Tiahuanaco a été en grande partie altéré, falsifié, détruit, brûlé.

Le document le plus précis, les pétroglyphes de la Porte du Soleil, qui révèlent peut-être le secret des machines stratosphériques, des fusées sidérales, des scaphandres, fut lui-même édulcoré par les derniers descendants d'Orejona. Les dessins ne sont certainement plus conformes à la réalité. Il est vrai qu'ils représentent des engins et des modes de propulsion ou d'attraction qui nous sont sans doute inconnus.

Des secrets plus simples, plus immédiatement utiles, ont été mieux compris, secrets de médecine, d'astronomie, d'architecture. La science antique s'exprimait-elle par la télévision, le cinéma, la radio, le téléphone ? On ne peut aller jusque-là. Les ancêtres supérieurs ont dû léguer les principes, l'atome, les ondes hertziennes, les forces électromagnétiques, ultrasonores, l'induction, mais les principes seulement. Pourtant il n'est pas interdit d'imaginer que, dans certains sanctuaires, existent des enregistrements directs de l'Homme de Tiahuanaco.

Cependant les Vénusiens avaient-ils conçu leur civilisation de la même manière que nous ?

Avec les mêmes principes, on peut aboutir à des réalisations très différentes de la bicyclette, de l'auto et de l'avion à réaction. Les derniers hommes de Tiahuanaco ne connaissaient que ce qu'ils ont révélé : la forme de machines spatiales utilisées par leurs aïeux ; mais le détail leur échappait.

Et d'ailleurs, comment auraient-ils transmis des plans détaillés, celui, par exemple, d'un moteur même très simple, avec ses arbres de transmission, ses cylindres, ses pistons, ou ses hélices, ses tubulures, ses soupapes, ses engrenages, ses condensateurs, ses bobinages, ses fusibles ? L'humanité qui n'était pas prête à ces révélations, devait d'abord assimiler les principes. Les initiés d'Amérique, comme ceux d'Égypte, recopièrent un fatras de connaissances qui, pour la plupart, leur étaient inintelligibles.

Nous avons reconstitué la science expérimentale, mais de la science parapsychologique ou supranormale il n'est demeuré que de vagues et douteuses parcelles. On ne peut que déplorer à la fois l'ostracisme dont les savants font preuve à son égard et l'inconcevable réticence de ceux qui, possédant quelques lueurs, les dissimulent. Si les conjurés du secret avaient mission de voiler les connaissances dangereuses ou prématurées, ils devaient néanmoins assumer la responsabilité de la révélation raisonnable. L'Atlante Prométhée n'avait-il pas, le premier, donné l'exemple ?

Héritier de son savoir et de sa mission, un autre grand initié — le plus grand de tous — Moïse, devait, dans l'histoire connue, révéler aux hommes le mystère de la création et de la science expérimentale.

5

Le livre des secrets perdus

Tiahuanaco ouvre la porte d'un univers préhistorique qui trouve un prolongement dans la protohistoire égyptienne.

Cependant, depuis longtemps déjà, des esprits curieux avaient soupçonné l'aventure de nos ancêtres et souligné le caractère insolite de certains phénomènes de l'Antiquité.

En reliant ces faits aux hypothèses des civilisations primhistoriques, l'aventure prend un sens cohérent et se développe jusqu'à l'ère atomique [1], sans solution de continuité. Même si cette chaîne des temps nous effraye, il serait puéril et dangereux de la rejeter sans examen.

Les contemporains de Saint Louis n'éprouvèrent-ils pas une certaine frayeur quand ils virent, sans comprendre d'ailleurs, la première lampe électrique ?

En réalité, les machines électriques existaient depuis longtemps puisqu'on a trouvé à Babylone des accumulateurs analogues à ceux de Planté, vieux de 3 000 à 4 000 ans !

En remontant plus loin, on pourrait croire que les constructeurs des pyramides d'Égypte et que les peintres de la grotte de Lascaux (14 à 25 000 ans av. J.-C.) se

---

1. Les spiritualistes voudraient substituer à cette appellation celle d'ère du Verseau, ou ère de l'Apocalypse, mais qu'on le veuille ou non, les temps nés en 1940 ont pris un nom définitif dans l'esprit des peuples : l'ère atomique.

servaient peut-être d'un éclairage électrique pour effectuer leurs travaux [1], mais nous manquons ici de tout indice.

Une lampe électrique sous Saint Louis

En revanche, plusieurs chroniqueurs du XIIIᵉ siècle attestent que Jechielé, rabbin français d'une rare érudition à laquelle le roi Saint Louis se plaisait à rendre hommage, connaissait le secret d'« une lampe éblouissante qui s'allumait spontanément » [2].

Cette lampe était dépourvue d'huile et de mèche et le mage la plaçait parfois à sa fenêtre, la nuit, ce qui intriguait profondément ses contemporains. Bien qu'il fût accrédité auprès du roi et même son conseiller en certaines occasions, Jechielé ne révéla jamais le secret de sa lampe. Électricité ? Toujours selon les chroniqueurs, le rabbin avait une façon très personnelle de décourager les importuns — voire les ennemis — qui venaient frapper à sa porte. Il « touchait un clou planté dans le mur de son cabinet et aussitôt en jaillissait une étincelle crépitante et bleuâtre. Malheur à celui qui, à cet instant précis, touchait le marteau en fer de la porte : l'importun se repliait, se recroquevillait, hurlait comme s'il allait être englouti sous terre et finalement se sauvait sans demander son reste... ».

« Un jour, une foule hostile, écrit Éliphas Lévi, se pressa à cette porte avec des murmures et des menaces : les hommes se tenaient les uns les autres par le bras pour résister à la commotion et au prétendu tremblement de terre.

---

1. Les grottes peintes de Montignac-Lascaux (Dordogne), première merveille du globe, présentent une véritable exposition de peinture préhistorique si fraîchement colorée, si nette, si dénuée de crasse, qu'il est impossible d'imaginer comment les hommes du Magdalénien s'y sont pris pour éclairer la succession ténébreuse des cavernes. Des torches ou des feux eussent laissé des traces. Une lampe contenant du charbon a été trouvée sans apporter de solution à ce mystère.
2. Éliphas Lévi, *Histoire de la Magie*, p. 206 : « Tout ce qu'on dit de sa lampe et de son clou magique prouve qu'il avait découvert l'électricité, ou du moins qu'il en connaissait les principaux usages ; car cette connaissance, aussi ancienne que la magie, se transmettait comme une des clefs de la haute initiation. »

« Le plus hardi secoua le marteau avec fureur.

« Jechielé toucha son clou. À l'instant les assaillants se renversèrent les uns sur les autres et s'enfuirent en criant comme des gens brûlés ; ils étaient sûrs d'avoir senti la terre s'ouvrir et les avaler jusqu'aux genoux ; ils ne savaient comment ils en étaient sortis ; mais pour rien au monde ils ne seraient retournés faire le tapage à la porte du sorcier.

« Jechielé conquit ainsi sa tranquillité, par la terreur qu'il répandait. »

On ne saurait mieux dire que Jechielé avait inventé ou réinventé la lampe électrique et qu'il envoyait, en appuyant sur un bouton, des décharges électriques dans le marteau en fer de ses huis.

Incontestablement, le rabbin était initié à un secret scientifique qu'il ne jugea pas opportun de divulguer à l'humanité du XIIIᵉ siècle.

L'Arche d'Alliance : un condensateur électrique ?

Actuellement, nul ne connaît encore la nature exacte de ce phénomène appelé électricité, pourtant vieux comme le monde qu'il engendra peut-être, et que Moïse savait dompter dans l'Arche d'Alliance et Mesmer dans son célèbre baquet.

M. Maurice Denis-Papin [1] (descendant de l'illustre inventeur) pense que l'Arche d'Alliance qui enfermait, dit-on, les Tables de la Loi, la Verge d'Aaron et un vase plein de la manne du désert, était une sorte de coffre électrique capable de produire des décharges puissantes, sans doute de l'ordre de 500 à 700 volts.

On sait (Bible, chapitre XXV de l'Exode) que l'arche avait été commandée « selon une forme très exacte » par le Seigneur et exécutée sous les ordres de Moïse.

Elle était faite en bois de Sétin doublé d'or en dedans et en dehors (le principe même des condensateurs électri-

---

1. Maurice Denis-Papin, *Cours élémentaire d'Electricité générale*, Paris, 1948.

ques : deux conducteurs séparés par un isolant) ; une couronne d'or en faisait le tour. L'Arche demeurait dans une région sèche, où le champ magnétique naturel atteint normalement 500 à 600 volts par mètre vertical. Peut-être contenait-elle des piles analogues à celles qui furent trouvées au musée de Bagdad, la couronne d'or aurait alors servi à charger les piles ou le condensateur.

La garde de l'Arche était confiée aux lévites qui, seuls, avaient le droit de la toucher ; pour la déplacer ils « passaient deux bâtons plaqués d'or dans les anneaux », si bien que de la couronne jusqu'au sol, la conduction se faisait avec prise de terre naturelle.

Le condensateur (ou la pile) se déchargeait ainsi sans péril pour les porteurs. Isolée, l'Arche s'auréolait parfois d'aigrettes de feu, de flammes de foudre, et si un imprudent la touchait, elle donnait des secousses (décharges électriques) redoutables, terrifiantes au regard des profanes. Elle se comportait exactement comme une bouteille de Leyde.

Quand David voulut la transporter de la maison d'Abinadab à son palais, il se produisit un accident miraculeux : l'Arche était posée sur un chariot tout neuf, conduit par Oza, fils d'Abinadab ; les bœufs qui le traînaient ayant regimbé « lorsqu'on fut arrivé près de l'aire de Nachon, Oza porta la main à l'Arche de Dieu » pour la retenir, car elle penchait dangereusement.

Il tomba foudroyé.

Il n'est nullement déraisonnable de prêter à Moïse des connaissances supérieures. Les Actes des Apôtres spécifient qu'il fut instruit dans la sagesse des Égyptiens, ce qui signifie qu'il reçut l'éducation scientifique réservée aux classes sacerdotales. Or, ces connaissances scientifiques étaient extrêmement étendues.

En particulier, en architecture, en astronomie, en médecine [1], les Égyptiens auraient souvent pu rivaliser avec nos savants modernes et parfois même les surpasser.

---

1. On a retrouvé dans la Vallée des Rois, soudés aux mâchoires de certaines momies, des bridges absolument semblables à ceux que confectionne la prothèse dentaire moderne. À l'échelle du temps connu, le condensateur électrique a nettement précédé la prothèse dentaire.

La Tradition, la Bible et les chroniqueurs, Clément d'Alexandrie, Platon, Josèphe, font état de cette science en relatant ce qu'ils appellent des « miracles » :

— Moïse prononce le nom de Jahvé d'une telle façon que le roi d'Égypte tombe en syncope ;

— Moïse rend l'eau potable en y jetant du bois ;

— Moïse commande au peuple des grenouilles, qui le suit et se répand dans la ville du Pharaon, puis à des légions de punaises, de poux et de sauterelles (sans doute par la science des sons ou des ultrasons que savent utiliser les entomologistes pour appeler les insectes) ;

— Moïse provoque des nécroses que peut expliquer une épidémie (ou une irradiation) ;

— Moïse fait jaillir les eaux d'un rocher en le frappant avec sa baguette ;

— Moïse construit l'Arche d'Alliance qui foudroie quiconque la touche ;

— Moïse, sur le mont Sinaï, promulgue la Loi au son du tonnerre et à la lumière des éclairs.

Certains veulent voir dans ces relations une suite manifeste de « miracles », mais à la clarté de nos connaissances actuelles il semble plus raisonnable, si l'on accepte les faits, de leur chercher une explication rationnelle. Moïse avait un savoir admirable en physique (ultrasons et électricité), en chimie, en géologie et en météorologie.

Le physicien Laplace a écrit à ce sujet :

« Il est étonnant que les Égyptiens n'aient pas voulu nous communiquer leurs observations et leurs sciences en astronomie.

« On sait pourtant la réputation de leurs prêtres qui enseignèrent à Thalès, à Pythagore, à Eurodoxe et à Platon. »

On doit en déduire, semble-t-il, que les secrets furent bien gardés par les initiés, exception faite pour les révélations à caractère social ou susceptibles d'être largement assimilées par les savants de l'école profane.

Les Égyptiens connaissaient la précession des équinoxes, les degrés du méridien terrestre, les vingt-quatre heures du jour, le secret d'une teinture des étoffes, supérieure à nos produits modernes, la prothèse dentaire, l'opération du trépan et la science chimique de l'embaumement.

Un annuaire astrologique trouvé par Champollion dans les tombeaux de Ramsès IX prouve que, 1 500 ans avant J.-C., les Égyptiens savaient qu'outre son mouvement alternatif du sud au nord et du nord au sud le Soleil est aussi transporté d'occident en orient parmi les étoiles, faisant ainsi le tour du ciel en un an.

Les prêtres, d'après Hérodote, savaient que les coquilles fossiles trouvées dans les sables étaient d'origine marine.

On a reproché à ces prêtres de se servir parfois d'aimants, d'électricité, de machines à vapeur, d'ultrasons et de mécanismes divers pour créer de faux miracles destinés, auprès des foules, à prouver la puissance de leurs dieux.

Il est vrai que ces miracles n'avaient rien de divin et utilisaient des secrets scientifiques alors impénétrables, mais il n'en demeure pas moins que la connaissance de la machine à vapeur, des ultrasons, de l'électricité, prouvait l'existence d'une science absolument fantastique pour l'époque.

Les machines de Héron

Ces connaissances extraites des livres secrets par les hiérophantes furent partiellement communiquées à deux mécaniciens et physiciens d'une extrême habileté, Ctesibius et Héron, à charge pour eux de réserver leur travail au seul profit des Temples.

Walter Kiaulhen [1] analyse ainsi les miracles réalisés par les machines de Héron :

Avec ses automates à vapeur, il transmuait les temples en lieux de mystère.

---

1. *Die Eisernen Engel* (Les Anges de Métal), Ullstein, 1935, d'après *Le Livre des Merveilles* de Gustave Büscher, Denoël, 1957.

Lorsque les feux sacrés avaient été allumés sur l'autel, une trompette de pierre donnait un signal et les fidèles accouraient.

Ils pouvaient voir les grandes portes s'ouvrir d'elles-mêmes et lorsqu'ils pénétraient dans le sanctuaire en faisant tourner les roues de bronze qui se trouvaient dans le hall d'entrée, une pluie fine d'eau parfumée tombait, tandis que des oiseaux de métal ouvraient leurs becs et faisaient entendre un chant surnaturel.

À la fin du service religieux, une pluie fine s'écoulait des doigts et éteignait la flamme.

Dans les sanctuaires on pouvait admirer des images métalliques des dieux qui s'élevaient lentement vers les voûtes, des statues lourdes de plusieurs tonnes qui restaient suspendues en l'air, de lourdes portes de bronze qui s'ouvraient et se fermaient au commandement et des prêtres en lévitation.

Souvent même, la science magique dépassait la science expérimentale — d'ailleurs elles étaient indissolublement liées — et les hiérophantes savaient faire apparaître des fantômes, prophétiser et lancer de terribles malédictions contre les profanateurs ou les mécréants.

« À leur gré, écrit Éliphas Lévi, le temple s'entoure de nuages ou brille de clartés surhumaines ; les ténèbres se font parfois pendant le jour ; parfois aussi la nuit s'illumine, les lampes s'allument d'elles-mêmes, les dieux rayonnent, on entend gronder la foudre et malheur à l'impie qui aurait attiré sur sa tête la malédiction des initiés. »

Ces phénomènes miraculeux, réalisés par les prêtres avec comme bases la science et la magie, sont, par les auteurs profanes, qualifiés de supercherie. Ce n'est pas notre point de vue.

Y a-t-il supercherie quand une Caravelle à réaction s'envole vers le ciel, quand une porte à cellule photoélectrique s'ouvre devant le visiteur, quand une réaction chimique ou un moteur congèle l'eau d'un réfrigérateur ?

Les hiérophantes, il y a 2 000, 4 000 et sans doute aussi 10 000 ans, étaient les docteurs de la foi et de la science, les chimistes, les physiciens, les biologistes, les initiés enfin à la connaissance, laquelle ne concerne pas seulement la métaphysique mais l'ensemble des problèmes humains.

Ils donnèrent au monde de leur temps le maximum de science permise, gardant pour eux « la foudre du Ciel, le démon de la vapeur et la puissance divine du Verbe ».

Mais il est certain qu'ils autorisèrent Héron à fabriquer pour les laïcs l'éolipyle à réaction, la fontaine à pression d'eau, la ventouse, la pompe à incendie, cette merveilleuse horloge que fut la clepsydre et même le taximètre pour mesurer la distance parcourue.

Plus initié encore que les hiérophantes du temps de Héron, car plus proche des mystères de Tiahuanaco, dont le souvenir allait s'affaiblissant, Moïse donna la mesure des secrets cachés.

D'après René Pique, chimiste et agent technique militaire des poudres [1], « les mélanges déflagrants ne devaient pas être inconnus de l'Égypte, et Moïse, recueilli et adopté par Thermutis, fille de Ramsès II, avait pénétré tous les secrets de la science égyptienne et aurait fait usage de ces produits déflagrants, notamment contre Coré, Dathan et Abiron, lorsque ces derniers se révoltèrent contre lui avec 250 hommes ».

Moïse fait sauter une mine

En effet, dans la Bible (Nombres, XVI, 1 et 2) on lit :

28 — Alors Moïse dit au peuple : Vous reconnaîtrez à ceci que c'est le Seigneur qui m'a envoyé pour faire tout ce que vous voyez et que ce n'est point moi qui l'ai inventé de ma tête.

29 — Si ces gens-ci meurent d'une mort ordinaire aux hommes et qu'ils soient frappés d'une plaie dont les autres ont accoutumé d'être frappés ainsi, ce n'est point le Seigneur qui m'envoie.

---

1. Rapporté par Maurice Mercier : *Le Feu grégeois.*

30 — Mais si le Seigneur fait un prodige nouveau que la terre s'entrouvrant les engloutisse avec tout ce qui est à eux et qu'ils descendent tout vivants en enfer, vous saurez alors qu'ils ont blasphémé contre le Seigneur.

31 — Aussitôt donc qu'il eut cessé de parler, la terre se rompit sous leurs pieds.

32 — Et s'entrouvrant, elle les dévora avec leurs tentes et tout ce qui était à eux.

33 — Ils descendirent tout vivants dans l'enfer étant couverts de terre et ils périrent du milieu du peuple.

34 — Tout Israël, qui était là autour, s'enfuit aux cris des mourants en disant : craignons que la terre ne nous engloutisse aussi avec eux.

35 — En même temps, le Seigneur fit sortir un feu qui tua les 250 hommes qui offraient de l'encens.

Peut-on, après cet exposé biblique, parfaitement édifiant de l'avis de M. René Pique, après les opinions exprimées par M. Maurice Denis-Papin, Georges Barbarin et Walter Kiaulehn, peut-on refuser à Moïse ses brevets d'électricien et d'artificier ? Et aux prêtres égyptiens le titre de docteurs ès sciences ?

Pour sa part, Moïse fit en d'autres occasions montre de ses talents et particulièrement contre Nadab et Abiu, les fils d'Aaron, qui périrent « comme frappés par un coup de tonnerre ».

Les deux frères, en effet, avaient commis le sacrilège d'offrir au Seigneur dans la cassolette à encens un « feu étrange et prohibé » (Lév., X, 1) ce qui motiva un châtiment dont Moïse dut porter quelque responsabilité.

« Un feu sortit du Seigneur », c'est-à-dire de l'Arche, et foudroya les coupables, sans consumer ni leur corps ni même leurs vêtements. Ils tombèrent à l'endroit même où ils offraient l'encens étranger, vraisemblablement à l'entrée du Tabernacle (Lév., X, 2).

La Bible révèle par ailleurs l'existence de grands secrets scientifiques, allant, selon certains commentateurs, jusqu'à la bombe atomique.

Nous ne pouvons reprocher à Moïse d'avoir établi son ascendant sur son peuple en recourant aux ressources de la pyrotechnie et de l'électricité, et nous lui savons gré d'avoir eu la sagesse de taire ces dangereux secrets dont la révélation aurait certainement précipité le monde dans les Temps d'Apocalypse, deux mille ans avant notre époque.

Moïse et Numa n'étaient pas les seuls à connaître les propriétés de la foudre et du fluide électrique ; selon Apollonius de Tyane, les brahmanes possédaient un secret qui leur permettait de lancer les éclairs et le tonnerre sur leurs ennemis. Salomé, fille d'Hérode, savait imiter le tonnerre et l'éclair selon *Fabularum liber* d'Hyginius.

Isaac Vossius [1] dit que les Chinois, en 85 de notre ère, sous le règne de Vi-Tey, auraient utilisé la poudre et les armes à feu contre les Tartares.

D'après les textes hindous, dans des guerres très anciennes, « des brandons étaient jetés, depuis des vaisseaux aériens, sur les armées ennemies ; ces brandons explosaient en rebondissant et provoquaient des ravages considérables ».

Agathias [2] signale qu'Anthémios de Tralles, architecte de Sainte-Sophie, détruisit la maison de son voisin, le rhéteur Zénon, en lui envoyant la foudre et le tonnerre, c'est-à-dire une fusée explosive.

La science des anciens peuples

Les Anciens connaissaient le feu liquide qui brûle les remparts, et le tube revêtu d'airain qui de la proue des navires lance aux ennemis le feu d'artifice meurtrier.

Les tables brahmaniques assurent que c'est de Vénus, en l'an 18 617 841 av. J.-C. (quelle précision dans la date !), que vint le premier vaisseau de l'espace et la légende veut que l'empereur Tam de la Xe dynastie se fît porter avec sa

---

1. *Variæ Observat*, XIV, p. 83.
2. *Vie de Justinien*, par Agathias.

suite jusqu'à Yam Cheu « sur des nuées blanches à forme de chars et de trônes et tirées par des cygnes ».

Beaucoup plus vraisemblable est l'existence du chariot magnétique chinois qui portait une statuette incrustée d'une pierre magnétique de telle sorte que le bras de la figurine indiquait toujours le sud.

Les traditions et les livres du Tibet[1] et de l'Inde[2] fourmillent de machines volantes — les Perles du Ciel — et d'aéronefs préhistoriques propulsés à l'arrière par l'air, le feu et le mercure, ce qui démontre, sinon une technique parfaite, du moins les rudiments d'une science perdue de vue.

W. Scott Elliot[3] parle d'un « vaisseau aérien utilisé par la race dont les descendants laissèrent les pyramides du Mexique et de l'Égypte, les pierres de Tiahuanaco et de Ba'albek ».

Assurbanipal, roi d'Assyrie, il y a 2 500 ans, possédait une bibliothèque considérable que l'on disait antédiluvienne.

Un jour, ayant réuni dans son palais une pléiade de savants dont il se plaisait à encourager et à guider les études, il pointa son doigt vers le désert et dit :

Dans un temps très ancien, il y avait là des cités très puissantes dont les murs ont disparu, mais nous possédons la langue de leurs habitants sur des tablettes gravées.

Ces tablettes, des milliers et des milliers (elles n'ont pas été exactement dénombrées), extraites des ruines de Ninive, ont été partiellement traduites, mais la plupart ont repris leur sommeil dans des musées où personne ne se soucie de les étudier.

L'historien traditionaliste Gérard Heym pense qu'elles recèlent d'importants secrets scientifiques, mais jusqu'à présent elles n'ont livré que des données mathématiques à vrai dire assez extraordinaires : numération par bâtonnets,

---

1. Le Tantjua et le Kantjua.
2. Le Ramayana et le Mahabharata.
3. *The Story of Atlantes.*

addition, tables empiriques de multiplication et de division, liste de carrés et de cubes de nombres [1], etc.

Autant peut-être que les pyramides, le temple de Salomon représentait une somme de connaissances parmi lesquelles, nous le savons, le secret du paratonnerre.

Le Temple a disparu, ruiné par Nabuchodonosor, par Crassus, puis par Titus qui, par ignorance, détruisirent ainsi un des plus précieux documents du génie humain.

L'Écriture relate que Salomon avait fait placer devant le portail deux colonnes du bois issu par boutures successives de l'Arbre de la Science qui poussait au Paradis (une troisième pièce de ce bois servait de fronton au Temple). Les colonnes étaient recouvertes de plaques de bronze ; elles représentaient l'Homme et la Femme et avaient noms : Jakin et Boaz (le fort et le faible), constituant ainsi un véritable hiéroglyphe dont seuls les initiés pouvaient pénétrer le sens. Dans le Temple, les prophètes hébreux apprirent la science secrète qui nous paraît quelquefois rejoindre la magie.

Dans les souterrains, on élevait des fauves pour servir aux épreuves d'initiation. Lorsque Daniel fut accusé de magie, d'imposture et livré aux lions, il n'eut aucune peine à établir son ascendant sur les fauves, comme faisaient les hiérophantes égyptiens et comme sauraient le faire encore certains initiés. (Les dompteurs en parlant aux animaux ont retrouvé dans une certaine mesure ce pouvoir du verbe.)

De même que les Hébreux, les Grecs héritèrent une parcelle de la science des Égyptiens. Le cadran solaire à engrenage d'Anthikythera prouvait une très haute connaissance du monde céleste ; l'astronome Ératosthène, de l'école d'Alexandrie, calcula, en 250 av. J.-C., l'inclinaison de l'écliptique sur l'équateur et la mesure du méridien terres-

1. Le théorème du carré de l'hypoténuse, qui passe pour avoir été inventé par Pythagore 1 500 ans plus tard, était connu des Sumériens (*Histoire de la Science*, Pierre Rousseau. Ed. Fayard)

tre dont il chiffra le degré à 59'5 milles nautiques (60'
d'après les calculs actuels).

L'ingénieur Eupalinos dirigea les travaux de percement
du tunnel de Samos, qu'il fit commencer par les deux
bouts ; il était long de 900 m, mais les équipes d'ouvriers se
rencontrèrent très exactement et le tunnel est absolument
rectiligne. Pour réaliser un travail analogue, les Italiens et
les Français, qui ont percé le mont Blanc, ont disposé d'ins-
truments électroniques de mesure, de radars, de détecteurs
magnétiques et d'ultrasons. Or, Eupalinos, dit-on, ne disposait même pas de boussole.

Tibère et le verre incassable

Aristote utilisait une plume de métal fendu pour écrire ;
Platon construisit une clepsydre-réveille-matin. Les Ther-
mes de Byzance, construits par Septime Sévère, étaient
chauffés avec du pétrole amené à dos d'animal depuis les
bords de la mer Caspienne. Néron avait dans son palais un
ascenseur qui desservait les étages jusqu'à une hauteur de
40 mètres.

D'après Pline, Pétrone, Dion Cassius et Isidore de
Séville, le verre incassable (la matière plastique ?) était
connu des Romains et jouissait d'une telle vogue que
Tibère fit détruire la fabrique, de peur que cette invention
ne diminuât la valeur de l'or et de l'argent.

D'Israeli pense que les Romains inventèrent aussi l'imprimerie, mais ils en cachèrent le secret afin de conserver
le monopole de la connaissance. Ces inventions tombèrent
ensuite dans l'oubli, de même que la moissonneuse gallo-
romaine.

Au milieu du xvᵉ siècle, près de la Voie Appienne, a
Rome, on découvrit un tombeau où gisait le corps d'une
jeune fille baignant dans une liqueur non identifiée. Ses
traits étaient si purs qu'elle paraissait dormir ; une boucle
d'or retenait ses cheveux blonds et à ses pieds menus, merveilleusement beaux, une lampe brûlait doucement. Une

inscription apprit qu'elle était morte depuis plus de 1 500 ans et qu'elle s'appelait Tullia, fille de Cicéron.

Peu après l'ouverture du sépulcre, la flamme de la lampe s'éteignit, et on ne comprit pas comment elle avait pu briller aussi longtemps.

De même on ne comprend pas comment, au temps de Charlemagne, une brusque épidémie que l'on peut rapprocher de la récente soucoupomanie, fit que le peuple se mit à voir des choses extraordinaires. Nous ne prétendons pas que *toutes* les visions furent des hallucinations et pensons au contraire que la première, au moins, pouvait correspondre à une réalité inexplicable, une soucoupe volante par exemple ; mais quand la foule croit au miracle, elle en voit partout et il se trouve toujours des mages et des sorciers pour ajouter à la mesure.

D'après le comte de Gabalis, le kabbaliste Zédéchias se sentit un jour inspiré et convoqua « les êtres aériens » à une grande démonstration.

« Ils la firent avec somptuosité. Ces êtres apparurent dans l'air sur des vaisseaux merveilleusement construits qui se manœuvraient à volonté. »

Il s'agissait sans doute d'hallucinations collectives dangereuses et, sagement, Charlemagne interdit ces sataneries.

Les inventions du moine Gerbert

Avant d'être élu pape sous le nom de Sylvestre II, le moine français Gerbert reçut l'initiation de maîtres arabes à Séville et à Cordoue.

Déjà, en l'an 970, il avait inventé les orgues à vapeur, la première horloge mue par un poids, un appareil comportant trois sphères à l'aide desquelles il décrivait le mouvement des planètes, et des règles de calculs de nombres entiers et fractionnaires analogues au système actuel.

Son génie débordait tellement les capacités de ses contemporains qu'il renonça à leur enseigner les secrets de la mécanique, des mathématiques et de l'astronomie (en

106

particulier la rotondité de la Terre dont il fournissait la preuve au moyen de ses sphères).

Les quelques vérités qu'il divulgua furent oubliées aussitôt qu'entendues.

Bien que connaissant parfaitement le paratonnerre, Gerbert se borna à apprendre à ses proches que « l'on pouvait écarter la foudre en plantant en terre de hautes perches terminées par des fers de lance très aigus ».

Personne, au Xᵉ siècle, ne voulut s'intéresser à la science, savoir que l'horloge allait détrôner la clepsydre, que la Terre était ronde, que la foudre n'était pas un fléau inévitable.

De même, il est bien connu que Roger Bacon, « le Docteur admirable », trouva dans des manuscrits arabes des secrets dont il ne put faire bénéficier le XIIIᵉ siècle, aussi réticent à l'égard de la science expérimentale que l'était le siècle de Sylvestre II.

Ce moine génial n'a pas cité ses sources, mais son aventure est édifiante et prouve à la fois que de merveilleuses inventions étaient connues de l'Antiquité et que chaque révélation doit venir en son temps [1].

Roger Bacon — né en 1214 à Ilchester en Angleterre ; mort en 1294 — fut tellement supérieur à son siècle qu'Alexandre de Humboldt le considéra comme « la plus haute apparition du Moyen Âge ».

Un de ses titres les plus glorieux est d'avoir le premier proposé la réforme du calendrier julien.

— Les défauts de ce calendrier, écrivit-il au pape Clément IV, sont devenus intolérables. Les philosophes infidèles, arabes ou hébreux, les Grecs qui habitent parmi les chrétiens, ont horreur de la stupidité dont font preuve les chrétiens dans leur chronologie et la célébration de leurs solennités. Et cependant, les chrétiens ont maintenant

---

1. Il est de la plus haute importance de noter que Gerbert et Bacon puisèrent leurs connaissances dans des manuscrits arabes. La plupart des savants antiques firent de même. Il semble que la quasi-totalité de la science traditionnelle ait été recueillie par les musulmans.

assez de connaissances astronomiques pour s'appuyer sur une base certaine [1].

En optique, Bacon est le précurseur de Galilée et de Newton. Il connaît les phénomènes de propagation, de réflexion et de réfraction de la lumière et soutient, contre Aristote, qu'elle n'est pas instantanée. Certains passages curieux de son *Traité d'optique ou de perspectives* démontrent qu'il lui était possible, en 1250, de fabriquer des microscopes et des télescopes :

Si un homme regarde des lettres ou autres menus objets à travers un cristal, un verre ou tout autre objectif placé au-dessus de ces lettres, et que cet objectif ait la forme d'une portion de sphère dont la convexité soit tournée vers l'œil, l'œil étant dans l'air, cet homme verra beaucoup mieux les lettres et elles lui sembleront plus grandes. Et à cause de cela, cet instrument est utile aux vieillards et à ceux qui ont la vue faible, car ils peuvent voir d'une grandeur suffisante les plus petits caractères.

Nous aurions beaucoup à dire concernant la « vision rompue » car les plus grandes choses peuvent paraître petites, et réciproquement des objets très éloignés peuvent paraître très rapprochés. Car nous pouvons tailler des verres de telle sorte et les disposer de telle manière à l'égard de notre vue et des objets extérieurs que nous verrons un objet proche ou éloigné sous tel angle que nous voudrons. Et ainsi, à la plus incroyable distance, nous lirions les lettres les plus menues, nous compterions les grains de sable et de poussière, car la distance ne fait rien directement par elle-même, mais seulement par la grandeur de l'angle.

On peut douter que le moine d'Oxford ait jamais possédé et employé un instrument semblable au télescope, mais il est certain que l'application de ses connaissances et de ses principes aurait directement abouti d'abord à la fabrication des lunettes astronomiques, connues en Chine de temps immémoriaux et construites par le Hollandais Metius en

---

1. Voilà qui ne laisse aucun doute sur les sentiments de Bacon : il donne la primauté en sciences aux savants musulmans.

1609, puis au microscope inventé par Zachari Jansen en 1590. Ces mêmes connaissances auraient également permis de confectionner un télescope quatre siècles avant Newton.

D'autre part, on trouve dans les écrits de Bacon la formule de la poudre à canon.

Bacon était alchimiste dans le problème de la transmutation des métaux, mais véritable chimiste expérimental moderne dans la façon de résoudre ce problème.

Persécuté, emprisonné, incompris, ce grand initié eut à la fin de sa vie des paroles amères :

Je me repens de m'être donné tant de peine dans l'intérêt de la science.

Quand il mourut, les moines de son couvent clouèrent aux murs tous ses ouvrages et tous ses manuscrits, comme œuvres infâmes de sorcellerie !

Le Chandelier des Andes

Au sud de Lima, dans la baie de Pisco, un étrange dessin, gravé dans le sable ocre et violet d'une haute colline, pose une énigme difficile à résoudre.

Ce dessin représente une sorte de trident ou de chandelier dont la longueur est de cinq cents mètres environ.

Taillé en tranchées dans le sable friable, il fut, dit-on, remarqué par les conquistadores au XVIe siècle qui l'appelèrent « Signe miraculeux des trois croix », voulu par le Dieu des chrétiens pour justifier le plus grand génocide de l'Histoire et sanctifier la conquête des Indes Occidentales.

M. Beltran Garcia a émis une autre hypothèse :

« Le Chandelier des Andes était-il un calculateur de marées ? C'est probable, mais sa hauteur au-dessus de l'océan Pacifique prouve qu'il avait d'autres fonctions. Dans la colonne centrale, il y avait une très longue corde servant de pendule vertical et dans les deux bras extérieurs passaient des pendules horizontaux. En bref, le système, pourvu de contrepoids, d'échelles graduées et de cordes coulissant sur des poulies, constituait un gigantesque sismographe de précision, pouvant enregistrer les ondes telluriques et les secousses sismiques en provenance non seulement du Pérou, mais de toute la planète. »

Certes, le Pérou est une région à tremblements de terre et l'on croit que le lac Titicaca était jadis au niveau de la mer, toutefois, à moins d'admettre de profonds bouleversements géologiques dans la région de Pisco, il est difficile d'accorder du crédit à la thèse de Beltran Garcia.

Le Chandelier des Andes (*Candelabro de los Andes*) n'aurait pu jouer le rôle de sismographe que par un jeu compliqué de poteaux, de poulies et de câbles rigides dont il ne reste actuellement aucune trace.

Alors, s'agissait-il d'un dessin gratuit ? D'un signe de reconnaissance ou d'une balise, peut-être à destination de voyageurs venant du ciel ?

Les archéologues — qui d'ailleurs ignorent l'existence du *Candelabro de los Andes* — n'ont apporté aucune lumière à ce sujet.

Chercheurs inconnus

Sur la foi de relations historiques, on peut croire que les Anciens connaissaient le cuivre trempé, inoxydable et élastique comme l'acier. Nous avons perdu un procédé de soudure de l'or, comme en témoignent les couronnes gothiques du trésor de Guarazzar exposées au musée de Cluny, et Benvenuto Cellini lui-même ne put jamais retrouver le secret du travail de l'or des Étrusques.

Sous Louis XIII, un inventeur, M. de Meuves, utilisait un produit mystérieux pour frotter des morceaux de fer qui, ensuite, se rompait comme verre. À la même époque, un certain Louis Leroux avait pris un brevet permettant « de transmuer le fer en acier, le plus facilement du monde ».

Selon Lemontey (*Histoire de la Régence*), la comtesse de Bonneval, ayant sans doute retrouvé le brevet, proposait, le 20 décembre 1720, au Régent de « lui livrer le secret d'une chimie pour convertir annuellement 20 millions de livres de fer en excellent acier, sans autres frais que 3 francs le quintal ». Pour prix du secret, la comtesse demandait un million et demi de francs et une pension de cent mille livres.

La transaction ne se fit pas.

De nombreux inventeurs malheureux virent leurs trouvailles, qui parfois auraient pu hâter l'évolution scientifique, sombrer dans l'incompréhension ou le dédain.

Voltaire rencontra un jour un de ces chercheurs qui lui montra comment convertir le tombac (imitation de l'or) en fils si ténus que l'on en pouvait faire des étoffes. Le philosophe eut un instant l'idée de créer une nouvelle industrie, mais en abandonna le projet.

En Chine, à la fin du XIVᵉ siècle, le phénomène qui avait impressionné les contemporains de Zédéchias dut se reproduire — et nous pensons encore aux soucoupes volantes — mais les descriptions peuvent être plus précisément étudiées.

Certains dessins de l'époque représentent des chars volants munis de roues à écrous dont le principe moteur pourrait bien être une sorte d'électromagnétisme [1].

Une gravure décrite par B. Laufer [2] montre deux voyageurs volant dans une sorte de char pourvu de roues à aubes tournant sur un axe perpendiculaire à la ligne de course. Quel principe pouvait se cacher derrière cette ébauche de machine volante ?

De même, faut-il voir une simple invention mécanique dans la fameuse « mouche volante de Regiomontanus » ?

Les jouets mécaniques

Si les chroniqueurs ont rapporté les faits en les grossissant démesurément, nous restons dans le domaine de la

---

1. Selon Jules Duhem, *Histoire des idées aéronautiques*.
2. B. Laufer, *The Prehistory of aviation*. Chicago, 1928.

physique expérimentale ; mais si les relations sont exactes, alors il faut y voir davantage, c'est-à-dire l'expression d'une science qui nous est encore inconnue.

Le jouet, car c'en était un, de Regiomontanus, consistait en une mouche de métal que son inventeur aimait faire évoluer devant ses amis. La mouche partait de sa main, par exemple, au cours d'un banquet, tournait en bourdonnant autour des convives sans jamais aller se cogner contre les murs, puis revenait sagement dans la main qui l'avait lancée.

Plus extraordinaire encore était l'aigle mécanique, de grandeur naturelle, qui fit une démonstration étourdissante à l'occasion de l'entrée solennelle de l'empereur Maximilien Ier, à Nuremberg.

L'aigle fut lancé du haut des remparts et vola loin au-devant du souverain. L'ayant rencontré, il le survola, fit demi-tour et le précéda en battant des ailes jusqu'à la porte de la ville.

De ce jour, la renommée de Nuremberg pour la fabrication des jouets mécaniques et articulés s'étendit au monde entier et certains pensent que la raison de cette réussite fut, au départ, la révélation d'un grand secret scientifique.

Au musée de Bruxelles, on peut voir une peinture extraordinaire de Jérôme Bosch, représentant la Tentation de saint Antoine telle qu'on la concevait au XVe siècle. Le démon, pour tenter le bon saint, déploie tout l'éventail des séductions terrestres les plus éprouvées avec *en plus* des petits éléments volants.

Or, une des machines volantes plonge le spectateur moderne dans une certaine perplexité. Elle représente un aéronef en forme d'oiseau, qu'un navigateur gouverne au moyen d'un câble coulissant sur un anneau. L'aéronef est ponté, maté, haubané comme un voilier de haute mer et jusque-là, rien n'est extraordinaire, mais on voit, sans illusion possible, une antenne partir du mât et un appareil de mesure d'angles qui ne peut être que le goniomètre, inventé trois siècles plus tard par le physicien Carengeot.

M. Jules Duhem du CNRS français a écrit à ce sujet :

« Les fils tendus au mât font si nettement office d'antenne qu'on doit croire que Jérôme Bosch a réellement imaginé, vers 1516, la possibilité de capter et d'émettre les ondes électromagnétiques comme il a représenté pour la mesure des angles un appareil à cadran qui est l'archétype des goniomètres de précision. »

Au chapitre des faits miraculeux non prouvés, on trouve aussi une étonnante invention, fort heureusement demeurée secrète, qui se situe vers le milieu du XVIe siècle.

Le duc d'Albe assiégeait une cité hollandaise et ne parvenait pas à la prendre d'assaut.

Ayant entendu vanter la science d'un homme que l'on disait Rosicrucien, il le fit venir à son quartier général et lui demanda s'il pouvait briser les murailles de la ville.

L'homme affirma qu'il en était capable.

L'inconnu portait une boîte assez petite, munie d'une ouverture qu'il braqua en direction des assiégés et presque aussitôt on vit les remparts craqueler et s'effondrer dans un grand bruit.

Les Espagnols prirent la ville.

Albe dit alors au Rosicrucien :

— Fort bien, mon ami ! Voici une bourse d'or, mais si vous utilisez encore cette machine, je vous ferai pendre.

La bombe atomique de Louis XV

Il est infiniment probable que le rayon de la mort du pseudo-Rosicrucien n'a jamais existé, car l'expérience réalisée devant des milliers de témoins aurait fait grand bruit dans l'Histoire.

Pourtant, une sorte de bombe atomique fut effectivement expérimentée au siècle de Louis XV et passa presque inaperçue. Voici comment *Paris-Presse* du 21 mai 1957 présente les faits :

« Louis XV, bien que mort il y a 183 ans, se trouve aujourd'hui mêlé à la controverse qui oppose partisans et adversaires de la poursuite des essais atomiques.

113

Dans un article où il s'élève contre ces expériences, le journaliste anglais James Cameron du *New Chronicle* évoque le grand exemple de sagesse qu'a donné Louis XV, si l'on en croit du moins ce passage, extrait d'une chronique anglaise du siècle dernier : le *Livre des Jours*, de Chambers :

Louis XV, s'il n'avait pas toujours une vie privée exemplaire, n'était pas sans certaines vertus qui sont toujours appréciables quand elles existent en haut lieu...

Un natif du Dauphiné, du nom de Dupré, qui avait passé sa vie à faire des expériences de chimie, déclara avoir découvert une sorte de feu si rapide et si dévastateur qu'il ne pouvait être ni évité ni combattu, et que l'eau activait sa puissance au lieu de la détruire.

Sur le canal de Versailles, en présence du roi, et dans la cour de l'arsenal de Paris, Dupré fit des expériences et le résultat abasourdit les assistants. Quand il fut clairement démontré qu'un homme possédant ce secret pouvait brûler une flotte, ou détruire une ville malgré toute résistance, Louis XV interdit que l'invention soit rendue publique.

Bien qu'il fût, à l'époque, très embarrassé par une guerre contre les Anglais, dont il importait fort de détruire la flotte, il refusa d'employer cette invention dont il décida au contraire la suppression pour le bien de l'humanité.

Dupré mourut quelque temps après, emportant son secret dans la tombe. Une telle histoire paraît incroyable, pourtant, il ne semble pas impossible, vu les progrès de la science, que soit un jour inventé un feu capable d'effets si formidables que la guerre en deviendrait une absurdité et qu'il obligerait à organiser une police générale des nations destinée à empêcher les pays d'entrer en hostilités les uns contre les autres.

Ce texte a été rédigé à la fin du siècle dernier. Le journaliste anglais le publie sans commentaire. Il s'en passe fort bien, on en conviendra !

Secret scientifique ? Secret magique ?

Pour Eliphas Lévi, les secrets de la science antique sont « la lumière astrale tout entière..., *l'élément* de l'électricité et de la foudre qui peut être mis au service de la volonté humaine ».

Et que faut-il pour acquérir cette formidable puissance ?

Zoroastre le dit : « Faire connaître les lois mystérieuses de l'équilibre qui asservissent à l'empire du bien les puissances même du mal. Il faut avoir lutté contre les fantômes de l'hallucination et saisi corps à corps la lumière *comme Jacob dans sa lutte avec l'ange*... Mais si l'on n'est pas parfaitement pur, on se brûle aux feux qu'on allume, on est la proie du serpent (l'électricité) qu'on déchaîne et l'on périra foudroyé comme Tullus Hostilius. »

Le bon Éliphas Lévi voyait loin — en 1860 — et sans doute juste. Il est sûr que nos savants n'ont pas su dompter et asservir les forces du serpent par *les vrais moyens*.

Les hommes ont jugé bon — par curiosité atavique et amour de Satan — de tenter l'aventure qui les mena à la conquête de l'Amérique bien avant Christophe Colomb [1], à la construction d'aéronefs bien avant les frères Montgolfier [2], à la fusion des métaux bien avant l'époque du bronze [3], à la fabrication des bombes atomiques avant nos savants modernes [4].

De toute évidence, la science fourvoyée aboutit au pire : la bombe atomique, rêvée depuis des millénaires par les empiriques et le chimiste Dupré.

Car les empiriques eux aussi sont des disciples de Satan.

L'origine de leur art qui se perd dans la primhistoire eut pourtant la science de Tiahuanaco comme point de départ.

Il arriva, par mauvaise fortune, que les missionnaires du secret transmis par cooptation ne trouvèrent pas toujours d'initiés valables à qui les confier.

Des erreurs, des détériorations se produisirent, des confidents indignes massacrèrent le legs et en tirèrent une

---

1. Björn Asbrandson, Leif Ericson, Gudleif Gudlangson et même des navigateurs russes d'après le journal *Leningradskaya Pravda*, 23 nov. 1961.

2. Gusmâo le Portugais.

3. Le Smithsonian Institute et le USA Bureau of Standards ont découvert des traces de métallurgie remontant à 7 000 ans et démontrant que l'on savait alors fabriquer de l'acier dans des fournaises de 9 000° (G. Ketman, *Science et Vie*, n° 516).

4. Destruction de Sodome et de Gomorrhe selon le physicien russe Agrest, explosion dans la taïga, etc.

basse sorcellerie, cet occultisme enfin qui ordonne au lieu de prier et qui prétend savoir par on ne sait quel prodige du diable.

Ainsi naquit l'occultisme que l'on peut présumer infernal, celui des voyantes, cartomanciennes, des radiesthésistes, astrologues, jeteux, sorciers et mages qui fait un tort considérable à l'ésotérisme.

Les connaissances inférieures se propagèrent chez les hindous, les Arabes et les Noirs d'Afrique et peut-être aussi dans ces continents et ces royaumes, disparus pour la plupart (comme punis d'une malédiction divine) qui ont nom : Terre de Mu, terre de Gondwara, Royaume de Pount (dont Zimbabwe aurait été la capitale), Pays des Hyperboréens, Royaume Souterrain de l'Agartha au Tibet.

Légende, ces royaumes dont parle la Tradition ?

Qu'importe ! Ce qu'il faut, c'est la recueillir et la laisser en message à notre tour aux races à venir.

Peu à peu, au fil des siècles, elle s'éclairera et deviendra transparente comme les hommes hyperboréens.

6

Les continents disparus

La dérive des continents postulée par Alfred Wegener au début de ce siècle, l'exhaussement subit des fonds marins, l'effondrement non moins soudain des terres émergées conduisent à penser que la configuration de la Terre a été très souvent bouleversée au cours des âges.

Hérodote relate que les prêtres égyptiens de Thèbes lui contèrent que durant les précédents millénaires, *le soleil s'était levé quatre fois contrairement à son habitude, et couché deux fois là où il se lève maintenant.*

La Terre aurait-elle tourné en sens inverse ?

Le *Papyrus Magique Harris*, à propos de bouleversements cosmiques, assure que *le Sud devint le Nord* et que *la Terre se retourna.*

De nombreux manuscrits anciens, tels que les *Papyrus Ermitage* et *Ipuwer*, font état des mêmes phénomènes en employant exactement les mêmes expressions.

De mémoire d'homme, et à un stade heureusement moindre, notre planète a connu de fréquentes sautes d'humeur. En 1883, ce fut l'engloutissement partiel de l'île Krakatoa, en Indonésie : les deux tiers des terres émergées s'effondrèrent dans un gouffre marin profond de 300 m.

En mer de Chine, en Atlantique, des îles apparurent et disparurent en une journée. Il y a 30 000 ans, la Manche était une terre émergée reliant l'Angleterre à la France. Le 2 octobre 1957, une île volcanique surgit près de l'île Fayal aux Açores. Depuis le XVIIe siècle, on a vu naître — du moins sur les cartes marines — et disparaître ou demeurer introuvables l'Isla Grande, les îles Aurora, les îles Saxembourg, Thompson et Lindsay en Atlantique, les îles de la Compagnie Royale, Emeraude, Dougherty et l'archipel Nemrod en Pacifique... bref, depuis 2 000 ans, plus de 200 îles, après d'éphémères émersions, ont plongé dans les abysses.

La tradition, la mémoire parfois, ont conservé le souvenir de ces bouleversements géologiques, en brodant souvent, en ajoutant, en inventant même des planètes au compte de notre galaxie, puisque au temps de Pythagore, on croyait à une Anti-Terre, gravitant autour du Soleil, exactement à l'opposé, si bien que l'astre nous la cachait toujours.

Pourtant, une ou deux fois l'an, disait-on, il était possible de voir le contour de cette Anti-Terre qui a, aujourd'hui encore, des partisans.

Hyperborée

L'Atlantide de Platon que nous situons entre l'Amérique du Sud et le tropique du Cancer, est sans conteste le plus célèbre des continents disparus. Dans le même ordre d'idées, depuis une haute antiquité (Hérodote, Diodore, Pline, Virgile), les hommes ont cru en une autre île sans doute légendaire : le Pays des Hyperboréens, situé dans la zone arctique.

Il est certain qu'à une époque géologique très reculée, l'équateur et les pôles changèrent de place, si bien que les régions polaires jouirent d'un climat tropical et d'une flore luxuriante ; est-ce un tel souvenir primhistorique que les hommes se sont transmis ?

Toujours est-il que la tradition parle d'une île de glace entourée de hautes montagnes où vivaient des hommes presque transparents : les Hyperboréens. Des navigateurs grecs et babyloniens auraient vu l'île ceinte de sa corolle diamantine, vision si merveilleuse qu'ils s'agenouillèrent et prièrent leurs dieux.

La coruscation, sur la glace, créait une lumière irréelle et à l'intérieur du pays régnait une douce chaleur où s'acclimatait parfaitement une végétation verdoyante. Aucun contact ne paraissait exister entre l'île et le reste du monde ; pourtant un passage secret (souterrain ?) aurait mené jusqu'en Allemagne du Sud. Les femmes hyperboréennes étaient d'une beauté indicible et celles qui étaient nées cinquièmes dans chaque famille possédaient des dons extraordinaires de clairvoyance.

Quand l'île devint inhabitable « en raison du refroidissement des pôles » écrit Sylvain Bailly, ses habitants émigrèrent en Europe et en Amérique et — toujours selon la tradition — les Hyperboréennes gardèrent leurs dons héréditaires de beauté et de voyance, choisirent des maris de haute valeur et engendrèrent une descendance féminine d'élite que l'on reconnaîtrait encore actuellement à son exceptionnelle intelligence, alliée à une grande beauté.

Phérecyde de Scyros, initiateur de Pythagore, aurait été un descendant d'Hyperboréens.

Il convient de signaler aussi que le lundi 13 juin 1961, une expédition archéologique partit de Cuxhaven pour rechercher au fond de la mer, dans les eaux d'Helgoland, les vestiges de l'Atlantide.

C'était une étrange idée que de rechercher l'Atlantide sous le 54e parallèle (on y verrait plutôt Hyperborée), mais le chef de l'expédition, le pasteur Jurgen Spanuth, était sûr de son fait, ayant, disait-il, déchiffré des inscriptions hiéroglyphiques en Haute-Égypte, mentionnant que l'empire était englouti à cet endroit.

Déjà, en 1953, Jurgen Spanuth avait cru distinguer sous les eaux les fondations d'une cité dont il avait même pris des photos. L'égyptologue français Émile Briollay, cinq hommes-grenouilles et douze scaphandriers formaient le corps de troupe qui travailla en vain pendant plusieurs semaines : l'Atlantide — ou Hyperborée — demeura introuvable !

Le continent de Gondwara ou Terre de Gond en Antarctique, est le pendant de la légendaire île nordique. C'est un continent copié, décalqué sur le mythe hyperboréen. Selon certains traditionalistes, dans nos lycées et dans nos grandes écoles, on trouve toujours un descendant d'une famille de Gondwara : le plus brillant élève.

La Terre de Mu

Autre pendant légendaire, mais de l'Atlantide cette fois, la Lémurie ou Terre de Mu que l'on situait dans l'océan Indien.

Le mystérieux continent de Mu s'étendait sur la presque totalité de l'océan Pacifique, du détroit de Béring à l'Australie, de l'Inde à la Californie.

Au vrai, son existence ne repose que sur les dires mal prouvés et sur les tablettes du « colonel » anglais James Churchward, qu'on n'a jamais vues.

Vers 1868, le colonel, se trouvant aux Indes, devint l'assistant du Grand Prêtre d'un temple-collège et étudia fiévreusement les inscriptions d'un bas-relief ancien. A l'affût de toute cryptographie, il apprit que les archives secrètes du temple recelaient des tablettes d'argile, rédigées par les Naacals (Frères Saints) dans la Terre mère disparue, appelée Mu. Les tablettes étaient encloses dans un emballage et ne devaient jamais être lues, mais le colonel usa d'un stratagème pour satisfaire sa curiosité.

« Il serait sage, dit-il, de vérifier deux emballages pour juger de la conservation des messages. »

Le Grand Prêtre, qui lui aussi brûlait d'envie de voir les tablettes, ne se fit pas longtemps prier. Il enleva deux tablettes de leurs enveloppes de tissu.

Impossible alors de ne pas voir les caractères tracés dans l'argile. Impossible de ne pas constater aussitôt leur identité avec les inscriptions du bas-relief ! Bref, les deux tablettes furent traduites et, par la suite toutes les autres, qui constituaient l'inviolable dépôt. Elles contaient la genèse du monde et l'histoire de l'engloutissement de Mu, 12 000 ans avant notre ère.

Le géologue William Niven ayant trouvé au Mexique des tablettes indéchiffrables, Churchward appuya la découverte en assurant que les caractères hindous et mexicains, sur les tablettes, étaient identiques. Il prétendit aussi qu'il avait, grâce à la clef hindoue, traduit les deux célèbres textes mayas : le Codex Cortesianus et le manuscrit Troano !

Infatigable, le colonel se mit à parcourir le monde à la recherche de confirmations et tant de zèle inspire la sympathie, sinon la confiance.

Le peuple de Mu, qui aurait colonisé le monde entier, s'appelait Uighur et sa capitale se situait en Asie, là où le professeur Koslov découvrit — dans le désert de Gobi —, à 50 pieds de profondeur sous les ruines de Khara-Khota, une tombe peinte vieille de quelque 18 000 années.

Le sarcophage contenait les dépouilles d'une reine et d'un roi portant (d'après Churchward) les emblèmes de Mu : un M, le Tau et un cercle traversé verticalement par un diamètre.

Un manuscrit découvert dans un vieux temple bouddhiste de Lhassa au Tibet conte également la fin de Mu, et les poteries préhistoriques trouvées à Glozel, en 1925, reproduiraient les signes et l'écriture des Uighurs.

L'apogée de Mu daterait de 75 000 ans, mais l'empire remonterait à 150 000 années et davantage.

De nos jours, une secte américaine de Ramona (Californie) perpétue les théories de Churchward et par une curieuse coïncidence avec les traditions de Tiahuanaco, étudie le caractère vénusien de la civilisation de la Terre de Mu.

Le colonel anglais n'a jamais apporté la preuve de l'existence des tablettes hindoues. Cependant on peut être frappé par deux faits significatifs :

1° Churchward, honnêtement, a fort bien pu se fourvoyer dans des traductions fantaisistes, mais il n'a sûrement pas inventé l'existence des tablettes.

2° Toute la théorie qu'il a échafaudée, et qui était incohérente il y a quatre-vingts ans, se trouve sérieusement fortifiée par les découvertes de Tiahuanaco et de Glozel.

En réalité, nous avons la certitude que des bibliothèques secrètes existent aux Indes et aussi en Europe, au Vatican, à l'Escurial, et même en France[1]. Dans ces conditions, on comprend fort bien que Churchward n'ait jamais voulu révéler où il avait lu les tablettes, et il était, bien entendu, dans l'impossibilité de les produire.

Autre point en faveur du colonel : il dépensa sa fortune et le reste de ses années à parcourir le monde à la quête de confirmations, ce qui n'est pas le fait d'un mauvais plaisant.

L'identité ou l'analogie des écritures des tablettes hindoues, mexicaines et glozeliennes s'inscrit fort bien dans notre hypothèse d'individus atlantéens s'étant dispersés dans le monde.

Il n'a pas été retrouvé de tablettes à Tiahuanaco — où nul ne s'est jamais soucié d'en chercher — mais la tradition est formelle : il existait une écriture antédiluvienne en Amérique du Sud, écriture détruite par ordre de Pachacuti IV, 63e Inca.

On ne pensait pas que les anciens Mexicains-pré-Mayas aient écrit, pourtant le géologue Niven découvrit des tablettes !

On ne croyait pas à l'écriture préhistorique... pourtant elle existe à Glozel !

Et voilà que Churchward et ses successeurs attestent que les écritures de toutes ces tablettes sont semblables et découlent d'une origine commune !

Aventureusement on précise cette origine : elle est extra-terrestre, elle vient de Vénus... comme l'Orejona de Tiahuanaco !

---

1. Au Vatican : une véritable bibliothèque secrète. À l'Escurial : les manuscrits musulmans trouvés lors de la chute de Grenade. En France : à Paris et à Aix.

Les hommes volants de Zimbabwe

Dans le domaine du contrôlable, les ruines de Zimbabwe en Rhodésie, si elles attestent l'existence d'une antique civilisation en Afrique australe, posent néanmoins une énigme.

Zimbabwe, découverte en 1868 par Adam Renders, est une cité cyclopéenne dont l'édification remonte au XVIᵉ siècle selon certains historiens, à l'époque préhistorique selon d'autres.

Située dans un pays riche en minerai aurifère, elle fut même identifiée avec la mystérieuse Ophir où les vaisseaux d'Hiram et de Salomon allaient chercher l'or dont parle la Bible.

Alentour, et dans toute l'Afrique du Sud, il ne semble pas que des civilisations se soient autrefois développées, si bien que Zimbabwe constitue une sorte d'îlot où vécut un peuple mystérieux.

Dans les ruines, mais encore en fort bon état, on remarque — comme à Machu Picchu au Pérou — de hautes tours ovales, sortes de cornues, sans aucune ouverture latérale, la seule issue possible se trouvant en haut de la construction, comme si les habitants de ces étranges maisons avaient été munis d'ailes ou du pouvoir de voler ! À Machu Picchu, on appelle ces cornues : « les Chambres des Hommes Volants ».

Nous ne pensons pas à des êtres pourvus d'ailes, mais à des humains possédant le secret scientifique de l'apesanteur et du déplacement dans l'espace, secret non divulgué, mais rapporté par les traditions, aussi bien d'Amérique que d'Afrique et d'Asie.

Des hommes volants, il y en eut de tout temps d'après la chronique, depuis les Incas à plateaux volants, Icare et les saints à lévitation, jusqu'aux *Rocket Belt men* modernes, pourvus de ceinture à réaction (ou ceinture volante).

Il ne faut pas trop se hâter de juger la tradition. Il est possible que Zimbabwe, que Machu Picchu aient jadis été habités par des hommes initiés à une science dont nous n'avons pas encore idée.

Qui a construit Zimbabwe ?

Avec Serge Hutin[1] nous pensons aux Égyptiens et, pour notre part, plus précisément encore à des missionnaires de Tiahuanaco, ou, ce qui revient sans doute au même, aux Atlantes chassés de leur continent détruit ou de leur île submergée.

L'expertise géophysique donne actuellement une explication nouvelle et un sens plus raisonnable aux divulgations de Platon. Tout découle de la théorie de Wegener sur la dérive des continents, confirmée par les découvertes du professeur Stuart Blackett, prix Nobel de physique[2], qui a déclaré récemment :

Il est hautement probable que les masses continentales se soient éloignées les unes des autres depuis le Paléozoïque. Par exemple, je crois que durant les 440 millions d'années qui précédèrent l'époque quaternaire, l'Amérique du Nord s'est éloignée d'environ 3 000 milles du vieux continent.

Ce qui revient à dire qu'à l'époque tertiaire, les Amériques étaient soudées à l'Europe et à l'Afrique.

On peut n'être pas d'accord avec le professeur Blackett sur l'estimation chronologique des époques géologiques, lesquelles sont véritablement avancées « à l'estime », 400 millions d'années pouvant tout aussi bien céder la place à 4 millions, voire même à 400 000 ans — la préhistoire n'est pas chiche de telles approximations — mais les dérives continentales constituent une hypothèse acceptable.

Le globe terrestre — grosso modo — est constitué par un noyau central, le « nife » (NIckel-FEr) que cerne une pulpe, le « sima », constitué principalement de SIlicates de MAgnésium.

---

1. *Les Civilisations inconnues*, p. 216, Ed. Fayard.
2. Rapporté par Hilaire Cuny, *Horizons*, mars 1961.

Le sima est plastico-visqueux, c'est une pâte qui va se durcissant jusqu'à la croûte terrestre proprement dite que nous connaissons : le « sial » *(SIlice et ALumine)*.

Les continents, en somme, seraient des sortes d'îles dures flottant sur le sial visqueux.

« À l'origine, dit Wegener, il devait y avoir une seule masse continentale que la rotation de la Terre tendit à répartir sur l'ensemble du globe : l'Amérique dériva vers l'ouest, l'Australie vers l'est, l'Antarctique vers le sud et le Groenland vers le nord. »

Sir Stuart Blackett a calculé que la Grande-Bretagne dérivait vers le nord-ouest à raison de 6 mètres par siècle ; on sait que le Groenland vogue vers l'ouest à une vitesse de 90 cm par an, et bientôt, les satellites américains et russes, en chiffrant exactement les distances intercontinentales (encore approximatives), permettront de mesurer au mètre près la dérive de l'Amérique par rapport au vieux continent.

Il est probable que ces dérives ne sont pas constantes et peuvent subir des ralentissements ou des accélérations brusques et accidentelles, si bien que la tradition du continent de l'Atlantide peut être examinée sous un jour nouveau.

L'Atlantide de Platon aurait été l'Amérique, alors ancrée dans l'océan Atlantique assez près des côtes d'Afrique et d'Europe ; une dérive brutale aurait entraîné un cataclysme et un effondrement, ou un engloutissement partiel.

Bien entendu, tout cela n'est qu'hypothèse, mais « hautement possible », surtout si l'on considère l'arrachement américain particulièrement intense sur la ligne équatoriale, là où la rotation terrestre se fait sentir au maximum.

Cette hypothèse, sans les accréditer formellement, apporte néanmoins une certaine vraisemblance aux traditions de l'Atlantide, de Mu, de la Lémurie et de ces îles arctiques, Groenland, Islande, Spitzberg, détachées de la terre ferme.

Un seul obstacle : les géologues et les préhistoriens font état de millions d'années, défiant la mémoire humaine. Et si ces estimations étaient considérablement exagérées ?

Les datations par les méthodes de désintégration, de transmutation et de carbone 14 sont notoirement entachées des pires dérèglements. Actuellement, les savants américains qui effectuent des sondages au fond des fosses du Pacifique et de l'Atlantique, dans le cadre du Projet « Mohole », sont de cet avis.

La chaleur en particulier, provenant soit d'une masse interne en surfusion, soit de la radioactivité naturelle des roches, ne correspond pas aux définitions du degré géométrique des géologues.

De même, l'épaisseur des sédiments traversés par les sondes avant qu'elles n'atteignent les couches dures du manteau terrestre ne correspond pas à l'âge admis des océans.

On les croyait vieux d'un milliard d'années.

Or, il aurait suffi de 90 millions d'années pour constituer les 550 mètres de dépôts moyens qui existent aujourd'hui[1].

C'est clair : sur l'évaluation de l'âge des océans, les savants ont commis une légère erreur : 1 milliard d'années au lieu de 90 millions, c'est-à-dire que le globe serait sans doute vingt fois moins vieux que prévu !

Les astronomes ne sont pas logés à meilleure enseigne : les techniciens de l'Observatoire du mont Palomar en Amérique admettent 100 à 200 % d'erreurs dans leurs calculs concernant les mesures de l'Univers. Par exemple, notre galaxie serait plus grande qu'on le penserait de 60 000 années-lumière, ou même de 60 millions !

Les fantaisies d'Hoerbiger

Certes, la tradition n'offre pas de meilleure garantie, mais il n'est pas déraisonnable d'imaginer que l'Amérique-Atlantide ou encore une grande île actuellement immergée autour des Bermudes ou sous la mer des Caraïbes ait existé en Atlantique il y a 20 000 ans.

---

1. *Aux Écoutes de la Science*, 5-1-1962.

Les théories de l'illuministe allemand Hans Hoerbiger, reprises par le Français Denis Saurat[1], écartent délibérément toute donnée scientifique et bousculent la répartition des continents et des mers.

En bref, pour Hoerbiger, le Cosmos est régi par une lutte incessante entre le froid et le chaud, entre la glace et le soleil. Des lunes s'approchent et s'éloignent de la Terre, attirant plus ou moins les océans, qui engloutissent des montagnes et assèchent des fonds marins.

Dans ce complexe cosmo-philosophique, l'Homme est associé intimement à l'évolution de la nature et, selon l'influence lunaire, subit des mutations désordonnées. Tantôt il est atteint de gigantisme (quand la Lune proche exerce une attraction redoublée), tantôt il est écrasé par une pesanteur de plomb.

Selon ces données, notre humanité issue de géants blonds, à la belle peau blanchie dans l'aura des glaces éternelles, ressuscite le vieux mythe ancestral du pays hyperboréen, de ses hommes supérieurs et de ses ravissantes femmes pythonisses.

Une telle hypothèse était bien faite pour séduire Adolf Hitler qui avait besoin, pour refaire le globe d'une nouvelle mythologie.

Or, Hans Hoerbiger lui apportait cela et davantage encore : une science exaltée, toute différente des vieux principes établissant d'autres normes de physique, de chimie, de littérature et d'archéologie. Cette conception politico-romantique du monde à venir, calquée sur la reconstitution à grand spectacle du passé traditionnel, aurait pu fournir à l'humanité une science diamétralement opposée aux concepts classiques.

Le fantastique rêvé par Hoerbiger et Hitler n'était ni plus faux ni plus fou que le fantastique d'Einstein-Kennedy-Khrouchtchev.

---

1. *L'Atlantide et le règne des géants*, Denoël.

Invasions lunaires

En France, l'hypothèse du primhistorien Marcel Boscher, très personnelle, se rapproche des théories d'Hoerbiger, de Bellamy et de Saurat. La Lune y joue le rôle primordial.

Elle peut également suggérer des rapports avec la Terre de Mu.

D'après cette théorie, la Lune aurait déterminé une résultante mécanique et sociale : résultante mécanique du fait des cataclysmes déclenchés, sociale par la conquête militaire d'un peuple lunaire.

Cette hypothèse emprunte à un vaste et surprenant ensemble cosmogonique, métaphysique et physique, s'écartant délibérément de la science rationnelle.

Elle part d'un postulat : tout est Énergie-Matière indissociable, ne se différenciant que par le potentiel pour l'énergie, et par la masse pour la matière. Le principe mécanique du monde est la gravitation et l'attraction produite par l'énergie-matière.

Une différence constante de potentiel magnétique équilibre l'aliment moteur de la cellule vivante : l'oxygène. En bref, la vie et l'évolution humaines sont conditionnées par ce potentiel magnétique et par l'oxygène.

L'homme originel, vivant dans un milieu parfaitement équilibré, était une sorte de dieu dont les cellules se régénéraient elles-mêmes en totalité. Il ne connaissait ni la souffrance ni la mort et avait la perception de toute chose — la connaissance — par des facultés psychiques développées qui lui permettaient de se passer du progrès technique et agissaient à la façon des postes émetteurs et récepteurs de télévision. Sa stature était d'environ trois mètres et le gigantisme était commun aux règnes végétal et animal.

Il semble que nous trouvions ici l'état de grâce et le paradis des temps bibliques. La déchéance, la faute originelle, ne furent pas le fait d'Ève, mais de la mécanique céleste, de Dieu, pourrait-on dire.

Femme du Magdalé-
nien, coiffée, chaus-
sée, vêtue d'un cor-
sage et d'un panta-
lon. Cette gravure, relevée sur une dalle de Lussac-les-Châteaux par les préhistoriens classiques, est au Musée de l'Homme. Mais on ne la montre pas au
public. — Chapitre 1. — (Photo Bulletin SPF).

Le docteur Morlet vient de surprendre miss Garrod, membre de la Commission
Internationale, faisant avec le doigt un trou dans le front de taille des fouilles.
De gauche à droite : le docteur Tricot Royer ; le docteur Morlet expliquant à la
Commission ce qui vient de se passer ; M. l'abbé Favret ; M. Hamal-Naudrin ;
M. de Varigny ; M. Bosch-Gimpera ; miss Garrod, baissant la tête ; M. Vallat,
avocat à Vichy. — (Extrait de la revue *Æsculape*.)

Tablette gravée de Glozel. On y trouve la plupart des lettres de notre alphabet. L'écriture alphabétique était connue il y a 10 000 ans. Pour transmettre quel message... quel secret ? — Chapitre 2. — (Photo Roger Delorme.)

Poterie de Glozel. Tête d'homme sans bouche, évoquant le curieux faciès que l'on prête — aventureusement — aux cosmonautes extraterrestres. Cette poterie a été surnommée « l'Interplanétaire ». — Chapitre 2. — (Photo Roger Delorme.)

Glozel fourmille de coïncidences exagérées : une écriture alphabétique, des crânes d'une race inconnue, des vases en forme de tête de cosmonaute... et voici une poterie soucoupe volante... Du moins, on peut l'imaginer ! Alors ? Coïncidences ou influence d'une civilisation extraterrestre ? — Chapitre 2. — (Photo Roger Delorme.)

Le chancelier des Andes, de la baie de Pisco au Pérou. C'est un sismographe de grande précision *(voir ci-dessous)*, vieux de plusieurs millénaires. — Chapitre 5.

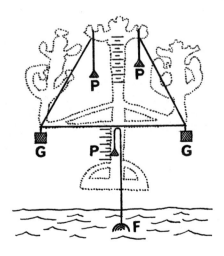

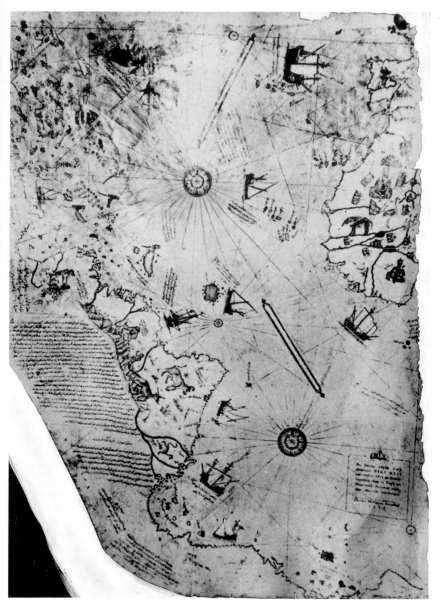

Carte du Capitan turc Piri Reis. — Chapitre 1. — (Photo Roger Viollet.)

La Porte du Soleil (Puerta del Sol) de Tiahuanaco qu'il conviendrait mieux d'appeler « Porte de Vénus ». — Chapitre 3. — (Photo Roger Delorme.)

Orejona. D'après la tradition andine, elle serait venue de la planète Vénus, sur une fusée spatiale. Son crâne était pointu, ses mains palmées. Orejona serait la mère de l'humanité terrestre. — Chapitre 3. — (Dessin de Lucien Verdi.)

Dans la tête du personnage, gravé il y a des millénaires, on voit un étrange dessin qui intrigue les archéologues. Scaphandre spatial ? Engin inconnu ? Moteur ? Si l'on découvrait une telle représentation graphique dans une caverne des Eyzies ou sur un mur romain, qu'en penserait-on ? — Chapitre 3. — (Photo Roger Delorme.)

Encore un mystérieux dessin que l'on présume être un moteur à réaction. Peut-être un moteur ion-solaire ? Il s'agit incontestablement d'un message légué par la race des hommes de Tiahuanaco. — Chapitre 3. — (Photo Roger Delorme.)

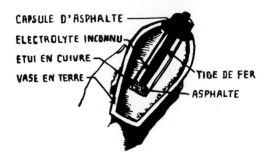

CAPSULE D'ASPHALTE
ELECTROLYTE INCONNU
ETUI EN CUIVRE
VASE EN TERRE
TIGE DE FER
ASPHALTE

Reconstitution en coupe de la Pile de Bagdad. On pourrait encore de nos jours la faire fonctionner sans aucune difficulté. Une électrode de fer, isolée dans de l'asphalte, plonge dans un électrolyte inconnu contenu dans un cylindre de cuivre. — Chapitre 7. — (Photo Roger Delorme.)

Le « Martien » du Tassili. Si ce dessin rupestre a une ancienneté plusieurs fois millénaire, il possède un caractère insolite incontestable. — Chapitre 7. — (Relevé par Henri Lhote.)

On ne sait quel dérèglement cosmique — ou perturbation voulue par la Providence — motiva les errements de la planète Lune ; toujours est-il qu'elle se mit à vagabonder dans le Cosmos, jusqu'à placer son orbite sur le plan de l'écliptique terrestre.

Auparavant, elle évoluait beaucoup plus près du Soleil et son humanité, soumise à une durée de vie relativement courte en raison de son faible diamètre, avait brûlé les étapes de la connaissance et se situait au niveau que nous atteindrons vers l'an 2000.

Sans apporter de références, ni situer l'événement dans le temps, M. Boscher pense qu'à ce moment-là les Sélénites étaient en péril, l'atmosphère de leur planète se raréfiant et le sol s'asséchant en raison directe du phénomène.

L'approche de la Terre fut donc une chance inespérée de salut et les Luniens préparèrent l'envahissement de notre globe.

La satellisation de la Lune se fit dans un laps de temps assez considérable — des siècles — et eut des conséquences désastreuses pour les Terriens.

L'équilibre magnétique étant rompu, l'atmosphère terrestre devint beaucoup moins riche en oxygène, par suite de la diminution de la pression atmosphérique, et la pesanteur augmenta dans des proportions considérables.

Comme cloués au sol, les hommes perdirent vite leurs meilleures facultés et l'insensibilisation du réseau nerveux (circuit magnétique) de leur corps.

Ils connurent la douleur et la mort.

La Lune se plaçant sur des orbites sans cesse plus rapprochées, la Terre subit des raz de marée, des éruptions volcaniques, puis une grande catastrophe déterminée par le basculement des pôles, ce qui eut aussi pour résultat d'imprimer une vitesse de gravitation plus grande et d'augmenter les forces d'attraction.

L'oxygène atmosphérique devint plus rare et la pesanteur crût encore, si bien que les Luniens, en atterrissant, trouvèrent une humanité amoindrie qui ne sut plus se défendre qu'avec des moyens primaires analogues à ceux des anciens Perses, Assyriens et Chaldéens.

Les envahisseurs, de taille gigantesque, pourvus d'un armement atomique, n'eurent aucune peine à vaincre les Terriens et passèrent à leurs yeux pour des dieux descendus du Ciel !

La race terrestre se modifia au rythme des fluctuations cosmiques et géophysiques, car le globe avait subi un bouleversement profond.

Des continents étaient engloutis, d'autres émergeaient des océans. L'équateur, qui passait jadis par la Sibérie, se fixait au-dessous de l'Asie.

Pourtant, il n'y eut ni déluge ni période glaciaire et la Terre se rapprocha du Soleil, réchauffant son atmosphère, se stabilisant peu à peu sur son aire actuelle et retrouvant aussi son potentiel magnétique et sa teneur en oxygène.

Au cours de cette évolution naturelle, les autochtones terriens et leurs conquérants fusionnèrent en une race commune dont les caractéristiques auraient été surtout conservées par les Jaunes.

Telle est la primhistoire conçue, forgée par Marcel Boscher.

Elle échappe évidemment à notre sens critique, mais présente des éléments d'étude tout neufs qui ne sauraient être écartés a priori.

M. Boscher imagine aussi que les forces colossales libérées par l'atome pourraient un jour permettre de ralentir la vitesse de gravitation de la Terre, ce qui aurait pour résultat d'augmenter la pression atmosphérique et, de ce fait, la richesse de l'air en oxygène. On verrait alors, pense l'auteur, renaître l'équilibre originel, disparaître l'usure des cellules et revenir les facultés psychiques de nos Ancêtres Supérieurs [1].

Dans l'origine en partie extraterrestre de notre humanité, proposée par M. Boscher, les Jaunes, descendants

---

[1]. Le Dr Siegel, de l'Union Carbide Research Institute, prône l'oxygénisation artificielle des tissus cellulaires pour accroître la longévité.

amoindris des géants Luniens, auraient-ils pu peupler la Terre de Mu ? La Lune aurait-elle pu transporter de Vénus — ou de Mars — des émigrés, véritable véhicule cosmique ou fusée sidérale ?

Dérives de continents, cataclysmes naturels, tremblements de terre, déluges, éruptions volcaniques, chutes de corps célestes, continents disparus et invasion de planétaires : déjà l'Histoire, la tradition et certaines imaginations se rejoignent pour donner un visage à l'inconnu.

Les secrets détruits

Tiahuanaco, les pyramides, Ba'albek projettent déjà quelques lueurs sur la vieille énigme, et les sanctuaires secrets ne sont pas loin d'ouvrir leurs portes.

Certains témoignages ont été détruits. Jules César porte la lourde responsabilité du premier incendie de la bibliothèque d'Alexandrie où le lettré Ptolémée Soter avait réuni 700 000 volumes qui constituaient alors la totalité de la tradition transmise et du savoir humain.

Quatre siècles plus tard, un second incendie allumé par des hordes indisciplinées ravagea cette même bibliothèque qui fut définitivement brûlée en 641 sur l'ordre du calife Omar.

On raconte que, consulté par ses capitaines sur le sort à réserver aux livres, le chef musulman répondit :

« Si ce qu'ils relatent est dans le Coran, ils sont inutiles et vous pouvez les brûler. Si ce qu'ils relatent n'est pas dans le Coran, alors il faut les détruire comme nuisibles et impies. »

Les précieux manuscrits servirent pendant plusieurs mois de combustible aux chaudières des établissements de bains d'Alexandrie. Quelques-uns seulement échappèrent au feu.

Un autodafé semblable fut l'œuvre, en 240 avant J.-C., de l'empereur chinois Tsin Che Hoang qui fit détruire tous les livres d'histoire, d'astronomie et de philosophie existant dans son empire.

Au IIIe siècle, à Rome, Dioclétien fit rechercher et détruire tous les livres contenant des formules pour faire de l'or, sous prétexte que l'art de la transmutation pouvait permettre d'acheter des empires.

Le Nouveau Testament (Actes des Apôtres) révèle que saint Paul réunit à Éphèse tous les livres qui traitaient de « choses curieuses » et les brûla publiquement.

Jacques Weiss rapporte [1] que des moines d'Irlande, ignorants, firent brûler 10 000 manuscrits runiques sur écorces de bouleau, contenant toutes les traditions et toutes les annales de la race celtique.

Toujours dans le passionnant ouvrage de Jacques Weiss, on lit :

Savary, dans ses Lettres sur l'Égypte, *relate les propos tenus à la fin du XVIIIe siècle par le Père Sicard dans ses* Lettres édifiantes :

« On me rapporte qu'il y avait dans ce village (le petit port égyptien de Ouardan) un colombier rempli de papyrus recouverts de caractères magiques, achetés à quelques religieux coptes et schismatiques.

« J'en fis sans résistance l'usage que je devais en faire (un autodafé) et je plantai à leur place une croix de Jérusalem que les Coptes révèrent avec beaucoup de dévotion. »

Déjà, au XVIe siècle, le fanatisme religieux, allié à une criminelle ignorance, avait livré aux flammes les Manuscrits du Yucatan au Mexique :

Les évêques espagnols, au XVIe siècle, en firent brûler des quantités énormes et c'est l'intervention d'un franciscain français, Jacques de Testera, qui arrêta la destruction des derniers de ces précieux documents. Les conquérants commirent d'ailleurs des cruautés inouïes envers la population pourtant paisible et douce de ces contrées, tranchant les mains, les bras et les jambes, coupant les seins des femmes, frappant à coups

---

1. *La Synarchie.* Éd. Adyar.

de crosse les petits enfants, si bien que la race fut à peu près anéantie[1].

Le vice-roi du Pérou, Francesco Toledo, vers 1566, parle dans ses rapports d'étoffes incas et de tablettes peintes d'une grande richesse narrative : histoire, sciences, prophéties, etc.

Il fit jeter le tout au feu. L'existence de cette écriture inca est accréditée par José d'Acosta[2], Balbota et le Père Cobo.

Fort heureusement, les Jésuites et les Papes sauvèrent une partie du patrimoine traditionnel.

Les livres de Garcilaso de La Vega et quelques manuscrits rapportant les plus précieuses données de la mythologie sud-américaine furent brûlés en Espagne au XVIᵉ siècle, mais la bibliothèque Vaticane et M. Garcia Beltran, descendant de Garcilaso, détiennent l'essentiel de la tradition sur manuscrits inédits dont nous avons eu communication.

Les pierres de Bâmiyân

Des messages, des témoignages publics furent laissés dans presque toutes les parties du globe, afin de conjurer les maléfices du Temps et des cataclysmes. En Afghanistan, l'odyssée et les avatars de l'homme seraient contés par les statues de pierre et des sculptures de Bâmiyân.

Bâmiyân est une ville ruinée de la province du Kapisa au nord-ouest de Kaboul où 12 000 maisons sont creusées dans le roc. C'est l'antique Djouldjoul (la Thèbes de l'Orient) qui fut pillée et démolie en 1221 par Gengis Khan.

Toute la vallée où elle se trouve est trouée de cavernes et de grottes où des moines bouddhistes ont vécu pendant des siècles et amassé des témoignages que l'on dit extrêmement anciens.

---

1. Paul Le Cour, *À la Recherche d'un Monde perdu*, 1931.
2. *Historia natural y moral de las Indias*, Séville, 1590.

Actuellement, trois statues colossales, sculptées en plein roc, sont les gardiennes des ruines. Il y a peu de temps, les monolithes étaient encore au nombre de cinq. La plus grande statue mesurait 53 mètres de hauteur, 7 de plus que la statue de la Liberté à New York ; la seconde 35 mètres ; la troisième 10 mètres ; les autres étaient de moindre importance, la plus petite ayant environ la taille d'un homme.

Elles sont, assure la tradition, les « impérissables témoins » de la doctrine secrète laissée par des Atlantes réfugiés en Asie.

Des moines les ont recouvertes de plâtre pour les transformer en Bouddhas, mais il est aisé de discerner la supercherie.

Bien entendu, les archéologues officiels ne sont pas d'accord à ce sujet avec les traditionalistes à qui pourtant un fait singulier semble devoir donner raison : ces pseudo-Bouddhas n'ont pas de visage.

Alors que le corps des statues a été relativement respecté — et trafiqué, comme nous l'avons dit — les faces ont subi une déprédation systématique : plus de front, plus de nez, d'yeux ni de lèvres. Du front au menton les faces ont été ramenées à un plan vertical.

Cette mutilation, qui paraît volontaire, a peut-être voulu éviter l'identification, comme dans les crimes maquillés.

Les statues ne seraient donc pas à l'effigie de Bouddah, mais de quelque autre mystérieux personnage dont on aurait tenté de cacher l'existence.

Un dieu, un géant ?

La cosmographie gravée dans la « Grotte du Kohistan » et représentant la planète Vénus reliée à la Terre comme par une voie de communication sidérale, présente-t-elle un indice valable ?

Les statues étaient-elles à l'image de Vénusiens ou d'êtres venus des étoiles ?

D'après une tradition, elles seraient les seuls souvenirs matériels des deux premières races, qui eurent un corps éthéré ; les statues de l'île de Pâques, hautes de trente à

134

quarante pieds et construites par des transfuges du continent américain, représenteraient la troisième race, la première dont le corps fut physique (nous reproduisons des interprétations résolument occultistes) [1].

La statue dédiée aux Atlantes, bien que gigantesque, se rapproche par ses dimensions de l'homme actuel.

Un des temples de Bâmiyân était assez vaste pour servir de refuge à une armée entière.

Il y a 10 000 ans, l'Asie était colonisée par la race noire chassée d'Europe, et une de ses deux métropoles était Bâmiyân [2].

En Europe, la race blanche était sous l'empire des Druidesses qui officiaient à l'île de Sein. Les Celtes s'étant révoltés contre elles, les machiavéliques pythonisses répandirent une épouvantable superstition pour décimer les révoltés.

Les Celtes avaient le renom d'un courage inégalable. Misant sur leur fierté et leur mépris pour la mort, les Druidesses décidèrent de déléguer au « Pays situé de l'Autre côté de la Vie » les hommes les plus nobles et les plus braves afin de porter un message aux ancêtres.

Et l'on vit cette chose abominable : l'élite des Celtes se donner la mort ou la subir le front haut à chaque solstice et fête religieuse, si bien que tous les chefs disparurent en quelques années sans qu'un seul osât se dérober à ce sacrifice volontaire.

C'est alors que Ram le réformateur parut et fut, lui aussi, condamné à mort par le Synode des Druidesses de Sein. Pour sauver la race, Ram s'exila avec son peuple en direction de l'est, laissant sur son passage et dans l'histoire de nombreux témoignages toponymiques : Hiram, Ram, Iran, Ramayana.

L'âge d'or de Ram en Asie dura 3 500 ans.

---

1. Notre civilisation n'a pas encore songé à laisser pour les millénaires à venir un témoignage concret de son existence. Dans moins de 20 000 ans, si le monde existe encore, l'expression de notre génie actuel sera totalement détruite.
2. *La Synarchie*, Jacques Weiss.

La tradition aryenne relatée par les Upanishads ne conduit pas apparemment vers les ancêtres extraplanétaires dont l'existence peut être vérifiée par la science de demain et les fusées spatiales, mais il est avéré que cette tradition n'a été transmise que sous son aspect métaphysique.

Historiquement, le fait est dû à l'initiative de Bouddha qui, en son temps, voulut révéler à tous les mystères sacrés. Les prêtres et les Brahmanes s'opposèrent à cette divulgation qui fut jugée sacrilège, comme le fut la prédiction de Jésus par les docteurs de la Synagogue.

Les Brahmanes, en conséquence, mutilèrent volontairement leurs propos écrits pour limiter l'étendue du forfait, gardant pour eux l'essentiel et laissant l'exotérisme aux profanes [1].

Ainsi parlent les tenants de l'archéologie traditionnelle.

Nous ne pensons pas qu'il faille accorder un crédit total à ces interprétations et à la tradition occulte relatée par les auteurs anciens et les modernes, Fabre d'Olivet, Schuré, Saint-Yves d'Alveydre, René Guenon, Ossendowski, Rudolf Steiner, G. Trarieux d'Egmond, Jacques Weiss, Mme Blavatzky.

En l'absence de toute preuve scientifique et formellement écrite, il est nécessaire d'essayer de reconstituer le puzzle du passé, mais il est un peu trop facile de le ressusciter par la voyance ou la révélation divine, ou par une documentation tenue secrète à la façon du colonel Churchward.

Inversement, il serait puéril de s'en tenir aux faux témoignages scientifiques des préhistoriens, et malhonnête de répudier en bloc la tradition.

L'archéologue Schliemann est parti du principe que les livres d'Homère n'étaient pas des fables, mais des récits d'événements historiques ; et il a découvert la ville de Troie.

---

1. G. Trarieux d'Egmond, *Prométhée ou le Mystère de l'Homme*. Adyar.

7

Les extraterrestres sont venus sur la Terre

Un homme bien étonné, quand il eut achevé de traduire les tables astronomiques apportées des Indes par des missionnaires, fut Jean-Sylvain Bailly, maire de Paris en 1778, éminent savant et astronome du Roi.

Ces tables, vraisemblablement vieilles de plusieurs millénaires, utilisaient un chiffrage comportant dix caractères, chacun ayant à la fois une valeur absolue et une valeur de position, l'équivalent, mais avec une autre forme graphique, des chiffres romains allant de 0 à 9 qui forment la base de notre arithmétique. Nous sommes tellement habitués à ces chiffres que nous n'en réalisons pas le miraculeux mécanisme.

En vérifiant ces tables, l'astronome royal les trouva fausses ; fausses en supposant qu'elles avaient été établies aux Indes, comme serait fausse une carte du ciel dressée à Paris et mentionnant par exemple la constellation de la Croix du Sud, visible seulement dans l'hémisphère austral.

En revanche, elles auraient été justes si elles avaient été établies vers le 49° degré de latitude nord.

Bailly en conclut que les Brahmanes avaient hérité ces cartes d'un peuple très ancien du désert de Gobi [1].

Poussant plus loin sa spéculation, Bailly avança la théorie d'une civilisation inconnue qui avait été brutalement détruite par un cataclysme.

---

1. *Histoire de l'Astronomie ancienne*, J.-S. Bailly, 1781.

Une longue époque d'ignorance lui aurait succédé, une sorte de barrière entre la première astronomie détruite et l'astronomie renouvelée par l'École d'Alexandrie.

Bailly donna à ce peuple le nom d'Atlante et situa l'Atlantide par le 49° degré de latitude Nord. Ainsi se déplaçait vers l'est, presque aux antipodes, le continent révélé par Platon, à moins qu'il ne fût question du pays des Hyperboréens ou de la Lémurie. La Lémurie, dans la tradition occulte, s'étendait de l'Himalaya à l'Australie ; le pays des Hyperboréens groupait des îles situées plus au nord, au-delà du désert de Gobi qui était alors une mer.

Un cataclysme, 700 000 ans avant l'époque tertiaire, avait détruit ces continents. Telle est du moins l'aventureuse hypothèse qui s'est répandue dans les milieux de l'occultisme.

De toute façon, il était certain qu'une très ancienne civilisation avait jadis fleuri en Asie et plus précisément à Pékin, au Tibet, aux Indes et en Afghanistan.

À vrai dire, la croyance en cette civilisation hypothétique ne repose pas sur des bases aussi solides que celles des Andes et de l'Égypte. Les documents transmis — tablettes, parchemins, pétroglyphes — n'ont jamais été situés dans le temps de façon même approximative. Pourtant, l'Inde et le Tibet notamment exercent depuis un siècle une attirance irrésistible sur les disciples du spiritualisme, de la théosophie et de la Magie noire.

L'avènement du communisme au Tibet, la fuite du Dalaï-Lama, l'inanité démontrée des fameuses « murailles magnétiques » qui défendaient le Potala, rien n'a pu entamer la foi aveugle des orientalistes à tout prix ; foi soutenue, il faut le reconnaître, par l'incontestable maîtrise magique des Tibétains et des yogis hindous.

En fait, il n'est qu'une seule certitude habilement exploitée par les charlatans : le Tibet est le centre mondial de la Magie noire. Peut-être l'est-il aussi de la Magie blanche, comme l'affirment certains initiés.

Le mystère de l'Agartha

Une curieuse légende dit que Lhassa est le Pôle Blanc du Monde, le Pôle Noir se situant aux antipodes dans l'île de Pâques. Les statues pascouanes seraient des monolithes géants captant les ondes maléfiques du monde pour en préserver le pôle inverse : Lhassa. Elles seraient en quelque sorte « l'entité minérale » des cercles magiques recevant les chocs en retour lorsque les maléfices jetés par les sorciers ne frappent pas la personne visée.

En tout cas, il existe un mystère de l'Extrême-Orient, entretenu par la fabuleuse Agartha.

L'Agartha, qui fut révélée par Saint-Yves d'Alveydre, René Guenon et F. Ossendowski, serait un sanctuaire souterrain caché sous la chaîne de l'Himalaya, où officieraient les Maîtres du Monde.

Voici, d'après Saint-Yves d'Alveydre, brillamment commenté par M. Jacques Weiss [1], un reportage (condensé) sur ce mystérieux royaume à l'existence duquel il nous faut croire sur parole :

L'Agartha est la grande université initiatique d'Asie, et son chef, le Mahatma, joue — sans l'usurper — le rôle de Souverain Pontife Universel.

Ce rôle est essentiellement éducatif et pacifique, encore que l'Agartha possède la connaissance d'une science physique qui lui permettrait de faire exploser notre planète et que sa science psychique soit à l'avenant.

Elle a voulu laisser ignorer son existence jusqu'au XIXe *siècle.*

Pourquoi les Pontifes ont-ils dérobé leur université aux regards du public ? Parce que leur science aurait, comme la nôtre, armé contre l'humanité le Mal, l'Anti-Dieu et le gouvernement général de l'Anarchie.

---

1. *La Synarchie.* Adyar.

Les mystères ne seront abrogés que si les promesses de Moïse et de Jésus sont tenues par les chrétiens, c'est-à-dire si l'anarchie du monde fait place à la Synarchie[1].

Où se trouve l'Agartha ?

Il ne convient pas de donner ici d'autres précisions que les suivantes :

Avant Ram, son centre qui était à Ayodhya, la Ville Solaire, passa en un autre point ; puis, en 1800 av. J.-C., le sanctuaire se fixa dans l'Himalaya en un endroit connu de plusieurs millions d'Asiatiques.

L'on ne trouvera parmi eux aucun traître pour révéler le lieu de ses nouvelles assises[2].

Le territoire sacré de l'Agartha a une population de 20 millions d'âmes[3] *; il n'y a pas de prison ; la peine de mort n'est pas appliquée, la police est faite par les pères de famille.*

Des millions de dwijas *(deux fois nés) et de yogis (unis en Dieu) habitent les faubourgs symétriquement divisés de l'Agartha et sont répartis dans des constructions principalement souterraines.*

Au-dessus d'eux : 5 000 *pundits (savants),* 365 *bagwandas (cardinaux), puis les douze Membres de l'Initiation Suprême.*

Les bibliothèques qui renferment depuis 55 700 ans la véritable synthèse de tous les arts et de toutes les sciences, sont accessibles aux profanes. Elles se trouvent dans les entrailles de la Terre.

---

1. Il est curieux de noter que ces termes sont à peu près identiques à ceux de la prophétie de Fatima : « Si l'on écoute ma demande, la Russie se convertira et l'on aura la paix. »

2. Nous avons personnellement connu le « Christ-Roi », Serge Raynaud de la Ferrière, Souverain Pontife de l'Église Universelle, Suprême régent de l'Agartha, Directeur du Bureau mondial permanent des Questions Culturelles, etc., et qui fixait les entrées de l'Agartha dans la région du monastère de Chigatzé et de Kwen Lun. Nous avons également fort bien connu le « prince Cherenzii Lind Maha Chohan, Suprême Régent » lui aussi (disait-il) de l'Agartha, qui devait nous emmener dans le sanctuaire souterrain situé au nord de Lhassa. Nous avons même eu l'honneur d'être condamné à mort par l'Agartha, pour sacrilège ! *(Point-de-Vue — Images du Monde* du 20-11-47 ; *Le Club du Faubourg*, nov. 1947 ; *Le Monde et la Vie*, n° 100, sept. 1961.)

3. D'après le Maha Chohan, saint Jean l'Évangéliste officierait dans le Grand Conseil.

Les véritables archives de la Paradesa (université) occupent des milliers de kilomètres. Le jour où l'Europe aura fait succéder la Synarchie trinitaire à son gouvernement général anarchique, toutes ces merveilles deviendront accessibles.

D'ici là, malheur aux imprudents qui se mettraient à fouiller la terre. Ils n'y trouveraient qu'une déconvenue certaine et une mort inévitable.

Seul, le Souverain Pontife de l'Agartha, avec ses principaux assesseurs, possède la connaissance totale du catalogue de cette bibliothèque planétaire. Les fakirs sont pour la plupart d'anciens élèves de l'Agartha qui ont arrêté leurs études avant les hauts grades. Nul ne peut emporter de l'Agartha les textes originaux de ses livres d'études.

La mémoire seule doit en conserver l'empreinte.

C'est ainsi qu'au VIe siècle av. J.-C. Cakya Mouni (Bouddha) revenant dans sa cellule après une excursion, poussa un cri terrible en ne retrouvant plus les cahiers d'études sur lesquels il comptait pour accomplir son mouvement révolutionnaire préparé en cachette.

En vain courut-il au Temple Central où demeure le Brahatmah ; les portes en restèrent impitoyablement fermées.

En vain mit-il en œuvre pendant toute une nuit la totalité de ses notions de magie. La Hiérarchie Supérieure avait tout prévu et savait tout.

Le fondateur du bouddhisme dut s'enfuir et dicter en toute hâte à ses premiers disciples ce que sa mémoire avait pu retenir.

Évidemment, on ne peut que mettre en doute ce récit rocambolesque, rêvé par le bon Saint-Yves d'Alveydre ou qui lui fut conté par un fakir mythomane ; toutefois, le royaume souterrain de l'Agartha appartient à la tradition. Il n'est peut-être pas inventé de toutes pièces.

Reste à discerner la vérité qui se cache sous l'affabulation. Qu'à une époque très reculée, des initiés ou les hommes de commandos planétaires, constitués en sectes secrètes, aient choisi les grottes de l'Himalaya, du Kohistan ou de Bâmiyân pour se retirer du monde ignorant ne heurte pas le bon sens.

Nous avons au contraire mille preuves de l'existence de noyaux occultes en Amérique (Tiahuanaco, Tacarigua), en Europe (Glozel), en Afrique (Memphis et Zimbabwe), en Asie Mineure et en Asie centrale.

La légende de l'Agartha s'est-elle développée sur ces bases mal connues et parcimonieusement révélées ? C'est possible.

L'archéologue traditionaliste Michel Carguèse présente une autre hypothèse aventureuse, mais que ne sauraient répudier les cosmonautes qui se préparent à coloniser la Lune en s'enfonçant comme des taupes dans le sol de notre satellite, à l'intérieur de machines qui agiront comme des perforateurs :

Il se pourrait que des êtres venus des planètes, incapables de supporter longtemps l'atmosphère terrestre, se soient enfoncés dans le sol, laissant à la surface l'incompréhensible trace de leur passage.

Incompréhensible pour nous, mais non pour ceux de leur race.

Des ancêtres supérieurs auraient donc habité l'Agartha en y pénétrant par le Dolmen de Do-King (Tibet), comme ils auraient pénétré dans d'autres centres souterrains de Bretagne, de Palestine et des Indes, c'est-à-dire aux points du globe où foisonnent les dolmens ou les grottes.

En ce sens, les alignements de Carnac en France prennent une signification fantastique qui fut mentionnée par la mythologie des Celtes et il est intéressant de noter que les extraplanétaires des Andes, avant de s'exoder vers l'Égypte, s'enterrèrent dans la cité souterraine de Tiahuanaco, ce qui est pour le moins une coïncidence exagérée...

Selon une croyance américaine, il existerait au pôle Nord, un passage permettant d'atteindre un monde souterrain.

Reprenant le mythe de l'Agartha, G. Trarieux d'Égmond, à propos de science antique, écrit en associant l'expérimental à l'occulte :

« Ces calculs (les Nombres) sont encore conservés ainsi que toutes les sciences sacrées, dans la Souterraine Agartha.

« Ils furent légués par l'Atlantide à l'Égypte, ainsi que son symbole : le Sphinx.

« L'étude des énergies de la Nature fut, elle aussi, poussée plus loin qu'elle ne l'a été depuis lors. Non seulement les "conquêtes modernes" — si l'on peut les appeler de ce nom — l'invention des aéronefs, des gaz asphyxiants et des bombes furent connues de ces peuples antiques, mais aussi d'autres forces qui nous sont inconnues, telles que les énergies de l'éther. »

Ainsi, chez les occultistes, se perpétue la tradition atlantidienne mêlée au fatras de l'invention hindoue.

En 1947, un aventurier qui se faisait appeler Prince Cherenzii Lind, Maha Chohan (Grand chef) et Suprême Régent du Royaume de l'Agartha, vint en France rencontrer frère Michael Ivanoff, Grand Maître de la Fraternité Blanche Universelle de Sèvres.

Le Maha Chohan

La relation de la visite de cette haute personnalité spirituelle fut donnée par une revue[1] dont nous reproduisons des passages.

« CET HOMME EST-IL UN DIEU OU UN IMPOSTEUR ? LES PRINCE CHERENZII LIND, MULTIMILLIARDAIRE ÉPICURIEN, SE PRÉTEND MAÎTRE D'UN ROYAUME SOUTERRAIN ET SAUVEUR DU MONDE.

Le Maha Chohan ou Kut-Humi se présente en grand chef des Initiés de l'Agartha, mais aussi en directeur de la Grande Fraternité Blanche Universelle, union spiritualiste dont le but avoué est de sauver le monde.

Ma première entrevue avec lui me laissa sous le charme : ses paroles étaient logiques et sages.

Dans sa Delage, il était encadré de deux nouvelles adeptes qui, en quelques heures, avaient su se rendre indispensables :

---

1. *Point de Vue*, n° 140, 20 nov. 1947.

143

une brune Argentine riche et influente en son pays, et la célèbre Lydie Bastien !

C'est un homme de 45 ans au type nettement européen : on le croirait Belge, non sans quelques raisons.

Ses cheveux et sa courte moustache sont noirs, son front intelligent et ses yeux habituellement autoritaires.

Lors de notre entretien, il me reçut rue Lesueur, vêtu d'un dhooty bleu foncé jeté sur ses vêtements de ville, et il pétrissait entre ses doigts les boules de bois sculpté d'un grand chapelet tibétain dont chaque grain, dit-on, a une valeur symbolique. Voici les termes de l'entretien :

« Êtes-vous tibétain ?

— Je suis né à Darjiling, aux Indes, mais je suis tibétain, car au moment de ma naissance, en 1902, Darjiling n'avait pas encore été arraché au Tibet par les Anglais et réuni à l'empire hindou.

— Êtes-vous descendant de Gengis Khan ?

— Je descends directement de lui.

(Le Maha porte à l'annulaire gauche une grande bague en or qui lui viendrait de l'antique conquérant tatar).

— Avez-vous une parenté avec le Kut Humi qui, au siècle dernier, fonda la Société Théosophique ?

— Je suis lui-même dans une nouvelle réincarnation.

— Êtes-vous le Maître du Monde ou le Messie annoncé ?

— Mes enseignements parleront pour moi.

— Qui vous a décerné le titre de Maha Chohan ?

— Le Grand Conseil de l'Agartha réuni en congrès : c'est-à-dire l'ensemble des Sages et des grands Instructeurs dont le siège central est seulement au Tibet. Mais les Sages habitent le monde entier. Il y en a à Paris, et l'Europe compte environ 4 000 initiés à divers degrés.

En Amérique, il y en a beaucoup plus. Il y a trois Occidentaux actuellement dans l'Agartha, dont un Français. (Il est possible que ce dernier soit M. Daniélou, fils de l'ancien ministre de la IIIᵉ République.)

— Qui fonda l'Agartha ?

— C'est très vieux. Pratiquement son origine remonte à 56 000 ans, mais il faut savoir que jadis les années étaient beaucoup plus longues que maintenant.

— Existe-t-il un royaume souterrain au Tibet ? La description de ce royaume, faite par Ossendowski, est-elle exacte ?

— Il existe véritablement un royaume souterrain au Tibet. Presque tous les monastères sont reliés par d'immenses galeries qui, parfois, atteignent 800 km de longueur. Dans ces galeries sont des cavernes si grandes que Notre-Dame de Paris y logerait à l'aise.

— Cela se situe entre le Tibet du Nord et la Mongolie ?

— Oui, des êtres humains y habitent et aussi des Jinas, êtres doués d'une grande intelligence, mais qui n'ont pas de corps physique. Les Jinas habitent les entrailles de la terre et ne remontent jamais à la surface du globe. Ils sont armés de longues griffes et pourvus d'ailes analogues à celles des chauves-souris. Ce sont des esprits mauvais, mais moins mauvais cependant que les hommes, car il n'y a pas pire qu'eux. Ils deviendront plus tard des hommes en évoluant : ce sont les gnomes, les sylphes et les lutins de vos légendes.

— Existe-t-il une civilisation inconnue dans le royaume de l'Agartha ? Avez-vous des machines plus perfectionnées que notre bombe atomique et nos avions à réaction ?

— La civilisation de l'Agartha est uniquement spirituelle et "mentale". Nous n'avons pas de machines mais des bibliothèques dont vous n'avez pas idée, des peintures, des sculptures et, en général, un épanouissement artistique qui vous paraîtrait prodigieux. Le monde entier sera bien obligé d'en convenir quand j'aurai permis à des journalistes et à des cameramen de s'y rendre et de filmer les merveilles qui s'y trouvent. J'organiserai, en effet, une expédition en août 1948 [1]. J'ouvrirai les portes de tous les sanctuaires.

— Qui financera l'expédition ?

— Moi-même.

(Le Prince Cherenzii Lind aurait 16 milliards bloqués au Japon. Il m'a dit lui-même être propriétaire de 56 000 hectares de terre à Cuba et de 350 000 hectares à Panama.)

---

1. Est-il nécessaire de préciser que cette expédition demeura à l'état de promesse ?

— Il fait noir dans ce royaume souterrain ; les cinéastes devront donc se munir de groupes électrogènes ?

— Non ! Il n'y a pas d'éclairage, mais les êtres et les choses de l'Agartha sont lumineux par eux-mêmes.

(Il n'empêche que pour photographier le Maha Chohan, rue Lesueur, il a fallu employer un flash. Personnellement, ce Grand Initié n'émet aucune lumière sensible, au sens littéral du mot.)

— On prétend que vous parlez 19 langues ?

— Je connais le mongol, le tatar, le sanscrit, l'hindoustani, le bengali, le chinois Shensi, le français, l'anglais, l'allemand, l'espagnol, l'italien...

— Est-ce un atome d'hélium qui est enfermé dans votre bague ? Je crois que nos savants ne sont pas encore à même d'isoler ainsi une si petite parcelle atomique ?

— J'expliquerai à M. Joliot-Curie comment il faut procéder.

— Maître, vous le savez, ces révélations trouveront beaucoup de sceptiques. Jadis, quand vous étiez le premier Kut-Humi, vous avez fait des miracles en projetant votre écriture à distance. Les Français, qui ont un terrible esprit critique, ne s'inclineront vraisemblablement que devant des preuves tangibles. Ne ferez-vous pas un miracle pour célébrer votre venue à Paris... et aider votre mission pacifique ?

— Si je fais un miracle, il me faudra en faire d'autres... et toujours d'autres...

J'insiste avec véhémence et finalement le Maha Chohan, avant de clore notre entretien, m'annonce en pesant ses mots :

— Je ferai un miracle avant de quitter Paris.

— Un vrai miracle ? Matériel ? Comme de faire apparaître un vase de fleurs sur ce guéridon ? (Je montre un guéridon vide.)

— Des miracles comme cela, j'en fais tous les jours... Oui, je ferai un vrai miracle, à la fois matériel et spirituel.

(Cette promesse fut faite devant plusieurs personnes qui peuvent en témoigner.)

Je pose une dernière question relative à la légende disant que saint Jean (l'Évangéliste), toujours vivant, attend au Tibet le retour du Christ-Roi.

— Qui vous a dit ces choses ? C'est à peu près exact : saint Jean faisait partie de l'Agartha, mais il est mort au Tibet au XIIe siècle. »

Note de la rédaction :

Là se terminaient les déclarations du Maha Chohan. Mais comme, au cours de leur entretien, celui-ci avait manifesté le désir de rencontrer des savants français pour s'entretenir avec eux des questions relatives à l'énergie nucléaire, notre reporter lui ménagea une entrevue avec quelques sommités scientifiques. Tout était prêt. Les actualités avaient été convoquées pour filmer la rencontre, mais le Maître de l'Agartha ne vint pas. Les savants, dérangés inutilement, se fâchèrent et parlèrent d'imposture.

Notre reporter retourna rue Lesueur où on lui déclara que le Maha Chohan était en voyage. Le miracle promis n'avait donc pas eu lieu. Une enquête auprès des familiers de la maison permit également de constater que le Maître du Monde ne recevait jamais de correspondance du Tibet.

D'autre part, la tenue du Maha Chohan, dans la petite maison de Sèvres, où son « ambassadeur » en France, frère Michael Ivanoff, lui donnait l'hospitalité, jurait d'étrange façon avec le comportement habituel des Grands Initiés. Le Maha Chohan prétendait jeûner sans cesse. Notre reporter a pu constater qu'il avait un faible pour le poulet financière et le vin de Bourgogne. Il faisait une étonnante consommation de cigares de la meilleure marque et passait ses soirées en compagnie de la fameuse Lydie Bastien, ex-maîtresse du surréaliste Gengenbach. On prétend qu'au cours de ces soirées le champagne coulait à flots sur les pieds blancs de la belle Lydie et était aussitôt recueilli par les bouches avides de ses adorateurs.

De telles aventures, qui se renouvellent chaque année dans le monde entier auprès des crédules adhérents de Sociétés « spiritualistes », ne sont pas pour ajouter du crédit à la légende de l'Agartha, de ses « Chefs Suprêmes » et de ses « bibliothèques » où s'amoncellent les archives terrestres de 55 700 années de civilisation !

147

Les livres secrets

De tout temps, des formules secrètes ont été transmises, oralement ou par écrit.

Ce fut sans doute le cas — s'il a jamais existé — de l'*Enchiridion*, petit livre qui renfermait les plus belles pensées chrétiennes et les plus grands secrets de la Kabbale, écrit, dit-on, par le Pape Léon III qui le donna à Charlemagne « comme le plus rare de tous les présents ».

D'après Éliphas Lévi, « le souverain propriétaire de ce livre et sachant dignement s'en servir » pouvait être le Maître du Monde.

Cette tradition suppose, ajoute Éliphas Lévi :

1° L'existence d'une révélation primitive et universelle expliquant tous les secrets de la nature et de la science.

2° La nécessité de ne confier ces secrets qu'à des initiés.

3° La certitude d'une tradition réservant aux souverains pontifes, et aux maîtres temporels du monde la connaissance des mystères.

4° La perpétuité de certains signes, ou pentacles, exprimant ces mystères et connus des seuls initiés.

Charlemagne tira-t-il profit de l'*Enchiridion* ? C'est assez peu probable. N'a-t-on pas avancé que l'illustre empereur ne savait pas écrire ?

Aussi, Léon III, comme jadis les prêtres d'Éleusis, a dû lui murmurer à l'oreille la formule énigmatique rituelle : « *Knox om pax* » dont la traduction serait d'après Paul Le Cour : « Que celui qui peut comprendre comprenne ! »

Tout n'est pas à prendre au sens littéral dans la tradition. Mais tout ne peut pas être gratuit ou faux. Nous songeons à l'Anneau de Gygès, aux poudres magiques des Alchimistes, aux drogues à transmutations physiques qui trouvent actuellement des réalisations scientifiques, aux légendes d'Homère qui furent reconnues vraies, au trésor du marquis de Carabas, qui est tout à fait authentique[1].

---

1. En dépit de son nom légendaire, ce trésor est historique : Claude Gouffler, grand écuyer de François Ier en 1546, et qui portait le titre de comte de Caravaz, mourut en laissant une grande fortune que l'on ne retrouva pas. Elle serait

Les imaginations les plus désordonnées reposent quelquefois sur de vrais souvenirs.

Que représente au juste l'Agartha ? Une hallucination d'occultiste ou une de ces centrales de vérité qui nous auraient été léguées par les exilés vénusiens [1] ?

Si la planète Vénus suscite aujourd'hui les hypothèses fantastiques de notre propre évasion, elle fut, dès la plus haute antiquité connue, un prétexte à mystères. Il y a 18 millions d'années, selon une légende de l'Inde et de l'Afghanistan, Mars, Vénus et la Terre étaient en étroites communications.

Sur la voie magnétique qui reliait ces planètes voguait un immense vaisseau resplendissant, d'une puissance et d'une beauté extraordinaires. Il amenait sur Terre « trois fois trente-cinq êtres humains parfaits » qui constituèrent la première humanité terrestre.

Vénus, planète ancestrale

À l'appui de cette relation, une cosmographie gravée sur la paroi rocheuse d'une grotte du Kohistan représente Vénus et la Terre reliées par des traits qui figurent une route spatiale.

Or, cette origine des hommes, exprimée par l'Orient, appartient aussi à la cosmologie musulmane, et apporte une lumière singulière sur notre primhistoire, racontée par l'Ancien Testament des Hébreux.

Littéralement, ou presque, la Bible relaterait ainsi la création du monde :

« Au début Dieu créa le Ciel puis la Terre.

---

enfouie dans son château d'Oiron, près d'Airvault (Deux-Sèvres). Le comte de Caravaz servit de parangon à Perrault pour camper le marquis de Carabas.

1. L'Observatoire de Meudon a pu vérifier le 7 juillet 1959 que la planète Vénus possédait une atmosphère de 20 à 40 km d'épaisseur. La traversée de cette masse gazeuse a duré plus de deux secondes. (Calculée par le passage de Régulus.) D'après la tradition, Vénus serait recouverte par un immense océan.

« Adam et Ève vivaient au Paradis (sur la planète Vénus).

« Après le péché qui leur fit perdre la divine protection, ils furent chassés (de la planète Vénus) et durent s'exiler sur la Terre... »

Le Coran dit expressément qu'Adam vivait ailleurs que sur la Terre.

Voilà peut-être ce qu'en langage clair disent les textes sacrés et que soutiennent les traditions et le prophète Isaïe (nous examinerons au chapitre XIX l'ingérence évidente des extraplanétaires dans l'aventure biblique).

La clef du hiéroglyphe — outre Tiahuanaco et Prométhée — nous est donnée par Lucifer dont le sens étymologique est déjà révélateur : *lux*, lumière ; *fero*, je porte !

Lucifer, que l'on a grand tort de confondre avec Satan, est en réalité un Ange du Ciel, mais un ange déchu pour avoir, comme Prométhée, apporté aux hommes la lumière de la science divine.

Il symbolise aussi, *depuis toujours*, la Planète Vénus, luciférienne par sa lumière exceptionnelle.

Par ailleurs, la tradition l'affirme : Lucifer est venu du ciel, porteur d'une « Pierre Noire », détail insolite que l'on retrouve dans toute apparition d'extraterrestres !

D'après la tradition chrétienne, la chute de Lucifer a précédé la Création du Monde, alors que le prophète Isaïe déclare que cette chute se produira *dans le futur*, contradiction qui embarrasse fort les théologiens !

Qui dit vrai, de la tradition orthodoxe ou du non moins orthodoxe Isaïe ?

Est-il venu sur Terre, l'homme de Vénus, ou y viendra-t-il bientôt, annoncé par le cortège des soucoupes volantes qu'aperçoivent déjà certains illuminés ?

En ce sens, Lucifer, issu de Vénus, aurait peuplé la Terre de sa « première humanité » comme l'assurent les Hindous et comme on peut l'interpréter d'après la Bible. Et c'est vers Vénus — inéluctable retour à la patrie originelle — que les cosmonautes veulent tenter leurs grands raids spatiaux, avec d'autant plus de raisons inconscientes et conscientes que sur la planète de Lucifer les probabilités d'une vie analogue à la vie terrestre paraissent plus grandes que partout ailleurs.

Voilà donc, convergeant vers Vénus, un faisceau prodigieux... une chaîne de crédibilités dont les maillons naissent au plus profond de nos âges !

De Tiahuanaco, de Glozel, des Indes, de l'Égypte, de l'Asie Mineure, etc., le secret trahi de la tradition clame plus qu'une effarante hypothèse !

La science classique n'apporte aucune preuve, aucun indice de l'origine terrestre des hommes. En revanche, la tradition, avec une véhémence millénaire, soutient cette thèse qui, de jour en jour, recueille des adhésions nouvelles.

Elle présente aussi — comme le voyageur revenu d'une lointaine expédition — les marques et les témoignages de cette aventure, les moteurs mystérieux de la Porte du Soleil, les briques à écriture de Glozel, les gravures rupestres du Kohistan, les énigmatiques et fascinantes « Pierres Noires » de Prométhée, de Lucifer et de Mahomet.

Est-ce là tout l'héritage insolite de nos lointains ancêtres ?

Il n'est guère venu à l'esprit des partisans d'une immigration planétaire, Flammarion, Richter, Kelvin, Robert Tocquet, de rechercher dans notre civilisation, dans notre science, dans notre architecture ou dans notre industrie, ce qui paraissait étranger au génie terrestre. Nous trouvons pourtant, tout autour de nous, de curieux indices.

Les Pierres Noires

Par exemple, il serait précieux de posséder des outils inexplicables ne répondant à aucune utilisation possible, des objets non identifiables en matière inconnue, des animaux ou des squelettes d'animaux qui n'auraient pas pu subsister dans notre atmosphère.

S'il est aisé de distinguer une matière inconnue, il est beaucoup plus difficile de faire un choix pour le reste et il

151

existe dans nos musées des objets dont il est impossible d'expliquer l'emploi. La tradition inca rapporte que lorsque Orejona vint atterrir sur la Pierre Sacrée de l'île du Soleil dans le lac Titicaca, elle apporta de sa planète des végétaux, des animaux et « d'autres choses ».

Il est difficile de retrouver, après les mutations qu'ils ont dû subir, des caractères insolites chez les végétaux et les animaux ; mais une roche, fort rare, sur le globe, intrigue les minéralogistes : les tectites ou « Pierres Noires ».

D'après la légende précolombienne, le Dieu Tvira fit élever en l'honneur d'Orejona, sur l'emplacement du Rocher Sacré, un Temple où étaient conservées plusieurs *pierres noires.*

Ces pierres appelées KALA et associées au Dieu Soleil de façon mystérieuse ont disparu de l'île Titicaca.

Ces *Kala* sont-elles celles, au nombre de trois, que l'on vénère maintenant dans la *Kaaba* de La Mecque où elles sont scellées dans le mur [1] ?

De même que la pierre de Lucifer et que les pierres noires des Andes, celles d'Arabie auraient une origine céleste : elles viendraient du Ciel, don de l'ange Gabriel à Abraham en récompense de la victoire du Patriarche sur le démon ; une autre tradition affirme qu'elles seraient tombées de Vénus.

À l'origine, disent les musulmans, ces pierres étaient blanches mais comme elles avaient la propriété d'absorber par attouchement tous les péchés humains, les pèlerins vinrent durant des millénaires les baiser et poser leur front sur elles, si bien qu'elles devinrent noires comme le péché.

Pour les savants, elles seraient des aérolithes tombés sur terre à une époque très antérieure à l'islamisme.

Selon M. Garcia Beltran, les pierres noires de la Kaaba, ont été travaillées de main d'homme et, en conséquence, elles ne seraient pas venues toutes seules du Ciel. Le biologiste espagnol pense que les *Kala* ont été transportées de

---

1. À noter que les cathares passaient pour détenir le Graal et aussi la « Pierre Noire » tombée du Ciel, qui devait servir à édifier sur terre le Temple de Dieu.

Titicaca, « nombril du monde » des Incas, jusqu'à la Kaaba, « nombril du monde » des musulmans.

« Si Orejona les avait abandonnées dans les Andes, déclare-t-il, c'est qu'elles n'avaient aucun intérêt, n'étant sans doute plus que des déchets analogues à la matière intérieure d'une pile épuisée. Ces pierres noires ont peut-être servi à la "propulsion astrale" des astronefs vénusiens. Elles ne contiennent ni uranium ni radium et étaient jadis antimagnétiques, avec une polarité susceptible de supprimer le phénomène de la pesanteur... »

Cette hypothèse de M. Beltran repose sur le fait que dans la tradition andine, la pierre noire de Titicaca portait le nom de « Pierre du puma aux yeux d'escarboucle, alliée au condor ».

En étroite corrélation avec l'interprétation des engins spatiaux gravés sur la Porte du Soleil, on retrouve ici le puma, représentation de la puissance, le condor, qui signifie voyage, vol, et l'escarboucle qui symbolise les forces minérales mystérieuses et leur rayonnement.

Quoi qu'on puisse en penser, les pierres noires des Andes et d'Arabie paraissent liées à un phénomène céleste.

Les autres pierres noires — ou tectites — que l'on trouve disséminées sur le globe, principalement aux Indes, en Australie, autour de Ba'albek et à Lessac (Charente), seraient aussi le déchet de carburant d'engins extra-terrestres.

Les géologues ne peuvent expliquer la présence sur terre de ces tectites qui sont, assurent-ils, des minéraux (aluminium et béryllium) riches en isotopes dont on a évalué la détérioration. Ils auraient subi de très hautes températures et de puissants bombardements radioactifs, il y a moins d'un million d'années.

Pour M. Labeyrie et son équipe d'atomiciens de Gif-sur-Yvette, ils seraient des éclats projetés sur terre, résultant de la percussion de météores sur la surface lunaire.

L'archéologue Danguy de Lessac, qui a trouvé de très nombreux tectites en Charente, les a fait fondre à une température de 400 °C et pense qu'il s'agirait de déchets vitreux très fusibles, qui donc n'auraient pu provenir de la Lune sans être volatilisés.

En réalité, ces explications, qui se contredisent, n'ont aucun caractère définitif.

Nous avons personnellement trouvé des tectites dans une grotte de la vallée de la Charente, au niveau du paléolithique ancien, ce qui prouve pour le moins que les hommes préhistoriques les connaissaient, mais n'essayaient pas de les tailler, ce qu'ils auraient pu faire avec facilité et profit. Faut-il en déduire qu'ils leur attachaient une sorte de respect, de crainte ou de vénération ?

Autre forme d'apport extraplanétaire : certains messages météorites que des humanités vénusiennes, martiennes ou mercuriennes nous adressent peut-être à l'aide de signaux lumineux ou hertziens.

Mais comment identifier ces messages et en comprendre le sens ?

Sommes-nous insensibles ou impénétrables à un Fantastique qui heurte notre esprit bourgeois et nos concepts périmés ?

Si les apports extraterrestres existent à notre vue et à notre entendement, il faut essayer de les percevoir, et dans ce sens aventureux mais nécessaire, nous avons dressé un inventaire de tout ce qui est insolite ou nous a paru étranger à notre civilisation terrienne.

L'insolite sur la Terre

— Le graffite de la Cave du Kohistan aux Indes, vieux de 14 000 ans et représentant la Terre reliée à Vénus par une route de traits.

— La race inconnue de Glozel qui connaissait l'écriture et la fabrication du verre à l'époque préhistorique du silex.

— L'écriture préhistorique de Glozel.

— Les poteries de Glozel qui paraissent reproduire une tête de cosmonaute et un animal-soucoupe volante.

— Les soucoupes volantes (si elles existent).

154

— L'orichalque des Atlantes, métal mentionné dans les textes anciens, mais qui ne fut jamais identifié.

— Le géant de 6 mètres des fresques du Tassili (si elles sont authentiques) qui semble revêtu d'un scaphandre. L'archéologue Henri Lhote le surnomme : le Martien.

— À Tiahuanaco : dessins de machines étranges présumées spatiales.

— Le calendrier vénusien de la Porte du Soleil.

— Les hommes à quatre doigts des pictographies et des statues du Tiahuanaco primaire.

— Les machines volantes cylindriques, montant vers le ciel, gravées au Yunan sur des pyramides surgies des eaux après un tremblement de terre. Dans cette région et dans le lac Kunming, les vestiges d'une civilisation inconnue et de haute expression remonteraient à 45 000 ans selon le professeur Tchi-Pen-Lao. Ces machines volantes et ces pyramides qui étaient hautes de 900 pieds se relient à la mythologie extraterrestre de Tiahuanaco et de Thèbes.

— La création du monde expliquée par Moïse dans le Pentateuque 4 000 ans avant les cosmologues modernes.

— La science secrète de Moïse et de l'Égypte antique.

— Le transport au Ciel d'Élie et d'Énoch. Leur relation de voyages dans le cosmos.

— Le mythe de Prométhée dont l'aventure, extraterrestre, est identique à celle de l'Homme de Tiahuanaco.

— Le mythe de Lucifer, le Vénusien porteur de la « Pierre Noire », qui s'identifie très étroitement à celui de l'Homme de Tiahuanaco.

— La relation de guerres atomiques dans le Mahabharata.

— L'utilisation du mercure dans les avions à réaction décrits dans les textes sanscrits.

— Les piles de Bagdad, vieilles de plusieurs millénaires et scientifiquement fabriquées avec des électrodes en fer et en cuivre et un électrolyte inconnu.

— Ba'albek — La Grande Pyramide — Ollantaytambo — Machu Picchu : une technique inconnue de construction.

155

— Le secret de la lévitation.

— La cité pétrifiée du colonel W. Walker.

— Les « chambres d'Hommes Volants » en Afrique et en Amérique.

— L'or de faible densité utilisé par les Incas.

— La description des deux satellites de Mars par Jonathan Swift *(Les Voyages de Gulliver)*, cent cinquante ans avant leur découverte scientifique, et avec cette précision effarante : l'un des deux satellites voyage deux fois plus vite que l'autre. Ce qui fut contrôlé en 1877.

— Le fer inaltérable (au soufre, au manganèse et au phosphore) du pilier ancien de Delhi.

— Les Pierres Noires *(Hadjar eleswad)* de la Kaaba et de Titicaca venues de Vénus selon les traditions musulmanes et andines. Les Pierres Noires de Lucifer et des cathares qui auraient la même origine.

— Les tectites d'Asie Mineure, d'Australie et d'Aquitaine en France.

— Le « Chandelier des Andes », dessiné par un peuple mystérieux dans la baie de Pisco.

— L'objet aérien en magnésium à 100 % de pureté (pourcentage non réalisable par la technique actuelle) qui explosa sur la plage d'Ubatuba au Brésil en 1957 (non contrôlé).

— L'anneau de métal de mille pieds de circonférence entourant le haut d'une montagne de Suède, où pousse une végétation différente de toute végétation terrestre (non contrôlé).

— Les relations dans la Bible et dans les traditions de tous les pays de la conquête terrestre par des êtres venus d'ailleurs et notamment de Vénus et de la Lune.

— La destruction de Sodome et de Gomorrhe (interprétation des Manuscrits de la mer Morte par le professeur Agrest).

— L'explosion sur la taïga en 1908.

— Les feuilles d'or découvertes à Our, révélant que les bijoux de la trouvaille provenaient des Atlantes qui les tenaient eux-mêmes d'êtres humains venus des étoiles sur un navire volant (non contrôlé).

— La révélation de Platon assurant que les Atlantes n'étaient pas d'origine terrestre.

— Les Hommes Bleus : Atlantes, race de Tiahuanaco et dieux d'Égypte.

— Les hommes à crâne plat (même les fœtus ont cette particularité insolite) dont les squelettes ont été découverts près du lac Tacarigua au Venezuela, par le professeur Requena.

— Le crâne de l'Homme préhistorique de Glozel dont l'épaisseur ne correspond pas aux normes de l'homme terrestre.

— Les cartes de Piri Réis copiées sur un atlas établi en vue aérienne à une époque anté-glaciaire.

À ce bref catalogue de l'insolite qui n'est qu'une hypothèse de travail, peut-être pourrait-on ajouter la magie noire, la parapsychologie et les secrets des prêtres égyptiens et hindous.

Les cités cyclopéennes

De tous les mystères qui s'offrent à nous, celui de la construction des pyramides est le plus irritant.

Les pierres de Kéops sont énormes, colossales ; la plupart pèsent de 15 à 100 tonnes et elles sont ajustées au centième de pouce alors que dans les constructions modernes, les pierres de taille en calcaire tendre, 300 fois moins lourdes, sont ajustées seulement au 1/10.

Dans la Chambre du Roi, le plafond est formé de blocs de granit rouge pesant 70 000 kg. Comment ces pierres ont-elles été transportées, taillées, hissées, mises en place ?

De nos jours, de telles performances ne seraient possibles que si l'on construisait autour des pyramides, sur le sable, des terrasses en ciment armé supportant des rails jointifs et des wagons à 40 roues. Bref, un tour de force.

L'obélisque qui orne la place de la Concorde à Paris est un monolithe fragile, mais d'un poids relativement faible. En 1835, à Louqsor, au bord du Nil, il fallut deux mois de travaux opiniâtres pour opérer son chargement, du temple au brick mouillé dans le fleuve. Et l'ingénieur Lebas dut même, en la circonstance, inventer tout un matériel de transport !

Or, si l'obélisque de Louqsor est un pygmée comparé aux énormes pierres des pyramides, celles-ci sont minuscules auprès des colossales pierres taillées et des « sayaucas » (pierres lasses) péruviennes de Sacsahuaman, de Machu Picchu et d'Ollantaytambo, pierres ajustées, longues parfois de 6 mètres, épaisses de 3 et « assemblées sans mortier ni crampons avec une précision telle qu'*on a peine à croire qu'il s'agit d'une œuvre humaine*, écrit Siegfried Huber [1]. Alors ? Technique étrangère ?

Et les monolithes colossaux du Pérou sont eux-mêmes de taille médiocre au regard des dalles mises en place à Ba'albek !

Ba'albek

Les soubassements dans les ruines de l'antique ville aux sanctuaires gigantesques, au Liban, sont l'œuvre mystérieuse d'un peuple qui savait transporter, tailler et hisser des pierres de 750 000 kg alors que le monde, à la même époque, ignorait la brouette, la clef de voûte et le ciment armé.

Dans une carrière située à environ 1 km de la ville, on peut encore voir la plus grande pierre taillée du monde, appelée « Hadjar el Gouble » (la pierre du Sud). Elle pèse 2 millions de kilos.

Aurions-nous là le témoignage de l'industrie extraplanétaire d'êtres venus sur notre globe avec des secrets inconnus ?

---

1. *Au Royaume des Incas*, Plon.

Mais dans ce cas, de quelle nature était la connaissance scientifique qui permettait à des hommes de vaincre la pesanteur des énormes monolithes ?

Denis Saurat a tourné la difficulté en supposant l'existence d'une race de géants. Le professeur russe Agrest, dans la *Literatournaïa Gazeta*, se référant à des données archéologiques et à d'anciens textes esséniens, s'est franchement prononcé pour une science inconnue, révélée par des astronautes préhistoriques.

Ces visiteurs seraient venus sur terre, il y a un million d'années, et auraient posé leur fusée — ou leur soucoupe volante — dans la région du Moyen-Orient.

Agrest, mathématicien et physicien renommé en URSS (nous ne faisons pas nôtres pour autant toutes ses théories aventureuses), appuie son hypothèse sur une citation des Manuscrits de la mer Morte : *Des hommes sont venus du Ciel et d'autres hommes ont été enlevés à la Terre et emportés au Ciel. Les hommes tombés du Ciel sont demeurés sur la Terre longtemps après la venue du Fils de Dieu.*

Dans la Bible il relève ce qui a trait à la destruction de Sodome et de Gomorrhe : *Enfuis-toi si tu veux être sauvé et ne te retourne pas. Ne t'arrête pas. Cours jusqu'au bout de cette plaine et va dans la montagne, si tu ne veux pas mourir.*

Et Loth répondit : Je ne pourrai pas atteindre la montagne, parce que le mal pénétrera mon corps et me tuera.

Analysant ce passage de la Bible, Agrest assure :

« Il est clair qu'il est question d'une explosion nucléaire, ce que semble prouver la suite du texte. »

Il est dit en effet :

Une colonne de fumée et de poussière s'éleva, semblable à une colonne qui aurait surgi du cœur de la Terre.

Et elle versa une pluie de soufre et de fer sur Sodome et Gomorrhe et détruisit la ville, la plaine entière, tous les habitants et la végétation.

Si l'on met à part la date de un million d'années, qui est hors de vraisemblance, la théorie n'est pas absurde. Agrest poursuit en donnant les raisons de cette atomisation où il substitue les astronautes aux Anges Exterminateurs.

« Les visiteurs planétaires, dit-il, voulurent avant de quitter la Terre, détruire leur stock nucléaire, mais auparavant ils recommandèrent aux habitants de la région de ne demeurer ni dans la ville ni en terrain découvert, de se cacher sous terre et de ne pas regarder l'explosion. La déflagration fut accompagnée de la colonne de fumée caractéristique (le champignon atomique) et les retombées radioactives tuèrent la végétation et les gens.

« Les survivants, comme Loth et ses filles, qui avaient cherché un abri dans des cavernes, durent se sauver plus loin encore [1]. »

M. Agrest pense aussi que la grande terrasse intérieure du Temple de Ba'albek qui mesure 134 mètres de long et 113 mètres de large, était une aire d'atterrissage pour soucoupes volantes, aménagée spécialement par les astronautes lors de leur séjour terrestre.

Cette explication du physicien russe était hasardeuse en 1959, mais elle a pris une certaine force après les découvertes de ses compatriotes : le professeur Jirov, qui identifia le calendrier Vénusien de Tiahuanaco, et le professeur Kazantsev, qui étudia le dessin des engins spatiaux gravés dans la frise.

Quant à la date de un million d'années avancée par Agrest, elle résulte de l'expertise des « tectites » que l'on trouve au Liban.

Tout cela, qui est fort hypothétique, n'apporte aucune solution à l'énigme des monolithes titanesques du Liban et d'Égypte qu'il faut cependant relier aux mystères du Pérou et de Tiahuanaco.

D'autres indices militent en faveur de la venue sur Terre d'hommes inconnus, oubliés ou extraplanétaires, qui utilisèrent la désintégration atomique.

En 1850, un homme extraordinaire, qui fut conquistador du Nicaragua, le colonel W. Walker, explorant en Amérique occidentale tout le pays compris entre la Gila et San Juan, trouva les emplacements de plusieurs villes en ruine.

---

1. *Paris-Presse*, 12-2-60.

Il écrivit à ce sujet :

On voit à cet endroit un édifice central imposant autour duquel gisent les restes d'une cité ayant environ un mille de longueur.

On y trouve des traces d'éruption volcanique avec des blocs carbonisés ou vitrifiés attestant le passage d'un fléau terrible.

Au centre de cette ville, véritable Pompéi américaine, s'élève un rocher de 20 à 30 pieds de haut, portant encore des débris de constructions cyclopéennes.

L'extrémité sud de cet édifice semble sortir d'une fournaise, le rocher qui le supportait porte lui-même des traces de fusion.

Il est singulier que les Indiens n'aient conservé aucune tradition relative aux sociétés jadis établies dans cette région.

En considérant ces tristes restes, ils sont saisis d'un religieux effroi, mais ils ne savent rien touchant leur histoire.

L'endroit, près de Mohava Desert, est appelé « La Vallée de la Mort ».

De cette narration ressortent plusieurs points importants qui ne pouvaient, au XIXe siècle, suggérer les développements que l'on en tire de nos jours.

Le colonel Walker, dans l'ignorance où il était de la science nucléaire, attribue à une éruption volcanique l'antique cataclysme de la Vallée de la Mort ; or, à considérer Herculanum, Pompéi, et Saint-Pierre de la Martinique, il est incontestable que ni une éruption volcanique, ni un tremblement de terre, ni un incendie n'auraient pu vitrifier des sables et faire fondre des rochers.

Autre détail : cette Vallée de la Mort, où s'élevaient autrefois une cité, des espaces verts et des arbres, est maintenant stérile. Elle se situe dans le désert de Neveda où, coïncidence, éclatent actuellement les bombes atomiques américaines.

Étrange prédestination des lieux !

L'explosion de la taïga

Le 30 juin 1908, à 7 heures du matin, les habitants de la région de Kansk, en Sibérie, virent une traînée fulgu-

161

rante illuminer le ciel et se perdre au loin dans la steppe. On entendit une formidable explosion. Dans le monde entier, les sismographes enregistrèrent une nette secousse dont l'épicentre se situait au nord-ouest du lac Baïkal.

L'Académie des Sciences de Moscou délégua sur les lieux le professeur Koulik qui, dans la tribu nomade des Evenk, enregistra d'étonnantes déclarations :

Nous étions à 80 verstes (85 km) de la Tougounsska et nous avons vu le feu.

La chaleur était si forte que nous nous sommes couchés sur le chemin.

Moi, dit un témoin, j'ai eu peur que le feu se mette à ma blouse.

Dans un village du district de la Podkaménnaïa Toungousska, 1 500 rennes ont été tués d'un seul coup...

Les nomades crurent à la fin du monde, preuve que le cataclysme, pourtant aussi éloigné d'eux que Chartres de Paris, était d'une intensité sans exemple.

Dans les nuits qui suivirent, d'étranges phénomènes se produisirent en Europe septentrionale. Le ciel fut envahi par des nuages phosphorescents qui éclairèrent comme en plein jour Berlin, Copenhague et Londres.

Pourtant, le professeur Koulik conclut simplement à la chute d'une énorme météorite.

L'affaire ne devait pas en rester là : en 1958, la Société russe d'Astronomie et de Géodésie, ayant examiné de nouveau le problème, déclarait formellement que le 30 juin 1908, aucune météorite n'était tombée sur la Tounga et que l'explosion s'était produite non au contact de la terre, mais en l'air.

En 1959, le professeur Gucorgui Piekhanov, et en 1962, le professeur Ziegler annonçaient à leur tour :

Sur le lieu du cataclysme, le cratère ne ressemble pas du tout à un cratère de météorite et nous y avons relevé une radioactivité intense.

Tout permet de penser qu'il s'agit d'une explosion nucléaire produite à une certaine hauteur dans l'atmosphère, ou encore de la désintégration d'un bloc d'antimatière [1].

On avança alors une autre hypothèse : désintégration d'un vaisseau spatial.

M. Lucien Barnier, spécialiste français des questions scientifiques, qui enquêta sur l'« Hiroshima de 1908 », prit résolument parti pour cette explication :

« De nombreux témoins, écrit-il, ont décrit l'engin étranger sous la forme d'un tube ou d'un rondin. A-t-on vu des météorites cylindriques ? »

Et, au chapitre des faits curieux, il ajoutait en sous-titre à son article : « Un champignon de feu de 80 km de haut... trois jours sans nuit à Londres et à Tokyo... et depuis cinquante-deux ans, l'herbe ne repousse plus... »

Guerres atomiques aux Indes

Dans les livres sacrés hindous, le Mahabharata et le Ramayana, il est question d'envahisseurs, issus d'autres planètes puisqu'ils sont désignés sous le nom de « fils de la Lune et du Soleil » ; désignation troublante quand on sait que plusieurs traditions font état de la venue sur Terre de conquérants ou de dieux du Ciel.

Certes, il était logique que la Lune impressionnât l'imagination des peuples antiques ; cependant, il faut aussi noter qu'un satellite peut constituer pour un peuple de l'Espace un moyen idéal de locomotion. La Lune fut-elle à l'origine

---

1. Sur le plan théorique, l'antimatière serait symétriquement l'inverse de la matière. Mais l'antimatière n'est pratiquement pas réalisable car si elle existait un jour, elle intégrerait immédiatement des noyaux positifs qui détermineraient une libération colossale d'énergie. Toutefois, on peut créer un électron négatif en interférant des énergies de l'ordre de 4 à 500 000 électronvolts, mais cet électron négatif disparaît aussitôt que créé. Les savants ont tendance actuellement à imaginer des forces inverses aux forces existantes : antiprotons, antigravitation, antimatière... comme jadis on imaginait l'Anti-Terre. Si notre univers-matière rencontrait un univers-antimatière à constitution inverse, l'explosion qui en résulterait détruirait le Cosmos.

un engin spatial, un super-Spoutnik habité par des astronautes fuyant une planète en péril pour un autre monde plus hospitalier ?

L'hypothèse mérite d'être retenue, d'autant plus que la tradition mentionne l'existence et la disparition de plusieurs lunes.

Se rapportant à la science nucléaire primhistorique, les textes hindous relatent avec une précision étonnante une guerre atomique semblable à celle qui pourrait se dérouler de nos jours.

Ces révélations et celles que l'on peut trouver dans d'autres documents en sanscrit (Ramatcharitra, Mahavira, Drona Parva, Rasernava, Kiratarjunïya), n'impressionnèrent guère les hommes de 1939, qui avec un regrettable manque d'imagination, se bornèrent à les assimiler aux légendes d'Homère et aux aventures du baron de Crac. Les chercheurs actuels, rompus au merveilleux de la physique et aux miracles de la microbiologie, s'aperçurent que les guerres atomiques qui opposaient les antiques rois asiatiques ressemblaient point par point à nos prochains conflits, tels qu'on les peut imaginer. S'agissait-il de reportages effectués sur le vif par des journalistes sincères mais non initiés ?

On croit plutôt que les relations des textes védiques, vieux de 3 000 ans, se rapportent à une guerre atomique qui se serait déroulée 10 000 ou 20 000 ans auparavant. Guerre atomique entre antagonistes d'inégales cultures, l'un — qui sera vaincu — mettant en lice des éléphants, des chevaux, des chars en bois, l'autre — le clan des vainqueurs, des dieux venus du Ciel, donc sans doute des extra-planétaires — utilisant les bombes atomiques, l'irradiation et les engins volants.

On peut lire dans le Ramayana et dans le Drona Parva :

Les machines volantes, Vimanas, avaient la forme d'une sphère et naviguaient dans les airs par l'effet du mercure qui suscitait un grand vent propulseur.

Des hommes, logés dans le Vimanas, pouvaient ainsi parcourir de grandes distances en un temps merveilleusement court.

Les Vimanas se conduisaient à la volonté du pilote, volant de bas en haut, de haut en bas, en avant ou en arrière, selon la disposition du moteur et son inclinaison.

Il s'agissait donc d'engins à réaction propulsés dans les airs par l'effet du mercure ou « rasa ». Et sur ce point déjà, l'actualité nous offre une coïncidence intéressante : M. L. Gérardin, ingénieur à la Société Thompson-Houston, au cours du Congrès International de l'Espace, qui s'est tenu à Paris en juin 1959, a préconisé pour la propulsion des fusées spatiales, le moteur *ion-mercure*.

En 1962, la société française d'études et de recherches sur la propulsion à réaction annonçait que dans le projet « Phaéton » la France se proposait de lancer, en 1966, un satellite dont le moteur serait un « four solaire à mercure » !

Le projet ne fut pas mis à exécution, mais il le sera vraisemblablement dans un proche avenir.

Voici maintenant pour la guerre atomique :

Le feu de cette arme (utilisée par le héros Râma) détruisait les cités en produisant une lumière plus claire que 100 000 soleils.

Le vent alors se levait, et le feu de l'arme terrible brûlait les éléphants, les soldats, les chars et les chevaux sans qu'on pût le voir car il était invisible.

Ce feu faisait tomber les ongles et les cheveux des hommes, blanchissait le plumage des oiseaux, coloriait leurs pattes en rouge et les rendait tortues.

Pour conjurer ce feu, les soldats couraient se jeter dans les rivières pour s'y laver et y laver tout ce qu'ils devaient toucher...

Bien sûr, il faut se méfier de l'imagination des Orientaux, mais il faut aussi avouer qu'un homme de l'an 1000 avant J.-C., parlant de faits très anciens, mais *rapportés certainement par des documents écrits, car on n'y relève aucune erreur, ni aucune incohérence*, il faut avouer, donc, que cet

165

homme ne pouvait employer ni d'autres mots, ni d'autres images, pour dire qu'une bombe atomique détruisait les cités, brûlant tout et provoquant des mutations, caractéristique relativement peu connue de l'irradiation. S'il s'agit là d'une coïncidence, n'est-elle pas quelque peu excessive ?

Dans le Mahavira du poète Bhavabhonti (VIIIe siècle), Râma utilise des armes absolument analogues aux armes secrètes US expérimentées en 1961, dans le Maryland : des armes pharmaco-dynamiques encore placées sous secret d'État et sur lesquelles les Russes, pour leur part, ne laissent filtrer aucune information.

Voici ce texte :

Le Sage lui remet en lui confiant tous les secrets de leur maniement des armes de la plus haute puissance, produisant l'assoupissement (djRimbhaka) *et aussi en répandant un profond sommeil* (prasvâpana) *et une arme de feu capable de réduire en cendres la grande armée de Koumbhakarna* [1].

Coïncidence exagérée encore avec les « brouillards » secrets des Américains qui produisent eux aussi, sur l'ennemi, le djRimbhaka et le prasvâpana.

Les textes sanscrits relatent donc *certainement* une guerre véritable mettant en œuvre un matériel appartenant à une race aussi évoluée que la nôtre.

Un char aérien, le « Pouschpaca », transporte plusieurs personnes vers l'antique capitale d'Ayodhyâ. Le ciel est parsemé de machines volantes stupéfiantes, noires à l'égal de l'obscurité, laissant jaillir des clartés aux lueurs jaunâtres.

Cette insistance à décrire les engins et les avions d'une guerre atomique ne saurait laisser insensible le lecteur du XXe siècle. Selon son esprit critique, chacun y verra une invention, une préfiguration, un indice ou une preuve absolue de l'existence d'une haute civilisation primhistorique.

Dans le Mahavira, acte V, Râma précise que la nature de ses armes n'appartient pas à notre cycle.

Voici le texte :

---

1. *Le Mahavira*, de Bhavabhonti, VIe acte.

166

Râma :

Elles ne peuvent être maniées que par tradition, *ces armes qui sont lancées et retirées par un secret magique. Ayant accompli des pénitences pour l'avancement de la Science Sacrée, pendant plus de 1 000 années, les anciens Sages, Brahma et les autres, ont vu par révélation ces armes et leur gloire, fruits de leurs austérités.*

Kriçaçva a transmis la connaissance secrète (upanishad) de la science complète des Mantras (formules d'une puissance mystérieuse qui servent à l'emploi des armes divines et à la suspension instantanée de leurs effets) à Viçvâmitra qui me l'a transmise.

Nous voilà donc de nouveau dans la Conjuration du Secret et dans une civilisation d'ancêtres supérieurs qui possédaient toutes les connaissances de notre science expérimentale et peut-être aussi des pouvoirs supranormaux auxquels Râma fait allusion en parlant des « austérités » qui ont permis l'étude.

Avant l'ère chrétienne, le Yogasutra indien énumérait déjà les exploits (aiçvarya) que l'homme était en mesure de prétendre accomplir :

— réduction ou agrandissement du corps à volonté (ammâ) ;

— allégement et lévitation (laghimâ) ;

— atteinte de toutes choses (exemple : toucher la Lune) (prâpte) ;

— irrésistibilité de la volonté (exemple : plonger dans la terre comme dans l'eau) (prâkâmya) ;

— maîtrise de la production, de la disparition et de la transformation des choses (îçitrtva) ;

— entrer dans l'esprit ou dans le corps d'un autre ;

— invisibilité.

Le Yogasutra (III-44) précisait que ces pouvoirs étaient obtenus par l'ascèse ou le Samadhi, acte essentiel du yoga, « mais si les Dieux ont ce privilège dès leur naissance, les Titans et même les hommes ordinaires sont susceptibles de les acquérir *grâce aux plantes* ».

Les textes sanscrits nous permettent de choisir entre deux méthodes : l'ascèse et les drogues miracles capables de faire éclore les virtualités encore inconnues du cerveau humain, d'appréhender un jour l'insaisissable, de pénétrer peut-être dans un univers insolite et parallèle au nôtre. Cette thaumaturgie semble bien appartenir à une magie étrangère à l'expression du génie terrestre, et sans doute conforme à l'évolution scientifique d'un peuple de l'Espace qui se serait installé parmi nous.

À n'en pas douter, ces pouvoirs, extérieurs à notre civilisation, entrent dans la définition de l'Insolite Terrestre que nous recherchons.

La science de Tiahuanaco — c'est-à-dire, peut-être, de Vénus — paraissant d'abord expérimentale, on songe, simple hypothèse de travail, aux Luniens de Marcel Boscher qui avaient précisément selon lui envahi le continent Jaune.

La Lune ne fut sans doute pas toujours un astre mort.

Dans la tradition, dans la mythologie, mais aussi dans la vie sociale, la Lune occupe une place exceptionnelle. Des cosmonautes y ont aluni en 1969 et bientôt on saura si elle n'est qu'un immense globe désertique, calciné, vierge, ou si elle a pu enfanter jadis une race disparue, ou si l'hypothèse du satellite-vaisseau-spatial repose sur quelque vraisemblance. En tout cas, il est certain que les Terriens, bientôt, réaliseront à l'envers l'hypothèse de Marcel Boscher. Alors, peut-être la science humaine sera-t-elle à même de faire un voyage dans le Cosmos sur une planète pilotée comme une fusée !

Les géants

D'autre part, notre satellite, qui détermine la croissance des végétaux hors ou dans la terre (outre bien d'autres phénomènes encore mal connus), a quelque chose à voir avec l'existence de ces géants dont parle la tradition avec une insistance curieuse.

Une, deux, et peut-être trois Lunes se satellisèrent jadis autour de la Terre, sur des orbites dont on ignore la position.

Véhicules ou planètes, ces Lunes s'approchèrent sans doute de la Terre et de ce voisinage naquit une attraction dont nous imaginons l'effet à l'inverse de la théorie Boscher. Ce fut l'époque du gigantisme de la nature : arbres de 100 m de haut, animaux énormes et démesurés, pesant 50 000 kilos et portant leur tête à plus de 10 m de hauteur.

Il est difficilement concevable, dans les conditions actuelles de la pesanteur, que des animaux comme le *Brachiosaurus altithorax* aient pu se développer et subsister.

Certes, le gigantisme devint par la suite une anomalie et finit par disparaître presque totalement, mais son seul avènement permet de supposer qu'il y eut jadis une pesanteur moindre ou une attraction intense — celle d'une Lune par exemple accréditant le gigantisme de la race humaine que les anciens textes signalent sans cesse à notre attention.

Il est bien évident — sans faire appel aux pouvoirs occultes mentionnés par le Yogasutra — que d'autres raisons mécaniques ont pu rompre l'équilibre.

De nombreux auteurs ont imaginé ces raisons, certains allant jusqu'à expliquer à la fois le caractère cyclopéen de certaines constructions, les statues géantes de l'île de Pâques, du Pérou, de Bâmiyân, et le mystère du transport et de la mise en place des énormes pierres de Ba'albek et des pyramides.

C'est sans doute aller trop loin en ce qui concerne ce dernier point, mais il demeure que l'hypothèse d'une race humaine géante est parfaitement soutenable : race autochtone ou race émigrée d'une planète en perdition.

L'hypothèse de géants primhistoriques repose sur des données scientifiques qui n'ont qu'un caractère de probabilité.

Michel Cargèse écrit à ce sujet :

« Les télescopes géants et les satellites artificiels accomplissent avec efficacité leur métier de détectives de l'Espace.

« Ils viennent de confirmer récemment une loi de mécanique céleste découverte par le Français Roche en 1850 : le satellite naturel d'une planète ne peut sans péril se rapprocher d'elle à moins de deux rayons trois quarts de son diamètre.

« On a pu vérifier le fait pour un astéroïde qui tournait autour de Mercure, et l'on peut prophétiser à coup sûr que les satellites de Mars vivent leurs derniers instants, étant à environ 2,767 rayons de la planète.

« Notre Lune a encore une ligne de vie assez longue, étant à 170 rayons de la Terre, mais M. Danjon, directeur de l'Observatoire de Paris, pense néanmoins qu'elle court le risque (ou plutôt nous le fait courir !) de s'écraser un jour sur nous ou de s'envoler dans l'espace.

« En effet, son orbite est presque ronde et n'offre pas la marge de sécurité qu'ont les planètes ou comètes à très longue ellipse.

« Nos lointains ancêtres, d'après la tradition, ont connu des cataclysmes résultant de l'écrasement d'un satellite sur la Terre.

« Ce satellite évoluait seulement à quelques rayons de distance, exerçant une attraction considérable et déterminant le gigantisme de la nature et de l'homme dont la taille atteignait quatre mètres environ.

« Du fait de la pesanteur relativement faible, les objets étaient beaucoup moins pesants, le rythme sanguin facilité, la fatigue moindre pour tout l'organisme et l'homme jouissait alors d'une longévité extraordinaire. Il avait le cerveau plus développé et des facultés qui lui firent acquérir un savoir différent du nôtre.

« L'édification de cités géantes et le transport de monolithes pesant des milliers de tonnes — à Machu Picchu, à Ba'albek, à Gizeh, etc. — trouvent une explication, à la fois dans la force titanesque des hommes et dans l'utilisation de leurs connaissances scientifiques.

« Les statues de sept mètres et davantage, que l'on trouve en certains points du monde : Pérou, île de Pâques, archipel des Marquises, Bâmiyân, etc., pourraient donc être des œuvres grandeur nature, ou du moins l'hommage à peine exagéré de populations amoindries à leurs ancêtres géants.

« Certes, la science officielle est réticente sur ce point mal éclairci de notre primhistoire, en dépit de découvertes dont elle eût dû tenir compte.

« À Gargayan, dans la province nord des Philippines, on a trouvé le squelette d'un géant qui ne mesurait pas moins de 5,18 m. Ses incisives avaient 7,5 cm de longueur et 5 cm de largeur.

« Des ossements appartenant à d'autres humains grands de trois mètres ont été découverts dans le sud-est de la Chine. Le docteur Pei Wen Chung, paléontologiste de renommée mondiale, affirme que ces restes datent de 300 000 ans.

« Dans la province d'Agadir, on aurait mis au jour un atelier d'outils préhistoriques vieux également de 3 000 siècles. Parmi d'autres objets, il y avait des bifaces qu'on employait à la main. Or ces bifaces pèsent 8 kg et leur préhension exige un écartement des doigts qui n'est possible qu'à un géant d'au moins 4 mètres.

« À noter que les bifaces ordinaires pèsent environ 400 g. On en a trouvé près de 500, pesant chacun vingt fois plus.

« Il n'est donc pas téméraire de conclure, en accord avec la Bible et les mythologies, qu'une race de géants a bien foulé notre terre et que, selon l'estimation des techniciens, leur existence remonte à 300 000 ans.

« Tout porte à croire que c'est une lune antérieure à la nôtre qui a provoqué l'apparition de ces titans. Soulagés de leur poids par l'attraction du satellite, ils se sont développés selon les normes de ce qu'ils pouvaient supporter.

« Il y eut ensuite un cataclysme effroyable quand la Lune trop proche s'écrasa sur la Terre, ensevelissant sans doute un continent, bousculant les pôles et toute la géographie terrestre...

« Les géants qui survécurent, affaiblis, dégénérés, ne pouvant plus porter leur poids écrasant de chair, disparurent par sélection naturelle, faisant place à des hommes

171

plus petits, mieux adaptés aux conditions d'existence sur une Terre sans Lune ou dotée d'un luminaire n'exerçant plus qu'une attraction atténuée : la Lune actuelle. »

Selon d'autres hypothèses, la race des géants primhistoriques serait d'origine extraterrestre.

Les savants, de plus en plus, croient en la pluralité des mondes habités et l'un d'eux, le professeur Robert Tocquet, exprime l'opinion généralement admise en ces termes [1] :

« Lorsqu'on songera que notre galaxie n'est qu'une spirale parmi les quelque 100 milliards d'univers-îles, et que chacun d'eux renferme plusieurs milliards d'étoiles, on sera conduit à admettre qu'autour des trillions, quadrillions, quintillions de Soleils, les probabilités et les possibilités de vie sont immenses [2]. »

Déjà, au XVe siècle, le cardinal de Cusa faisait montre d'une extraordinaire largeur d'esprit en anticipant sur l'aventure astronautique :

« La machine du monde étant comme si elle avait son centre partout et sa circonférence nulle part — parce que le centre et la circonférence du monde c'est Dieu, qui est partout et nulle part — toute région stellaire doit être habitée par des espèces humaines de nature et de capacités différentes. »

Le professeur Tocquet, envisageant la possibilité d'existence d'êtres pensants sur la planète Mars, écrit encore :

« S'ils existent, ils ont dû se protéger contre la disparition progressive de l'eau et de l'oxygène qui ont été proba-

---

1. *La Vie sur les Planètes*, de Robert Tocquet, éd. du Seuil.
2. Trois savants américains de l'université de Fordham ont analysé une météorite charbonneuse tombée le 18 mai 1864 à Orgueil (Tarn-et-Garonne), actuellement au Musée de Montauban. Ils ont détecté dans cette météorite, par des analyses spectroscopiques, des bombardements d'électrons et une étude de la diffraction des rayons X, la présence de composés organiques et d'hydrocarbures révélateurs de la vie. Ils ont vu au microscope des microbes fossiles à cellules étranges, mais analogues aux microbes terriens. La vie cellulaire est donc une certitude sur la planète d'où est issue cette météorite, mais qui n'a pas été identifiée. Le même phénomène peut être observé sur toutes les météorites charbonneuses, à vrai dire fort rares : vingt dans le monde entier dont cinq pour la France.

blement abondants à une époque reculée [1], en construisant des cités souterraines bénéficiant d'une pression atmosphérique, d'une humidité et d'une température convenables.

« Il est possible, d'autre part, qu'ils aient pu s'adapter partiellement ou complètement à la raréfaction de l'atmosphère grâce à une structure et à un développement appropriés de leurs appareils respiratoire et circulatoire. »

L'astronome soviétique Chklowski appuie l'hypothèse de la Lune engin spatial, en assurant que les deux satellites de Mars, Phobos et Déimos, sont des astres artificiels creux, plus légers que l'atmosphère ; peut-être même des engins spatiaux ancrés autour de Mars, mais non dépourvus d'autonomie puisqu'il a été remarqué que Phobos avait avancé sur son orbite de deux degrés et demi.

Il n'est donc pas déraisonnable — et il le sera moins encore demain — de supposer que des êtres extraplanétaires ont pu, à une époque reculée, venir se fixer sur notre Terre, en y apportant une science dont une parcelle — l'agravitation, la lévitation et la parapsychologie — fut par la suite complètement oubliée ou tenue secrète.

Si les descendants d'Orejona la Vénusienne n'avaient pas donné aux pré-Américains ce triple secret insolite et fondamentalement étranger à notre planète, les Temples du Pérou, d'Égypte et de Syrie n'auraient pas pu être édifiés.

L'or léger des Incas

Au xvie siècle [2] les orfèvres de Lima eurent entre les mains des lingots d'or inca — d'or pur — en tout point

---

1. Les Martiens auraient donc pu développer leur civilisation il y a des milliers ou des millions d'années. La nécessité faisant loi et ne trouvant plus des conditions suffisantes de vie sur leur planète, il est permis de supposer qu'ils se seraient enfuis dans le Cosmos. Où ? Les Terriens trouvent une planète sœur en Mars. L'inverse est la logique même. Selon cette hypothèse, nous pourrions avoir dans nos aïeux préhistoriques des hommes de la planète Mars acclimatés à notre complexe biologique.

2. Selon Garcilaso de La Vega. Notes manuscrites, propriété de M. Garcia Beltran.

semblable à l'or pur habituel, à cette particularité près que sa densité était deux fois moindre que la normale de 19,3.

Ces orfèvres fondirent des bijoux incas à la température de 1 100° environ, ce qui est logique, et obtinrent des lingots de densité 8 à 9.

Jamais ce mystère n'a été éclairci, mais il semble qu'il soit lié à un phénomène d'apesanteur réalisé par des moyens scientifiques.

D'autre part, si des saints et d'autres personnages ont véritablement été « suspendus en l'air » en état de lévitation, ce qui a été rapporté par des dizaines de chroniqueurs sérieux, il faut bien admettre que l'agravitation antique doit être prise en considération.

Mais la lévitation, si commune jadis, semble totalement inconnue de nos jours. Y eut-il supercherie, mensonge ? Peut-être.

Les pigeons voyageurs, il y a seulement cinquante ans, possédaient un don aussi mystérieux que la lévitation : même lâchés à des milliers de kilomètres, ils revenaient avec un sûr instinct au pigeonnier natal à condition que ce pigeonnier fût situé en direction du nord [1], sans jamais se fourvoyer.

Il n'est pas nécessaire de prouver cette particularité, attestée par l'existence encore récente de compagnies colombophiles dans les corps d'armée.

Or, depuis 1950, les pigeons voyageurs ne retrouvent plus leur chemin. Un lâcher récent (1961) de 8 000 pigeons a donné un résultat effarant : 7 950 n'ont jamais rejoint leur base !

On a expliqué que les stations émettrices de radio et de télévision, que les ondes hertziennes, que les centrales électriques troublaient, détruisaient l'instinct des oiseaux.

Pourquoi ces perturbations, nées du monde moderne, n'auraient-elles pas détruit l'antique pouvoir de lévitation ?

---

1. C'est le nord magnétique qui guide les pigeons. Ils retrouvaient toujours leur chemin dans le sens sud-nord. Jamais dans un autre sens.

8

La lévitation

Le père Francisco Alvarez, secrétaire de l'ambassade du Portugal en Éthiopie — en 1515 —, n'en croyait pas ses yeux : là, devant lui, à portée de la main, un bâton doré flottait dans l'air, suspendu par on ne sait quelle magie et ne reposant sur rien qui fût matériel, hormis l'atmosphère paisible de ce monastère de Bizan.

Jamais encore, à sa connaissance, l'air n'avait pu supporter de corps pesant ! Or, le bâton devait peser une à deux livres et véritablement, incontestablement, il flottait, comme une bulle de savon, mais sans bouger d'un pouce.

Le père Francisco Alvarez avait de bons yeux, mais un fil aurait pu à la rigueur soutenir l'objet ; aussi préféra-t-il s'en remettre à ses mains. Tout autour du bâton, qui demeurait immobile, il promena ses doigts, coupant l'air sous tous les angles, par-dessus, par-dessous, aux extrémités et sur les côtés.

— C'est un prodige ! finit-il par dire.

Avant lui, des milliers de pèlerins avaient admiré la célèbre « baguette volante » du Bizan qui, pendant plusieurs siècles, défia les lois de pesanteur et les explications des hommes.

Le père Alvarez fut si troublé par ce qu'il avait vu qu'il en donna une longue narration dans ses rapports.

Deux cents ans plus tard, le médecin français Jacques Poncet, établi au Caire, voulut lui aussi voir de ses yeux le prodige et effectua le voyage du Bizan.

175

Son témoignage est formel[1] :

Tout près de l'Épître (côté droit de l'église par rapport aux assistants et ainsi nommé parce que l'épître se lit à cet endroit) flottait à hauteur d'homme une baguette longue de quatre pieds, ronde et de la grosseur d'un fort bâton.

Doutant qu'il n'y eût quelque artifice qu'on ne vit point, je reçus de l'Abbé la permission de vérifier à ma guise ; je passais un bâton par-dessus, par-dessous, de tous les côtés et constatai à n'en pas douter que la baguette était véritablement en l'air.

J'en conçus un étonnement dont je ne pus revenir, ne voyant aucune cause naturelle d'un effet si prodigieux.

On ne sait comment disparut la baguette volante.

Au Tibet, à trois lieues de Lhassa, sur la montagne de la Béatitude Céleste, s'élève la vieille lamaserie de Khaldan.

Là aussi, pendant des siècles, des millions et des millions de pèlerins sont venus prier devant le corps embaumé de Tsong Kapa, le saint réformateur tibétain, « suspendu un peu au-dessus du sol par un prodige continuel, sans être retenu, ni porté par rien[2] ». En 1845, les missionnaires lazaristes Huc et Gabet reçurent les témoignages de ce cas de lévitation qui durait depuis le XIVe siècle, mais ils ne l'ont pas vérifié eux-mêmes[3].

Pourquoi les phénomènes de lévitation, si courants autrefois, ont-ils à peu près disparu ?

On ne peut guère nier, tant les relations abondent, la réalité des lévitations antiques, non seulement appliquées aux hommes — des saints le plus souvent — mais aussi aux objets inanimés, ce qui laisserait supposer la connaissance de l'agravitation.

Les écrivains Desmond Leslie et Georges Adamski[4] font état — sans citer leurs sources — « des connaissances qui

---

1. *Lettres édifiantes et curieuses, écrites des Missions Étrangères*, Paris, 1717-1776.
2. Jules Duhem, *Histoire des idées aéronautiques avant Montgolfier*, Paris, 1943.
3. Le père Huc. *Souvenir d'un voyage dans la Tartarie, le Tibet et la Chine*, Paris, 1853.
4. *Les Soucoupes volantes ont atterri*, La Colombe, 1954.

permettaient aux premiers membres de la Famille Solaire de conduire leurs astronefs, de soulever de gros poids, de commander des forces surnaturelles ».

Les simulacres égyptiens

Les traditions de l'Amérique du Sud assurent en effet que « dans les temps anciens, tous les hommes avaient le pouvoir de voler. De grosses pierres pouvaient être déplacées sans effort ». En Égypte, le prêtre authentique se reconnaissait au don qu'il avait de s'élever dans l'air à volonté.

D'après les Arabes[1], les Égyptiens avaient un secret pour construire leurs temples et leurs pyramides : « Ils plaçaient sous les pierres des papyrus sur lesquels étaient écrits des mots magiques et frappaient les pierres avec une baguette. Les blocs s'élevaient alors dans l'air et parcouraient la distance d'une flèche. De cette manière, ils allaient aux pyramides. »

Cette explication nous fait sourire. Pourtant, Jacques Weiss[2] assure lui aussi que les initiés égyptiens pratiquèrent la lévitation pour construire les pyramides :

« Les énormes blocs de pierre pesant jusqu'à 600 tonnes sont légèrement convexes sur certaines faces, pour s'encastrer à la perfection dans la concavité des blocs contigus et former un ensemble d'une solidité à toute épreuve. Ils ont dû être transportés par lévitation et mis en place avec une extrême facilité. »

La pesanteur est un phénomène mystérieux ; depuis peu, on sait qu'elle n'est pas uniforme à une latitude donnée et dépend de la densité de l'écorce terrestre, car elle est liée au phénomène de l'isostasie. Par exemple, à altitude égale, la pesanteur est moindre sur terre qu'en mer.

---

1. Kingsland, *The great Pyramid in fact and theory.*
2. *La Synarchie*, page 43.

D'autre part, le principe de la pesanteur même est mis en doute.

D'après Maxwell, les radiations caloriques, lumineuses et autres exercent sur les corps qu'elles rencontrent une véritable pression ; d'autres physiciens — et c'est le cas du docteur Pagès de Perpignan — estiment que l'effet dit de pesanteur est en réalité une force de pression exercée par le Cosmos. Ce qui revient au même !

Nous croyons qu'effectivement le Christ a marché sur les eaux. Nous le croyons parce qu'il est certain que l'effet de pesanteur n'est pas uniquement fonction des lois physiques, mais qu'il peut être modifié par des lois inconnues ; parce qu'il est certain que les êtres transfigurés ne marchent pas avec le même poids que les êtres normaux, parce que les expressions populaires « il ne marchait pas, il volait », « la peur (ou la joie) donne des ailes », correspondent à quelque chose de précis.

Un être transfiguré peut acquérir une vivacité, une intelligence, une irradiation, une adresse, une légèreté absolument stupéfiantes et actuellement inexplicables.

Les lévitations mystiques ne peuvent pas être niées, pas plus que l'on ne peut mettre en doute la baguette volante du Bizan, la lévitation posthume de Tsong Kapa et celle des oiseaux de haut vol, suspendant d'un seul coup leur vitesse pour planer, immobiles, *comme s'ils avaient oublié que la pesanteur existait.*

En ce qui concerne le cas des oiseaux, Galien pense que le phénomène traduit l'exact équilibre de deux forces antagonistes, la pesanteur et une puissante tension à la fois musculaire et psychique, tension révélée par la chaleur interne de l'oiseau.

Pline [1] parle de certaines lévitations prodigieuses que savaient faire les Égyptiens et dit que l'architecte Dinocrates avait entrepris de voûter le Temple d'Arsinoé avec des pierres d'aimant pour y montrer des simulacres suspendus en l'air.

---

1. *Naturalis Historia*, lib. XXXIV, chap. XIV.

Les prêtres d'Égypte connaissaient fort bien l'art des artifices qui reposait sur des phénomènes scientifiques.

Un de leurs tours de force était l'ascension d'un disque de métal figurant le Soleil, dans le Grand Temple de Sérapis près d'Alexandrie [1].

Rufin, le moine d'Aquilée, qui l'a vu de ses yeux, pense au magnétisme qui serait l'effet de plusieurs aimants cachés et capables de soutenir l'idole en un point d'équilibre dans l'air.

Lucien, fort incrédule de nature, affirme avoir vu les prêtres syriaques produire publiquement le simulacre de leur Dieu en ascension ou en suspension dans l'air, grâce sans doute à un ingénieux emploi de l'aimant !

Cassiodore parle d'un Cupidon de fer qui se tenait suspendu dans le Temple de Diane sans toucher à rien, exactement comme les simulacres d'Égypte.

Sait-on que la châsse de Mahomet était jadis retenue au plafond de la mosquée de Médine, sans rien de visible pour l'attirer ou la soutenir ? Chalcondyle pense qu'il s'agissait encore là d'une attraction d'aimant.

Si de nos jours les lévitations n'existent plus, il faut aussi souligner que notre science, que nos usines électriques immenses, ne nous permettraient pas de réaliser avec des aimants, avec l'électricité ou autrement le « prestige » de la Baguette Volante, de la lévitation de Tsong Kapa, ni même de la statue de fer suspendue dans le Temple de Diane !

Pour ce dernier cas, l'expérience serait possible, mais en mettant en œuvre des énergies telles qu'il faudrait une véritable centrale électrique pour les produire. Ce qui revient à dire qu'au XXᵉ siècle, la science ne peut pas réaliser ces « subterfuges ».

« Ce que les Anciens ont réellement connu de ces forces, assure un chroniqueur, et qui avait trait à l'électricité et au

---

1. Notre documentation sur la lévitation emprunte principalement au magistral ouvrage de M. Jules Duhem, Chargé de recherche au Centre National de la Recherche Scientifique : *Histoire des idées aéronautiques avant Montgolfier*, François Juste, libraire à Lyon, 1943.

magnétisme employés pour vaincre la pesanteur est presque impossible à éclaircir en raison du mystère religieux qui entourait, surtout en Égypte, les opérations des initiés. »

Pourtant le père Leurechon[1] assure que, de son temps, on connaissait encore le secret de soumettre les corps à l'effet magnétique, de manière à les tenir suspendus en l'air, sans contact d'aucune sorte, comme autrefois les simulacres d'Égypte, la Châsse de Mahomet à Médine et la baguette de Bizan.

« Rien de plus facile pour jeter l'étonnement, ajoute-t-il, que de voir une grosse masse de fer suspendue en l'air au milieu d'un bastiment, sans que chose au monde la touche hormis l'air. »

Eh bien, malgré l'avis du père Leurechon, nous pensons qu'au XVIIe siècle, les secrets antiques de lévitation étaient perdus depuis longtemps, du moins pour les objets inertes. En revanche, les lévitations humaines proliférèrent au cours des siècles de foi chrétienne.

Les lévitations des saints

Dans l'église Saint-Dominique à Naples, on montre encore l'endroit où saint Thomas d'Aquin s'est tenu en extase, à trois pieds de terre, devant un crucifix.

En Espagne, sainte Thérèse d'Ávila, sujette il est vrai à toutes les manifestations du mysticisme, s'éleva plusieurs fois dans les airs devant les carmélites de son couvent. Dans le livre qu'elle écrivit, *Libro de su Vita*, sur l'ordre de ses supérieurs, elle explique ainsi le ravissement :

Il arrive comme un choc rapide et brusque avant que l'on puisse rassembler ses esprits et se défendre d'aucune façon. On le voit et on le sent comme un nuage ou un aigle robuste qui s'élève vers le ciel et vous emporte sur ses ailes...

---

1. Jean Leurechon, *Récréations mathématiques*, Paris, 1626, pp. 181-183.

Cela est si effrayant que très souvent j'ai voulu résister,
surtout quand le ravissement se produisait en public...

Parfois, j'étais capable au prix de grands efforts, d'opposer
une légère résistance, mais ensuite j'étais brisée comme si
j'avais lutté contre un puissant géant. D'autres fois, tous mes
efforts étaient vains ; mon âme était emportée et presque tou-
jours, ma tête avec elle... et quelques fois tout mon corps aussi,
en sorte qu'il était soulevé de terre.

Un jour qu'elle conversait au parloir de son couvent
avec Jean de la Croix, une religieuse qui assistait à l'entretien vit les deux futurs saints s'élever du sol et planer en
extase.

Saint Joseph de Copertino, moine italien qui vivait au
XVIIᵉ siècle, quittait la terre à volonté et poussait même
l'obligeance jusqu'à emmener des passagers... et des bagages. Quand le portier de son couvent voulait se rendre à
Assise, il demandait à Joseph de lui servir de monture !

Le bon saint s'éleva un jour devant le duc Frédéric de
Brunswick-Lunebourg, luthérien méfiant qui fut pourtant
obligé d'admettre le prodige.

Dénoncé à l'Inquisition, tant ses ravissements — au sens
littéral — paraissaient entachés de diablerie, saint Joseph
de Copertino fut déclaré innocent, mais pour éviter de donner prise à la curiosité populaire, il fut transféré dans un
autre couvent, où le phénomène reprit de plus belle.

Chez les Franciscains d'Osimo, il fut soulevé de terre
jusqu'à la petite statue en cire de Jésus dont il voulait baiser les pieds. Cette lévitation le porta à environ deux
mètres du sol. Le saint prit alors la statue dans ses bras et
la promena dans la salle devant ses compagnons en
religion.

Parmi les nombreux témoins, dont beaucoup déposèrent
sous serment, on cite le duc Frédéric, Marie, infante de
Savoie, et le roi Casimir de Pologne. Lors de la béatification
du saint, le grand canoniste Prosper Lambertini, qui devint
plus tard le pape Benoît XIV, eut à examiner ces cas de
lévitation en tant que *Promotor fidei* (avocat du diable) et
se prononça pour leur authenticité.

Élisabeth de Bavière, sainte Marguerite de Hongrie, saint Bernard, saint François Xavier étaient souvent en état de lévitation. Pierre d'Alcántara, autre spécialiste, demeura un jour plus de trois heures en l'air. Le franciscain Juan de Jésus faisait de longues randonnées aériennes, ce qui arriva aussi au jésuite Ignace de Azevedo qui franchissait en volant les eaux des fleuves. En présence du roi Philippe II, saint Dominique de Jésus quitta le sol à Madrid et demeura suspendu dans l'air.

Dans la haute antiquité, la lévitation était pratiquée, mais semble-t-il, sous forme d'épreuve magique.

M. Jules Duhem rapporte que les héros du Ramayana savaient voler en pratiquant l'austérité et les sorciers Marind de la Nouvelle-Guinée par une diète sévère. D'après Strabon[1] le jeûne donnait le même pouvoir aux Capnobates de la Thrace orientale ; les lamas du Tibet utilisaient comme force motrice une tension surhumaine de l'énergie psychique.

Simon le Magicien s'envola devant Néron du haut du Capitole.

À dater de l'ère chrétienne il y eut comme une transition entre l'agravitation antique et la lévitation mystique.

En l'an 250, on dit que 400 archers furieux virent leurs traits arrêtés et suspendus alors qu'ils tiraient sur le Bienheureux saint Christophe.

En 1290, un juif de la rue des Jardins, à Paris, aurait voulu profaner une hostie consacrée qui s'éleva et se soutint en l'air « devant le peuple à la fureur duquel elle désigna le profanateur[2] ».

Au XVIe siècle, le sorcier poitevin Jean Bonnevault, accusé d'avoir été en relation avec le diable, comparut devant ses juges.

« Ayant invoqué le diable, dit la chronique, il fut soudainement élevé en l'air à une hauteur d'environ cinq pieds,

---

1. *Géographie*, Livre VII, chap. III.
2. Jacob P.-L., *Curiosités de l'histoire des croyances populaires au Moyen Âge*, Paris, 1859.

puis il retomba sur le carreau sans aucun bruit, quoiqu'il eût aux chevilles des entraves et des chaînes de fer.

« Les juges lui ayant demandé la cause de cet accident, il répondit que c'était le diable qui avait essayé de l'enlever, mais qu'il n'avait pu y réussir, car tout lien était rompu entre eux depuis qu'il avait prêté serment à la justice. »

Certes, on peut arguer — pour l'Europe civilisée du moins — que les phénomènes de lévitation allèrent en diminuant, au fur et à mesure que la science expérimentale se développait. C'est vrai et c'est troublant.

Toutefois, en 1731, se déroula en France le procès de la femme Cadière qui, bien malgré elle, était sujette au mystérieux pouvoir. Le père Girard qui l'interrogeait la blâma de résister en s'accrochant à une chaise « un jour qu'elle était sur le point de s'élever en l'air ».

Trois ans plus tard, il y eut le cas d'une pauvre servante, Anne Neel, de Bayeux qui, parfois, ne pouvait plus marcher et se trouvait contrainte, suspendue en l'air, d'aller comme en volant d'une pièce à l'autre.

Les médecins de la Sorbonne, Nicolas Andry et Winslow qui l'examinèrent conclurent que sa lévitation n'était pas le fait de « forces ordinaires » !

Pourtant, tout se passe comme si, au fil des siècles, la lévitation s'était détériorée jusqu'à devenir un simple phénomène tendant à amoindrir l'effet de pesanteur.

Chutes miraculeuses

Le 25 mai 1591 se déroula un accident curieux aux Saintes-Maries-de-la-Mer. Un enfant tomba du haut de la tour de l'église et arriva au sol tout doucement et sans se faire le moindre mal. De vieux écrits disent que sa mère invoqua les saintes au moment du péril. En la circonstance, il n'y eut pas lévitation, mais annihilation de la pesanteur.

On ne peut placer en parallèle ces bizarres accidents qui arrivent — rarement d'ailleurs — aux aviateurs éjectés de leur appareil et qui, au lieu de tomber au sol, sont emportés vers le haut avec leur parachute, sans doute par de puissants courants ascendants. D'autres cas déroutent la compréhension et désespèrent l'analyse.

Le 17 octobre 1950, un Dakota britannique s'écrasait dans un jardin du faubourg de Mill Hill près de Londres. Il y avait 29 personnes à bord ; 28 furent tuées. Le seul rescapé, le steward MacKissick, fut projeté hors de l'appareil et après une chute libre de 100 m, se retrouva à terre sans un os brisé[1].

Le 21 mars 1961, à Bobigny, rue d'Ankara, Patricia (4 ans) tombe du 4e étage et n'a pas une égratignure.

Le 9 avril 1961, à Saint-Germain-en-Laye, après une chute de 12 m, Jean-Claude (5 ans) est indemne.

Mais l'accident le plus extraordinaire est celui survenu au petit Roland E... (6 ans 1/2), le jeudi 5 octobre 1961.

L'enfant, enfermé dans l'appartement de ses parents, au 8e étage d'un immeuble neuf (boulevard Sérurier, Paris, XIXe), voulut regarder par la fenêtre ; en se penchant il tomba et atterrit sain et sauf sur la bordure de gazon longeant la construction.

Il n'avait pas une égratignure, pas la moindre commotion et il se mit à trotter au-devant de sa mère qui arrivait à point !

Mme Paulette E..., ne pouvant croire au miracle, emmena Roland à l'hôpital Saint-Louis, où tout d'abord les médecins n'accordèrent aucun crédit à ses déclarations. Les journaux donnèrent une relation de l'événement et publièrent des photos.

Comment expliquer ces chutes merveilleuses ? Dire qu'il s'agit le plus souvent de jeunes enfants d'un poids relativement faible ?

Le steward MacKissick n'était pas un enfant et les lois de la pesanteur s'exercent en principe sur tous les corps tombant dans le vide.

Aucune explication ne peut être donnée dans le cadre de la physique expérimentale : MacKissick, Patricia, Jean-

---

1. *France-Soir*, 19 octobre 1950.

Claude et Roland devaient normalement se tuer ou se blesser grièvement.

Normalement. Mais sans doute existe-t-il une physique supranormale dont nous n'avons actuellement aucune idée. C'est dans ces domaines inconnus que se hasardent les théoriciens de l'agravitation.

Dans son livre *La Synarchie*, Jacques Weiss écrit à ce sujet :

Lors de mon séjour aux États-Unis, pendant l'hiver 1947-1948, un ingénieur m'affirma que la General Electric avait précisément réussi cette expérience (la lévitation) dans ses laboratoires.

Un cube de pierre d'environ deux pieds de côté se maintint à un mètre du sol pendant trois ou quatre semaines, puis se rapprocha peu à peu de la terre à mesure que l'effet électronique s'atténuait.

Déjà donc, la science nouvelle commence à donner un début de solution au mystère de Ba'albek, de Gizeh, de Machu Picchu et de Tiahuanaco. En Amérique, cette science nouvelle a une protagoniste en la célèbre ethnologue Margaret Mead qui, après le vote du budget des dépenses culturelles US (23 milliards 400 millions de dollars pour 1962) demanda le remplacement des chaires d'histoire du Passé par les chaires du Futur.

Margaret Mead a raison de préparer l'avenir, mais elle a tort de mésestimer le Passé, car les « chaires du Futur » conduiront les savants dans des chemins où nos ancêtres ont déjà imprimé l'empreinte de leurs pas.

L'explication de la lévitation antique est, pense-t-on, depuis des millénaires, enclose dans le *secretum* de la Bibliothèque Vaticane.

Le secret de l'Aviation y était caché quand les frères Montgolfier réinventèrent l'aérostat en 1783, mais le Vatican se tut et son silence n'avait plus de raison d'être.

L'avion de Gusmâo en 1709

L'Inquisition jeta l'interdit sur la première machine volante connue de mémoire d'homme, celle du Jésuite Gusmâo, qui avait puisé ses connaissances à bonne source, en Amérique du Sud.

Quand Bartholomeu Lourenço de Gusmâo, de la Compagnie de Jésus, vint à Lisbonne en 1708, il était bien décidé à mettre en construction une sorte d'avion dont il avait le secret.

En Bolivie — fief des Incas — il avait eu la révélation de la science inconnue d'un très ancien peuple américain dont l'origine se perdait dans la nuit des temps.

Les jésuites, avec l'intelligence et l'esprit de recherche qui les caractérisent, avaient tout de suite compris que les autochtones des Indes occidentales pouvaient leur apporter, outre l'or, les émeraudes et le cuivre, les rudiments d'une connaissance ignorée de l'Europe. Ils apprirent ainsi la formule médicale la plus célèbre de tous les temps, celle de la quinine.

Gusmâo, avec stupéfaction, avait découvert le secret d'engins pour soulever, pour détruire, pour voler, le secret de vaisseaux servant à voyager d'une planète à une autre planète, mais il n'avait retenu, comme réalisable en ce début du xviiiᵉ siècle, que la machine volante atmosphérique.

Le Jésuite commença d'abord par se mettre en règle avec Dieu et avec le pouvoir temporel, en adressant un rapport et une demande d'autorisation au roi João V. Il analysait les avantages que pourrait assurer sa machine à la Couronne du Portugal : effectuer par air des voyages plus longs et plus rapides que par terre, franchir les mers et les montagnes au-delà de 200 lieues par jour ; diriger les armées, secourir les places assiégées ; explorer le monde jusqu'aux pôles ; transporter les marchandises ; enfin, honorer la nation portugaise et lui donner dans les airs la suprématie qu'elle avait jadis sur les océans.

Le 17 avril 1709, le roi donna une réponse favorable [1] et, mieux encore, une pension de 600 000 reis qui permit à Gusmâo de se mettre aussitôt au travail.

On a beaucoup écrit sur son engin, qui fut admiré par des milliers de personnes. En réalité, le jésuite veilla jalousement à en préserver le secret et seule la Bibliothèque Vaticane en possède les plans précis. Il s'agissait, pense-t-on, d'un avion pourvu de tubes horizontaux servant de tuyères ou de soufflerie et envoyant un courant d'air dans une voile disposée en poche renversée.

La machine ressemblait à un oiseau avec une tête, une queue de direction et des ailes battantes.

Un second mécanisme reposant sur un effet magnétique réalisé par des boules d'ambre et des sphères attractives placées au-dessus de la voile paraît avoir joué un rôle à vrai dire assez mystérieux. Le père Manuel Antonio Gomez, physicien jésuite, parle de ballonnets gonflés à l'hydrogène et d'une génératrice de gaz !

Quoi qu'il en soit, le 5 août, Gusmâo fit voler son appareil devant le roi et toute la cour jusqu'à une hauteur de 20 palmes mais le feu se déclara à bord, le vaisseau aérien redescendit et on eut bien du mal à éteindre l'incendie.

Le jeudi 30 octobre, nouvel essai couronné de succès dans la cour de la Casa da India : l'appareil monta très haut et redescendit intact.

L'invention suscita l'enthousiasme, un nom lui fut donné, la *Passarola* ou Gondole Volante, et Gusmâo, promu académicien et aumônier royal, fut surnommé le « Voador ».

Ensuite, tout d'un coup le silence.

L'Inquisition avait jugé l'invention dangereuse, satanique peut-être, et Bartholomeu Lourenço de Gusmâo dut suspendre ses essais et brûler ses plans. Le premier avion, sitôt né, était interdit et Gusmâo, obéissant, ne révéla jamais le secret du mécanisme.

---

1. Jules Duhem, déjà cité, et Julien Turgan, *Les Ballons*, Paris, 1851.

9

Les soucoupes volantes

Si la lévitation est liée aux secrets scientifiques des extra-planétaires, que dire des soucoupes volantes ?

Depuis 1947, elles envahissent à certaines époques le ciel de différents pays et l'accord est loin de se faire à propos de ce phénomène : authentique ou hallucinatoire ?

Sur un point cependant, les opinions concordent : si elles existent, les soucoupes volantes viennent d'une autre planète, qui serait Mars ou Vénus. Récemment, M. M. Layne, de San Diego, spécialiste américain de la question, a révélé un fait qui s'il était avéré — mais c'est fort douteux ! — appartiendrait aux archives secrètes américaines. En 1951, une soucoupe volante atterrit sur l'aérodrome militaire US de Muroc Air Field. Deux hommes en descendirent et demandèrent à voir immédiatement le président Eisenhower.

Voici comment M. M. Layne conta la suite de l'affaire :

Vu le caractère fantastique de la visite, on téléphona à Washington.

L'avion du Président mit quatre heures pour atteindre Muroc Air Field. Il y eut une entrevue entre les astronautes, Eisenhower, un haut fonctionnaire du gouvernement et deux personnalités militaires.

Un de ces derniers était un jeune officier de la base.

Quand l'entrevue fut terminée, les hommes partirent dans leur Soucoupe et le Président retourna à Washington.

188

Un jeune Américain de ma connaissance, mis au courant de l'aventure, se rendit en toute hâte à Muroc Air Field et fut assez heureux pour contacter l'officier US qui avait été témoin de l'entrevue.

Ce dernier fut d'abord très réticent, puis, voyant que son interlocuteur insistait et risquait d'ébruiter la chose, il accepta de répondre à une question contre la promesse que rien ne serait révélé avant dix ans.

Ses paroles exactes sont les suivantes :

« Les deux hommes qui sont descendus de la Soucoupe Volante parlaient anglais et ils ont dit être venus d'une planète voisine de Bételgeuse [1].

« Les conditions de vie sur cette planète seraient identiques aux conditions de vie sur la Terre.

« C'est tout ce que je puis vous dire. »

Il fut impossible de tirer d'autres paroles de l'officier, mais on pense maintenant que le gouvernement américain a voulu garder le silence sur une affaire qui relève du secret militaire.

Les astronautes de Bételgeuse ont-ils conclu un pacte avec l'Amérique ? Étaient-ils les premiers émissaires d'une puissance extraterrestre désirant nouer des relations avec les Terriens ?

De toute façon, Bételgeuse paraissant se situer à des milliers d'années-lumière de la Terre, les suites de ce premier contact ne pourraient avoir lieu qu'à très longue échéance, pour ainsi dire jamais, dans l'état actuel de nos connaissances astronautiques.

Pourtant, des hommes jeunes seraient arrivés parmi nous après un voyage qui, en principe, aurait duré des milliards d'années !

Mais en principe seulement, car il est à peu près certain que les distances astronomiques sont tout aussi aléatoires que les estimations des physiciens et des archéologues.

---

1. Bételgeuse : étoile de première grandeur de la Constellation d'Orion. Sa couleur est orangée et son diamètre colossal.

Ce qui est calculé à 40 millions d'années-lumière (il tombe sous le sens qu'une telle dimension est hors de la compréhension humaine) sera peut-être demain à 40 années, voire même à 40 secondes. Einstein n'a-t-il pas avancé cette effarante hypothèse : si la lumière se propage en ligne courbe, plus nos télescopes sont puissants, plus ils nous trompent sur les distances ? Ce qui revient à dire que l'image d'une étoile peut se propager dans l'Univers courbe en une spirale qui nous donne l'illusion de la distance, l'image tournant un nombre infini de fois dans le Cosmos avant de revenir assez près de son point de départ.

Les astronautes antiques de la Chine avaient déjà entrevu cette possibilité — qui pour eux était une certitude — en disant : « Avec un télescope assez puissant, un homme pourrait voir son derrière. »

Et puisque nous parlons d'Einstein, on dit que peu de temps avant sa mort il aurait eu avec un ami intime une étonnante conversation :

Einstein : — Les soucoupes volantes existent, et le peuple qui les possède est un peuple d'humains partis de la Terre il y a 20 000 ans.

Son ami : — Pourquoi viennent-ils ici ?

Einstein : — Ils aiment retourner sur la Terre pour être au courant de l'histoire des hommes. C'est le retour aux Sources...

Ces déclarations d'un savant qui, auparavant, n'avait pas caché son indifférence à l'égard des soucoupes volantes, méritent d'être méditées.

La soucoupomanie

Il faut le reconnaître : la majorité des hommes ne croit pas à l'existence de ces engins, interplanétaires ou non. Cette réticence est appuyée, il est vrai, par les canulars maintes fois reproduits par la presse, qui abusèrent des savants et des chercheurs sérieux.

Le cas de la soucoupe de Nouatré (Vienne, 1954) est typique : un ouvrier travaillant dans une carrière avait vu atterrir l'engin près de lui, et ses occupants — des Martiens, pensait-on — avaient eu l'imprudence de l'assaillir.

Pour en revenir à Nouatré, enquêtant dans la Vienne, en un pays dont nous connaissons particulièrement l'esprit rabelaisien, la malice et la féconde imagination, nous n'eûmes aucune peine, au cours d'un bon repas, à confesser le visionnaire qui bientôt nous avoua la vérité avec force clins d'œil et bourrades du coude. Il s'agissait bien sûr d'une farce et les auteurs — ils étaient cinq — n'auront pas trop de toute leur vie pour en rire.

Une des premières apparitions françaises, les soucoupes des Mureaux, fut aussi une bonne plaisanterie créée de toutes pièces par la ravissante comédienne Liliane Ernoult.

Bref, il est certain que ces incartades ont vivement frappé la crédulité populaire, mais il serait injuste et absurde de nier purement et simplement l'existence des Soucoupes Volantes.

Certes, notre atavisme chrétien, impressionné par la création biblique d'un univers asservi à l'homme, nous incite à la réticence. Les forces de l'habitude, mesurant l'imagination, l'incroyable étroitesse de certains esprits sont des éléments qui jouent contre l'adoption de toute idée neuve.

Pourtant « quand l'homme est incapable d'assurer son salut, il l'attend du Ciel » disait Jung, et aussi bornée que les détracteurs, une humanité crédule s'est jetée sans discernement dans l'aventure des soucoupes volantes.

C'est un engin de cette sorte qui explosa sur la taïga Sibérienne en 1908 ; la grande place de Ba'albek était une aire de départ pour les engins interplanétaires, assure-t-on !

Négation et affirmation systématiques déplaisent aux esprits éclairés. En réalité, on ne peut admettre que la Terre soit une île spatiale, sans lien, sans communication possible avec le reste de l'univers.

La Chaîne du Temps est trop immensément longue pour n'accorder de civilisation scientifique qu'aux tout petits millénaires qui sont nôtres, au point minuscule qui représente sur cette chaîne les périodes historiquement connues.

Or, si des extraplanétaires viennent un jour — ou sont un jour venus — sur la Terre, il faut bien les imaginer sur des astronefs beaucoup plus extraordinaires que nos Spoutnik ou nos fusées, avec très certainement des engins inconnus, incroyables... Peut-être des soucoupes volantes ?

Ces soucoupes sont, dit-on, « silencieuses, éblouissantes de lumière », telles en somme que les décrivait Garcilaso de La Vega, car elles ne sont pas entrées brusquement dans notre histoire. Les Égyptiens et les Romains, qui les connaissaient, les appelaient les « boucliers lumineux ». Depuis des temps immémoriaux, elles ont laissé un souvenir et aussi une légende — travestissement d'une vérité première — en particulier dans cette Amérique du Sud où nous sommes ramenés sans cesse, comme par une force obscure.

Les plats d'or volants des Indiens

Jadis, les Indiens savaient se déplacer en montant sur des « plats en or » de différentes grandeurs et de tonalités étudiées, car ils résonnaient au battant comme des cloches [1].

Ces plats légendaires — qui font penser aux tapis volants des Orientaux — étaient fondus dans l'or parfaitement pur des Incas, un or travaillé dont la densité était moindre que la normale. Du fait de leur masse et de la pesanteur, ils demeuraient naturellement au sol, mais si on les frappait (*battait*, dit la légende) de manière à les faire vibrer à un certain diapason, aussitôt ils s'envolaient avec leur charge pendant la durée de vibration du métal. Les plats d'or effectuaient donc un saut.

Ces engins volants étaient fondus en plusieurs dimensions selon le poids qu'ils auraient à porter et il est proba-

---

1. Rapporté par D. Leslie et G. Adamski : *Flying saucers have landed.*

ble que le calcul de leur surface et de leur tonalité était déterminé par des mesures analogues aux « diapasons » des fondeurs de cloches qui indiquent le poids, l'épaisseur, les dimensions qu'il convient de donner à l'airain.

On peut imaginer que les ancêtres supérieurs disposaient sur leurs « plats d'or volants » de batteries « éthériques » dont leurs descendants incas ont oublié la nature pour ne garder que le souvenir fascinant de la légende.

Selon les spiritualistes « une charge éthérique détruit les effets de la gravitation » et peut-être faut-il entendre par là que les Anciens savaient capter des forces dans le Cosmos, forces existantes, incommensurables, comme il ressort des récentes études que leur consacre le prince de Broglie, forces déjà signalées par le docteur Pagès à propos de son antigravitation.

Une légende andine dit que les « plats d'or » recevaient une charge étudiée de forces, afin, par exemple, qu'un enfant ne puisse être emporté trop loin sans pouvoir régler son vol.

C'est pour cette raison que les plats avaient différentes grandeurs, donc différentes capacités d'accumulation d'énergie, cette accumulation étant calculée à la limite de la gravitation et de l'agravitation.

Une autre légende dit que les plats d'or volants devaient être « battus » sans cesse en cours de route, ce qui impliquait l'entretien de vibrations sonores pour assurer un vol continu.

Les plats d'or du Pérou ont certainement une étroite corrélation avec le transport des pierres géantes de Ba'albek, des pyramides, avec la lévitation des prêtres initiés de Thèbes et de Memphis et avec la science ultrasonore qui apparaît dans la plupart des mystères égyptiens.

Au Moyen Âge, les « vaisseaux aériens » eurent, comme ont aujourd'hui les soucoupes volantes, leur heure de célébrité. Eliphas Lévi écrit :

Sous le règne de Pépin le Bref, des phénomènes fort singuliers se montrèrent publiquement en France.

L'air était plein de figures humaines, le ciel reflétait des mirages de palais, de jardins, de flots agités, de vaisseaux les voiles au vent et d'armées rangées en bataille. L'atmosphère ressemblait à un grand rêve. Tout le monde pouvait voir et distinguer les détails de ces fantastiques tableaux. Était-ce une épidémie attaquant les organes de la vision ou une perturbation atmosphérique qui projetait des mirages dans l'air condensé ?

Les imaginations étaient pleines de ces merveilleuses fictions lorsque apparurent les mirages du ciel et les figures humaines dans les nuées. On confondit les rêves avec la veille et plusieurs personnes se crurent enlevées par des êtres aériens ; il ne fut bruit que de voyages au pays des sylphes, comme parmi nous on parle de meubles animés et de manifestations fluidiques. La folie gagna les meilleures têtes et il fallut enfin que l'Église s'en mêlât.

C'est une telle psychose qui, de nos jours, suscite la plupart des phénomènes attribués aux Soucoupes Volantes.

Mrs. Merry King, épouse du promoteur de la « Société de l'Éther » dont le siège est à Londres, assure qu'elle eut une nuit un rendez-vous avec un Martien qui lui fit les honneurs de sa soucoupe et l'emmena sur la planète Mars, en excursion. Tous les membres de la secte sont, bien entendu, persuadés de l'authenticité de cette aventure.

Les Américains seraient sûrs de l'existence des soucoupes volantes pour la simple raison qu'ils en lancent ; car elles ne viendraient pas toutes des planètes ! M. Desgrandchamps, professeur à l'École nationale supérieure française, a déclaré en mars 1950 :

« Des soucoupes volantes sont fabriquées par une nation possédant une grande avance technique. Ayant ces engins, il faut qu'elle les essaye et bien entendu, il entre dans son jeu, pour préserver le plus longtemps possible son secret, de laisser croire que toutes les *Flying Saucers* sont d'origine extraplanétaire. »

Charles Garreau, spécialiste de la question, a observé que les soucoupes volantes avaient été vues successivement en France, en Angleterre, en Scandinavie, puis vers le

Mexique, l'Amérique du Sud et l'Antarctique. Aimé Michel leur assigne une tactique de marche, tout se passant comme si elles procédaient à un vaste relèvement topographique. De ce fait, nous retournons aux engins interplanétaires, dont l'existence pour les techniciens ne fait aucun doute.

M. Spence Jones, directeur de l'Observatoire de Greenwich, pense que les soucoupes volantes ne peuvent venir de la planète Mars car, assure-t-il, il y a eu vie et peut-être vie humaine sur Mars, mais en des temps très anciens, avant que l'eau et l'atmosphère aient pratiquement disparu.

Mais alors, prendraient-elles leur vol de Vénus, de Mercure ou du fond du Cosmos, de Bételgeuse ? Et que viendraient chercher dans notre ciel des hommes d'un autre monde ?

À cette question, on peut répondre ceci : ce que nous voulons faire, nous Terriens, sur la Lune et Vénus, c'est-à-dire, prendre contact, confronter deux civilisations, satisfaire une curiosité éternelle et universelle.

Les extraplanétaires voudraient-ils nous coloniser ? Il n'est pas exclu que la prolifération des Chinois nous oblige dans un proche avenir à exiler des populations vers des mondes vierges.

L'inverse étant tout aussi logique, que se passerait-il par exemple si les Vénusiens attaquaient la Terre ?

Cette éventualité est peu probable, car, quelle que soit la puissance offensive de l'assaillant, il lui faudrait affronter des nations formidablement armées, des conditions de vie à peu près inconnues et des armes biologiques — par exemple une guerre microbienne — contre lesquelles il leur serait difficile de réagir. A priori, une attaque extraplanétaire ne devrait pas susciter nos craintes.

Cependant, ce qui est inquiétant, c'est le fait que les soucoupes volantes n'ont jamais, *à la connaissance des peuples*, débarqué des cosmonautes qui eussent pourtant été reçus avec les plus grands honneurs [1]. À moins que des commandos d'extraplanétaires, après étude topographique des lieux, aient atterri secrètement en quelque zone choisie et déserte du globe.

Les Vénusiens du mont Shasta

On a certaines raisons de le penser. Dans son livre *Les Civilisations inconnues*[2], Serge Hutin écrit :

Sur les montagnes de Californie, on signale de temps à autre une étrange lumière éblouissante comme le flash d'un photographe et qui serait produite par des hommes mystérieux.

On raconte toutes sortes d'autres récits légendaires, que l'on place plus volontiers sur le mont Shasta, à l'extrémité nord du massif montagneux de la Sierra Nevada.

Le majestueux mont Shasta, d'accès difficile, est un ancien cône donnant encore périodiquement de légers signes d'activité volcanique. Dans tout ce district, encore mal connu, de la Californie septentrionale, on signale des hommes « étranges » surgis parfois des forêts (où ils se cachent d'ordinaire soigneusement) pour faire du troc avec les montagnards.

Ces hommes sont grands, gracieux, agiles, ont le front très élevé ; ils portent une coiffure spéciale dont une extrémité inférieure retombe sur le haut du nez.

Jusqu'ici rien d'extraordinaire : il peut fort bien s'agir d'une inoffensive tribu indienne ayant réussi à « tenir le maquis » dans une région montagneuse peu fréquentée par les représentants de l'autorité.

Mais le mystère s'épaissit : de temps en temps, de mystérieuses cérémonies sont célébrées autour de grands feux ; mais impossible de s'en approcher ; les témoins sont immobilisés par des « vibrations » qui semblent les clouer au sol.

---

1. Il existe des centaines de témoignages relatant de tels contacts mais ils ne peuvent guère être pris au sérieux.
2. Arthème Fayard, 1961.

Depuis que les « engins volants non identifiés » ont si abondamment défrayé la chronique, les événements mystérieux du district californien du mont Shasta sont volontiers attribués aux Vénusiens. L'idée d'un peuple ignoré qui se serait établi là-bas, dans une cité souterraine, peut se réclamer de faits curieux : au télescope, un astronome américain, le professeur Edgar-Lucien Larkin, ancien directeur de l'Observatoire du mont Lowe, put apercevoir de loin un dôme métallique doré, entouré de constructions étranges. Serge Hutin poursuit :

Des automobilistes circulant sur des routes forestières écartées ont rencontré à l'improviste des hommes d'une race inconnue, vêtus de blanc, aux longs cheveux bouclés, de taille majestueusement élevée et qui disparaissaient à toute tentative faite pour entrer en contact avec eux.

Bien avant la vague de « soucoupomanie », des témoins dignes de foi ont pu observer d'étranges « vaisseaux aériens » de cette forme particulière, aperçus d'ailleurs aussi plus au nord, vers les Aléoutiennes et l'Alaska, tous ces engins volant sans le moindre bruit (trait caractéristique des fameuses soucoupes).

Une tradition californienne prétend qu'il existe un tunnel sous la base orientale du mont Shasta et qui mène à un site mystérieux où se trouve une cité aux maisons étranges ; les fumées qui s'échappent périodiquement du vieux cratère proviendraient non de phénomène plutoniens, mais de la mystérieuse cité perdue...

Que penser de cette séduisante hypothèse ?

De hautes autorités du monde aéronautique paraissent disposées à y ajouter crédit. M. Keyhoe, ancien chef de la section des informations concernant l'aviation américaine, Département du Commerce, affirme que les soucoupes volantes ne sont rien d'autre que des véhicules interplanétaires grâce auxquels les habitants d'autres planètes s'approchent de la Terre et y atterrissent pour nous observer.

En France, le lieutenant-colonel M..., chef de la section « Objets non identifiés » au ministère de l'Air, a dit :

197

« Les Ouraniens (étrangers à la Terre) viendraient sur notre globe chercher quelque chose de banal pour nous, mais d'infiniment précieux pour eux. De nous... ils s'en fichent ! »

Si tel est le dessein des « Vénusiens » du mont Shasta, que peuvent-ils chercher en Californie ? De l'or, du cuivre, du mercure, de l'argent ?

C'est peu probable. Tous les métaux doivent exister sur les autres planètes, ou peuvent être créés par transmutation.

Alors ? Quelque chose de banal pour nous ? Des plants d'arbres par exemple. Il est certain qu'une humanité a besoin de forêts [1] plus encore que de mines d'or ou de mercure. Les hommes du néolithique nous le prouvent.

Si, dans le processus évolutif, les arbres n'avaient pas existé, notre formation biologique eût été complètement modifiée. En somme (et on peut d'ailleurs se demander pourquoi), les hommes sont beaucoup plus persuadés de trouver d'autres hommes sur les planètes que des chênes, des palmiers ou des sapins.

D'autres hypothèses peuvent encore être envisagées au sujet des « Ouraniens » du mont Shasta, outre celle de leur inexistence (car il va revenir le temps de marsimanie et de vénusomanie) : ces êtres, s'ils proviennent d'une autre planète, sont peut-être incapables d'y revenir et se trouvent pratiquement prisonniers sur la Terre. C'est ce qui pourrait arriver aux premiers Terriens qui se poseront sur Vénus.

Des carcasses de Russes et aussi dit-on, d'Américains se dessécheraient sur la Lune après des essais secrets terminés en catastrophes.

La presse des États-Unis cite le chiffre de cinq cosmonautes dont un homme et une femme, passagers d'une

---

1. Si la vie existe sur Vénus, ce ne peut être que sous la forme de végétaux inférieurs, mais il se peut que la décomposition par les plantes du gaz carbonique de l'atmosphère vénusienne soit déjà commencée. En ce cas, les premiers stades de la vie animale ont pu apparaître sur la planète. (*La Vie sur les Planètes.* Robert Tocquet, p. 169, éd. du Seuil.)

fusée lancée le 17 mai 1961 qui, après avoir été suivie par les stations de Turin, Meudon, Bochum et Jodrell Bank, disparut corps et biens.

D'après l'écrivain Henry Ward [1] :

Le premier satellite russe qui soit parvenu à quitter notre orbite et à s'élancer vers l'infini de l'espace a été largué de la base de départ d'Usun-Bulak, située à 150 milles environ de la rive droite du fleuve Tarim, au nord du désert de Takla-makan, aux frontières du Turkestan oriental et de la province de Peshan dans le Sin-Kiang, Chine orientale, le 2 mars 1956, à 0 h 17' 40" — temps universel. Fait sans commune mesure avec ceux que je viens de relever, ce satellite avait à son bord trois hommes d'équipage.

Nous ignorons si les détails sont exacts, mais nous savons de bonne source que les Russes ont effectivement envoyé des hommes sur la Lune et peut-être sur Vénus.

Le Chevalier Noir

D'autre part, il est connu dans les milieux de l'astronomie et de l'astronautique que *des choses mystérieuses se passent dans la région du mont Shasta en Amérique et dans le Sin-Kiang chinois.*

Enfin des astronomes américains, russes, italiens et sans doute aussi français, savent que, depuis le 26 novembre 1958, donc un an après le premier Spoutnik (Spoutnik I = 4 octobre 1957), un satellite inconnu, émettant en phonie dans une langue non identifiée souvent captée en Italie, tourne et navigue autour de la Terre. Ce satellite, en l'absence de toute information précise, a reçu un nom : « Le Chevalier Noir ».

Les savants de la base russe du Sin-Kiang se déplaceraient à bord de ce satellite qui revient périodiquement à sa base.

---

1. *L'Enfer est dans le Ciel*, éd. Del Duca, Paris.

On ne peut pas tout croire sur les soucoupes volantes mais on peut considérer comme certain que les préposés aux radars d'Orly, dans la nuit du 19 février 1956, n'ont pas eu la berlue en observant *4 heures durant* des « objets non identifiés » tantôt immobiles dans le ciel, tantôt évoluant à plus de 3 000 km/heure.

Précisément, objectent des techniciens présumés avertis : les vitesses, les accélérations des Soucoupes Volantes sont scientifiquement insupportables à un organisme humain ! C'est ce que l'on prétendait avant que Gagarine, Titov et Sheppard tournent autour de la Terre à près de 40 000 km/heure. Et qui peut assurer que les engins extraplanétaires naviguent à l'état de corps solides ?

Les questions de vitesse, d'échauffement des métaux et d'accélération ne seront pas des obstacles dans l'astronautique de demain quand en quelques heures, ou en quelques fractions de seconde, ou *instantanément*, les cosmonautes terrestres parviendront sur des étoiles distantes de 10 millions d'années-lumière.

Le problème des OVNI (objets volants non identifiés) doit être étudié et envisagé avec le plus grand sérieux, car même si elles n'existent pas actuellement, il est probable que les soucoupes volantes existeront bientôt et qu'elles ont déjà existé. Une correspondante du Calvados collectionne toutes les informations mondiales se rapportant aux UFO (Unidentified Flying Objects) ou OVNI, et effectue au télescope des observations extrêmement intéressantes. Informations et observations sont consignées dans de petits opuscules dactylographiés, la plupart du temps sans la moindre interprétation, de façon à demeurer fidèle au fait brut.

Voici ce que vit et nota notre correspondante en observant la Lune :

Le 17 novembre 1959, je vis pendant dix minutes un arc lumineux au-dessus du cratère Platon ; après quoi la lumière disparut.

200

Le 5 novembre de la même année, je vis une lumière clignotante dans le cratère Aristarcus, et plus tard, dans la soirée, DEUX OBJETS ronds, lumineux, quitter la Lune à toute vitesse.

En 1960, je vis le côté sombre du cratère Vitello être complètement illuminé pendant cinq minutes. Après quoi, l'illumination disparut.

Le 19 avril 1961, je vis des clignotements lumineux dans le cratère Aristarcus. CINQ objets quittèrent la Lune, côté est, à 15 secondes environ d'intervalle.

En observant la Lune

Le Dr John Kraus, directeur de l'Observatoire de l'État d'Ohio, aux USA, pense, en raison de signaux maintes fois perçus, qu'une station de transmission radio pourrait exister sur Vénus.

Frank Halstaed, curateur de l'Observatoire de Duluth (Minnesota), croit que Mars constitue une base pour des soucoupes volantes venant d'un autre système solaire que le nôtre.

Dans cette hypothèse, les observations de notre correspondante laisseraient supposer que la Lune serait également une base d'engins non identifiés, soit base de départ (Lune habitée), soit base d'étapes ou de relais.

Depuis plus d'un siècle, de mystérieux phénomènes ont été observés sur la Lune par les astronomes. En 1822, l'astronome allemand Gruithuisen rapporta qu'il avait identifié les ruines d'une cité et qu'il en voyait distinctement les murs. L'endroit s'appelle maintenant *Gruithuisen City*.

Cette observation aurait une importance considérable, si depuis le XIXe siècle une hypothèse explicative n'avait été donnée du phénomène : quand la Lune est cendrée, il serait possible qu'elle puisse refléter des images terrestres.

Par exemple, un observateur placé en Europe la nuit pourrait voir sur la Lune des images virtuelles du continent américain alors éclairé par le soleil.

Ainsi l'image de San Francisco, avec ses gratte-ciel, pourrait par effet de projection ou de réfraction, s'inscrire sur les bords de notre satellite de manière à tromper la vision de l'observateur européen.

En ce sens, Gruithuisen City serait, non une cité lunaire mais une sorte de mirage.

Le 11 décembre 1947, l'Anglais Hodgson vit des points lumineux sur le côté obscur de notre satellite.

De nombreux astronomes notèrent, à différentes époques, des sources lumineuses importantes dans le cratère Aristarcus, un X dans le cratère Érathosthène, la lettre γ (Gamma) dans le cratère Littrow et des quadrillages dans le cratère Platon. Devons-nous en conclure que ces cratères lunaires sont fréquentés soit par des autochtones, soit par des extraplanétaires ?

La seconde éventualité ne saurait être écartée, notamment en ce qui concerne le cratère Platon où se multiplient les lumières ou signaux mystérieux, particulièrement aux époques où la planète Mars est au plus près de la Terre.

Le 23 novembre 1920, on vit sur le bord de la Lune une tache si lumineuse qu'une partie du cratère Funérius s'en trouva illuminée.

Le 12 août 1944, on observa dans le cratère Platon « quelque chose qui reflétait très fortement la lumière solaire ».

Une revue américaine apporte des précisions intéressantes.

Se référant sans doute à l'affaire de Muroc Air Field, cette revue s'étonne qu'Eisenhower, « maintenant qu'il est un citoyen privé », ne révèle pas ce qu'il sait sur les Soucoupes Volantes. Et de poser d'autres questions à vrai dire un peu saugrenues :

— pourquoi le Quartier Général Air Force pour l'Investigation sur les UFO est-il à Wright-Patterson plutôt qu'au Pentagone ? Est-ce parce qu'il est plus commode de mettre en sûreté sous les hangars de la base Patterson les soucoupes volantes « sauvées » ? (salvage est traduit par sauvées

202

mais peut-être conviendrait-il de comprendre attrapées, récupérées) ;

— pourquoi le public n'est-il pas informé de l'existence, en haut d'une montagne de Suède, d'une ceinture métallique, large de 1 003 pieds, à l'intérieur de laquelle pousse une végétation différente de toute végétation terrestre ?

La revue américaine, entre autres révélations à caractère fantastique (et très aventureux, incontestablement), avance que deux *topscientists* et AU MOINS deux officiels du gouvernement américain (dont le président Eisenhower) ont eu des contacts personnels et physiques avec des hommes de l'espace *(space-people)*.

Elle relate aussi qu'une photo du cratère Gassendi, sur la Lune, prise avec le télescope de 200 pouces du mont Palomar, montre des buildings en forme de dômes. Ces constructions apporteraient la preuve absolue que des êtres extraterrestres vivent sur notre satellite. Les buildings seraient édifiés sur les entrées de cités souterraines et auraient des pipes (tuyaux) sur leur surface pour retenir la pression intérieure.

Des traits (ou des lignes) furent relevés il y a trente ans dans le cratère Gassendi, en pleine conformité avec les photos du mont Palomar.

Ces relations, ces faits, s'ils étaient avérés, bouleverseraient évidemment l'ordre social terrien et démontreraient que des extraterrestres surveillent notre planète, nous visitent de temps à autre ou peut-être s'immiscent déjà dans notre activité.

Or, nous faisant l'avocat du diable, il faut bien avouer que RIEN ne prouve, que RIEN n'apporte même un indice valable d'une telle intervention. Au contraire, TOUT prouve ou semble prouver que l'hypothèse des partisans des UFO est pour le moins prématurée, et parfois incohérente.

Si, véritablement, des extraterrestres envoyaient des signaux, établissaient des bases autour de la Terre, venaient nous survoler ou atterrir sur notre globe, tout cela impliquerait le désir d'entrer en relation avec nous et par conséquent de manière directe, effective et ostensible.

Alors, pourquoi depuis des siècles, depuis des millénaires, ces extraterrestres ne se seraient-ils pas manifestés autrement que par des apparitions douteuses et énergiquement controversées ?

Comment admettre que les Russes, que les Américains surtout, en soient encore au stade de la fusée de Confucius et des essais de lancement ratés 5 fois sur 10, si des extraplanétaires sont en relation avec leurs gouvernements et leur confient des prototypes ?

Réticences ? Précautions prises par les Hommes de l'Espace ? Longues observations ? Toutes ces explications sont difficiles à admettre.

Conjuration du silence des Américains et des Russes ? Un secret à l'échelle gouvernementale, surtout de cette importance, est malaisé à garder. Et l'antagonisme Est-Ouest, qui empoisonne le monde, ne semble guère impliquer une direction extraterrestre.

Par ailleurs, l'histoire des soucoupes volantes s'apparente dangereusement à celle des fantômes, des apparitions, des communications avec l'au-delà : on en parle beaucoup. Nombre de personnes (8 000 témoignages, dit-on, pour les soucoupes volantes et des milliards d'attestations pour les fantômes) déclarent les avoir vues ou entendues, mais *fait plus extraordinaire que ces manifestations fantastiques*, aucune preuve de leur réalité n'a jamais été donnée ! Il est certain que les illuminés, farceurs et détraqués qui confondent rêve, hallucinations et création imaginative avec la vérité objective et tangible font un grand tort aux manifestations fantastiques ou supranormales.

Les soucoupes volantes ont pourtant une explication.

Au préalable, il est bon de noter que près de 100 fois sur 100, elles ont une forme de disque, de cercle, de cigare ou de ligne droite, ce qui correspond à un disque vu sous différents angles.

Jamais elles ne sont carrées, rectangulaires, trapézoïdales ou biscornues, ce qui s'opposerait à notre explication.

Si un aérolithe est accidentellement doté d'une vitesse de rotation de 31 km/seconde — ce qui est mathématiquement le cas de centaines d'aérolithes sur les milliards qui hantent le Cosmos — il prend obligatoirement la forme d'un disque à proximité de notre planète et dans une atmosphère, même très raréfiée, par l'effet de friction et en vertu de la force centrifuge.

Sa rotation de 31 km/seconde l'affranchit des lois de la pesanteur terrestre, et si sa vitesse initiale est voisine de 108 000 km/heure (vitesse de la Terre autour du Soleil), alors, le disque peut planer immobile dans le ciel, ou évoluer lentement ou à une vitesse considérable selon cette vitesse initiale.

Il n'est peut-être pas impossible que les champs magnétiques qu'il crée ou que d'autres énergies, magnétiques ou non, que nous ne connaissons pas, exercent sur lui des forces susceptibles de modifier sa marche, de le faire revenir en arrière, de le relâcher subitement, etc.

Ces forces électriques inconnues qui le malmènent doivent être admises au moins à titre d'hypothèse.

S'il n'est même pas probable que des êtres extraterrestres nous épient et voguent en Soucoupes Volantes, il est en revanche absolument certain que des forces inconnues, électriques ou non, existent dans le Cosmos.

En somme, le phénomène que nous imaginons ressemble fort à celui de la « boule de feu » qui, par temps d'orage, tombe du ciel et s'amuse à rôder à toute petite vitesse autour des hommes épouvantés.

Pour faire le tour de toutes les suppositions possibles, les Soucoupes Volantes sont, soit des météorites, soit des météores, soit des phénomènes dans le genre « boule de feu ». En conséquence, devons-nous nier leur existence et l'intervention d'extraterrestres ? Nous nous en garderons bien, car ce qui paraît raisonnable n'est pas forcément l'expression de la vérité.

Même si les soucoupes volantes constituent une aberration, un mirage, une hallucination, elles doivent être prises au sérieux, étudiées et considérées comme « possiblement ou théoriquement vraies ». Par ailleurs, l'hypothèse de leur réalité suscite une autre hypothèse, qui expliquerait leur non-intervention dans les affaires des hommes.

On a avancé que les astronautes des Soucoupes Volantes craignaient les Hommes. C'est peu vraisemblable, mais en revanche on peut conjecturer que le conditionnement biologique terrestre, ou d'autres impératifs, peuvent expliquer un retard dans la prise de contact.

À notre concept du Temps, ce retard, cet atermoiement portant sur des siècles ou quelques millénaires paraît inadmissible, mais nous ignorons certainement ce que représentent le Temps et la Durée pour les extraterrestres. Pour des êtres venus d'étoiles distantes de plusieurs années-lumière, pour des êtres ayant résolu le problème de l'Espace et vaincu le Mur de la durée, par une instantanéité relative, une contraction, ou une élongation infinie du Temps, deux millénaires sont peut-être l'équivalent de quelques secondes terrestres.

Le problème de l'Entité du Temps dans l'Aventure Cosmique nous est trop imperceptible pour que nous puissions l'évaluer avec nos mesures arbitraires. En d'autres termes, l'explication des UFO est sans doute incompatible avec les données de notre science expérimentale.

Enfin, il n'est pas impossible d'imaginer d'autres explications.

La plus fantastique de toutes, mais qu'on ne saurait écarter délibérément et qui sera peut-être vraie un jour, comme sont devenues vraies la transmission de la parole et de l'image à travers l'espace, la désintégration et la réintégration du son et de la lumière, la plus fantastique explication est sans doute celle-ci : les extraterrestres sont parmi nous. Nous les connaissons sans les reconnaître.

La victoire sur l'Espace et le Temps suppose chez les hommes de l'espace une connaissance, une science dont nous n'avons qu'une idée approximative et dans laquelle on peut inclure le secret du Voyage dans le Temps par désintégration et réintégration. Selon cette hypothèse, les Voyageurs du Cosmos pourraient se réintégrer par substitution, c'est-à-dire venir habiter un corps ou un esprit de

Terrien sans modification sensible de l'aspect extérieur de ce dernier.

Hypothèse hardie, mais qui est plus raisonnable, dans son extravagance, que la tentative d'affubler les extraterrestres d'une personnalité semblable à la nôtre.

En ce cas, les Voyageurs du Cosmos, à l'insu même du personnage physique qu'ils habitent, sont peut-être installés aux leviers de commande de nos gouvernements dont ils dirigent le destin.

Des engins dérisoires

Le problème des soucoupes volantes nous oblige à examiner celui des engins spatiaux qui défrayent la chronique.

Les Vostok et autres fusées spatiales ne sont à certains points de vue que des « charrues » de l'espace, des aéroplanes aussi périmés que les biplans de 1914, à moteur à pistons.

Il est inconcevable que des gouvernements progressistes tels que l'URSS et les USA aient perdu tant d'argent et de temps à expérimenter des fusées identiques à celles qu'on lançait au temps de Confucius et à peine plus puissantes. Il est vrai que ces mêmes gouvernements s'épuisent sur un matériel de guerre atomique qui, de toute évidence, ne peut être utilisé comme tel.

La solution du problème ne peut pas évoluer favorablement tant que ne seront pas mis à l'étude des engins réellement scientifiques, engins qui n'auront rien de commun avec le vieux système du boulet de canon et qui commenceront vraisemblablement avec les soucoupes agravitationnelles terrestres, appelées à succéder aux fusées à réaction.

La navigation dans le Cosmos suppose en effet, si l'on veut qu'elle se développe, des déplacements d'une durée de l'ordre de plusieurs milliers ou millions d'années-lumière. On peut en conclure que notre science expérimentale devra, dans l'avenir, devenir une science supranormale, peut-être en interférant avec la science pressentie par les occultistes.

Désintégration du temps, de l'espace, des corps solides ? Anabiose ? Jonglerie miraculeuse avec les formules mathématiques ? La science de demain nous fera entrer en plein dans la magie qu'annonce déjà la proche agravitation. S'il existe un mystère pesanteur, il est un autre mystère plus impénétrable encore et qui fascine les hommes depuis leur création, le fabuleux mystère du Temps.

10

La machine à voyager dans le temps

Il est difficile de rester raisonnable quand on s'attaque au mystère du Temps. Quelqu'un a dit : le Temps c'est Dieu, car il est infini, éternel, inconnaissable et tout-puissant.

Les dimensions, les notions, tout ce qui est matériel et tout ce qui ne l'est pas, tout peut disparaître, sauf le Temps qui défie le néant lui-même. Le Temps bleu ou noir, indestructible et patient, tissé de silence et d'inaccessibilité, indomptable.

Dans le domaine scientifique, le Temps est une inconnue qu'on interprète et accommode avec toujours, en fin de compte, une erreur inévitable.

Nous ne savons absolument pas en quelle année nous vivons. 19XX-19YY-19ZZ sont des approximations appuyées sur une incertitude majeure : la date de naissance du Christ.

On raconte une anecdote curieuse dont le Temps, le Diable et un alchimiste sont les héros. L'alchimiste, pour avoir le secret de la transmutation, avait signé un pacte avec Satan le 5 octobre, fête de saint François d'Assise, en l'an de grâce 1573. Il s'agissait d'un bail 3-6-9 [1] que le preneur signa avec son sang, s'engageant à donner son âme à l'expiration, soit au bout de neuf années, jour pour jour. Il avait

---

1. Ancien bail toujours en vigueur, fait pour neuf ans, mais qui peut être résilié par les parties prenantes tous les trois ans.

la possibilité de le résilier tous les trois ans, mais le diable savait à qui il avait affaire. Il n'était pas inquiet.

La première année, il donna le secret de l'or et l'alchimiste devint très riche ; la troisième année, il donna le secret de la puissance et l'alchimiste devint un personnage considérable ; la sixième année, pour éviter la résiliation il donna le secret de jouvence et l'alchimiste cessa de vieillir.

Mais arriva la neuvième année, et le Diable, le 4 octobre, tard dans la soirée, vint frapper à la porte du prédestiné à l'Enfer.

Des laquais lui ouvrirent et le précédèrent dans une somptueuse salle de festin où deux couverts étaient mis : plats d'or et gobelets de vermeil, vins de France et mets succulents, fruits à point et desserts des îles.

— Or çà, dit le Diable, j'imagine, mon compère, que tu veux quitter ce monde en grande liesse ?

— Je vous attendais, messire Satan, et vous prie à souper en ma compagnie, s'il vous plaît !

Il n'était guère que 10 heures après le couvre-feu et le Diable se dit qu'il lui serait agréable de festoyer en attendant de prendre sa livraison, à minuit.

Il s'assit donc devant l'alchimiste et lui fit raison, jetant de temps à autre un regard vers la pendule, car rien n'est si cher au cœur d'un diable que la possession d'une âme de chrétien. Enfin, les aiguilles marquèrent minuit moins deux minutes et Satan ne put se contenir.

— Mon compère, il faut te préparer à me suivre. Dans deux minutes révolues nous serons au jour de demain. Ce qui a été conclu a été conclu !

— C'est-à-dire ? demanda l'alchimiste.

— C'est-à-dire, que le 5 octobre 1573, tu as signé un pacte avec moi, me donnant ton âme neuf ans après jour pour jour. Un pacte est un pacte, nul ne saurait y contrevenir !

— Et quand donc devrai-je vous donner mon âme, messire Satan ?

— Le 5 octobre... soit dans une minute trente secondes exactement.

— Est-ce donc si pressé, messire Satan ?

— Le pacte dit le 5 octobre et non un autre jour. Donc...
dans une minute maintenant.

— Vous dites bien le 5 octobre ?

— Oui, je dis le 5 octobre... Ni le 4, ni le 6, mais le 5 et
je vais me servir.

— Une seconde, s'il vous plaît, messire !

Ayant dit, l'Alchimiste frappa dans ses mains et deux
Frères lais pénétrèrent dans la pièce.

— Tu es perdu, compère, ricana le Diable. Les Frères
lais n'y peuvent rien, ce qui est signé est signé et...

La pendule égrena les douze coups de minuit dans un
silence solennel et le Démon poursuivit :

— Nous sommes maintenant le 5 octobre, ton âme est à
moi !

— Erreur ! s'écria le prétendu damné. Erreur, messire
Satan ! Demandez plutôt à ces Frères ! Ils doivent dire la
vérité et, si nous sommes le 5 octobre, je vous devrai mon
âme !

— Eh bien, dit Satan s'adressant aux Frères, quel jour
sommes-nous ?

— Ce jour d'huy est le 15 octobre de l'an de grâce
— on peut le dire — 1582, par décision de Sa Sainteté
Grégoire XIII qui vient de réformer le calendrier julien.
Dans tous les États catholiques du monde, ce jour est le
15 octobre !

— Vous le jurez ? demanda Satan.

— Nous le jurons devant Dieu, dirent les Frères lais.

Il y eut un grand tourbillon de flammes et de fumée, une
nauséabonde odeur de soufre et le Diable disparut.

C'était vrai : le 5 octobre 1582, le Temps avait fait un
saut de chat pour remettre en place l'équinoxe du printemps, qui avait rétrogradé de dix jours par la faute du
calendrier de Jules César.

Et le Pape avait ordonné que ce 5 octobre deviendrait le
15.

L'alchimiste, lui, s'appelait le comte de Saint-Germain.

Ce jour-là encore, 15 octobre 1582, au juste milieu de la nuit, la Lune envoya sur la flèche de la cathédrale de Paris, à 300 000 km/seconde, des rayons de lumière qui mirent 10 jours et 1 seconde 1/3 pour parvenir à destination. Et voilà comment, pour la première fois dans l'Histoire, les hommes firent un Voyage dans le Temps — vers le Futur — brûlant de vitesse, en moins d'une seconde, les 240 heures d'une décade.

Le Voyage dans le Temps appartient à certaines nécessités mythiques comme l'amour, le rêve, le désir de voler dans l'espace, de gouverner le monde, de punir les méchants et de récompenser les bons.

De tous ces vieux désirs, il est le plus tenace et le mieux ancré car dans tous les temps, passés, présents et futurs, il n'y eut, il n'est et il ne sera jamais un homme n'aspirant à un retour sur la chaîne de vie.

Redevenir jeune, revenir seulement une heure, une minute en arrière, miracle auquel s'accroche le malheureux qui tombe dans un précipice, qui voit bondir sur lui l'auto meurtrière ou s'écrouler, frappé à mort, l'ami qu'il aurait pu sauver.

Le Voyage dans le Temps est possible, mais, et c'est là ce qui prouve son caractère absolument exceptionnel, il est possible pratiquement et impossible en théorie. Par le cinéma, par le disque, par la pensée, par le rêve, l'homme peut, sinon se projeter dans le futur, du moins se retrouver ou cheminer dans le passé. Ce ne sont là que des évasions spirituelles ou sensorielles auxquelles notre corps ne participe pas.

Le rêve seul offre l'illusion du voyage réel, avec sensations physiques parfaitement imitées (et souvent parfaitement réelles) : la rose émet son parfum, le coup de canon est assourdissant, le café est amer ou délicieux, la femme que l'on admire est adorablement belle, la volupté que l'on ressent est matériellement vraie.

Notre subconscient connaît donc un mécanisme scientifique pour se déplacer dans le Temps alors que la science expérimentale, à l'état de veille, ne connaît qu'un autre mécanisme, loin d'être aussi dynamique. Mais le mécanisme du subconscient, le Voyage dans le temps du rêve, ne peut être accompli sur commande, il est fortuit. Il n'est aussi qu'une illusion et ne ressuscite la vérité du Passé que par des fantasmes et des apparences. Dans le rêve, tout est faux, arbitraire, mesures de distances, temps, opacité, pesanteur, sens logique.

Trois vérités seulement sont absolues : le rire, les larmes, la jouissance[1], et c'est pourquoi le rêve est malgré tout imparfait et que la nécessité du Voyage dans le Temps à l'état de veille a toujours hanté les hommes.

Parcourir la chaîne du Temps présente pour le moment de grandes impossibilités techniques et aussi des impossibilités théoriques dont même les auteurs de science-fiction n'ont pu venir à bout.

La science cependant résoudra ce problème — peut-être l'a-t-elle résolu autrefois — puisque déjà la contraction du temps par la vitesse permet d'échafauder des hypothèses de moins en moins invraisemblables.

Le Voyage dans le Temps n'est pas lié seulement à la curiosité des hommes, il se rattache à la conquête spatiale.

L'étoile la plus proche de la Terre, Alpha du Centaure, est en effet à 4,5 années-lumière, ce qui, à la vitesse de 36 000 km/heure, représente déjà un voyage de 130 000 ans (2 600 ans à 1 800 000 km/heure). Soit une impossibilité pratique.

Pourtant, il semble que les astronautes des Soucoupes Volantes, s'ils existent, aient trouvé la solution du problème, soit en contractant le temps, soit en contractant l'espace.

Actuellement, aucune donnée scientifique ne permet d'imaginer une telle hypothèse, mais nous avons la prémonition, la certitude même que le Temps et l'Espace du voyage seront un jour vaincus et que les hommes sauront

---

1. Il est d'autres vérités absolues, mais déterminées par le comportement physiologique « éveillé ». Le rire, les larmes, la volupté ont des résultantes physiques provoquées uniquement par l'émotion du rêve. Ce qui tendrait à prouver une sorte de connivence entre l'état de veille et l'état de rêve.

aller en une fraction de seconde jusqu'aux lointaines frontières du Cosmos. Peut-être par une opération mathématique, peut-être par désintégration, réintégration et transmission de la personnalité à la vitesse de la pensée, qui est infiniment plus grande que celle de la lumière, c'est-à-dire à la vitesse zéro.

L'ingénieur Émile Drouet

En attendant cette lointaine échéance un seul essai sérieux a été tenté, par un Français, l'ingénieur astronome Émile Drouet. Pendant des années — à dater de 1946 — nous avons participé avec une chimiste, Mlle Lucile Berthelot (parente de Marcelin Berthelot), et un lieutenant de l'Armée de l'Air, aux travaux d'Émile Drouet.

Un tableau synoptique accroché au mur de notre studio nous rappelait les premières bases de départ :

Vitesse Zéro = éternité

$300\,000 + x$ = passé

Zéro — x = futur

Très vite, le problème de $300\,000 + x$ s'était changé en absurdité apparente.

Imaginons un canon braqué sur notre poitrine. On introduit dans le canon un obus qui va être (c'est toujours l'hypothèse) propulsé à une vitesse de plus de 300 000 km/s. Que va-t-il se passer ? Allons-nous être transpercé, volatilisé, désintégré ?

Non. Dépassant la vitesse de la lumière, l'obus va retourner dans le Passé, c'est-à-dire qu'il retournera dans la main du servant, dans l'obusier, dans l'arsenal, dans l'usine, dans la mine. Il ne sortira jamais de la volée (le tube) et nous serons sain et sauf.

Mais comment concevoir ce départ de l'obus à 300 000 km/s ?

En « réalité théorique », les choses ne se passent pas ainsi, mais de toute façon il était techniquement impossible, de 1946 à 1951, d'imaginer un solide atteignant ou dépassant la vitesse de la lumière. Et plus impossible encore — si l'on peut dire — d'aller à la vitesse zéro et plus lentement que le zéro à l'heure.

Voici comment Émile Drouet établit d'abord son projet et ensuite une maquette.

En bref, la Terre tourne sur elle-même et autour du Soleil. L'ensemble tourne en spirale dans le Cosmos à destination de l'Amas d'Hercule où notre galaxie ira s'abîmer dans x millions ou milliards d'années. (Voir la carte explicative du Voyage dans le Temps ; *3ᵉ page du 2ᵉ cahier de hors-texte.*)

En synthétisant à l'extrême, la Terre s'achemine de la Nébuleuse originelle à l'Amas d'Hercule.

Le temps, bien entendu, est immuable [1] et c'est nous qui passons, nous, le globe, les montagnes, les océans, les cités, les maisons, les hommes, comme si, sur une chaîne vibratoire, une succession d'images naissaient et mouraient sans relâche. Cette chaîne vibratoire, infinie, paraît couler comme un paysage vu d'un train alors que seul le voyageur, en réalité, se déplace.

Sur le trajet Nébuleuse-Amas d'Hercule, autrement dit Ponex-Apex, la Terre se situe par exemple au chiffre de l'année 1000 pour le siècle de la Grande Peur, 1789 pour la Révolution, 1914 pour la Grande Guerre.

Admettons que nous entreprenions de voyager dans le Passé jusqu'à l'an mille. Que va-t-il se passer ? Nous devons quitter notre XXᵉ siècle à bord d'une fusée spatiale très rapide, perpendiculairement au plan de l'écliptique en direction du Ponex jusqu'au point théorique où se trouvait la Terre de l'an mille.

Mais nous ne le verrons point. En effet, nous sommes accordés sur une longueur d'onde-temps en perpétuelle croissance et nous ne percevons que les êtres et les objets accordés à cette longueur d'onde.

---

1. Pour Dieu éternel tous les temps sont présents. On ne saurait admettre l'Éternité si on lui fixe un commencement et une fin, un Passé et un Futur.

Par exemple, l'homme H = 29 — I — 19XY — 23 h 52' 24" 18/100 ne peut s'intégrer que dans l'univers-temps de même valeur.

Et il change d'univers continuellement à un certain rythme inconnu de périodes-seconde (1/15 pour la perception rétinienne) qui le fait mourir x fois par seconde et ressusciter autant de fois.

Cela s'appelle vieillir.

Donc, nous sommes dans le Ponex, aux portes de l'an mille dont il faut accrocher la longueur d'onde-temps. Un second vaisseau spatial qui a suivi le nôtre possède à son bord un radar à modulation de fréquence qui nous met en accord avec cette longueur d'onde-temps de l'an mille (ou avec un harmonique). Immédiatement, nous quittons notre xxe siècle, nous le perdons de vue et nous apercevons le royaume français du roi Robert le Pieux où notre fusée, qui a subi la même transformation que nous, peut se poser.

Voilà le premier stade du Voyage dans le Temps, expliqué de façon quelque peu romanesque, car les dossiers de l'ingénieur Drouet ne s'adressent pas à un large public :

L'appareil est libéré, sur place, de la pesanteur par une double rotation engendrant l'accélération centrifuge composée de l'effet de Coriolis, laquelle est perpendiculaire aux axes horizontaux d'une batterie de gyroscopes disposés à l'intérieur. Il faut, mais il suffit que cette force centrifuge soit égale à la pesanteur = IG.

Condition réalisable par application de la formule :

$$Jc = \frac{m(2 \ \omega r \sin a \ Vr)^2}{R}$$

dans laquelle Jc est l'accélération composée, m la masse des corps soit P = 0'1 tandis que 2 wr exprime la vitesse angulaire de rotation du corps, d'où l'on déduit...

Ce court extrait n'est que la préfiguration la plus sommaire d'un exposé qui recouvre 200 pages de papier quadrillé !

Ce voyage dans le Passé était un voyage sans retour. Le projet définitif prévoyait un Tore astronautique, ancêtre et père des soucoupes volantes, déjà réalisé en maquette en 1946, comme en témoignent plusieurs journaux [1].

Ce Tore, propulsé de l'équateur par la force centrifuge de la Terre, était un engin parfaitement réalisable, infiniment plus rationnel, plus « intelligent », plus scientifique que les Spoutnik russes et les fusées américaines.

À bord du Tore d'Émile Drouet, se trouvait le radar à modulation de fréquence qui faisait corps avec l'engin et s'accordait avec lui, permettant des raids vers l'Apex ou le Ponex sans nécessité de revenir à une base.

La seule base fixe, obligatoire, figée dans le Temps et dans le cosmos était l'énergie du vide — comme dans l'agravitation — qui existait aussi bien en l'an + 1000 qu'en l'an — 250 000.

Nous vous ferons grâce des détails techniques, qui furent étudiés par James Forrestal, pour un projet de satellite terrestre américain, et par le Centre de Recherches Scientifiques de Meudon.

On réalisera l'importance de la découverte de l'ingénieur Drouet en sachant que son Tore astronautique de 200 mètres de diamètre (là se trouvait peut-être l'écueil encore que la résistance des matériaux eût été sévèrement calculée), ce Tore donc, pourvu de gyroscopes, tournait sur un lac équatorial et était propulsé par la force centrifuge terrestre à la vitesse initiale de 108 000 km/heure, *sans accélération*.

Ces 108 000 km/heure sont exactement la vitesse de rotation de la Terre autour du Soleil. Nous nous en accommodons fort bien.

Ainsi se trouvait résolu, théoriquement, le problème du Voyage dans le temps.

Le milliardaire Williamson, roi du diamant, fut contacté pour la réalisation du projet Drouet. Son coût, en 1946, était de 2 milliards de francs et, il faut bien le reconnaître,

---

1. Dont *Jeudi-Magazine*, n° 19, du 10-10-46.

217

avec des risques immenses d'échec qui effrayèrent M. Williamson. Une telle entreprise ne pouvait être envisagée qu'à l'échelle d'une grande nation.

La victoire de Waterloo

La maquette du Tore Astronautique ne connut qu'une heure de gloire : sur le plan d'eau d'une sablière à Vigneux-sur-Seine, à l'intention des photographes. À vrai dire, cette solution du Voyage dans le Temps laissait subsister de nombreux points obscurs.

Revenons à notre hypothèse : les Voyageurs du Temps vont sur la Terre de 1815, à Waterloo, guident Grouchy vers le champ de bataille, déroutent Blücher et donnent la victoire à Napoléon. Allons plus loin : nos Voyageurs vont en l'an 1769 et assassinent Bonaparte enfant : Napoléon n'existera jamais !

Comment concilier l'inconciliable, ce qui fut avec ce qui ne fut pas ? Napoléon victorieux alors qu'il fut battu ?

L'ingénieur Drouet ne voulait pas entendre parler de cette évidente absurdité et se cantonnait dans son rôle d'ingénieur astronome.

— Vous me parlez philosophie, disait-il, et je ne suis pas un philosophe !

Si bien que pour demeurer dans la logique et pousser jusqu'au bout l'expérience, nous dûmes échafauder une théorie fascinante : les harmoniques de la chaîne vibratoire de vie.

L'histoire des hommes, la vie des hommes se déroulerait sur une chaîne vibratoire de vie ou *chaîne principale*.

Sur cette chaîne — pour prendre le cas de Napoléon, — nous trouvons le coup d'État du 18 Brumaire — Bonaparte Premier consul — couronné empereur — la victoire d'Austerlitz — l'abdication de 1814 — Waterloo en 1815 — la mort à Sainte-Hélène en 1821.

Rappelons-nous les anciens postes de radio — ceux de 1927 — si peu sélectifs que l'on prenait une émission à la fois sur la longueur d'onde 522 mètres, et sur toutes les harmoniques de 522 : soit 696 mètres — 870 mètres — 1 044 mètres, etc. On pouvait, en se branchant sur 1 044 mètres, entendre en même temps un poème sur · 1 044 mètres, de la musique espagnole sur 870 mètres et une chanteuse d'Opéra sur 522 mètres.

Cependant, à puissance égale d'émission, c'est le poème qui dominait les autres perceptions, musique et chant ne formant en somme qu'un fond sonore.

Or, c'est ce qui se produit avec les vibrations : elles ont toutes des harmoniques et la Chaîne de Vie a des harmoniques où Napoléon naît, gagne des batailles, en perd d'autres et meurt à Sainte-Hélène.

Que les Voyageurs se déplacent dans le Temps, et ils atterriront mathématiquement sur un des harmoniques, lesquels sont en nombre infini. Sur cet harmonique, tout s'est passé comme sur la chaîne principale, mais en pointillé si l'on peut dire, ou encore de manière révocable, car il ne s'agit en fait que d'une induction. Si l'on fait passer un courant propre à cet harmonique, c'est ce courant qui l'emportera.

Sur l'harmonique n°1, les Voyageurs du Temps pourront donc faire gagner Napoléon à Waterloo et, en 1821, il sera le Maître du Monde.

Sur un harmonique n°2, Bonaparte manquera son coup d'État, sera condamné à mort, gracié, envoyé en exil.

Sur un harmonique n°3, il échouera encore le 18 Brumaire, prendra la fuite et finira sa vie dans un monastère.

Sur un harmonique n°4, les Voyageurs ont apporté un virus grippal avec eux et Bonaparte meurt à 8 ans, Napoléon n'existera jamais.

Voilà peut-être résolu un problème qui arrête tous les théoriciens : retourner dans le Temps, modifier le déroulement de l'Histoire et pourtant conserver la vérité historique vécue.

Là encore, les dossiers de l'ingénieur Drouet et nos propres notes n'empruntent pas exactement — tant s'en faut — au vocabulaire de ce livre.

Il était question de vérité absolue, de vérités relatives et de vérités en projection.

« Admettons, écrivait l'ingénieur astronome, la simultanéité des contraires et le principe des harmoniques de la Chaîne de Vie, perceptibles dans l'astral sur l'écran d'un radar à modulation de fréquence... »

Le Voyage dans le Temps — Passé et Futur — selon le projet Émile Drouet, se composait d'une première partie techniquement réalisable (ou qui le sera dans un proche avenir) : le voyage vers le Ponex et vers l'Apex avec le Tore astronautique. D'une seconde partie incertaine : l'accord avec le radar à modulation de fréquence. D'une troisième partie hypothétique : la théorie des harmoniques.

D'aucuns jugeront que ce Voyage dans le Temps relève uniquement de la science-fiction. C'est partiellement vrai, pourtant le Tore astronautique d'Émile Drouet nous paraît plus scientifiquement valable que les fusées des Américains et des Russes. C'est un principe analogue qui, un jour, détrônera le système boulet de canon et alors peut-être songera-t-on à étudier et à mettre au point un accordeur d'ondes-temps.

Et si *déjà* des Voyageurs du Temps étaient parmi nous ? S'ils se cachaient à l'intérieur du mont Shasta ?

Il est curieux de signaler, ne fût-ce que pour les archives des temps à venir, que des théoriciens avancent cette hypothèse :

On peut admettre que dans plusieurs siècles, voire même dans plusieurs millénaires, le Voyage dans le Temps sera une réalité et une possibilité pratique [1].

Or, si par exemple, en l'an 5 000 des hommes peuvent remonter le Passé ou parcourir le Futur, il devient vraisemblable de penser qu'ils ont eu le désir ou la curiosité de s'intégrer à notre époque.

---

1. *Notes sur le Voyage dans le Temps*, manuscrit non publié d'Émile Drouet. À signaler qu'en 1962, l'astronome russe Kozyrev a écrit que « la technique humaine permettrait bientôt de *manipuler* le Temps ».

Les soucoupes volantes sont peut-être le mode de loco-motion de ces pirates du Temps ? Nos savants, les magnats du capitalisme, du marxisme et de toute puissance sociale ou politique, sont peut-être des Voyageurs du Temps. Ils agiraient soit dans des buts lucratifs, soit comme conduc-teurs éclairés. Comment le savoir ?

Semblables à Moïse, à Gerbert, à Jechiélé, à tous les grands initiés de l'histoire (qui étaient peut-être des hom-mes des années 5 000, 10 000 ou 100 000 *après* J.-C.) ils tiendraient secrets leur caractère, leur nature, leurs connaissances supérieures en biologie et en physique trans-cendante, connaissances leur permettant d'usurper par induction psychique (en habitant l'intellect conscient ou le subconscient) la personnalité propre de Nixon et de Mao.

À l'insu, bien entendu, des êtres dont ils violent le moi et dirigent l'action. De toute façon, induction ou incarna-tion, leur identité physique serait indécelable. Le Voyage dans le Temps, réalité de demain, nous donne la certitude que les voyageurs du futur sont parmi nous.

S'identifiant à la Conquête du Cosmos, le Voyage dans le Temps, aussi longtemps qu'il ne sera pas résolu, consti-tuera le Mur de la Défense que des forces supérieures sem-blent avoir édifié entre l'homme et les connaissances sacrilèges. Mais l'homme n'a peur de rien, pas même de son destin tragique, et même s'il doit perdre une seconde fois sa part de Paradis, il forcera la porte interdite.

11

Les temps d'Apocalypse

Il y eut d'abord dans le ciel comme un accord grave de harpe, mélodieux, puis la musique des anges s'amplifia et déchira les nues d'un hurlement de fou. Enfin, il y eut une lumière aveuglante, violette et sur la surface du globe, la galopade fantastique d'ondes de choc qui désintégraient les êtres et les choses, arrachaient le cœur des vivants avant de les anéantir. Ce qui avait été n'était plus et la mort s'instaura dans le silence du Temps. Est-ce la description d'une prochaine fin du monde ?

Les hommes en ont la prescience et s'y résignent. Les plus hardis songent à s'évader dans le Cosmos, les autres se terrant déjà ou songeant criminellement à préparer l'Apocalypse. La psychose de la fin du monde est si répandue que les gouvernements eux-mêmes en ont la certitude absolue.

Le 29 septembre 1961, parlant à la télévision, M. Sudreau, ministre de la Construction en France, déclarait :

On construit pour 40 à 50 ans, parce qu'on ne sait pas ce que sera la vie à cette époque.

Les Russes, au 22e Congrès du PC, en octobre 1961, ont prévu *la création par un développement intensif de l'éducation, d'un* homme soviétique nouveau, *susceptible de s'adapter à un système social exigeant une discipline plus forte, une abnégation totale et un sens absolu du devoir civique.*

222

Est-ce pour le Paradis Terrestre que les Soviétiques préparent ce robot discipliné jusqu'à « l'abnégation totale et absolue » ? À quel genre de mort veulent-ils l'habituer ? Car il ne paraît pas être question de sauver son peuple, mais de supposer quelques *survivants éventuels*, ce qui est aussi le souci et le seul espoir des autres gouvernements.

Les Américains ont déjà disséminé dans leurs États des dépôts souterrains où ils accumulent des dollars-papier qui seraient mis en circulation si les autres étaient pollués.

Le professeur Herman Muller — Prix Nobel de biologie — préconise la création d'une Banque où seraient entreposés, dans des appareils frigorifiques, des spermatozoïdes sélectionnés qui assureraient la pérennité de la race. Les hebdomadaires des États-Unis publient fréquemment des annonces de ce genre :

Songez à vos petits enfants bien-aimés.

Avez-vous préparé leur survie ?

N'attendez pas un jour de plus, commandez...

Une firme très importante propose à l'acheteur désireux de franchir le cap de la fin du monde des « abris préfabriqués en acier pour 3 500 F + 600 F pour le système d'aération ».

Le Conseil Municipal de Livermore (Californie) fait édifier sept abris géants pouvant contenir 17 000 personnes. Le Centre Rockefeller à New York aménage ses sous-sols et emmagasine des stocks alimentaires pour ses 38 000 locataires.

Le gouvernement anglais construit des abris atomiques, non pour sauver toute la population, mais seulement 15 000 individus privilégiés, recensés, qui ont déjà effectué des manœuvres de survie, le 14 octobre 1961, à Maidstone, capitale du Kent, théoriquement détruite par 70 bombes atomiques. Les opérations étaient dirigées par le capitaine Rusby, commandant le Royal Observer Corps, et par M. Raymond Firth, sous-secrétaire d'État à l'Intérieur, chef de la Protection Civile pour le sud de l'Angleterre.

Quant aux Chinois, une dangereuse philosophie (dénoncée par Lucien Bodard [1] les prépare à la catastrophe finale et ils supposent que la loi du nombre — les 38/100 de la population du globe — jouera en leur faveur pour laisser parmi les survivants une majorité de Jaunes.

Il est bien prévu que l'humanité périra à l'exception des échantillons sélectionnés, mis en sécurité ou en conserve ; mais si par aventure la fin du monde frappait les populations tout entières alors le cas du cochon 311 reproduirait le miracle de Bikini, et quelques hommes demeureraient sains et saufs.

Chaque race calcule ses chances de figurer parmi les rescapés qui repeupleraient la Terre. Or, la fin du monde n'est pas inéluctable, du moins à la date prévue par les biologistes (2 100 environ), et les chances d'espoir sont plus grandes qu'on ne le présume. Des savants ont brusquement pris conscience de leurs responsabilités et cherchent à diriger la destinée du globe, par-dessus les contingences politiques. Cependant, l'avènement de ces forces supposées bénéfiques n'est pas encore un fait accompli et les magiciens noirs poursuivent leur action.

La nouvelle ère a incontestablement débuté avec la guerre 1939-1945, qui a posé les données du problème.

L'avertissement des biologistes

Les politiciens qui, en 1945, eurent mission de reconstituer une société démantelée imaginèrent une solution catastrophique. Dans les mains de ces apprentis sorciers, le monde prit son visage de mort.

Ils préconisèrent des solutions insensées : développement de la science atomique militaire, encouragement des naissances, lutte des classes, compétitions de standing et de prestige, alors que la véritable solution était une union malgré tout pour la sauvegarde de l'humanité.

---

1. *La Chine du Cauchemar*, Lucien Bodard, 1961, éd. Gallimard.

Contre leurs manœuvres et notamment contre les explosions nucléaires, deux savants prirent conscience du péril et lancèrent un SOS : Albert Einstein et Leo Szilard.

Les physiciens japonais, particulièrement bien placés pour en juger, révélèrent en 1962 que 200 000 naissances d'enfants anormaux étaient imputables aux expériences atomiques, dont 15 000 à la superbombe des Russes.

Le césium 137 résultant de ces explosions est très fortement tératogène et provoque l'engendrement d'enfants à quatre ou dix doigts, à mains palmées ou directement rattachées aux épaules.

Le pape Jean XXIII et le docteur Albert Schweitzer dénoncèrent formellement le péril, mais de grands savants, tels que Jean Rostand, le docteur Delaunay (France) et le professeur Muller, prix Nobel de biologie (USA), jugèrent nécessaire, par-dessus les discours pontificaux et les résolutions dérisoires de l'ONU, de mettre ouvertement le monde devant son destin.

D'autres biologistes de renommée mondiale, les professeurs Fujii (Japon), Pomerat, Paul Weiss (USA), Dalq (Belgique), Verne (France) et des personnalités diverses[1] : philosophes, économistes, ecclésiastiques, réagirent dans le même sens avec à leur tête M. François de Clermont-Tonnerre et le professeur Maurice Marois.

Le 4 février 1962, à l'OECE, au château de la Muette à Paris, se produisit un événement capital : les plus grands biologistes du monde se réunirent. Et aussitôt, cette élite, ces hommes, que leur savoir et leur haute compétence mettaient au premier échelon de la race humaine, lancèrent un message retentissant : *Alerte ! Vous allez tous mourir irradiés, si...*

Pour frapper l'opinion, la Conjuration des sauveteurs prit un titre dont l'énoncé même exprimait l'imminence du péril : *Institut de la vie.*

---

1. Mme Nina Khrouchtcheva, qui n'a sûrement pas agi à l'insu de son mari, a lancé un SOS à la Radio le 18-2-62 : *Jetons toutes les bombes atomiques à la mer !*

Avec son enthousiasme d'apôtre, Jean Rostand, « l'Homme de Cœur n° 1 de France », avait dénoncé les Temps d'Apocalypse que nous vivons, la dégradation de l'espèce, la fin inéluctable et proche de l'humanité si de puissants barrages n'étaient pas édifiés, en disant notamment :

Les retombées radioactives sont un véritable pollen de mort, responsables d'un excédent de mutations. On peut affirmer que cet excédent est la cause de l'accroissement du nombre de sourds-muets, d'idiots, de tarés...

Les gènes de toute la génération à venir tiendraient dans le volume d'un cachet d'aspirine. Ce cachet est le trésor le plus précieux du monde.

*Je crois à la pluralité des mondes habités, mais je ne suis pas certain qu'il y ait sur une autre planète quelque chose d'aussi valable que l'*homo sapiens.

En abîmant les gènes, on fait pire que tuer : on crée de la mauvaise vie.

D'autre part, l'industrie atomique et l'industrie chimique ajoutent puissamment leurs effets à ceux des explosions nucléaires et constituent même actuellement les principales sources d'irradiation.

Le danger présenté par les rayons X, ainsi que l'ont démontré des spécialistes américains, est six fois plus grand que celui dû aux explosions de bombes atomiques.

Et combien de mutations sont causées par les médicaments qu'on achète chez le pharmacien !

La médecine cultive la maladie et la thérapeutique développe les tares et multiplie les hommes qui doivent avoir recours à elle.

Il n'y a pas de seuil de sécurité, il n'y a pas de petites doses. Sur ce point particulier, le professeur Lhéritier avait déjà déclaré :

Toute dose d'irradiation, si faible soit-elle, a des chances de produire des mutations. Toute mutation est héréditaire.

Ce qui revient à dire que tout individu ayant passé une seule radiographie dans sa vie ne peut plus produire d'enfant absolument normal. Il y aura automatiquement mutation si imperceptible qu'elle soit, et toujours dans le sens du bien vers le mal.

Or, les irradiations par radiographies, par médicaments, par télévision, etc., s'accumulent irréversiblement pour 5 000 ans, sans possibilité actuellement connue de les neutraliser [1].

C'est pour cette raison que les déchets radioactifs des usines atomiques *ne peuvent pas être détruits* même s'ils sont noyés dans les fosses océaniennes. On a envisagé un moyen de débarrasser le globe de ces produits : les envoyer dans le Cosmos !

De toute façon, 75 % des habitants de notre planète sont déjà irradiés pour 5 000 ans. De l'avis des biologistes, l'espèce humaine est tôt ou tard condamnée. Mettant en accusation tout le processus évolutif et culturel déterminé par nos maîtres grecs et plus particulièrement encore par le siècle des grandes inventions, Jean Rostand proclame avec véhémence :

À Hiroshima, la science s'est délibérément engagée dans le crime.

*Les effets génétiques de la civilisation sont déplorables. En conséquence l'Institut de la Vie doit devenir le Quartier Général de la défense de l'*homo sapiens...

Personne ou presque n'entendit parler de cette réunion de savants. Avec une merveilleuse synchronisation, les journaux, la radio, la télévision et les actualités cinématographiques la passèrent sous silence. Les journaux les mieux intentionnés lui consacrèrent une colonne à la une, et un petit article à l'intérieur. La plupart n'en parlèrent pas.

Certains — parmi ceux qui publièrent quelques lignes — prirent même parti contre les biologistes et notamment contre Jean Rostand dont ils dénoncèrent « le pessimisme dangereux... »

---

1. Le Dr Robert Wilson, membre de la Commission américaine de l'Énergie atomique, a déclaré à Colombus devant une réunion de savants et d'industriels que les postes de télévision dégagent plus de radiations que les expériences nucléaires américaines et russes n'en ont produit jusqu'ici.

Certes, la courageuse initiative des savants de l'Institut de la Vie ne restera pas sans lendemain et de plus en plus, et de mieux en mieux, elle se développera, d'autant plus que la prolifération de naissances monstrueuses devient inquiétante, particulièrement dans les pays où l'électronique et les industries annexes de l'Atome sont fortement développées.

Récemment, une campagne savamment orchestrée fit porter la responsabilité de ces naissances anormales à un tranquillisant américain, la thalidomide (contergandistaval, softenon, talimol, etc.).

Puis on accusa d'autres médicaments : la préludine fut interdite en Italie et le docteur Clarke Fraser de l'université Megill de Montréal dénonça la cortisone... et l'aspirine ! Il y eut bien une mise au point effectuée par le professeur Giroud à l'Académie de Médecine : « En France où la thalidomide est interdite, les enfants monstrueux sont de plus en plus nombreux », mais nul ne voulut y prêter attention.

Il s'agit là d'une conjuration délibérée destinée à masquer une vérité atroce : les enfants monstrueux naissent en plus grand nombre que jadis, par la faute des irradiations.

Autre conséquence mineure, mais non négligeable : dans les hôpitaux où l'on radiographie à tort et à travers, le cal des fractures osseuses normales se fait actuellement en 90 jours, au lieu de 40 jours il y a trente ans. Parfois même, et sans qu'il soit question de tuberculose, la soudure et l'ossification demandent 4 à 5 mois.

Il devient normal d'envoyer en convalescence à Berck ou à Roscoff un blessé ayant eu une jambe cassée. La Sécurité Sociale reconnaît la nécessité de cette convalescence, ce qui veut tout dire. Les femmes, dans une proportion de 7 sur 10, accouchent avant terme.

Les populations de la frontière du Mexique furent atteintes, en septembre 1960, d'étranges troubles : les gens avaient d'intolérables sensations de chaleur, leur peau devenait rouge comme sous le coup d'une brûlure. On présuma que l'eau de pluie qu'ils buvaient avait été rendue radioactive par les explosions nucléaires américaines du Nevada.

Après les explosions russes en Mongolie et dans le Pacifique, les habitants de la ville d'El Peten, au Guatemala, furent presque tous malades. Il y eut de nombreux décès. Comme si des nuages avaient transporté le pollen de mort par-dessus les continents et les mers ! Et c'est bien ce qui s'était passé.

On sait qu'il existe des courants puissants et rapides dans la haute atmosphère, les jet-streams. Ils sont bien connus des aviateurs et peuvent leur faire gagner une heure sur des trajets de 3 à 4 000 km.

Ces jet-streams empruntent avec une certaine régularité des couloirs aériens qui deviennent de véritables « vallées de la Mort » quand ils sont chargés de particules radioactives.

Les jet-streams vont déposer leur pollen irradié toujours aux mêmes endroits du globe.

Il semble que la ville d'El Peten se trouve à un terminus d'une de ces Vallées de la Mort que les Japonais, durant la guerre, en 1944, avaient utilisées pour envoyer aux États-Unis des ballonnets incendiaires qui retombèrent aux points prévus — en Californie — mais sans provoquer de dégâts considérables.

Ces détériorations des conditions biologiques naturelles et la menace qui pèse sur notre descendance, sans paraître inquiéter les pouvoirs publics, sont les signes cliniques de la psychose de résignation qui sévit aujourd'hui comme si la fin du monde était pour demain. Jean Rostand espère malgré tout en la science « qui a toujours donné davantage que ce que l'on attendait d'elle ».

Anecdotes sur la fin du monde

Il existe d'autres signes des Temps d'Apocalypse.

Rejoignant, par-delà dix siècles, la Grande Peur du Moyen Âge, celle de l'an 2000 commence et les hommes se mettent à délirer. Les faux prophètes vont de nouveau se manifester, de même que les cas d'hystérie collective.

Les gouvernements prendront-ils des mesures pour arrêter la campagne alarmiste qui va naître ? C'est probable, et l'on peut s'attendre à une interdiction, et dans de brefs délais, des métiers de devins, voyants et cartomanciennes.

Certes, au cours des âges, la fin du monde fut annoncée des milliers de fois, et au XVIe siècle, elle donna même lieu à une anecdote amusante :

En reprenant le calcul des éphémérides de Regiomontanus son maître, l'Allemand Stoeffer discerna le pronostic astrologique d'un déluge universel à la date du 20 février 1524.

À l'annonce de cette prédiction, l'Europe fut consternée et à Toulouse, le Président Auriol se mit, nouveau Noé, à construire une arche.

Par une malicieuse ironie du sort, le 21 février 1524 fut on ne peut plus sec !

En 1680, un phénomène remarquable se produisit : une superbe comète apparut, qui impressionna fortement les populations :

« La terreur est grande par la ville, disaient les *Chroniques de l'Œil-de-Bœuf*[1], les esprits timorés voient dans ceci le signe d'un déluge nouveau, attendu, disaient-ils, que l'eau s'annonce toujours par le feu. »

Il n'était pas que le peuple pour être ému : le mathématicien Jacques Bernoulli vit dans la comète le symbole de la colère divine.

Les poules elles-mêmes en jugèrent ainsi : Flammarion raconte qu'il trouva une estampe de l'époque portant cette légende : *Prodige extraordinaire : comment à Rome une poule pondit un œuf sur lequel était gravée l'image de la comète.*

En juillet 1960, un hurluberlu italien, du nom de Élio Bianca — frère Eman dans sa religion —, voulut lui aussi jouer au prophète. Ex-médecin pédiatre à la Compagnie

---

1. *Chroniques de l'Œil-de-Bœuf*, par Touchard-Lafosse, 1829-1833.

d'Électricité de Milan, Élio Bianca, renvoyé pour ses excentricités, avait fondé une secte d'illuminés. Il se disait en relation directe avec « l'étage de l'absolu » et annonçait la fin du monde d'après une prophétie d'Isaïe : « À l'époque des calamités, l'homme trouvera refuge dans un pavillon. »

« Seuls, 12 millions d'êtres humains échapperont au cataclysme », précisait-il.

Des hommes et des femmes le crurent. À Hokkaïdo, au Japon, la terre avait tremblé avec une intensité exceptionnelle ; des vagues hautes comme des montagnes lançaient contre les maisons des blocs de glace qui les pulvérisaient. À Cuzco, au Pérou, des Indiens, pour conjurer une sécheresse calamiteuse, avaient brûlé la plus jolie jeune fille de la tribu des Mashcos. À Agadir, un tremblement de terre avait fait des milliers de morts. Le Chili et Fréjus en France avaient été ravagés par des inondations.

Frère Eman, qui était en relation avec les puissances célestes par le truchement d'un magnétophone, n'eut guère de mal à convaincre 110 simples d'esprit que la fin du monde — d'après ses calculs — était fixée au 14 juillet 1960, à 14 h 45. Les montagnes devaient s'effondrer et tout serait fini, sauf pour les privilégiés habitant autour du mont Blanc.

Alors, entassant vivres, vêtements et objets de première nécessité dans des havresacs et des valises, les 110 illuminés conduits par le fou allèrent chercher refuge au « Pavillon Gehovonise » non loin de Courmayeur, à 2 200 m d'altitude.

Bien entendu, la journée du 14 juillet se passa sans incident.

Frère Eman s'en tira par une pirouette :

« Mes calculs étaient erronés, dit-il. La fin du monde est reportée à une date ultérieure ! »

Le plus extraordinaire, en cette affaire, fut le retentissement mondial qu'eurent les divagations du médecin fou. La presse, la radio colportèrent ces prophéties qui trouvèrent crédit dans tous les pays du monde, exception faite pour la Scandinavie, la France, l'Espagne et l'Italie (à part les 110 illuminés), l'Allemagne et la Russie. Les pays anglo-saxons, l'Afrique, l'Asie et l'Amérique fournirent, comme toujours, le plus fort contingent de crédules.

Au cap de Bonne-Espérance, le soleil du 14 juillet fut frénétiquement applaudi par des Noirs qui avaient passé toute la nuit dans l'angoisse. Aux Philippines, un vent de panique souffla et l'Église dut mobiliser ses prêtres pour rassurer le peuple. Aux Indes, les temples regorgèrent de monde et aux USA des Américains se terrèrent dans des abris antiatomiques.

Les plus convaincus — convaincus mais malins — furent certainement les adeptes d'une secte religieuse de Benson (Arizona) qui, ayant effectué de gros achats de vivres pour subsister après la fin du monde, payèrent leurs factures avec des chèques postdatés du 15 juillet !

Interviewé par des journalistes, Mgr Julio Rosales, archevêque de Cebu (Philippines), précisa que personne ne pouvait connaître la date de la fin du monde, pas même le Pape !

Ces prédictions manquées ne servirent pas de leçon et six mois après, on connut une récidive mémorable.

Le 1er février 1961, parvenait en Europe l'annonce sensationnelle de la fin du monde, prédite par les Mages de l'Inde : elle devait se produire entre le samedi 3 et le lundi 5 février, alors que les huit planètes de notre galaxie entreraient en conjonction sous le signe du Capricorne. Pour beaucoup, l'affaire parut sérieuse. Cette fois, il s'agissait *des Indes* ! Et comme chacun sait, les Indes sont le seul, l'unique réceptacle de la sacro-sainte Vérité !

Or, les Indes parlaient, et de mémoire d'homme c'était la première fois que moines, bonzes, prêtres de Bénarès, de Manipouri, de Bombay, lamas des lamaseries tibétaines, tout le peuple de Bouddha, toute l'Agartha en somme, c'était la première fois que les Initiés rompaient la consigne millénaire du Silence !

Il est vrai que le jeu en valait la chandelle puisqu'il s'agissait de l'effondrement des montagnes, de l'éclatement de la planète, de l'anéantissement de 2 milliards 500 millions d'êtres, autrement dit de la fin du monde.

La veille du cataclysme présumé, des milliers de prêtres hindous commencèrent les cérémonies rituelles et des millions de fidèles allèrent se plonger dans le Gange à Bénarès et prier au bord du fleuve afin de mourir en état de grâce. Invocations, sacrifices sur les feux sacrés, rien ne fut épargné pour la survie de la planète. Le 3, le 4 et le 5 février passèrent et le globe, plus sage que de coutume — par exception on n'enregistra aucun tremblement de terre à cette date —, continua son bonhomme de chemin.

Les hindous n'étaient pas les seuls à craindre quelque chose. Les Papous de Nouvelle-Guinée s'attendaient eux aussi au pire, par suite d'une éclipse de Soleil.

En Angleterre, les journaux se firent l'écho des sombres pressentiments de la « Société de l'Ether » dont le dirigeant, M. Georges King, se prétendait « Chef des Extraplanétaires, mandaté à l'ONU par les Vénusiens ».

Selon cet olibrius, la fin du monde était aussi pour le 5 février, mais il y aurait des survivants : ses disciples, les « éthérés » qui, affirmant être en relation avec les habitants de Vénus et de Mars, allèrent chercher refuge au sommet des montagnes britanniques.

Comme rien ne se produisit, M. King, à l'instar de Frère Eman, annonça que le monde avait encore 300 millions d'années à vivre, mais que bientôt la Terre allait basculer et les pôles prendre la place de l'équateur !

Les Américains, pour ne pas demeurer en reste, avaient pris peur à l'unisson et durant les trois jours cruciaux harcelèrent de coups de téléphone M. Hayden, directeur du Planétarium de New York, lui demandant si véritablement la conjonction de Jupiter-Saturne-Neptune-Uranus-Terre-Vénus-Mars et Mercure allait provoquer une conflagration cosmique.

En 1942, Adolf Hitler, qui souffrait de l'aveugle crédulité des occultistes, voulait conquérir une partie de la Sibérie, exactement les montagnes de Thian Chan (monts Célestes), à la limite du Turkestan russe et du Turkestan chinois, car il croyait — c'est du moins ce qu'il a écrit — que cette zone serait privilégiée lors du futur grand cataclysme terrestre.

Certains penseront peut-être que la fin du monde, ou plutôt la fin des hommes, redoutée par Jean Rostand, relève d'une crainte aussi injustifiée que celle des hindous et des « éthérés » du Chef King. Il faut tout de même tenir compte du fait que l'illustre biologiste est suivi dans ses théories, ou mieux dans ses calculs, par la grande majorité des savants mondiaux, alors que les occultistes ne recueillent que la créance de quelques naïfs.

Un danger géophysique

Insensiblement, notre globe terrestre avance vers sa fin. C'est la loi du Cosmos et nous n'y pouvons rien, encore que Fritz Zwicky, l'un des astrophysiciens suisses les plus en renom, prétende le contraire.

M. Zwicky a dans ses cartons un extraordinaire projet : casser les planètes à coups de bombes atomiques et exciter la chaleur du Soleil qui commence à se refroidir.

Ces idées correspondent à des réalités : un danger géophysique nous menace.

De 1850 à 1950, on a calculé que la température moyenne de la Terre avait baissé d'un demi-degré, ce qui n'est pas grave dans l'immédiat, mais le deviendra dans 1 000 ans, les hommes n'ayant pas le pouvoir de s'adapter à ce rythme trop rapide de refroidissement. Par ailleurs, dans le monde entier, les services chargés d'ausculter le sol sont frappés par l'augmentation notable du nombre et de la force des secousses sismiques, et par la gravité des phénomènes d'ordre volcanique [1].

Récemment encore, en Iran, sur le grand axe de cassure est-ouest de l'Asie centrale, des secousses ont détruit plusieurs villes, faisant plus de 20 000 victimes. La même secousse

---

1. *Aux Écoutes*, 15-12-61.

sismique a sérieusement endommagé la capitale de la Turkménie soviétique : Achabad, déjà totalement détruite, voici treize ans, par un tremblement de terre.

Les savants russes viennent d'autre part de découvrir plusieurs cônes volcaniques au fond de l'océan Glacial arctique. Certains sont en activité et des échantillons de laves ramenés en surface les apparentent au complexe hawaïen.

Sur le continent antarctique, les savants américains, de même que leurs collègues anglais et russes, pensent que les deux géants volcaniques connus, le Terror et l'Erebus, ne sont pas les seuls et qu'une intense activité règne sous la couche de glace de 800 à 1 000 mètres d'épaisseur. Quelques anomalies glaciaires laissent même penser que de véritables éruptions et des coulées de lave ont lieu à même le sol, sous cette prodigieuse carapace.

Cette activité sur tous les continents confirme la théorie émise par plusieurs observatoires et groupes de recherches (dont celui de Strasbourg) sur l'actuelle période de gestation accélérée qui conduit notre planète à une autre époque.

Rouen port de mer

Certes, le globe terrestre a toujours été soumis à de lents flux et reflux, ce qui eut jadis pour effet d'engloutir l'Atlantide et de perturber le continent sud-américain. Il semble cependant qu'actuellement la carte du monde se modifie à un rythme anormal. Est-ce la fin d'une ère géologique ?

En tout cas, ce sera sûrement la fin de certaines nations et en particulier de celles qui bordent la mer du Nord. Sur un axe approximatif Paris-Berlin-Moscou, les terres émergées s'enfoncent dans la mer du Nord et se surélèvent au sud. Chaque année, Biarritz et Cadix se situent plus haut en altitude, respectivement de trois et de cinq centimètres.

En revanche, chaque année, les Hollandais doivent élever les digues qui les protègent de la mer et les techniciens des Ponts et Chaussées des Pays-Bas savent qu'en 2500 la mer du Nord recouvrira les deux cinquièmes du territoire actuel de leur pays.

Un projet est actuellement à l'étude : créer des cités et peut-être même un continent artificiel sur pilotis durcis par injections d'un produit miracle américain, l'AM 9 (acrylamide et nitrile acrylique synthétique).

La Scandinavie se soulève comme l'Espagne et repousse les eaux de la Baltique. En France, le péril se fera sentir dans la Seine-Maritime, la Somme et le Pas-de-Calais où les terres s'abaissent. Rouen sera un vrai port de mer en l'an 2500.

Du nord au sud, au milieu de l'Atlantique, la chaîne montagneuse qui émerge en Islande, aux Açores, aux îles Saint-Paul, Ascension, Sainte-Hélène, subit une telle pression qu'elle s'élève de soixante centimètres à un mètre par an. Dans trente mille ans, elle pourrait réunir l'Europe aux USA, à moins que notre péninsule européenne et le continent nord-américain, effondrés en contrecoup, n'aient disparu sous les eaux [1].

Les faux messies

Cette effervescence géophysique est pourtant moins symptomatique que le comportement des hommes.

Selon la tradition, la fin des Temps sera signalée par la venue de faux messies et des Antéchrist.

Le phénomène messianique est curieux à étudier. Il se produit huit fois sur dix autour du 30e parallèle nord et appartient par excellence aux Hébreux, aux hindous et aux musulmans.

Pour l'écrivain Georges Adamski, féru d'occultisme, l'avènement des faux et vrais prophètes est provoqué par des transmissions de pensées. A certaines époques, les hommes se transforment en postes émetteurs puissants par

---

1. *Aux Écoutes*, 15-12-61.

suite de l'intensité particulière de leurs sentiments : peur, désir du bonheur et d'être rassurés.

Des milliards d'êtres lancent ainsi des messages qui ne demandent qu'à parvenir quelque part. Des individus réceptifs recueillent les forces conscientes éparses dans l'air et s'en chargent. Cette soudaine imprégnation de sentiments concentrés les persuade que le message a été envoyé par la Providence, c'est-à-dire par Dieu. Certains même pensent à une émission provenant du Cosmos et des hommes de l'espace.

L'illuminé, le Messie se met alors à vaticiner et, mathématiquement, un pourcentage de prophéties se réalise, si bien que l'homme acquiert la certitude qu'il est bien un prophète inspiré. Un très faible pourcentage de réussite lui suffit : 2 %, comme pour les radiesthésistes.

Cette explication n'est que relativement valable, car l'étude des cas de messianisme démontre que 9 messies sur 10 sont au départ des charlatans un peu mégalomanes qui se donnent purement et gratuitement le don de science infuse. Toutefois, ils arrivent à s'auto-envoûter et de même que le menteur finit par croire en ses mensonges, ils entrent dans la peau de leur personnage sans possibilité d'en sortir. Médicalement, le complexe messianique est lié à un dérèglement glandulaire et principalement de la pinéale.

Depuis un siècle, la hantise des risques de guerre, des fins de monde, la connaissance publique et générale des fléaux qui frappent l'humanité et que la presse, la radio et la télévision portent tout palpitants dans les foyers les plus retirés, tout cela a fait naître une légion de prophètes, de messies et de faux messies à une cadence jamais encore enregistrée.

L'agitation des gitans

Des avertissements plus sérieux annoncent indubitablement l'avènement d'une nouvelle ère qui coïncide avec la nouvelle science instaurée en 1940.

Qu'on le veuille ou non, la récente création de l'État d'Israël donne un certain crédit aux antiques prophéties, mais nous accordons une importance encore plus considérable au remue-ménage qui trouble le monde jusque-là silencieux des gitans.

Comme une fourmilière soudain bouleversée, les gitans du monde entier vont, viennent, campent, repartent, dans tous les sens, comme s'ils avaient perdu la notion du pôle magnétique et des chemins traditionnels.

Pour les spécialistes de la psychologie gitane, le fait est sans précédent et laisse présager des événements d'une gravité exceptionnelle.

Le rôle historique des gitans est difficile à préciser.

En fait, ils ne savent pas eux-mêmes ce qu'ils représentent, mais des observateurs avertis peuvent tirer de singulières déductions de leur comportement, exactement comme les paysans peuvent prédire la pluie quand les feuilles de viorne se recroquevillent, le paon « appelle Léon », le chat lisse sa fourrure, les mouches se mettent à piquer.

L'écrivain Martine Beauvais, qui a vécu longtemps avec les roms et les manouches, révèle à leur sujet d'étonnantes observations.

Quand une guerre menace, les vrais gitans, les roms — de plus en plus rares — savent fort bien où ils doivent aller pour se tenir à l'écart du conflit, comme s'ils obéissaient à des ordres occultes.

Les gitans travaillent le feu et le fer (ils sont presque tous chaudronniers) et les gitanes font le métier de diseuses de bonne aventure. En somme, les hommes perpétuent la tradition ancestrale du travail du feu, alors que les femmes, par un lointain atavisme irrévocable, se consacrent à la divination.

Quand un gitan vient camper en quelque endroit, il ne sait pas quand il partira. Si on lui pose la question, il répondra invariablement :

— Dieu le sait !

C'est la femme qui suggère le départ. Elle ignore pourquoi ; l'homme aussi. Ils savent seulement qu'ils doivent partir.

Actuellement, l'ordre occulte, l'ordre du subconscient vient souvent et de manière soudaine, impérative. Les gitans ne savent où se fixer, ni quelle direction prendre.

De 1955 à 1961, ils ont accompli des périples insensés, se dirigeant d'abord vers l'ouest, allant ensuite vers l'Europe orientale, d'où ils émigrent en grand nombre vers l'Amérique du Sud.

D'autre part, une scission très nette les désunit.

En France, ils ont un roi, Joseph Solès ; en Pologne officiait Jean Kwiew, couronné en 1938 par un collège électoral de 30 sénateurs (il était de race pure et professait le métier de chaudronnier).

La « Pharaone », reine des Tribus d'Espagne, campe dans une caverne du Sacro Monte à Grenade, mais en ce haut lieu la tradition périclite et le Congrès d'Angleterre, en 1956, a proposé un exode massif en Afrique du Sud où, inconnus en 1928, les gitans ont implanté une véritable colonie. Dans le camp de Jackson Drift, près de Johannesburg, ils ont élu un nouveau roi, Alfred Montés.

Un autre Fils du Vent, Voïevod III, postule aussi le titre de Chef Suprême du Peuple Tzigane.

Zanko, chef de tribu des Tziganes Chalderash, qui réside habituellement dans la banlieue lyonnaise, donne un sens décisif à l'anarchie qui règne : il vient de trahir la loi du silence de son peuple et a confié à des sédentaires [1] les traditions secrètes et les coutumes transmises oralement de siècle en siècle. Tout cela est hautement symptomatique.

Que va-t-il se passer ? Qui menace les gitans ? Quel danger plane sur eux ?

Ils seraient bien incapables de le dire. Instinctivement, ils cherchent un lieu de répit où l'Ordre ne serait plus donné. Mais, il n'y a pas de lieu de répit.

On pense qu'à l'instar des animaux fuyant le cratère du volcan ou la zone de fracture de l'écorce terrestre avant le cataclysme ils veulent trouver une zone tabou.

---

1. *Zanko Chef Tribal Chalderash*, R. P. Chatard et Bernard, éd. La Colombe, 1961.

Voilà pour les vrais Fils du Vent ; en revanche, les gitans assimilés, ceux qui perdent peu à peu le sens du message ancestral, éprouvent le désir de se fixer définitivement. Le prince Ionel Rotaru, qui se prétend chef (très contesté) de la Communauté mondiale du peuple gitan, est en relation avec des membres du gouvernement français pour créer un État semblable à l'État d'Israël.

« Les gitans, précise-t-il, forment un peuple méconnu. Ils ne sont pas tous rempailleurs de chaises et nomades chapardeurs. Notre Organisation, qui groupe neuf millions d'individus, compte de nombreux médecins, des prêtres, des chimistes, des intellectuels. Ils ont un rôle à jouer dans la société. »

Pendant plusieurs années, la tribu des Bouillon (branche des Bouglione) est demeurée à Vigneux, comme parquée par une force indépendante de sa volonté. Les Moreno tendant aussi à s'implanter, dans le midi de la France et en Espagne. Les Amaya, les Beautour, ont une nette tendance à devenir sédentaires.

Dans toutes ces tribus, les femmes ne font plus le métier de chiromanciennes et les hommes ne travaillent plus à l'industrie du feu : elles sont danseuses, marchandes de draps, de tapis, de vannerie ; ils sont forains, acrobates de cirque, maquignons, boxeurs, musiciens.

Les gitans assimilés, ceux qui, dans 50 ans, habiteront des maisons en pierre et deviendront ouvriers, fonctionnaires, médecins, ont perdu leur vieil instinct et ne peuvent donner une indication précise des Temps qui se préparent. Cette indication perce seulement chez les roms encore indomptés, et dans l'étude de la tradition.

On ne sait pas au juste d'où les gitans sont originaires : d'Égypte « Pays des Deltas », de l'Indus, des Bouches-du-Rhône où se situent aussi des bras fluviaux ?

Selon Martine Beauvais, leur pays d'origine serait les Indes d'où ils auraient été chassés au XVe siècle pour « une faute monstrueuse, un sacrilège » que les prêtres hindous ne révélèrent pas.

240

Il est certain qu'une malédiction les poursuit : ils errent, ils ont été condamnés à errer comme Caïn après qu'il eut tué son frère.

Or, il semble que leur malédiction ait trouvé son terme, soit par rémission de la peine, soit qu'une plus grande faute — peut-être identique — ait effacé celle qu'ils avaient commise. De très anciennes traditions, rapportées par les gitans eux-mêmes, que l'on retrouve chez Homère et les auteurs antiques, permettent de soulever le voile du mystère.

Jadis, des ancêtres ont atomisé le globe. La Bible et les écrits sacrés ont conservé la souvenance de la puissance maléfique du Feu et du Fer qui engendrèrent la terrible explosion.

Durant des millénaires, le Feu devint le symbole de la destruction et le Fer celui du maléfice. Les praticiens du Feu et du Fer, dans l'Antiquité, furent toujours considérés comme des êtres impurs et les fondeurs de métaux, de même que les forgerons, étaient des intouchables condamnés à vivre et à habiter à l'écart des agglomérations. En Afrique, de nos jours, les fondeurs de fer Haddades doivent résider aux portes des villages.

Adam, dérobant le fruit de l'Arbre de la Science, détermina la fatalité du péché mortel, et fut condamné à errer sur la Terre.

Responsables de l'atomisation, des hommes blancs survécurent malgré l'irradiation, mais ils payèrent dans leur engendrement, et jamais leur peau ne redevint claire.

Les autres rescapés les maudirent et les tinrent à l'écart, ne supportant pas, en souvenir de la faute originelle, qu'ils vinssent habiter dans leur cité.

Les hindous chassèrent ces intouchables de leur pays et Jacques Weiss [1] écrit à leur sujet : *Parmi les tribus errantes issues des expulsés de l'Agartha, figurent les Bohémiens (du radical* Bohami *signifiant : retire-toi de moi)* .

Ainsi fut stigmatisé le peuple gitan, les « Fils du Vent » condamnés à ne se fixer jamais et *à errer jusqu'à la Fin des*

---

1. *La Synarchie*, Mission de l'Inde, p. 314.

241

Temps. Homère les appelle les « Fils de Vulcain », d'autres chroniqueurs « Fils du Soleil et du Fer ». Leurs instincts, préservés par les mariages consanguins, accréditèrent leur origine satanique. Les gitans ont une alliance avec les serpents (au Cirque Bouglione il y a presque toujours un numéro de serpents) qui rappelle peut-être l'antique collusion d'Ève, d'Adam et de Satan.

Ils abhorrent les chats, et les braves concierges de la rue de Crussol à Paris (voisine d'un grand cirque gitan) savent que pour conserver leurs matous, elles ne doivent pas les laisser vagabonder dans les rues.

Ils ont le culte du feu, et les véritables gitans, durant des siècles, furent chaudronniers ou forgerons, avec un talent inégalable. Ils connaissaient des « secrets du feu et du fer » inconnus et supérieurs aux meilleurs tours de main des ferronniers d'art *gadchés* (gadché : qui n'est pas gitan).

Les femmes sont douées d'un sixième sens : la divination. Elles auront la prescience du Grand Cataclysme Second et leur comportement avertira les hommes. Leur mission est de « prendre le vent », de sentir les signes avant-coureurs et d'être les « pigeons témoins » de la Conjuration.

Ce sera leur rachat.

Une vieille gitane et aussi Alexandre Bouglione qui accepte que l'on fasse état de sa déclaration ont confié à Martine Beauvais :

— Nous suivons le Soleil et marchons d'abord vers l'ouest.

On ne peut manquer de remarquer que cette marche vers l'ouest était précisément celle des ancêtres préhistoriques, du patriarche hébreu Lehi, des mormons et des Témoins du Dernier Jour.

Le père Porthos Melbach

Des gitans plus conscients, et pourtant évasifs, ont manifesté une inquiétude : *Il se prépare des choses mauvaises.*

La fin du Monde ? Un déluge ? Le comportement des gitans et leur état d'esprit feraient plutôt penser à un tremblement de terre et « ce serait l'Est qui serait englouti ».

Porthos Melbach, prêtre catholique, mais gitan (le seul qui ait été ordonné), a déclaré le dimanche 6 août 1961[1] :

La fin des Temps annoncée par l'Écriture est venue.

Il y a eu sept grands tremblements de terre au XVIIe siècle — huit au XVIIIe — beaucoup plus déjà au XXe siècle...

C'est le pourtour de la Méditerranée qui sera touché... le Christ viendra juger les Nations.

Le tremblement de terre qui, le 1er septembre 1962, fit plus de 20 000 victimes en Iran semblait donner un caractère prophétique à cette déclaration.

Il est certain, d'autre part, que les cataclysmes terrestres qui, selon la tradition, annonceront la fin du monde sont plus sensibles au XXe siècle que par le passé. Qu'on en juge :

1902 — 30 000 morts lors de l'éruption du mont Pelé.

1908 — 76 500 morts en Sicile.

1915 — 29 000 morts en Italie centrale.

1920 — 180 000 morts dans le Kansou en Chine.

1923 — 143 000 morts à Tokyo et Yokohama.

1935 — 60 000 morts à Quetta aux Indes.

1939 ⎰ 23 000 morts à Erzingan en Turquie.

1939 ⎱ 30 000 morts au Chili.

1962 — 21 000 morts en Iran.

1963 — 1 070 morts en Yougoslavie.

Cela sans compter des tremblements de terre mineurs qui firent pourtant de nombreuses victimes à Agadir, en Turquie, en Italie, etc.

Autour du 35e parallèle nord, sur l'axe de cassure terrestre Agadir-Tokyo, se joue peut-être le sort de notre Terre.

---

1. RTF — France II, Interview de Porthos Melbach par Roger Lanzac.

12

Les temps sacrilèges

« Il n'est rien de caché qui ne sera révélé, rien de secret qui ne sera connu[1]. »

Les grottes préhistoriques de Lascaux, de Lussac, les grottes à documents de Quoum'Rân, les champs de Glozel, le désert de Tiahuanaco, la vallée du Liban, la taïga livrent peu à peu leurs mystères ; la Lune n'est plus une énigme ; les gitans transgressent les consignes de silence ; la Maçonnerie ouvre les portes du Temple ; et du Vatican, ultime refuge de l'Occident, transpirent même d'inviolables secrets.

Dieu lui-même se laisse arracher le secret de la foudre, qui n'est peut-être que celui de l'atome.

Les Temps sont graves et sacrilèges.

Jean XXIII, qui fut sans doute le dernier pontife à grand pouvoir spirituel, détenait le patrimoine de la chrétienté et dix mille ans d'archives inconnues, dont la publication, en d'autres temps, eût été dangereuse. Mais de nos jours, il n'y a plus de secret, et le patrimoine peut revenir à la collectivité.

Comme on l'imagine, cette divulgation amènera une véritable révolution, particulièrement en préhistoire, en histoire, en physique et en biologie.

---

1. Matthieu, X, 26 ; Marc, IV, 22 ; Luc, VIII, 17 et XII, 2.

Naundorff et le pape

Est-ce un essai que Jean XXIII a voulu tenter auprès du public, en donnant en 1961 quelques lueurs de façon offi- cieuse, mais néanmoins pertinente, sur l'irritant mystère de Naundorff ?

Charles-Guillaume Naundorff était-il Louis XVII, l'En- fant évadé du Temple ou un imposteur ? Le prince René- Louis-Charles de Bourbon, fils reconnu du prince Louis- Edmond, descendant de Naundorff, qui vit actuellement à Paris, pourrait-il revendiquer la couronne de France ? Peut-être, si l'on se réfère à une déclaration faite en 1962, devant plusieurs témoins, l'ingénieur Edgar Nazare, le journaliste Philippe Bernert et nous-même.

Le nonce apostolique en France, Mgr Roncalli, était en relation d'amitié avec René-Louis-Charles de Bourbon qui, pour fixer un point d'histoire, lui demanda un jour :

« Excellence, puisque vous avez accès à la bibliothèque Vaticane, voudriez-vous jeter un coup d'œil au Mémoire de la duchesse d'Angoulême, ce qui me fixerait sur ma véritable identité [1] ? »

Des mois passèrent. Le prince de Bourbon se ravisa et annula sa requête. Puis il y eut une deuxième rencontre.

Entre-temps, le nonce était allé au Vatican, ou peut-être savait-il déjà à quoi s'en tenir, toujours est-il qu'il fit cette réponse :

« Votre Altesse est très intelligente. Veuillez vous asseoir en face de moi, Altesse... »

Jamais Mgr Roncalli n'avait donné le titre d'Altesse au prince de Bourbon.

En août 1958, le prince de Bourbon tomba malade ; il maigrit de 30 kg. Et soudain, l'envie — une envie irrésisti- ble — le conduisit à Rome où il sollicita une entrevue du

---

1. Si dans ce Mémoire, la duchesse d'Angoulême déclarait que Naundorff était bien son frère, R.-L.-C. de Bourbon devenait de ce fait prétendant légitime et le comte de Paris ne pouvait plus prétendre à la couronne de France.

Pape, ex-Mgr Roncalli. Il était tellement mal en point, qu'un jour il tomba inanimé dans une église.

Deux jours passèrent : pas de réponse.

Il fit une nouvelle demande.

On lui recommanda alors de faire passer sa demande par l'ambassade de France. Le prince alla trouver l'ambassadeur, M. de Margery, qui le remit aux bons soins du premier secrétaire d'ambassade.

La demande était formulée au nom du « Prince René-Louis-Charles de Bourbon ». La réponse parvint le lendemain après-midi : Sa Sainteté accordait une entrevue particulière à « SAR le Prince René-Louis-Charles de Bourbon » (Son Altesse Royale).

Le Pape reçut alors SAR avec beaucoup d'amitié. En l'obligeant à faire passer sa demande par l'ambassade, Sa Sainteté voulait peut-être donner au gouvernement français une réponse officieuse.

Quand il eut son entrevue avec le Pape, le prince se garda bien de remettre son carton d'invitation aux appariteurs. Il le conserva soigneusement et en fit faire deux photocopies qui sont actuellement, dit-il, l'une au dossier Louis XVII à la Bibliothèque Nationale, l'autre au Musée de Versailles. Personnellement, nous avons vu le carton et nous nous portons garant de son existence.

Des billets pour l'arche

Mais à quoi peuvent servir ces secrets trahis ou cachés si l'humanité doit périr dans une catastrophe prochaine ?

La jeunesse alimente en France 55 % des procès criminels. Il est vrai que l'humanité adulte entretient la psychose du désespoir jusqu'aux bornes extrêmes de l'inconscience.

Un journal de Paris, à la date du 28 mai 1961, a publié un « Communiqué » annonçant que *la rue Vavin sera célèbre dans le monde entier, car elle abritera, au numéro 28, le Night-Club le plus smart de Paris (donc vraisemblablement*

du monde) [sic]. *La Dolce Vita... Le Tout-Paris jeune connaî-*
tra cette ambiance de légende (adaptée à l'ère atomique) que
les moins jeunes retrouveront le cœur battant et avec beau-
coup de joie.

Ambiance de légende adaptée à l'ère atomique !

Il serait peut-être vain de parler ici des blousons noirs,
des magnats du pétrole dépensant en une nuit, au baccara,
le budget d'un département d'État, des gangsters et des tra-
fiquants de drogue multimilliardaires, du boxeur encais-
sant 800 millions pour un combat de deux minutes. Le
dérèglement de nos temps « atomiques » est, avec plus de
clarté, mis en évidence par d'extraordinaires abus de
confiance.

En janvier 1961, on arrêta un escroc autrichien qui délivrait des sauf-conduits valables dans le proche avenir,
quand les « commandos de Vénus » viendraient instaurer
sur Terre une « République Mondiale » génératrice de paix
universelle !

L'affaire avait été montée par un Viennois de 48 ans.
Karl Mekis, ancien SS des compagnies spéciales d'Eich-
mann, qui se faisait passer pour le fils adoptif de la
duchesse italienne Elena Cafarelli « sa mère planétaire ». Il
avait choisi l'Autriche comme « tête de pont du débarque-
ment vénusien ».

Mekis, qui recevait des messages par télépathie, avait
trouvé un certain nombre de dupes et affirmait que des
soucoupes volantes ne devaient pas tarder à atterrir pour
lui servir d'unités de choc.

Il s'était nommé « commissaire à la sécurité » et délivrait
ces sauf-conduits à des prix prohibitifs. Il avait en outre
nommé un président du conseil ainsi que plusieurs hauts
fonctionnaires du futur gouvernement mondial.

Le 24 octobre 1958, éclata à Waldshut, une petite ville
proche de la frontière suisse, près du lac de Constance, une
étrange affaire où se trouvaient mêlés un représentant de
machines à laver, le père Stocker, un capucin excommunié,
et sœur Stella, une nonne.

Le trio était accusé d'avoir vendu des places pour une...
Arche de Noé !

Après avoir prêché la fin du monde pour 1958, ils assurèrent qu'un petit nombre de privilégiés seraient sauvés si l'on construisait une nouvelle arche. Il se trouva une centaine de personnes pour adhérer à cette bizarre société de sauvetage et pour verser des sommes d'argent qui dépassèrent 10 millions de francs.

Au jour J du Déluge, les sociétaires auraient le droit de se réfugier à bord, avec quelques bagages et même leurs animaux familiers.

Un médecin versa près d'un million et demi de francs, car, disait-il, « la fin du monde lui paraissait l'aboutissement rationnel de la folie des hommes ». Il ne se trompait guère.

Pourtant, la fin du monde n'ayant pas eu lieu, ni à la date annoncée ni dans les mois qui suivirent, un des adeptes, un instituteur, fut pris de doutes. Il convainquit sœur Stella de revenir à son couvent et de faire pénitence. Quant à lui, il regagna son école, mais en faisant un crochet par le Commissariat de police où il conta l'affaire et dénonça le père Stocker et ses complices.

En Hollande, il y a quelques années, un autre aigrefin vendait la tour Eiffel en pièces détachées !

Bien entendu, les Américains ont fait mieux, allant jusqu'à dresser la liste des meilleurs cambriolages de l'année 1959, et faisant d'autre part remarquer qu'ils avaient eu lieu aux USA.

Le premier prix revint à un phénomène qui réussit à dérober un pont de 20 tonnes à Godding (Iowa). Il le fit même disparaître au cours d'une nuit.

Un autre voleur avait emporté chez lui tout le mur de briques qui se trouvait devant une demeure de Del Mar (Californie). Un troisième, enfin, déroba un poteau de téléphone à Palm City.

Furent encore cités : le voleur qui arracha une bague de diamants de 3 000 dollars à une automobiliste qui sortit la main de sa voiture pour indiquer qu'elle voulait tourner à gauche. D'autres, qui volèrent 10 tonnes de charbon en passant par un tunnel creusé sous une clôture, ou encore une locomotive, son tender et huit wagons !

On aurait tort de considérer le Français comme inférieur dans ce domaine : à Bayeux on a subtilisé, en 1960, un rouleau de 10 tonnes, une grue de 20 tonnes et un cylindre à vapeur de 40 tonnes !

A Lille, le 6 février 1962, on déroba à deux tripiers un kilomètre et demi de boudin !

Les musées secrets

Toutefois, c'est le vol des œuvres d'art cataloguées, des chefs-d'œuvre de peinture qui donne le vrai climat de notre temps.

Il faut être sûr de la fin du monde pour dérober une toile de maître, valant 2 millions ou davantage, alors qu'il n'existe sur le globe aucun marchand de tableaux, aucune galerie qui accepterait de l'acheter 200 francs. Les grandes œuvres d'art sont en effet répertoriées, classées, connues, de Vladivostok à Johannesburg, d'Anchorage à Sydney, et il ne semble pas possible de les vendre impunément.

On ne voit pas bien, par exemple, qui oserait acheter *La Joconde,* la *Vénus de Milo* ou *Le Cheval blanc* de Gauguin. Pourtant, il existe des amateurs de chefs-d'œuvre volés.

En 1960, des toiles de maîtres, dont un Goya, d'une valeur de 160 000 dollars, sont volées à la National Gallery de New York.

On croit à l'acte isolé d'un amateur d'art, comme ce fut le cas pour *La Joconde* en 1911 et pour *L'Indifférent* en 1939, mais soudain la liste des vols s'allonge : la célèbre collection de la Colombe d'Or dans le midi de la France ; 26 toiles dont deux Corot et un Cavaletto à Côme en 1961 ; un Rembrandt, un Van Dyck, un Titien à Palerme chez le baron Gabriele Ortolani de Bordorano ; le portrait du duc de Wellington à Londres, la même année ; deux Breughel (Jean) et un David Teniers chez le prince de Ligne à Paris, le 1er janvier 1962 ; des bijoux étrusques, d'une valeur d'un demi-milliard de lires au Musée Grossetto de Rome, le 23 février 1962 ; 27 toiles de maîtres — Chagall, Picasso, Toulouse-Lautrec, Renoir — le 14 février 1962, entre New York et Santa Fe du Mexique.

Le principal voleur des toiles — théoriquement invendables — est, d'après Scotland Yard, l'Américain Edward Henry Ashdowin, recherché par toutes les polices du monde. Les acheteurs eux aussi sont connus, du moins certains, mais ils sont politiquement et judiciairement intouchables.

On sait toutefois que, persuadés de l'imminence d'un cataclysme terrestre au cours duquel sombrerait l'humanité, ils ont constitué des musées secrets dont ils sont les seuls à jouir. Ils ne restitueront rien, ils ne légueront rien, ils seront anéantis près de leurs trésors.

Si la fin du monde tarde à se produire, ils détruiront eux-mêmes les toiles pour éviter toute espèce de scandale.

Ces receleurs ne sont pas de vulgaires malfaiteurs, mais des amateurs passionnés qui n'ont pas reculé devant le vol. Plusieurs résident dans les pays pétrolifères du Moyen-Orient, d'autres aux USA.

Le journal *La Presse*[1], habituellement bien informé, a révélé au sujet des Musées Secrets :

On tient pour certain qu'il existe aux USA un certain nombre de galeries privées, où se trouvent aujourd'hui la plupart des toiles enlevées dans les musées européens au cours de la guerre.

Un écrivain particulièrement averti de ce problème, le commissaire-priseur Georges Rheims, a décrit, dans un ouvrage étrange et fascinant[2], un musée secret souterrain situé quelque part en Californie américaine. Ce musée existe réellement ; il n'est pas le seul dans son genre. D'autres se cachent en des palais inaccessibles, autour du golfe Persique.

---

1. Du 18-12-61
2. *La Main*, éd. Julliard.

Georges Rheims n'a (peut-être) pas visité le musée de son livre, mais on peut tenir pour assuré que la description n'est pas inventée de toutes pièces.

La cage de ce monte-charge, noyée dans un lit de béton, pouvait être fermée en cas d'incendie ou de séisme à l'aide de plaques d'acier mobiles qui se verrouillaient automatiquement, permettant de l'isoler du reste du monde. J. B. avait fait construire et aménager ce réduit en 1948, dès les premiers bruits d'une guerre atomique possible. Les difficultés matérielles avaient été considérables, J. B. tenant absolument à préserver l'aspect extérieur du château médiéval. Pour qu'il ne soit pas ébranlé, il fut nécessaire d'asseoir la bâtisse sur une immense dalle de ciment ; la présence des douves et l'apparition de poches d'eau compliquèrent le problème à un point inimaginable.

La première cave, à 12 mètres de profondeur, comportait une série de pièces installées pour accueillir une centaine de personnes, mais c'est dans le deuxième abri, à 23 mètres de la surface, que se trouvaient entassés les objets les plus précieux.

Ce refuge souterrain se composait de chambres particulières, de deux dortoirs, d'une cuisine, d'une cabine de réception et d'émission de radio et de télévision, d'un bloc chirurgical, d'un atelier, d'un hangar à provisions et d'une suite de salles, climatisées spécialement pour recevoir les œuvres d'art.

Lorsque les travaux furent achevés, chaque membre du personnel reçut une note explicative, indiquant de quelle façon, en cas d'alerte, il devait se rendre de New York au château.

. . . .

Mais c'est à son ensemble de coupes et de bijoux en cristal de roche et en pierres précieuses que J. B. attachait le plus vif intérêt. Dans ce domaine, sa collection était aussi importante que celles du Louvre et des Offices. Il avait commencé à la constituer dès 1935, achetant par l'intermédiaire d'antiquaires allemands et suisses tout ce qu'il y avait de disponible sur le marché.

Ce trésor, fruit de pillages et de la guerre, était particulièrement cher à J. B. Il devait à la diligence de ses fournisseurs de se trouver non seulement en possession d'objets dérobés aux

251

plus grands collectionneurs européens, mais de détenir aussi une trentaine de chefs-d'œuvre qui avaient disparu des musées allemands, italiens ou russes pendant l'Occupation. Il possédait ainsi deux Vélasquez, quatre Rembrandt, deux Frans Hals, six Goya, répertoriés de façon si précise qu'il était impossible de les montrer sous peine de s'exposer aux pires ennuis. Alors que la plupart de ces toiles sommeillaient, roulées dans des enveloppes isolantes et qu'il n'avait pas vu plus d'une fois certaines d'entre elles, pas un instant l'idée de les rendre ne l'avait effleuré. Mais il était hanté par ce qui se passerait après sa mort. Dans aucun document, à aucun de ses conseillers les plus intimes, il n'avait fait état des objets maudits qu'il venait enfin de rassembler à Santa Paola.

Dans les temps que nous vivons, des êtres par ailleurs relativement honnêtes sont donc receleurs sans remords et sans risques — comme d'autres pensent à irradier l'humanité et à ensemencer l'atmosphère de pollens de mort. Le crime n'est puni que dans la mesure où il n'a pas un caractère d'exception.

Tuer un homme vaut la peine de mort.

Tuer dix hommes conduit à l'institut psychiatrique.

Tuer dix millions d'hommes dépasse les limites communes et n'est plus justiciable de peine.

Ce n'est pas dix millions, mais vingt-cinq millions d'hommes, de femmes et d'enfants que tua le docteur espagnol L. en 1917-1918-1919.

La grippe espagnole

La grippe espagnole, de sinistre mémoire, anéantit en deux ans cinq fois plus de vies humaines que la Grande Guerre mondiale.

On a dit : c'était la peste, le choléra.

Eh bien, voici la vérité jusque-là tenue secrète, sur cette mystérieuse épidémie.

En 1917, un Espagnol, le docteur L..., découvre au Pérou la formule El Sapo (le crapaud) appartenant à la célèbre pharmacopée inca — encore inconnue — dont les six médicaments de base composent la « Formule Cascarilla » qui passait pour guérir toutes les maladies [1].

La formule El Sapo est extrêmement dangereuse, car elle provoque des mutations par l'effet d'un agent catalyseur, les diastases du sang de crapaud.

Bien que prévenu de ce danger, le docteur L..., sitôt rentré en Espagne, se retire dans le laboratoire de son hacienda andalouse, dans la province de Málaga, et commence à entretenir des bouillons de culture qu'il inocule à un cochon.

Au cours des expériences, une culture se mute en donnant une souche virulente qui tue l'animal.

Si le Dr L... avait incinéré le cadavre, il est probable que des millions de vies humaines auraient été épargnées. Criminellement, le biologiste voulut en savoir davantage ; il autopsia le cochon et continua ses études, sans s'apercevoir que sa femme et son fils étaient tombés malades et présentaient les symptômes du mal qu'il analysait.

Mme L... et son fils moururent, premières victimes du fléau que l'on devait baptiser grippe espagnole. Bientôt la souche virulente contamina tout le village, puis la province de Málaga, puis l'Andalousie, puis l'Espagne entière.

En 1918, la maladie microbienne, qui présentait certaines analogies avec le choléra et la peste, étendait ses ravages sur l'Europe et sur toute la Terre. Il y eut 3 millions de morts en Europe occidentale, 15 millions en Extrême-Orient, 25 millions en tout.

Voilà comment naquit le terrible fléau qui ramena en plein xxe siècle les obscures terreurs de nos ancêtres, quand sévissait la peste.

Le Dr L... ne fut pas atteint dans sa chair ; il ne fut puni que dans son cœur, dans sa descendance et ne fut même pas inculpé.

---

1. À noter que le plus précieux de tous les médicaments connus : la quinine, originaire du Pérou, était un des principaux composants de la « Formule Cascarilla ».

Pour ceux qui préparent le programme de la nouvelle ère, ère du Verseau, disent les occultistes, ère du Condor, assurent les américanistes, nos temps sont ceux des apprentis sorciers.

Le secret le plus dangereux

Dans ses cahiers d'initiation à la Magie Inca, M. Garcia Beltran dénonce l'absence de spiritualité de notre civilisation et les dangers de la science moderne [1].

Le problème qu'il évoque, le péril qu'il révèle, sont de nature à troubler notre quiétude et prouvent qu'en marge des puissants laboratoires et des cités atomiques où s'élaborent les bombes H ou N peuvent exister d'humbles officines où n'importe qui peut fabriquer une arme susceptible d'anéantir le genre humain.

Cette arme — nous l'appellerons la Bombe « My » — ne coûterait pas des milliards de dollars ni de roubles, ne nécessiterait aucun calcul, aucune érudition : une brute illettrée, sans un sou en poche, pourrait la réaliser en quelques semaines.

Pas de rampes de lancement non plus, ni de fusées, ni de B 24 intercontinentaux : un simple geste, celui qui renverse une éprouvette, et le monde est détruit.

Un seul danger pour l'apprenti sorcier : la mort.

Une seule parade : les scrupules de conscience.

Voici la dangereuse relation du biologiste inca.

L'élevage microbien est plus facile que celui des lapins car il est à la portée de tous.

Le professeur français H..., agrégé de la Faculté de Médecine de Paris et détaché au « Centre de Collections de types microbiens » de Lausanne (Suisse), expédia, le 9 janvier 1952, un très petit flacon, contenant 1 cm³ de sang, dans lequel gravitait une culture microbienne issue d'une souche sud-américaine.

---

1. *Magie Inca*, G. Beltran. Édité en Amérique du Sud.

Le destinataire était le professeur D..., membre de l'Académie de Médecine et bactériologiste éminent.

La suite est bien connue. Le Dr D... veut détruire « scientifiquement » les lapins qui infestent sa propriété de Maillebois (Eure-et-Loir). Il répand autour des terriers la culture microbienne envoyée par H... Comme vous l'avez deviné, il s'agit du virus de la « My », ou myxomatose, ou fléau des lapins, qui se propagea dans toute la France puis ensuite dans les autres nations d'Europe.

Les frontières révélaient alors leur caractère illusoire, car elles n'arrêtaient pas l'épidémie et nul antidote n'existe contre le mal.

La myxomatose est un joli virus filtrant, isolé en 1898 par le biologiste Sanarelli, de grande taille, puisque grâce aux colorants on peut le voir au microscope ordinaire, l'étudier facilement et même en faire l'élevage.

Pour tout apprenti sorcier de nos temps amoraux il n'y a pas à acheter ces jolies bestioles-virus. Ramassez à la campagne un lapin mort de myxomatose ; arrachez le cœur et le foie ; pilez au mortier ; filtrez pour enlever les résidus de chair. Le liquide brun-rouge qui restera ne sera pas exempt de pensionnaires.

Renouvelez souvent la provision alimentaire en sang de lapin et vous aurez fait alors un beau bouillon de culture.

Si un jour, par temps très doux, vous répandez cette culture dans les champs, vous commettrez un acte d'« honneur civilisé » (sic).

Vous pouvez faire mieux, en donnant de temps en temps à votre bouillon de culture du sang de crapaud qui provoquera une mutation.

Si, après la mutation, vous donnez peu à peu du sang humain (même le vôtre), quelques virus, pour ne pas périr, l'accepteront et deviendront virus humains.

Alors, si vous restez vivant, vous verrez que quelques gouttes répandues dans un endroit public suffisent à renouveler le « coup » de la myxomatose des lapins, mais appliqué aux humains, au point que les fabricants de bombes A, H ou X, seront jaloux de vous !

Vous pourriez penser : c'est un crime qui mérite un châti-
ment ? Vous vous trompez ! Pendant que l'épidémie de
myxomatose ravageait la France, M. J. C., ambassadeur,
remettait les insignes de grand officier de la Légion d'hon-
neur au professeur qui avait expédié la culture. Quant à D...
son avancement ne fut pas retardé pour si peu.

Voilà la bombe « My », accommodée par la science
moderne, mais issue de la formule El Sapo de la pharmacopée inca. Fasse le Ciel que les humbles fous de la Terre
conservent la parcelle de lucidité et de sens moral qui nous
protège encore.

À tout prendre, la myxomatose El Sapo, une des plus
monstrueuses, des plus repoussantes maladies que l'on
puisse imaginer (qui a vu un lapin atteint de ce mal ne
l'oubliera jamais), anéantirait l'humanité à 99 % mais les
vingt-cinq millions de survivants pourraient repeupler la
Terre.

Les bombes nucléaires, particulièrement les bombes
expérimentales, ne tuent personne dans l'immédiat, mais
tuent certainement à terme. Elles tuent par anéantissement
progressif, à quelques exceptions près, qui seront mutées,
donc impropres à reproduire des hommes semblables à
nous.

La myxomatose humaine, solution du désespoir et de la
démence, serait donc un moindre mal et peut-être même
l'arme de salut des humanités futures. Un esprit ébranlé
pourrait fort bien tenir ce dangereux raisonnement.

Or, il est bien évident que les responsables historiques
de l'irradiation du globe, avides de jouer un rôle capital
coûte que coûte, n'ont plus la liberté d'esprit nécessaire
pour réaliser clairement la situation. Ils ont trop manœu-
vré avec les bombes atomiques pour y voir désormais autre
chose que des arguments politiques.

Ils ne peuvent plus entendre l'appel des biologistes, le cri
d'alarme lancé par Jean Rostand. Mais il est possible que
le corps ravagé, boursouflé, d'un lapin mort de myxomatose les ramène aux frontières de la réalité.

Il est indispensable, non pas d'alerter seulement l'opinion publique, mais l'opinion des meneurs de jeu dont on imagine le désarroi s'ils apprennent que toute leur montagne de missiles, de fusées, de rampes, d'astronefs, de satellites artificiels... que tout cela peut être anéanti, effacé même de la mémoire des survivants — s'il y en a — parce qu'un petit garde-chasse analphabète s'est amusé à renverser un bocal de bouillons de culture dans sa maisonnette forestière.

Dangereux, le secret El Sapo ? Oui, mais réconfortant dans une certaine mesure !

Un homme, un seul — vous, lui, ou un autre —, peut inverser toutes les situations, détruire ou sauver le monde...

Et ce garde-chasse, c'est lui, l'Antéchrist, ou lui, l'Ange Exterminateur. On ne sait pas !

Pour le moment, il n'est qu'un petit garde-chasse illettré avec un lapin mort dans son carnier.

Mais il va écouter la radio — peut-être a-t-il la télévision — et il entendra, il verra les Géants Conducteurs prononcer des incantations de magie noire : « Je n'hésiterai pas à ordonner la reprise des essais nucléaires atmosphériques... nous faisons les préparatifs appropriés... »

— Mais ils sont fous ! dira le petit garde-chasse (car il est illettré mais il a du bon sens). Ils assassinent nos enfants, nos arrière-petits-enfants...

Et qui sait si, envoûté par l'incantation maléfique, le garde-chasse n'ira pas chercher sa carnassière... ?

Oui, qui le sait ?

Eh bien, il faut que les meneurs du monde reprennent conscience, il faut qu'ils aient peur, qu'ils redescendent de leur piédestal, rentrent dans le rang des hommes solitaires et menacés.

Reste à circonvenir la peur bourgeoise (une montagne encore).

« Vous êtes effrayant avec vos histoires d'irradiation, de garde-chasse. Déjà, M. Jean Rostand a failli nous empêcher

257

de dormir... Nous avons dû prendre un suponéryl... et vous continuez le jeu... !

L'honnête citoyen, monsieur, a besoin de tout son sang-froid pour doser convenablement son eau et son scotch, accommoder son régime avec son homard à l'armoricaine, penser à ses pilules contre le cholestérol, à son sel diététique et à sa bonne tisane pour le foie...

Et ses mots croisés le soir avant de dormir ? Et le feuilleton de sa télévision... et sa moyenne sur la route dans son auto ? Et son bridge ? Et son bon fauteuil moelleux où il repose sa dignité physique, son intellectualité modérée et ses fesses cellulitiques ?

Oui, monsieur, vous êtes effrayant avec votre irradiation et votre garde-chasse... Allez au Diable, monsieur, moi, ce que je veux par-dessus tout, c'est Ma tranquillité ! »

Pour rassurer l'honnête citoyen, peut-être est-il bien venu de dire qu'en dépit de l'arsenal de poisons mortels — arsenic, arséniates, pyralumnol, etc. — dont se servent les cultivateurs du monde entier il est rare que des crimes soient perpétrés contre les collectivités.

Il arrive périodiquement que des épidémies, relativement bénignes, qualifiées grippes infectieuses, grippe asiatique, grippe sicilienne, sévissent dans les grandes métropoles : Paris, Londres, New York. On a de bonnes raisons de croire que certaines de ces épidémies sont provoquées, non pour détruire une partie de l'humanité, mais à titre expérimental. Précisément, l'expérience prouve qu'un pourcentage très important des populations échappe à la contagion, comme si des forces providentielles s'opposaient au génocide total. Il semble impossible de contaminer ou de détruire complètement la race humaine.

Ce fut la conclusion d'une conférence d'experts qui se tint à Pugwash en août 1960 : « Théoriquement, une tonne de toxines botuliques (un des plus puissants contaminateurs à bacilles) pourrait exterminer les deux milliards et demi d'êtres humains. Pratiquement, la mortalité ne dépasserait pas 30 %. »

Il en serait de même avec un virus grippal, avec la brucellose, le choléra, la tularémie, le typhus.

La nature a horreur de la disparition des espèces.

Lucifer à l'honneur

Un fait curieux, cependant, qui semble anachronique, est à noter : la prolifération des sectes lucifériennes.

À Paris, dans le quartier de Saint-Julien-le-Pauvre, des cartomanciennes et des spirites arrivent à persuader des clients de conclure un pacte avec Lucifer. Et cela en plein XXe siècle.

L'actualité mondiale n'est pas chiche non plus de faits de cet ordre.

Le 20 août 1962, un « homme-crocodile » africain nommé Ellard a tué, pour la somme convenue de 63 francs, une jeune fille soupçonnée d'être une sorcière.

L'instigateur du crime, qui s'appelait Odrick, n'ayant versé que 7 francs, Ellard l'assigna à comparaître devant le tribunal local composé de chefs de tribus qui reconnurent le bien-fondé de la plainte et condamnèrent Odrick à verser les 56 francs complémentaires. (France-Soir, 30 août.)

Lors du tremblement de terre et des inondations du Chili, en 1960, une jeune fille fut sacrifiée pour apaiser la colère des dieux. Toute la presse se fit l'écho de l'événement.

— Ce qui est certain, nous a dit un Sud-Américain attaché d'Ambassade, c'est qu'on ne pouvait arrêter le cataclysme. *Quand la jeune fille a été tuée, il s'est arrêté de lui-même !*

C'est un attaché d'Ambassade qui a fait cette réflexion.

En juillet 1962, en France cette fois, la petite Line B..., 6 ans, fille d'une institutrice affiliée à la secte « Spiritualité Vivante », était gravement malade, atteinte de mastoïdite. Elle fut transportée une première fois à l'hôpital de Besançon d'où sa mère l'enleva. La malade fut ramenée par des gendarmes et opérée in extremis.

259

La mère, selon les principes de sa secte, ne voulait pas que sa fille fût soignée aux antibiotiques « qui tuent les microbes, créatures de Dieu ».

Août 1962 : Frédéric J..., 2 ans, est mort ébouillanté, parce que ses parents n'avaient pas appelé le médecin.

— Je crois aux guérisseurs, s'entête à répéter son père.

— Je n'ai confiance que dans les végétariens, dit sa mère.

Le bébé ne fut soigné que par un emplâtre d'argile.

Les parents sont affiliés à la secte « Vivre en harmonie » de l'illuministe Raymond Dextreix.

Presque chaque jour, des épouses trompées ou des amantes vindicatives vont demander à des sorciers de « nouer les aiguillettes » du mari ou de l'amant infidèle. D'autres naïfs demandent la mort d'un ennemi. D'autres encore, des « retours d'affection ».

La crédulité de ces individus est telle qu'ils acceptent d'entrer dans des sectes en sachant qu'un culte sera voué à Lucifer. Un contrat est signé en bonne et due forme kabbalistique avec Lucifer et souvent même avec Satan : parafe de sang et incantation. En échange, le damné compte sur des réussites en amour, des gains au jeu et à la Loterie Nationale, une découverte de trésor...

Dans les sectes sataniques (rue Popincourt — île Saint-Louis — quartier d'Auteuil), le culte est pratiqué selon le rite avec l'accompagnement traditionnel de fornications.

Le vieux diable du Moyen Âge, que l'on croyait défunt, revient danser sa sarabande. Le 21 juin 1962, alors qu'aux États-Unis les Américains lançaient une fusée Antar et que les Français préparaient l'inauguration, en Bretagne, de la première station européenne de mondovision, des sorciers, debout sur la pierre de commandement du Cercle Magique de Meudon — à 5 km de Paris — lançaient des maléfices en invoquant Satan et les démons infernaux.

C'était le solstice d'été, propice à la Magie Noire.

13

Le secret falsifié

L'art luciférien des spirites et celui, satanique, des sorciers nous viennent des temps lointains où les secrets les plus importants furent trahis par des initiés inférieurs.

Incompréhensibles, ces secrets recèlent encore dans leur expression la plus inepte une parcelle des vérités transcendantes qui avaient trait à la magie.

Faire apparaître l'image de l'aimée dans un miroir magique, faire entendre une voix d'outre-tombe, effectuer une matérialisation : n'était-ce pas préfigurer, au Moyen Âge, les réussites de la science moderne, le cinéma, la radio, les créations corpusculaires des cyclotrons ?

Rien cependant ne semble relier ces différents miracles dans leur processus technique : d'un côté, des forces psychiques toujours inconnues ; de l'autre une opération rigoureusement scientifique et explicable.

Les savants n'ont mis aucune bonne volonté à étudier la magie. Mais il faut reconnaître que les magiciens ont forcé leur talent, entachant la plupart de leurs expériences de fraudes grossières ou s'écartant délibérément de l'art traditionnel pour aborder, par abus de confiance, l'escroquerie caractérisée.

Comment croire ce médium d'Arcachon qui faisait apparaître un fantôme devant un homme qui lui serrait la main ou lui donnait l'accolade ? Ou cette sorcière des Deux-Sèvres qui faisait bouillir de l'eau à distance par la puissance de son fluide ? Comment croire le radiesthésiste qui prétend découvrir le trésor, la bague perdue ou le lieu d'internement d'un prisonnier dont on est sans nouvelles ?

Les pouvoirs qu'ils invoquent ne sont pas inadmissibles. Au contraire : ils sont traditionnellement authentiques, mais ces magiciens — médium, sorcière, radiesthésiste — ne les possèdent pas : ils fraudent avec une parcelle de vérité travestie depuis des millénaires.

Pourtant, même si on n'y décèle plus la trace de cette vérité, il est indispensable de partir du secret falsifié pour aboutir à la thaumaturgie de la science expérimentale.

Le Picatrix

C'est à partir du XIe siècle que proliférèrent les grimoires d'alchimie et de Science Infernale, en cette époque fulgurante que l'on affubla de l'appellation médiocre de Moyen Âge.

En 1256, un recueil magique traduit de l'arabe, le Picatrix — nom de son auteur — devint la Bible Noire de tous les sorciers.

Selon un initié moderne, M. Gehem, le Picatrix est l'ouvrage le plus complet existant sur la Magie Noire, mais les traductions qu'on en possède sont tronquées, car une malédiction frappe ceux qui s'attachent à le commenter.

Sa magie est basée sur une combinaison astrale des planètes et des groupes d'astres fixes, engendrant des forces infiniment puissantes.

M. Gehem nous a déclaré à ce sujet :

— Le manuscrit authentique contient des secrets terribles : comment on peut détruire une cité avec le « Rayon du Silence », comment influencer ou tuer des hommes à distance, fabriquer des machines volantes. Les textes que j'ai lus sont toujours courts et il faut un Maître pour les comprendre. Un jour, un de mes amis trouva une traduction à Constantinople, et le Pacha lui donna la permission de la photographier. Mon ami en tira 20 clichés, qu'on voulut lui acheter à prix d'or. Avec certaines formules on pourrait fabriquer des armes de mort aussi puissantes que les bombes atomiques, mais selon une science différente de la science moderne. Les musulmans traditionalistes sont les seuls peuples à avoir conservé les secrets scientifiques des Atlantes.

La traduction du document, conservée à la Bibliothèque de l'Arsenal à Paris, ne semble pourtant faire état que de connaissances de Magie Noire, au stade le plus primitif.

Voici quelques secrets peu connus de ce redoutable Picatrix que nos savants, bien entendu, ne sauraient prendre au sérieux :

Pour détruire des maisons, une ville et autres choses semblables :

Faites une image sous lascendant de la ville si vous le sçavez, ou à l'heure de lascendant de l'interrogation. Mettez cet ascendant et son Seigneur dans une des maisons de la Lune qui sera dominante et joignez-y le Seigneur de la maison du Seigneur ascendant avec la dixième demeure et son Seigneur le tout dans lheure de linterrogation. Ensuite enterrez cet image si vous le pouvez dans le milieu de la ville oubien sous lascendant de cette interrogation.

Autre formule :

Pour détruire une ville, faites une image sous l'heure de Saturne quand les infortunes sont sous lascendant de la ville et que le Seigneur de lascendant se trouve infortuné faites que les fortunes soient écartées de lascendant et de son Seigneur ainsi que la triplité delascendant et de la quatrième septième et dixième demeure. Puis, enterrez ces images dans le milieu de la ville et vous verrez merveilles.

Pour détruire un ennemi :

Faites deux images, une à lheure du Soleil Lelion ascendant et la Lune tombant de langle de Lascendant lautre dans lheure de mars sous le bélier ascendant mars et la lune tombant et faisant cette image ala ressemblance d'un homme qui en bat un autre puis enterrez la alheure demars lorsque la première face du bélier montera. Cela fait, vous pourrez com-

mander avos ennemis et les maitriser detoutes sortes demanières.

Quelle lointaine donnée scientifique se cache, comme un souvenir oublié, dans la formule qui jadis permettait d'obtenir une « lumière qui brille comme de l'argent, dans une maison » ?

Il faut prendre un lézard noir ou vert, lui couper la queue, la sécher et alors on y trouve un liquide pareil au vif-argent.

Enduisez de ce liquide une mèche que l'on place dans une lampe de verre ou de fer.

Si on allume la lampe, la maison prendra bientôt un aspect argenté et tout ce qui sera à l'intérieur, brillera comme de l'argent.

Enfin, voici une *recette admirable pour les hommes qui veulent aller dans le feu sans être blessés, ou bien qui veulent porter du feu ou du fer chaud à la main :*

Suc de mauve double et blanc d'œuf — graine de persil et chaux. Broyez. Préparez avec le blanc d'œuf mélange de sève de sapin. Avec cette composition, oignez votre corps ou votre main, laissez sécher. Répétez l'onction et alors, vous pourrez affronter l'épreuve du feu sans dommage.

Cette chimie antique où le feu joue toujours un rôle primordial préparait l'avènement de l'Alchimie, c'est-à-dire la préparation chimique à bon compte de l'or. Un vieux traité gréco-égyptien intitulé *La Chimie de Moïse* donne un procédé de fabrication des plus simples :

Prenant de la pierre magnétique, 2 drachmes ; du bleu vrai, 2 drachmes ; de la myrrhe, 8 drachmes ; de l'alun exotique, 2 drachmes ; on broie avec le soleil et un vin excellent (soleil = or ; vin = sulfure coloré sans doute). Les soufres ont des effets merveilleux lorsqu'il s'agit d'amollir. Après avoir fait un mélange intime, on fond le tout ensemble sur un fourneau d'orfèvre, on souffle et on recueille l'alliage qui en provient. C'est de l'or.

Essayons, et si par extraordinaire nous n'obtenons pas l'or le plus fin, le plus doré, le plus étincelant, si le résultat est par exemple une sorte de mortier de maçon, c'est à n'en pas douter que notre bleu n'est pas vrai et notre alun assez peu exotique !

Trois siècles et demi avant notre ère, la science d'Aristote nous semble beaucoup plus rationnelle que l'alchimie. Le philosophe, ami d'Alexandre le Grand, passait peut-être très près de la magie dans ses inventions pyrogénétiques, mais en demeurant dans les limites de la science expérimentale [1], comme le prouve cette relation :

Alors qu'il voyageait avec le roi dans des régions ténébreuses il décida de produire en un mois ce que le soleil accomplit en un an, comme il arrive dans la sphère de laiton (sans doute l'œuf philosophique).

La recette du feu qu'il inventa est la suivante :

Prenez 1 livre de cuivre rouge ; étain et plomb, limaille de fer, demi-livre de chaque. Fondez ensemble et faites-en une lame large et ronde en forme d'astrolabe.

Enduisez-la avec le combustible ci-dessus énuméré ; séchez pendant 10 jours et répétez 12 fois l'onction.

Ce combustible une fois allumé, brûle pendant une année entière sans s'arrêter.

Si l'on enduit plus de 13 fois, il dure plus d'un an.

Si vous enduisez avec un lien quelconque et que vous laissiez sécher, puis qu'une étincelle tombe dessus, le mélange brûlera d'une manière continue et ne pourra pas être éteint par l'eau.

Combustible susdit : poix, colophane (orpiment) constituée par du soufre couleur safran, huile d'œuf, huile de soufre.

Le soufre devra être broyé sur un marbre. Cela fait, on ajoute l'huile, puis du crépi de badigeonneur à poids égal avec la masse totale. Broyez et enduisez.

---

1. *Histoire des Sciences*, de Marcelin Berthelot.

L'explication du soleil artificiel d'Aristote n'est ni lumineuse ni convaincante, mais elle a le mérite de ne rien emprunter à la magie.

La science expérimentale moderne n'a rien à envier au Picatrix en ce qui concerne les pouvoirs maléfiques. Nos savants, comme les magiciens antiques, s'efforcent d'inventer des formules pour « détruire des maisons, une ville et autres choses semblables ». Sans doute même, avec le Rayon de la Mort et les satellites ou nuages de réflexion des ondes — système Telstar — parviendra-t-on bientôt « à détruire une cité quand l'astre sera à lascendant du Seigneur ». Sans doute même, avec des ondes paralysantes, pourra-t-on « commander à nos ennemis et les maitriser detoutes sortes demanières ». Le Picatrix n'est que le prologue maladroit du livre de la science meurtrière de 1965 ou de 1970.

Les hommes de Kueffstein

Les biologistes d'aujourd'hui, imitant les sorciers d'autrefois, s'essaient à provoquer la mutation de certains êtres vivants et atteignent de ce fait les sommets de la Magie Noire, la tératologie, ou plus exactement la création de monstres.

Un tératologue français, le professeur Wolf, fait des monstres sur commande, par irradiation d'embryons. En Yougoslavie, le professeur Martinovitch élève un poulet vivant qui porte greffée une tête de faisan.

Bien entendu, la pauvre bête est folle. Il est hallucinant de la voir courir sans arrêt jusqu'à épuisement complet.

Les mutations scientifiques se font par irradiation ou par greffe mais jadis les mutations et transmutations avaient un caractère à la fois scientifique (alchimie, chimie) et parapsychologique (prière, incantation).

Des relations de chroniqueurs rapportent des croyances, des superstitions et de curieuses expériences magiques qui auraient abouti à la création de petits hommes artificiels [1].

---

1. La mandragore pourrait se muter en homoncule par la vertu de pratiques magiques. Nous ne possédons aucune relation attestée à ce sujet. L'androïde

La génération spontanée admise par Avicenne au XIᵉ siè-cle, et par des savants célèbres il n'y a pas si longtemps, était en fait une éclosion naturelle. Pendant deux mille ans, les hommes ont cru que les abeilles naissaient de la chair en putréfaction et les traités de magie arabe ont construit sur ces données un étonnant bestiaire :

Nous pouvons faire qu'un végétal devienne animal et qu'un animal produise un autre animal. Soit par exemple, les cheveux.

Quand les cheveux humains pourrissent, après un certain temps, il se forme un serpent vivant.

De même, la chair de bœuf se change en abeilles et en fre-lons (allusions à la fable d'Aristée inventée par Virgile).

L'œuf devient dragon, le corbeau engendre des mouches.

Bien des choses en pourrissant et en s'altérant engen-drent des espèces d'animaux. De la pourriture des plantes naissent certains animaux. Quant au basilic, en pourris-sant, il engendre des scorpions venimeux.

De même un grand nombre de plantes en pourrissant et en s'altérant produisent des animaux [1].

Voilà, pense-t-on, un exemple clair de l'erreur de la science antique, car il est formellement démontré que la génération spontanée n'existe pas.

C'est une vérité de base de la biologie. Pourtant si l'on étudie ce traité magique sous l'angle des mutations et des relations de cause à effet, l'erreur ne nous paraît plus abso-lue. Il n'est pas prouvé que des décompositions ne puissent favoriser ou déterminer des mutations.

En 1773 [2], le grand seigneur autrichien comte Jean-Fer-dinand de Kueffstein, franc-maçon, Rose-Croix, nécroman-cien, a pour intendant Joseph Kammerer, son second dans ses travaux d'alchimie, frère servant puis vénérable dans la

---

d'Albert le Grand que saint Thomas d'Aquin brisa à coups de bâton parce qu'il ne pouvait rivaliser avec lui en dialectique appartient à la pure légende.

1. *Traité d'Alchimie arabe et syriaque.*

2. *Bulletin de l'AI*, mars 1949 : au XVIIᵉ siècle, un grand seigneur autrichien fabriqua des êtres vivants dans du fumier bénit.

franc-maçonnerie et rédacteur d'une sorte de *Journal intime* qui fut publié en mai 1890.

Kueffstein fait la connaissance, en Calabre, de l'abbé Geloni avec qui, dans le laboratoire d'alchimie d'un couvent de carmélites où ils travaillent cinq semaines, il fabrique des esprits, ou homoncules : un chevalier, un moine, un architecte, un mineur, un séraphin, une nonne, un esprit bleu et un esprit rouge, qui sont enfermés dans des récipients en verre remplis d'eau pure, clos hermétiquement avec des vessies de bœufs.

Ils sont ensuite enfouis dans du fumier de mulet arrosé d'une liqueur préparée dans le laboratoire avec des « ingrédients dégoûtants ». L'abbé prétend que pour faire de l'or, de telles matières sont indispensables. Geloni et Kueffstein prient tous les trois jours sur le fumier et l'encensent. Au bout de quatre semaines les esprits ont grandi : les hommes ont des barbes, les ongles ont poussé. On les revêt de leurs attributs, couronnes, sceptres, armes, etc.

Kueffstein, quittant Geloni, se fixe à Vienne où il exhibe ses esprits. Le diplomate Max de Lambert les traite d'affreux crapauds. Un autre, François-Joseph de Tun, partisan de Mesmer, est enthousiasmé. Les séances ont lieu entre 11 heures du soir et 1 heure du matin à la maison princière d'Anesberg. Kammerer transporte les récipients. Les esprits donnent des conseils et font des prédictions.

En 1781, Kueffstein, à qui on demande ce que sont devenus « ses esprits si drôles », répond qu'« il s'en est défait depuis longtemps et ne veut plus rien savoir de ces êtres infernaux ».

S'agissait-il d'esprits élémentaires comme les elfes ? De véritables homoncules amphibies ou d'habiles truquages ?

Parmi les exploits attribués par Kammerer à Geloni, on cite encore ces anecdotes : l'abbé, ayant crié par trois fois, un oiseau de proie planant dans le ciel vient se poser à ses pieds comme un chien. Un autre jour, ayant fait entrer Kueffstein dans un cercle tracé sur le plancher, il évoque un gros serpent. Enfin, Geloni change en or une cuiller d'étain, en la frottant avec une teinture et en la saupoudrant d'une poudre rouge.

Que peut-on retenir de cette sombre histoire ?

Le baron du Potet, occultiste fervent, avait établi victorieusement — écrit-on — l'existence de cette lumière universelle dans laquelle les crisiaques perçoivent toutes les images et tous les reflets de la pensée. « Il provoque des projections puissantes de cette lumière au moyen d'un appareil absorbant qu'il nomme "Miroir Magique" ».

« C'est tout simplement un cercle ou un carré couvert de charbon en poudre fine et tamisée. Dans cet espace négatif, la lumière projetée par le crisiaque et par le magnétiseur réunis colore bientôt et réalise toutes les formes correspondant à leurs impressions nerveuses (?).

« Dans ce miroir vraiment magique, apparaissent pour le sujet soumis au somnambulisme tous les rêves de l'opium ou du haschich les uns riants, les autres lugubres. »

Ces crisiaques dont parle du Potet, ces médiums, ces hystériques semblent doués d'étranges pouvoirs et s'évadent des dimensions qui régissent l'univers des gens équilibrés. Ces dimensions parallèles, où ils évoluent, seront un jour peut-être à la portée de chacun de nous. Entre Gagarine et Madame de Thèbes, il n'y a qu'une différence dans la technique de l'exploration.

Bien entendu, les connexions établies entre la magie noire et la science satanique comportent également la réprobation que nous attachons à toutes formes de perversion. Les savants et les sorciers sont passibles de la même peine, jadis appliquée en place de Grève : le bûcher.

Mais si le sorcier fut toujours condamné par la société, le savant en revanche, surtout de nos jours, jouit non seulement de l'impunité, mais de la considération générale. Certains, pourtant : Einstein, Joliot-Curie, Szilard, Rostand, ont fait leur mea culpa sur la place publique.

Cette repentance fut aussi le cas, en l'an 1600, de Nicolas Remy, juge en Lorraine, qui, après avoir condamné et fait périr plus de 800 sorciers, se dénonça lui-même comme tel et fut brûlé à Nancy.

269

Il s'agissait vraisemblablement d'une psychose contagieuse. Peu de magiciens noirs eurent ces scrupules et la
plupart, au contraire, s'entêtèrent dans leur erreur. Jérôme
Cardan, qui avait prédit le jour de sa mort, se suicida pour
ne pas faire mentir l'astrologie ; Schroeppfer, nécroman-
cien de Leipzig, se fit sauter la cervelle en 1774, pour « aller voir ce qui se passait au-delà » ; le fameux baron du
Potet, détraqué par ses expériences, écrivait en 1875 :

*Heureux ceux qui meurent d'une mort prompte, d'une mort
que l'Église réprouve...*

Les horloges de longue vie

À mi-chemin entre la légende et la science fantastique,
une histoire rapportée par l'écrivain Jacques Yonnet [1]
engage le mystère du Temps et de la Magie :

À Paris, rue des Grands-Degrés, dans un renfoncement
d'immeuble se tient une échoppe d'horloger où trois personnes seraient à l'étroit.

Un écriteau en planche indique la raison sociale de l'artisan : Cyril M..., Maître Horloger.

À vrai dire, c'est à de très rares occasions que Maître
Cyril M... officie dans sa boutique, à croire qu'une éven-
tuelle clientèle ne le préoccupe pas outre mesure.

Pourtant, depuis le xive siècle, selon des archives conservées à la Bibliothèque de l'Arsenal, une horlogerie a toujours existé à cet endroit.

Cyril M... est un homme étrange, d'une quarantaine
d'années, et son occupation est des plus insolites : il fabrique des horloges dont les aiguilles tournent à l'envers,
c'est-à-dire de droite à gauche, sur un cadran où le chiffre
des heures est cependant normal.

Pour les initiés, l'artisan a un surnom ; on l'appelle
« l'Horloger du Temps à Rebours ».

---

1. *Enchantements sur Paris*, éd. Denoël.

Longtemps on s'est perdu en suppositions sur l'intérêt que pouvaient présenter des pendules ou des réveils dont les aiguilles indiquent 9 heures quand il est 3 heures. Jacques Yonnet, après une enquête patiente, a résolu l'énigme : Maître Cyril M... fabrique des horloges qui rajeunissent ses clients.

Déjà, il y a 600 ans, des horloges magiques étaient vendues en ce même endroit par un maître horloger du nom de Biber, qui faisait des affaires d'or, car il n'est pas difficile de trouver acheteur d'une machine de jouvence qui remonte le temps, entraînant son propriétaire dans une merveilleuse aventure.

Pourtant, un jour, une douzaine de clients se rencontrèrent fortuitement chez Maître Biber et lui intimèrent l'ordre d'arrêter la marche à rebours du temps qu'indiquaient leurs horloges.

— Je n'y puis rien ! dit le marchand. Ces horloges, si elles sont arrêtées, marqueront alors l'heure inéluctable de votre mort. Et qu'avez-vous à vous plaindre ? Vous, messire Olivier, aviez octante quand vous êtes venu me voir, vous aussi, messire Gontault et tous étiez chenus ou sur le chemin de la décrépitude. Il y a de cela si longtemps que tous, vous devriez être morts depuis belle lurette si mes horloges ne vous avaient ramenés vers le temps des amours.

— Certes, dit messire Olivier, nous en convenons volontiers, mais nous voilà bientôt jouvenceaux et notre destin nous entraîne vers une mort dont nous voyons la date exacte. Ne pourriez-vous mettre ces damnées machines en marche régulière, afin que nous nous acheminions tout doucettement vers une bonne mort naturelle ?

— Impossible ! Ces horloges sont faites d'un métal où furent intimement liés votre sang, votre chair, et elles ont été baptisées à votre nom. Elles ont un destin qui est le vôtre et je n'y puis rien changer !

Ils protestèrent et l'un d'eux répliqua :

— Nous vous avons payé chèrement, Maître Biber, pour acquérir vos horloges, si chèrement que vous nous devez toute votre assistance. Vous aviez la quarantaine à l'époque des achats, et il y a de cela soixante ans bien sonnés. Or, vous avez toujours la quarantaine, alors que nous rajeunissons à en mourir bientôt. Vous avez donc un secret pour arrêter le temps et nous voulons en profiter.

— Vous avez raison, répondit l'horloger, mais hélas, je ne sais vous assister malgré le grand désir que j'en ai. Mon horloge a la particularité de faire tourner les aiguilles tantôt dans le sens du passé, tantôt dans le sens du devenir, si bien que le temps ne coule pas pour moi. Ce fut le chef-d'œuvre de mon Maître, un Vénitien, mais il ne m'a pas légué son secret et mon savoir s'arrête à ce que j'ai fabriqué. Vous me tueriez que je n'en pourrais mais !

Les vieux juvenceaux se retirèrent penauds, mais à quelque temps de là, s'étant nocturnement réunis, ils s'introduisirent chez l'horloger pour lui dérober son horloge magique, chacun avec l'espoir de la faire sienne. Ils la trouvèrent en effet et se la disputèrent si bien que la mécanique magique tomba sur le carreau où elle se brisa. Or, elle était l'horloge mère de toutes leurs horloges et quand elle s'arrêta, toutes arrêtèrent leur mouvement et les juvenceaux tombèrent raides morts. Le lendemain les archers du roi trouvèrent dix cadavres dans la boutique de l'horloger et comme aucun ne portait de blessure visible, ils les crurent tués par un effet diabolique — ce qui était bien vrai — et ils les enterrèrent incontinent en terre pourrissante sans les faire passer par l'église ni sonner le glas de miséricorde.

Voilà ce que révèle la chronique et qui trouve un étrange prolongement à travers les siècles puisque dans la rue des Grands-Degrés il y eut toujours une boutique d'horlogerie, qu'il en existe une encore et que son propriétaire passe pour avoir le même tour de main que son antique prédécesseur.

Maître Cyril M... a 40 ans, l'âge de Biber (qui était un surnom de Cagliostro), et il appartient au Conseil des « Anciens de la Maub [1] » dont *chaque membre a plus de 80 ans de vie,* ce qui est bien étrange !

---

1. Il s'agit d'une société occulte groupant douze personnages du quartier de la place Maubert.

Plus étrange encore : Maître Cyril M... se laisse aller parfois à raconter des événements de sa vie qui se déroulèrent à une époque où, en principe, il n'était pas né. Il s'est engagé deux fois dans la Légion étrangère, ce qui est bien commode pour changer d'identité.

Au XVIe siècle, ce fantastique trouvait créance au point que des peintres brossaient des portraits magiques, mêlant à la couleur, exactement comme dans l'envoûtement, des rognures d'ongles, des cheveux, un peu de la chair et du sang de leur modèle. Le portrait était ensuite baptisé, bénit et il devenait le double vivant de son propriétaire, à qui rien ne pouvait arriver de fâcheux tant que la toile serait préservée. Aussi enfermait-on le portrait en un endroit bien gardé.

Un jour, sur le Pont-Neuf à Paris, on vit un homme de qualité lacérer ses vêtements et les jeter à terre en criant : « Au feu ! Au feu ! Je brûle ! » Les témoins de la scène ne voyaient pourtant aucune trace de flamme et crurent que l'homme était fou. Ce dernier, qui paraissait souffrir le martyre, hurlait toujours. Il finit par se jeter dans le fleuve, d'où on le retira noyé.

On apprit par la suite que cet homme avait chez lui un portrait magique, que le feu avait anéanti sa maison et qu'il avait sûrement ressenti les effets de brûlures à l'instant même où se consumait le tableau.

Le laser et les fantômes

Une des grandes chimères des magiciens fut le désir de matérialiser leurs rêves.

Sur ce point leurs prétentions ne dépassèrent jamais le stade nébuleux de l'apparition fantomale, translucide, de poids négligeable et de consistance nulle.

La science nucléaire fit un grand pas vers les matérialisations en produisant des corpuscules solides à partir d'une énergie que l'on admet impondérable. La découverte du laser peut-elle laisser supposer qu'approche la création de fantômes solides et pesants ?

Le laser est un rubis magique, qui, recevant un flash lumineux de faible intensité, le restitue des millions de fois plus puissant. Cette particularité a trouvé un prolongement que des occultistes étudient minutieusement.

En bref, il s'agit de voler une image à une personne vivante et d'en faire un fantôme consistant.

Dans l'hypothèse de la lumière pesante, ses particules, les photons, auraient une masse infinitésimale, mais réelle. L'image — lumière d'un être vivant — pourrait donc être évaluée à 0 g, suivi de nombreux zéros et d'un chiffre.

Les photons de cette image, bien que de masse infime, sont multipliés des milliards de fois par le laser, si bien qu'à leur sortie ils pourraient théoriquement peser plusieurs grammes, sinon plusieurs kilos.

Toujours dans cette hypothèse aventureuse, le problème pour les occultistes est de projeter en laser une image humaine et de la faire ressortir des milliards de fois plus dense, plus lumineuse, donc plus lourde, c'est-à-dire de matérialiser l'image de l'être vivant servant à l'expérience.

Y parviendront-ils ? On pourrait en douter si la science n'avait déjà apporté des solutions à des problèmes insolubles : les lumières Sandoz rendent un homme invisible, les hommes peuvent se parler, se voir et s'entendre à des milliers de kilomètres de distance ; ils vont aller sur les planètes.

Il n'est donc pas totalement absurde de penser que dans quelques années des matérialisations humaines seront réussies. Mais de quelle nature seraient les êtres lumineux ainsi créés ? Émile Drouet, qui étudie le phénomène dans le cadre du Voyage dans le Temps, pense que le fantôme issu du laser aurait un poids approximatif de 3 kg pour une épaisseur pratiquement nulle. Sa consistance serait analogue à celle du caoutchouc et son degré calorimétrique voisin de 100 000 ; c'est-à-dire que le gracieux fantôme ferait fondre tout objet se trouvant dans un rayon de 10 m au moins.

Drouet estime toutefois que l'expérience peut être réalisée avec la lumière froide. Un inconvénient majeur est que le fantôme a une durée de vie théoriquement négligeable, mais qui avoisine quelques secondes par suite de sa densité qui freine sa dilution dans l'atmosphère.

Autre énigme : ces fantômes pesants auront-ils une âme, une intelligence, une vie ? Ou bien seront-ils des images mortes ? Et l'expérience ne sera-t-elle pas dangereuse pour la personne dont on aura en quelque sorte volé le double ?

Drouet, en grand secret, poursuit ses expériences empiriques.

Mystérieux pouvoirs

Un spiritualiste illuminé, qui faillit ébranler le rationalisme classique, fut Mirin Dajo en 1948.

Mirin Dajo (la Chose Merveilleuse) avait une telle foi dans les forces supérieures qui l'habitaient, qu'il se faisait transpercer la poitrine et le ventre par de longues épées creuses à travers lesquelles — pour éliminer toute idée de subterfuge — passait un courant d'eau.

Il s'exhibait sur les scènes de music-hall en Suisse et les médecins ne trouvaient que des raisons peu satisfaisantes pour expliquer l'invulnérabilité du fakir, car non seulement ses blessures ne s'envenimaient pas, mais elles guérissaient en un jour ou deux.

Absolument transfiguré par sa réussite, Mirin Dajo avala une épingle de 35 centimètres et prétendit qu'elle se « dématérialiserait » dans son estomac. L'expérience ne réussit pas, les médecins durent l'opérer et dix jours plus tard, Mirin Dajo mourait des blessures internes faites par l'épingle dans son tube digestif... ou des suites de l'opération.

À Paris, en 1958, un fakir hindou se faisait couper la langue tous les soirs sur la scène d'un théâtre, puis on la lui recollait.

Marcelin Berthelot parle d'un prêtre persan du culte de Zoroastre qui, en 241, au temps de Sapor, fit verser sur son corps 18 livres de cuivre en fusion, à titre de miracle.

Il est vrai que Scaliger — un des grands érudits de la Renaissance — assure que la main frottée avec du suc de mercuriale et de pourpier peut toucher impunément le plomb fondu.

Le célèbre physicien Thomas Edison, dans *Annales des Sciences Psychiques,* raconte comment son scepticisme fut troublé par une expérience réalisée en 1915. Afin d'éprouver les facultés d'un liseur de pensées nommé Bert Reese, il fit asseoir le magicien dans une pièce, s'éloigna et écrivit sur une feuille de papier :

« Existe-t-il quelque chose de supérieur à l'hydroxyde de nickel, dans une batterie électrique alcaline ? »

Comme il rentrait dans sa chambre, Reese lui dit :

« Rien n'est supérieur à l'hydroxyde de nickel dans une batterie électrique alcaline. »

Edison écarta toute possibilité de coïncidence ou de fraude et jusqu'à la fin de sa vie ne trouva aucune explication.

Une autre expérience, qui laissa perplexes des savants italiens, fut publiée dans un rapport, en 1934, sous le titre de *Phénomène de Pirano.*

Une femme, Anna Morano, soignée pour une affection asthmatique à l'hôpital de Pirano, dormait paisiblement sous la surveillance des professeurs Fabio Vitali, G. Trabacchi et Sante de Sanctus. Soudain, une lueur bleue, étrange et vacillante, éclaira la poitrine de la dormeuse. Les médecins se penchèrent et constatèrent que la lumière ne provoquait aucune ombre.

Depuis longtemps, ils préparaient cette expérience ; on avait examiné la femme et le lit, fouillé la pièce.

Cette lumière avait tout d'abord été vue par des assistants de l'hôpital et, incrédules, les docteurs avaient souri. Ils durent pourtant se rendre à l'évidence. Le phénomène se renouvela plusieurs fois sans qu'on pût le photographier [1].

Durant la guerre 1940-1945, le romancier catholique de Wohl se livrait à la voyance à l'intention du War Office britannique, tandis que l'astrologue Hanussen interrogeait le Ciel au bénéfice d'Adolf Hitler. Les milieux catholiques condamnent et nient, par la voix de l'hebdomadaire du Vatican *Osservatore della Domenica*, l'authenticité de l'astrologie et des horoscopes de journaux. Cette astrologie, malgré tout, a la faveur du grand public : il ne croit pas aux horoscopes, mais il les lit. Cette attitude était jadis le cas de Mme du Deffand qui disait des fantômes : « Je n'y crois pas, mais j'en ai peur ! » Balzac, à propos de la photographie que venaient d'inventer Niepce et Daguerre, s'écriait : « Le corps étant constitué de plusieurs spectres, un des spectres peut se détacher lors de l'impression photographique et le corps reste dépouillé de l'un de ses éléments essentiels. Mieux vaut ne pas se faire portraiturer... » Ayant dit, Balzac courait chez Daguerre afin de poser pour la postérité.

Dans le mystérieux inconnu, dont la voyance — pouvoir psychique par excellence — est le cheval de bataille, il existe un mur de défense qui ne fut jamais percé : celui du secret de la transmutation.

Transformer le métal vil en or fut une des grandes hantises de tous les temps, et les alchimistes cousins germains des voyants et des astrologues auraient dû découvrir la fameuse pierre philosophale et la non moins célèbre poudre de projection. Ces merveilleuses découvertes devaient revenir aux physiciens de la science expérimentale.

---

1. *Magies quotidiennes*, R. Dewitt-Muller, Plon.

14

Le secret de l'or

Les alchimistes antiques ont-ils su fabriquer l'or ? Les preuves apportées sont toujours sujettes à caution, les explications relèvent de l'empirisme le plus primaire et ressemblent aux pseudo-explications que les radiesthésistes donnent de leur « science ».

Le principe même de l'alchimie de transmutation ne peut appartenir à l'occultisme supérieur qui rejette toute science utilitaire. Marcelin Berthelot pense que l'espérance chimérique de faire de l'or est née des pratiques des orfèvres. Les prétendus procédés de transmutation qui ont eu cours pendant tout le Moyen Âge n'étaient à l'origine que des recettes pour préparer des alliages à bas titre, c'est-à-dire pour imiter et falsifier les métaux précieux.

Par une déformation presque irrésistible, les orfèvres qui se livraient à ces pratiques ne tardèrent pas à s'imaginer que l'on pouvait passer de l'imitation de l'or à sa formation effective, surtout avec le concours des puissances surnaturelles.

Chimie satanique s'apparentant à la Magie infernale qui est son aboutissement, la transmutation des métaux en or ne fut pas étudiée par les Tiahuanaquenses et par les pré-Incas pour qui l'or était en grande abondance. Les prêtres égyptiens du Temple de Memphis passaient, selon Démocrite, pour connaître le secret de la fabrication alchimique de l'or, que le maître Ostanes enseignait aux initiés. Les pyramides étaient recouvertes d'un alliage d'argent

278

— peut-être l'orichalque atlante — attestant que l'Égypte était bien la Terre de Chim *(chamchimis)*.

Ce fut seulement quand certaines connaissances initiatiques sombrèrent dans la sorcellerie que se développa l'alchimie de transmutation.

Le livre de la royauté

Il est incontestable que les alchimistes furent des sataniques et que devant l'inanité de leurs recherches, ils essayèrent des pactes avec le Diable, ce qui ne semble d'ailleurs pas leur avoir réussi. Que de grands initiés, jadis et de nos jours, aient su ou sachent encore fabriquer de l'or, par transmutation ou d'une autre manière, le fait n'a rien d'incroyable. Cependant, pour ces initiés, l'opération alchimique ne constitue pas une fin en soi.

Le *Livre de la Royauté*, attribué à Geber, a la prétention de mettre le Grand Œuvre à la portée des rois[1].

Au nom de Dieu, clément et miséricordieux[2]. *Dans le présent ouvrage j'ai indiqué deux catégories d'opérations.*

La première d'une exécution prompte et facile, les princes n'aimant pas les opérations compliquées... Ce procédé doit être tenu secret, sans être révélé ni à vos proches, ni à votre femme, ni à votre enfant.

Si nous divulguions cette œuvre, disaient les Anciens, le monde serait corrompu, car on fabriquerait l'or comme aujourd'hui on fabrique le verre.

Puis vient la définition de la Pierre Philosophale :
Sachez, cher Frère, qu'il faut mélanger de l'eau, de la teinture et de l'huile, de façon à en faire un tout homogène ; puis,

---

1. Les alchimistes ou prétendus tels affectionnaient les relations princières et s'ils fabriquent volontiers de l'or pour les grands de la Terre, il n'est jamais question pour eux d'en faire profiter de pauvres diables, ce qui serait pourtant plus logique de la part d'initiés. Ce signe à lui seul prouve le caractère satanique de l'achimie de transmutation.

2. Voilà une singulière façon d'honorer Dieu !

que le liquide fermente, se solidifie et devienne pareil à un grain de corail : l'eau donne de la sorte un produit fusible comme la cire et qui pénètre subitement tous les corps : c'est l'imam.

Geber prend bien soin de nous prévenir que le procédé doit être tenu secret. C'était un rite pour les Alchimistes que de prêter le serment de ne jamais révéler les arcanes :

Je te jure, mon honorable Initié, par la Bienheureuse et Vénérable Trinité, que je n'ai rien révélé des Mystères de la Science qui m'ont été transmis par elle, dans les retraites secrètes de mon âme : toutes les choses dont je tiens la connaissance de la Divinité relativement à l'Art, je les ai déposées sans réserve dans mes écrits, en développant la pensée des Anciens d'après mes propres réflexions...

Platon, Aristote, Jean le Prêtre, Démocrite, Cléopâtre, Héraclite passent pour avoir réellement fabriqué de l'or de transmutation, et Albert le Grand aurait possédé la Pierre Philosophale. Mais la tradition, sur ce point, emprunte beaucoup à la légende.

Le grand médecin Jean-Baptiste Van Helmond, qui découvrit, vers 1600, le suc gastrique, a témoigné de l'authenticité de la Pierre Philosophale en écrivant :

J'ai touché quelques fois de mes mains cette pierre faisant de l'or ; j'ai vu de mes yeux comment elle transmutait vraiment du vif-argent commercial et comment en projetant un peu de poudre sur mille fois plus de vif-argent, on le changeait en or.

C'était une poudre pesante de couleur safran, brillante comme du verre concassé pas trop fin. On m'en avait donné une fois le quart d'un grain (un grain = 1/20 de gramme environ). Je roulai cette poudre dans un peu de cire à sceller afin qu'elle ne se perde pas. Je jetai la petite boule sur une livre d'argent-vif que je venais d'acheter et je chauffai le tout.

Bientôt, le métal se mit en fusion avec un petit bruit puis se contracta en pelote, mais il était encore si chaud que du plomb fondu ne se serait pas encore durci.

En augmentant encore le feu, il devint une nouvelle fois liquide. Lorsque je le fis couler, j'avais de l'or le plus pur du poids de 8 onces (247 g environ).

Une partie de poudre avait donc transmuté 19 186 parties d'un métal impur, fugitif et se décomposant dans le feu en or pur.

Toutes les chroniques sont d'accord sur le fait que quelques grains de la poudre (semence d'or) suffisaient pour transmuter une quantité énorme de métal vil. Ce pouvoir de transmutation s'étendait aussi bien à la masse qu'à la nature et de façon extrêmement simple, c'est-à-dire sans libération des prodigieuses forces atomiques qui accompagnent les transmutations modernes.

Les formules antiques parlaient donc en connaissance de cause de l'augmentation de la matière alchimique avec la semence d'or, ce qui écarte tout processus de chimie classique [1].

Il est vrai que la chimie et la physique se rapprochent de plus du supranormal et même du normal inconnu qui bouscule les théories les plus affirmées.

D'après Bastiaux-Defrance [2] on attribue faussement à la chaleur la faculté de faire fondre les métaux. L'expérience de Reese montre que seul le mouvement désassocie les particules qui, par leur cohésion, forment un corps et que la chaleur n'est pas une cause, mais seulement un effet secondaire.

La chaleur froide

L'expérience est réalisée comme suit : l'expérimentateur fait tourner un disque d'acier de faible épaisseur à une grande vitesse périphérique (vitesse tangentielle de 7 700 m à la minute). Les métaux approchés de ce disque

---

1. Ou prouve tout simplement l'impossibilité des transmutations alchimiques.
2. *Fusion et lumière froides*, *Initiation et Science*, n° 52, Omnium Littéraire.

lisse en mouvement sont coupés rapidement sans qu'il y ait effectivement contact.

L'entaille faite dans le métal est plus large que l'épaisseur du disque. Pendant l'opération, le métal coupé, qui peut être de l'acier très dur, fond sur une certaine épaisseur et les gouttes étincelantes de métal fondu *sont froides*, car elles tombent encore molles dans la main sans provoquer de brûlures et sur un papier blanc sans le noircir.

Elles ne sont pas oxydées n'ayant pas été brûlées. Voilà donc de la lumière et de la fusion provoquées par le mouvement sans dégagement de chaleur.

Nous retrouvons ici la démonstration de ce feu que les alchimistes qualifiaient de naturel, dont ils disaient qu'« il ne brûle pas les mains et qu'il est évertué par le feu élémentaire ».

Bernard de Savignies [1] a traduit du latin un texte hermétique du XVIIe siècle donnant la relation d'une transmutation de plomb en argent :

Un ami me montra (c'est le baron Urbiger qui parle) et me mit en main une médaille d'argent dont l'histoire est la suivante : au mois d'août 1693, un Prince Sérénissime encore de ce monde (Frédéric Ier, duc de Saxe) reçut d'un personnage itinérant et parfaitement inconnu une lettre contenant 32 grains (1,696 g) d'une médecine philosophique plus que parfaite, ne teignant il est vrai qu'au blanc (ne transmutant qu'en argent), offrant l'apparence d'un sel très ténu, extrêmement subtil et scintillant, semblable à de la neige.

Le Prince Sérénissime projeta cette masse de 32 grains, enveloppée dans de la cire, sur une livre et demie de saturne vulgaire purifié et mis en fusion, et après l'avoir maintenue une heure et plus en fusion franche, il la coula et retira de cette livre et demie de saturne 37 lotons (555 g) d'argent extrêmement pur, soutenant toutes les épreuves et même plus fixe que ne l'est la lune naturelle.

Le Duc sérénissime et moi-même qui assistions à l'opération, admirâmes vivement ce miracle et pour commémorer

---

1. Les Aphorismes d'Urbiger, *Initiation et Science*, n° 52.

perpétuellement cette lune (argent) artificielle et pure, on fit sept gracieuses médailles, pesant chacune 5 lotons (environ 75 g) portant les inscriptions et emblèmes... destinés à célébrer la profonde et incomparable sagesse du Prince.

L'or potable

Un alchimiste de notre temps, Armand Barbault, vient de découvrir, authentifié par des experts chimistes, le secret longuement cherché au cours des siècles de l'« or potable ».

Armand Barbault, sous le pseudonyme de Rumélius, a installé son athanor à Mézilles (Yonne) d'où il nous a écrit le détail de ses recherches :

Après 12 années de travail, après avoir rassemblé les matières premières nécessaires, j'ai constitué une Tourbe dite « Tourbe des Philosophes » qui, peu à peu, est devenue un « levain », lequel est devenu un dissolvant de l'or.

Ainsi, j'ai réussi à dissoudre de l'or en poudre dans un bain de rosée, grâce à ce dissolvant, et la liqueur obtenue est une base (non un acide), et représente ce que les philosophes appellent la Médecine du Premier Ordre, cet or végétal bien connu de Paracelse, qui a la propriété de guérir les maladies de sang à virus, et de reconstituer les cellules.

J'ai fait 8 médecines différentes ; c'est-à-dire que mes teintures d'or vont de 1 à 7 ; puis il y a le n° 10.

Partant d'un pH[1] de 12 à la base, le pH diminue jusqu'à devenir neutre en n° 10, alors que les colorations d'or sont de plus en plus fortes...

Bien sûr, la seule façon de faire quelque chose était de prendre contact avec un laboratoire allemand, et maintenant, depuis décembre dernier, c'est la Walla Heilmettel de Stuttgart, dirigée par le Dr Rudolph H..., qui distribue aux médecins les liqueurs afin de procéder aux essais. La dernière lettre

---

1. pH = formule exprimant l'acidité réelle d'une solution par le chiffre de la concentration des ions acides.

reçue d'Allemagne le mois dernier me dit que ces essais sont positifs...

Il s'agit d'or potable, d'or végétal, puisque le dissolvant est fait avec des sèves et des végétaux, alors que la liqueur de base est de la rosée...

Non ! Je n'ai pas encore fait de l'Élixir de Longue Vie car la Médecine du Premier Ordre est tirée du sang du Lion Vert et son pouvoir de régénération est assez lent, alors que la Médecine du Second Ordre, celle que les Alchimistes appellent l'Élixir de Longue Vie et dont le pouvoir de régénération cellulaire est rapide, est issue du sang du Lion Rouge et je n'y suis pas encore arrivé...

J'ai brûlé récemment toutes les notes accumulées depuis 12 ans ; il y a quelques bons livres d'alchimie, mais davantage encore de mauvais, et si je ne m'étais pas obstiné à les lire, j'aurais trouvé quatre ans plus tôt[1].

Voilà, honnêtement exprimé, l'état actuel de l'Alchimie. À notre connaissance, personne n'est allé aussi loin qu'Armand Barbault à la rencontre des Lions, gardiens tutélaires de la caverne où flamboie la cassette aux trésors[2].

Personne, sauf les savants de Kaspoutini-Iar, de Peenemunde, de Saclay et de Berkeley.

M. Paul Chanson, maître de Conférences à l'École Polytechnique, a dit un jour : « Le laboratoire du physicien est l'antre où se fabriquera bientôt l'or de transmutation. » Pourtant, les Alchimistes — de plus en plus rares — ne veulent pas abandonner leur vieux rêve et s'acharnent à la poursuite de la chimère. Ils s'y acharneront encore le jour proche où les laboratoires de recherche scientifique feront couler de leurs fours thermonucléaires des fleuves de métal doré.

---

1. Lettre d'Armand Barbault, Mézilles le 22-6-61.
2. Le grand alchimiste Eugène Canselier aurait, dit-on, abouti à la création de l'Œuf philosophal, et Jollivet-Castelot (Prix Michelet) aurait fabriqué de l'or alchimique.

Les athanors des sorciers modernes, on le sait, peuvent déjà fabriquer cet or et non seulement l'or, mais des diamants, des émeraudes, des béryls, des aigues-marines.

La bombe a créé des diamants

Le 13 septembre 1957 ces transmutations furent réalisées par une bombe A que les Américains firent éclater dans un souterrain de la Sierra Nevada. La bombe avait été placée dans une grotte creusée à l'extrémité d'un couloir en zigzag long de 600 mètres aboutissant à 250 mètres de profondeur sous le mont Rainier, qui domine de ses 2 000 mètres le désert de Nevada.

Tous les sismographes du monde entier avaient enregistré l'explosion. Et les choses en étaient restées là, car d'après les calculs établis par les savants, l'accès de la grotte ne devait être possible que dans cent ans, en raison de la chaleur absorbée par les rocs.

Cependant, des sondages effectués par des appareils spéciaux indiquèrent que les techniciens avaient largement exagéré cette marge de sécurité. On entreprit le déblaiement du corridor d'accès.

En 1961, trois spécialistes, James E. Olsen, directeur du Laboratoire atomique de Livermor, William Gangas, directeur des travaux de forage, et Curtis Klinger, chef du service de sécurité, purent pénétrer dans la grotte. On l'avait construite en plein roc en forme de sphère de 40 mètres de diamètre, mais l'explosion en avait fait une cavité large de 50 mètres et haute de 10.

La chaleur y était d'environ 50°. Mais ce qui frappa le plus les trois hommes fut le spectacle qu'offraient les parois.

Sous le double effet de l'énorme pression et de la chaleur provoquées par l'explosion, les roches siliceuses s'étaient couvertes de cristaux provenant de leur fusion, cristaux qui avaient été réduits en fragments par les éclats de rochers mis en pièces. Parmi ces cristaux se trouvaient des rubis et des diamants.

Par mesure de prudence et en raison de la chaleur, les hommes ne purent prolonger leurs observations et l'on sait peu de chose encore sur la quantité et la qualité de ces pierreries. Mais un fait est acquis : la bombe atomique a reproduit artificiellement les conditions physico-chimiques qui, il y a deux ou trois milliards d'années, ont présidé à la formation naturelle des pierres qui brillent aujourd'hui à la devanture des bijoutiers.

Il a fallu une pression et une chaleur considérables. Cette pression et cette chaleur, l'homme en est maintenant le maître. Et le temps n'est plus éloigné où, grâce à l'énergie nucléaire, on fabriquera à volonté d'immenses quantités de pierres précieuses.

L'homme le plus riche du monde

Cependant, à l'heure des athanors agonisants et des fours atomiques vainqueurs, la magie propose encore d'attirantes énigmes. Quelques paroles à prononcer (Abracadabra — Sator — Arepo — Arm — Stram — Gram) et voilà des monceaux d'or !

M. Mohamed Saad H... est — dit-on — un des vingt grands milliardaires du monde, parce qu'il possède une petite fleur fanée, jadis jaune, cueillie par une nuit de mai, sur un haut lieu du globe. Les habitants d'Adana, qui, par faveur insigne, sont admis à pénétrer dans un certain bureau tapissé, des plinthes au plafond, de dollars, de livres, de louis et de piastres d'or, sont absolument persuadés que le maître des lieux, le richissime Mohamed Saad H..., est devenu le Dieu de l'Or depuis que ses mains ont caressé la mystérieuse Baahra.

Il y a une vingtaine d'années, les H... étaient de pauvres, très pauvres gens : le père, humble muletier, effectuait des transports de marchandises à travers les vallées de l'Anti-Liban.

Par hasard, la chance se présenta, masquée, en une aventure où tout, d'abord, semblait banal.

Le muletier, dans la montagne, au péril de sa vie, retira d'un précipice un chef des mystérieuses tribus qui vivent solitaires aux confins des monts Ansarieh. Le blessé, un Cheik, tint à lui manifester sa gratitude et lui fixa rendez-vous, au même endroit, à la première lune du mois de mai.

« Je te ferai un cadeau royal », dit-il.

À vrai dire, M. H... n'accorda pas grand crédit à cette promesse et attendit sans trop d'impatience la date fixée. Néanmoins, il se rendit au rendez-vous.

La pleine lune se levait quand il arriva au lieu où le Cheik l'attendait et ils se mirent en route pour une destination qui intrigua le muletier.

« Où me mènes-tu de ce pas ? demanda-t-il.

— Je t'emmène là où pousse la Fleur de l'Or. Tu la ramasseras toi-même et ensuite tu pourras te laisser vivre pour peu que tu fasses le commerce de l'or, car l'or viendra à toi comme l'eau du Nahr el-Kebir va à la roue du moulin. »

Le muletier n'osa pas mettre en doute la parole de son obligé, mais il regretta amèrement d'être venu au rendez-vous, car la marche était longue et la nuit fraîche.

Enfin, ils arrivèrent par le flanc rugueux des monts, à l'ouest de l'Oronte et les deux hommes se mirent à chercher au ras du sol, en marchant contre la lumière lunaire, une petite fleur qui jetait des éclats jaune doré. Ils la trouvèrent, à peine plus grosse qu'une pâquerette, avec quatre pétales plats couleur de paille et un cœur pilifère qui irradiait comme de l'or en fusion.

« Elle est à toi, dit le Cheik, mais il faut la déterrer tout de suite, car elle ne brille que par intermittence et disparaît avec le jour. Elle ne pousse qu'en cet endroit du monde. Garde-là précieusement, car c'est la Baahra. »

Selon un rite précis, le muletier déterra la fleur bizarre, remercia le montagnard et redescendit dans la vallée conter l'aventure à sa femme et à son fils.

Puis, il oublia et reprit son métier.

Dire que la fleur-talisman fit grand effet sur Mohamed Saad quand il hérita de son père serait pour le moins téméraire. Pourtant il quitta la montagne et vint s'installer dans la métropole avec le dessein bien arrêté de faire un commerce où l'or entrerait en jeu. De ce jour, la réussite fut insolente, incroyable. L'or cascadait autour de lui, entrait dans sa caisse, se multipliait.

Sa témérité le fit engager des fonds dans des affaires qui auraient dû le ruiner. Par de miraculeux revirements, tout se tourna à son avantage. Il prêta de l'or à des emprunteurs véreux et insolvables, investit des sommes considérables dans des entreprises qui n'avaient aucune chance de réussir. Les insolvables rendirent l'argent, les mauvaises affaires prospérèrent.

Mohamed Saad H... est aujourd'hui un des vingt hommes les plus riches du monde. Quelque part dans un coffre, la fleur de Baahra se consume lentement.

Coffres-forts secrets en Suisse

La légende de l'or ne relève pas que de la magie.

Le coffre-fort du monde est la Suisse, où est entreposé dix fois plus d'or qu'en Amérique dans le Fort Knox et à Paris dans la Banque de France.

Tous les gouvernements, tous les riches industriels, commerçants, voire même prélats, déposent dans la nation neutre un trésor qu'ils estiment en sûreté.

Le contrôle de cette montagne d'or échappe en partie aux Suisses, car des magnats du monde des affaires sont propriétaires de plusieurs grandes banques. En dehors des dépôts légaux, existent des dépôts secrets.

Il est logique — et il est certain — que, par exemple, des personnes politiques telles que Battista, Rafael Trujillo, Fidel Castro, Mossadegh et jusqu'à Nasser le dictateur égyptien, en passant par les potentats et magnats d'Afrique et du Moyen-Orient, ont — ou avaient — déposé en Suisse des sommes considérables. En cas de revirements politi-

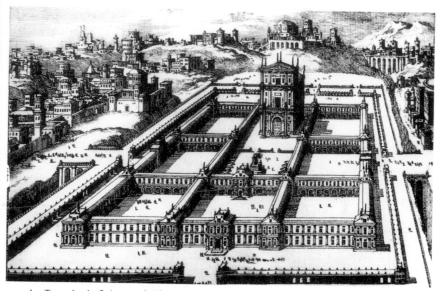

Le Temple de Salomon à Jérusalem (reconstitution). Nous avons représenté sur le monument les 24 paratonnerres qui le préservaient de la « foudre du ciel » — Chapitre 1. — (Photo Roger Viollet.)

Pierre Hadjar el Gouble, taillée dans une carrière des environs de Ba'albek. Elle pèse 2 millions de kilos.

On se perd en conjectures sur les moyens mis en œuvre pour transporter cette masse colossale. — Chapitre 7. — (Photo Roger Viollet.)

Grande Cour du Temple de Ba'albek qui, selon l'hypothèse du physicien soviétique Agrest, aurait servi d'aire d'atter-rissage aux engins spatiaux primhistoriques. — Chapitre 7. — (Photo Roger Viollet.)

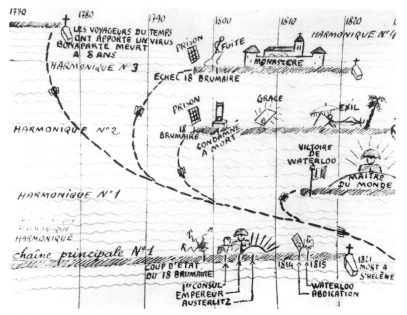

Carte du Voyage dans le Temps. La Théorie des harmoniques de la Chaîne Principale de Vie est le seul procédé connu donnant une solution au passé révolu et à recréer. — Chapitre 10. — (Photo Émile Drouet.)

L'ingénieur-astronome Émile Drouet (*à gauche*) expliquant à Robert Charroux le principe du Voyage dans le Temps. — Chapitre 10. — (Photo Émile Drouet.)

Avion de Gusmâo (1709). Cette étrange machine volante pourvue d'un radar et de tuyères a volé devant des milliers de personnes au Portugal. — Chapitre 8. — (Photo Émile Drouet.)

Flotte dans le ciel. Durant les époques troublées, les hommes ont attendu de mystérieux secours du ciel et ont cru y voir tantôt des flottes de caravelles, tantôt des armées cuirassées, tantôt des soucoupes volantes, etc. La nature du phénomène a toujours été fonction des connaissances scienfiques des temps où il s'est produit. — Chapitre 9. — (Photo Émile Drouet.)

ques et Dieu sait qu'il en est pour ces politiciens — ils savent pouvoir compter sur le dépôt de Genève ou de Lausanne.

Mais ces dépôts ont été effectués dans des conditions particulières. Il est bien évident en effet qu'un magnat du pétrole, pour prendre un exemple — émir, cheik ou chef de gouvernement — peut être renversé en quelques heures. Il devra s'enfuir au plus vite et peut-être sans avoir eu le temps de se munir de pièces d'identité.

D'autre part, un avoir régulier en banque — encore que la Suisse assure le secret le plus absolu sur le dépôt et sur le déposant — au nom de l'émir X... ou du Président Z... peut risquer dans l'avenir de subir un embargo, une saisie-arrêt de la part d'un gouvernement.

Il est donc important que cet avoir ne soit pas nominatif.

Un potentat du Proche-Orient, l'émir de K..., a trouvé une solution en devenant le Directeur d'une des principales banques de Genève. D'autres usent d'un curieux système. Ils font déposer leurs fonds — plusieurs milliards — par un fondé de pouvoirs. Au cours d'un voyage en Suisse, on convient d'un code avec la banque : l'argent ne peut être retiré que par qui possède le « mot de passe » ou un code convenu, par exemple X — 75 — FH — 4885, qui est partiellement contenu par quatre enveloppes cachetées. La première comporte le premier signe du code X, la seconde 75, la troisième FH, la dernière 4885.

De quoi déjouer en principe toute tentative d'escroquerie [1].

Aucun nom, aucune adresse de déposant n'est donnée.

Un seul risque — qui se produit assez souvent : si le dépositaire meurt, le trésor demeure sans propriétaire. On estime que 800 milliards au moins, en souffrance dans des coffres, ne seront jamais réclamés.

Depuis 1940, les banques suisses de Berne, de Zurich et de Genève ont dû quintupler la superficie de leurs caves.

---

1. Jamais un voyant, jamais un radiesthésiste n'a réussi à deviner un code qui vaut une fortune.

Parallèlement, des magnats et principalement les grands pétroliers du Moyen-Orient ont acheté des villas en territoire helvétique et fait construire des abris antiatomiques qui sont bourrés de lingots d'or et fermés au béton, si bien que la Suisse est devenue une gigantesque chambre forte ou, si l'on préfère, un parc à trésors enterrés.

On dit — mais tout contrôle est naturellement impossible — que le principal client de ces banques est, par personnes interposées, le gouvernement de l'URSS.

Il y a seulement cinquante ans, l'alchimiste pouvait abuser les esprits crédules et se dire fabricant d'or.

Depuis 1958[1], depuis que la transmutation atomique peut créer l'or artificiel, les derniers Souffleurs, désespérant d'aboutir, éteignent leurs athanors. Au Congrès 1961 du Symbolisme, à Paris, ces alchimistes, venus du monde entier, ont tenu une conférence secrète et désabusée. Ils abandonnent.

Dernier héritier du secret de Cléopâtre, d'Albert le Grand, de Van Helmond et de Nicolas Flamel, Armand Barbault lutte avec son four à charbon de bois contre les fours nucléaires des physiciens où des températures infernales dépassent un million de degrés centigrades. C'est le dernier acte de la légende de l'Or.

---

1. Les Américains, les premiers, ont transmuté le mercure en or en 1919. Il s'agissait d'expériences de laboratoires non rentables.

15

Le mystérieux inconnu

Les savants nucléaires ont vaincu les empiriques dans le domaine de la fabrication de l'or.

Défaite de la Magie Noire occulte par la Magie Noire rationaliste... de l'athanor par le four nucléaire... du feu par le feu en ce qu'il a de dévorant mais non de subtil.

Mais des énigmes se posent encore.

Le savant qui détecte la composition des rayons cosmiques provenant d'étoiles situées à des millions d'années-lumière, qui perce le secret de l'atome, découvre l'antiproton, est encore incapable de donner la moindre explication des *poltergeists* (fantômes à manifestations).

Au début du XIXe siècle, un cas contrôlé[1] rendit perplexes les autorités de Brudgetown, aux Barbades (Petites Antilles) : les cercueils que l'on déposait soigneusement dans un caveau du cimetière étaient retrouvés renversés. Cela fut vérifié à deux reprises au cours de l'année 1812.

Le caveau cimenté fut clos par une lourde dalle qui demanda les efforts conjugués de six hommes pour être mise en place. En dépit de cette disposition, on retrouva deux fois encore, à l'occasion d'enterrements, les cercueils déplacés à l'intérieur du caveau réputé inviolable.

Le gouverneur de l'île, lord Combermer, pour mettre fin à ce qu'il pensait être une absurde superstition, assista en

---

1. Robert Gould, *Oddities*.

291

personne à l'ouverture de la tombe, le 17 juillet 1819, à l'occasion de l'enterrement de M. Thomazina Clarke.

De nouveau, le caveau fut inspecté, les murs furent sondés. On repéra soigneusement l'emplacement des cercueils.

Le sol, à l'intérieur et à l'extérieur du monument, fut recouvert d'un fin gravier où, éventuellement, on pourrait relever des traces ou des empreintes. Sur la dalle mise en place, on apposa des scellés.

La garde des lieux, d'où personne ne devait approcher sous peine d'amende, fut confiée à des fonctionnaires de la police de Bridgetown.

Un an après, le 18 juin 1820, l'expérience prit fin : le service de garde n'avait rien noté d'anormal, le sable fin n'avait pas été foulé à l'extérieur et les scellés étaient intacts.

Lord Combermer voulut examiner le premier si l'intérieur du caveau était en ordre. Les cercueils, déplacés, avaient même été posés les uns sur les autres, le sable était vierge d'empreintes, et comme il n'existait aucune possibilité de souterrain secret, le lord gouverneur dut reconnaître que toute explication rationnelle était impossible[1].

C'est aussi l'état d'esprit des savants, impuissants à éclaircir ce mystère : une pierre lancée de l'extérieur d'une habitation par un poltergeist traverse un mur de granit et tombe à l'intérieur d'une pièce close, *encore chaude de l'opération qu'elle vient de subir* (désintégration et réintégration successives à peu près instantanées ?).

Les mêmes savants, capables de mettre au point des « forces de frappe » de plusieurs mégatonnes, restent interdits devant les forces, *toujours inconnues*, qui soulèvent un guéridon de vingt kilos effleuré par le bout des doigts d'un médium.

---

1. Cette expérience qui ne semble entachée d'aucune supercherie ne saurait être rapprochée du truc de « l'Enterré Vivant » aux Indes : le fakir enseveli dans un caveau durant une année, l'orge semée sur la tombe, les factionnaires autour, et le fakir s'éclipsant de sa tombe par un souterrain pour y revenir au moment voulu !

Et jamais ils n'ont pu expliquer comment les athlètes les plus renommés en 1920, gaillards jetant ou développant 150 kg au-dessus de leur tête, demeuraient sans force pour soulever de terre les 49 kg du boxeur poids coq canadien Johnny Coulon. Ni Ernest Cadine ni Yves le Boulanger qui jouaient avec des gueuses de 250 kg ne vinrent à bout des 100 livres de Coulon quand le Canadien ne le voulait pas.

Il n'y avait pas de truc, mais un phénomène mystérieux qui mit en échec les professeurs Richet, Sébileau, Langlois, Camus, de la Faculté de Médecine de Paris.

Devant cet aréopage, Coulon, complètement nu et monté sur une plaque isolante en verre, était enlevé comme une plume quand il ne touchait pas celui qui devait le soulever ; mais il demeurait rigoureusement insoulevable s'il touchait l'homme à l'artère radiale ou à la carotide.

Or, Coulon ne bloquait pas la circulation sanguine dans ces vaisseaux, car il fut constaté qu'il effectuait une pression minime ; d'autre part, un dynamomètre prouva que les possibilités énergétiques des souleveurs demeuraient entières pendant la durée du phénomène.

La radio est certes une magnifique découverte, mais on ne sait toujours rien de l'émetteur humain, et les longueurs d'ondes sympathiques, antipathiques — ces sortes de radars — n'ont jamais été calculées. Plus inconnu que la forêt brésilienne et tout autant que l'univers cosmique, est le cerveau humain, aux possibilités sans doute phénoménales.

Au fronton du temple de Delphes, à l'apogée de la civilisation des Hellènes dont nous sommes les héritiers, étaient écrits ces mots *Gnôthi seauton* (Connais-toi toi-même). Or, dans ce domaine plus près de nous que Mars, Vénus et les galaxies, quels progrès avons-nous accomplis ? L'homme reste un inconnu pour l'homme.

Où siège la mémoire ? Pourquoi dix n'est pas divisible par trois ? De quelle nature est ce Mystérieux Inconnu qui intervient parfois dans les expériences les plus savantes ?

Les conseillers boiteux

Garcia Beltran, qui a étudié des phénomènes génétiques insolites, développe ainsi ses observations se rapportant à certains papes :

Souvent les papes ont un bras paralysé et leurs confesseurs un membre inférieur invalide.

Ces derniers seraient-ils de la lignée mystérieuse du boiteux (Cojo) saint Ignace de Loyola, qui, dans sa jeunesse, faisait l'élevage des pinsons et leur crevait les yeux afin qu'ils chantassent mieux ?

Saint Ignace est le créateur de l'Ordre des Jésuites, confesseurs inamovibles du pape ; les super-papes en réalité...

Garcilaso de La Vega disait : « L'âme qui a vécu un temps (corps-vie) se reconnaît toujours dans la transmigration ou réincarnation animale ou humaine, par un signe : soit par un grain de beauté, soit par une tache sur le corps, soit par une infirmité ou une paralysie du même membre. »

Serait-ce vrai ? Existerait-il une souche mystérieuse de l'âme ?

Le Souverain Pontife Pie XII avait un bras presque paralysé ; Hitler aussi ; Napoléon avait toujours son bras malade sur sa poitrine ; Guillaume II avait un bras atrophié, de même que Staline[1].

Serait-ce un hasard ? Coïncidences exagérées ou génétique spéciale occulte ?

Peut-être par l'office d'une diastase dirigeante.

Les jésuites en savent long sur ce mystère, c'est pour cela que tous les confesseurs du Pape sont choisis parmi ceux qui boitent comme le Diable.

Mis à part une incontestable animosité contre la religion catholique, la théorie d'une génétique occulte de l'âme, avancée par Garcia Beltran, soulève un problème excitant.

Cette génétique est fondamentale dans la science transcendante des Bouddhistes, puisque lorsque le Tashi Lama

---

1. Dans cet ordre d'observations, on peut signaler que tous les présidents de la République des États-Unis sont marqués par le Signe indien.

du Tibet meurt, les prêtres recherchent avec soin un bébé né au moment précis de cette mort et présentant cinq marques biologiques bien caractérisées...

Une de ces marques est une teinte cramoisie autour du cœur.

Bouddah avait les marques rituelles.

Le transport de signes physiques et l'immigration de l'âme, c'est-à-dire la réincarnation, ne sont pas admis par la science expérimentale, pas plus d'ailleurs que par les religions chrétiennes et musulmanes ; c'est dire combien en apparence l'occultisme se heurte et s'oppose aux formes conventionnelles.

Loi universelle ou cas d'espèce, il est bien entendu difficile, sinon impossible, d'apporter un début de preuve de la réalité de la réincarnation, qui est pourtant un concept essentiel du bouddhisme.

Un cas récent vient de soulever l'intérêt du monde savant, mais il se passait aux Indes, ce qui n'est guère heureux, surtout après la fin du monde du 5 février 1962, qui fut accréditée par les prêtres bouddhistes.

Ni les savants hindous ni les hommes politiques (dont M. Nehru) n'osèrent protester contre la ridicule prédiction, soit que ces savants et ces politiciens y aient cru (c'est peu probable), soit plutôt qu'ils n'aient pas osé se dresser contre la superstition des moines et l'ignorance d'un peuple qui compte 90 % d'illettrés.

Il y a toujours un droit de suspicion légitime pour toute information qui nous arrive des Indes, aucun contrôle sérieux ne pouvant être exercé.

Shanti Devi

Voici les faits tels qu'ils parvinrent en France :

En 1953, des professeurs des universités de Bénarès et de Luckmar eurent à se prononcer sur un cas caractéristique de réincarnation.

Une petite fille hindoue du nom de Shanti Devi, née à Delhi en 1943, eut dès sa plus tendre enfance des facultés intellectuelles extraordinaires et la souvenance très nette d'une vie antérieure. Dès qu'elle sut parler, Shanti Devi dit qu'elle était la réincarnation de l'épouse décédée d'un homme nommé Lugdit.

Tant d'assurance finit par émouvoir les milieux religieux qui recherchèrent dans toute l'Inde le prétendu mari de la petite fille. Grâce à la collaboration des services d'état civil, on découvrit à Muttra un commerçant veuf répondant au nom de Lugdit, âgé de 54 ans.

L'enquête prouva que le commerçant et les parents de Shanti Devi ne s'étaient jamais rencontrés et ignoraient jusqu'à ce jour leurs existences réciproques. On amena la petite fille à Muttra et on la soumit à des épreuves très précises. Elle identifia son « mari » immédiatement dans un groupe d'hommes, exactement comme Jeanne d'Arc avait reconnu le roi Charles VII à Chinon.

Dans le village, elle déambula, indiquant avant d'y être arrivée les places, rues, ruelles et maisons typiques, y compris, bien entendu, celle où elle avait habité dans sa vie antérieure.

Elle reconnut aussi les amis de son « mari » et ce dernier lui demanda de rapporter des détails intimes qu'il était seul à connaître, avec sa défunte épouse. Shanti Devi rappela ces détails et M. Lugdit se déclara pleinement édifié [1].

« Elle est véritablement la réincarnation de mon épouse morte », déclara-t-il.

Il fut décidé que la petite fille partagerait désormais sa vie entre son « mari » et ses parents. Ces faits extraordinaires furent consignés par les professeurs des universités chargés de l'enquête.

---

1. Il faut noter que Shanti Devi était à l'époque de la puberté (10 ans aux Indes correspondent à 13 ans en France) et que dans la plupart des phénomènes paranormaux, maisons hantées, apparitions, visions, etc., les héroïnes sont des fillettes de 13 ans, tourmentées par le mal d'amour.

Le chaud manteau des dieux

Un autre mystère oriental qui, pour le moment, échappe aussi bien au contrôle qu'à l'explication est celui du « Gtum-mo ».

Selon le professeur Filliozat, du Collège de France, des yogis vivent nus dans les neiges de l'Himalaya, comme vivent nus les singes, les chiens et toutes les bêtes de la création.

Le Gtum-mo ou « doux et chaud manteau des dieux » appartient aux rites d'initiation des élèves lamas tibétains, et se pratique à haute altitude dans l'Himalaya, du lever au coucher du soleil pour les exercices de préparation.

Les élèves se présentent complètement nus ou habillés d'une simple toile de coton et se mettent en extase selon leur degré d'initiation, soit sur le sol ou la glace d'un torrent gelé, soit sur un tapis ou une planche. Ils doivent être à jeun et ne peuvent boire, durant le temps de l'épreuve, aucune boisson chaude, quelle que soit la rigueur de la température qui peut atteindre plusieurs degrés au-dessous de zéro.

Pour l'élève, l'épreuve consiste à compenser la déperdition de chaleur résultant de sa nudité par la création intérieure du Gtum-mo, c'est-à-dire par la production d'un certain nombre de calories, résultat d'une mystérieuse action psychique.

Les élèves lamas et les initiés luttent contre le froid, mais ils produisent *en plus* une chaleur suffisante pour sécher les serviettes mouillées que l'on pose sur eux. C'est là le stade le plus élevé de l'initiation, qui se pratique la nuit, du coucher au lever du soleil.

Les yogis complètement nus s'assoient par terre dans la posture du lotus. Des prêtres plongent des serviettes dans l'eau glacée d'un torrent, les sortent raidies par le gel et les posent sur les épaules des hommes en méditation.

Les serviettes doivent dégeler, sécher complètement et on recommence l'expérience, jusqu'à l'aube.

Il est aisé d'imaginer quelles quantités prodigieuses de chaleur développent les yogis ainsi entraînés. Certains arrivent à sécher 40 serviettes en une nuit [1], ce qui semble fortement exagéré.

Ces hommes possèdent des facultés surprenantes dont nous n'avons pas idée et que pourraient peut-être utiliser les services astronautiques qui exigent des cosmonautes des qualités surhumaines d'endurance au froid, à la chaleur, à l'accélération et à l'apesanteur.

Cette hyperthermie des lamas est obtenue artificiellement par les cosmonautes américains, sous des irradiations qui les rendent insensibles à certains effets physiques. Le miracle et le phénomène calculé coïncident exactement.

L'être humain est un merveilleux complexe psychique, aux possibilités insoupçonnables.

Les moines du mont Athos, dit-on, n'ont pas besoin de télévision et de radio pour parler à des correspondants très éloignés et les voir. Mme Janet Hitchman, en Angleterre, se passe fort bien de télescope pour distinguer des satellites éloignés de millions de kilomètres.

Le cas de Mme Hitchman n'a pourtant rien de magique, bien que les savants n'expliquent pas ses pouvoirs. À l'œil nu, cette femme voit les satellites de Jupiter distants de 628 millions de km ; à un mile (1 609 m) elle discerne l'expression du visage de sa petite fille ; à trois mètres elle lit des caractères microscopiques.

La stigmatisée d'Innsbruck

Plus bas dans le mystère se situe le problème des stigmates.

Par quel processus les stigmates — en général les cinq plaies du corps de Jésus-Christ — apparaissent-ils sur un être humain ?

---

1. *Le Livre des Merveilles*, Gustave Büscher, Denoël.

L'authenticité des stigmates est indéniable. Une démonstration en fut donnée par le magnétiseur danois Paul Thorsen, qui fit apparaître sur les pieds et sur les mains d'une malade de l'hôpital d'Innsbruck (Autriche) et devant le corps médical de l'établissement les plaies de la crucifixion.

L'expérience était intimement mêlée de magie, comme on va le constater. Elle a duré plus d'une semaine sous contrôle officiel et les membres de la malade étaient plâtrés, pour éviter toute supercherie possible.

Les témoins étaient, entre autres, le professeur Hubert J. Urban, chef de la clinique, le docteur Meyer qui sténographia l'expérience, la doctoresse Harrar, l'aumônier Amann « Kapellan » de l'hôpital, de nombreuses infirmières, sœurs infirmières et plusieurs jeunes médecins.

« Cette malade, dit M. Thorsen, le magnétiseur, était une femme d'une quarantaine d'années qui avait eu maille à partir avec la police dans des circonstances assez particulières : elle appartenait à un gang de contrebandiers qui utilisaient ses dons de voyance pour éviter les pièges des douaniers.

À l'hôpital elle était soignée pour son état mental et aussi pour une fracture de la cheville gauche. En outre, elle était possédée par l'esprit mauvais d'un de ses anciens acolytes et amant, un certain Joë, qui s'était suicidé quelques mois auparavant, et lui ordonnait de venir le rejoindre outre-tombe.

Alors, la femme entrait en convulsions et se défendait en disant qu'elle ne pouvait se dégager de la promesse faite à ses complices.

C'était vrai : elle avait promis aux autres contrebandiers de les rejoindre sitôt guérie et, comme preuve, elle montrait à l'esprit de Joë une amulette pendue à son cou et contenant un pacte où elle leur avait écrit sa possession avec son sang.

Jamais je n'avais été mêlé à une semblable affaire d'envoûtement.

Ce cas curieux et véridique, puisqu'il est facile à contrôler auprès de la Direction hospitalière d'Innsbruck, intriguait les médecins et les inquiétait également, car il était certain que sitôt relâchée, la femme retournerait à ses errements passés... ou finirait par se suicider.

Comment sauver son âme quand son corps serait guéri ?

Je proposai au professeur Urban de tenter la guérison par hypnose et suggestion.

Mon plan était de persuader la malade que les forces divines la libéreraient de son serment et lui fourniraient la preuve en faisant apparaître sur ses mains et sur ses pieds les stigmates de la crucifixion.

« Si vous croyez réussir, me dit le médecin-chef, essayez ! À condition, toutefois, que le "Kapellan" ne présente pas d'objection. »

La malade était chrétienne, mais non catholique, et je n'eus pas d'obstacle de la part de l'aumônier Amann.

Le curé exorciseur Fisher, d'Innsbruck, qui s'intéressait à l'expérience, me donna même, pour m'aider dans ma tâche, une petite fiole d'eau bénite. La femme, je tiens à le souligner, acceptait d'être hypnotisée, ce qui n'était pas difficile, car elle se révélait médium extraordinaire.

Afin que l'expérience ne fût pas entachée d'irrégularités, soit de ma part, soit de la part de la malade, on décida de lui plâtrer le pied droit et la main droite.

Le pied gauche était déjà dans le plâtre, souffrant d'une cassure.

Nous laissâmes la main gauche libre afin de surveiller sur ce membre l'apparition des signes annoncés et il fut convenu, en outre, que le pied gauche blessé n'entrerait pas en jeu.

Le 29 octobre 1951, dans l'après-midi, j'endormis la femme et entrepris de l'exorciser. L'esprit mauvais qui l'habitait réagit et refusa de quitter la place, parlant par la bouche de la patiente avec une véritable voix masculine.

« Je ne partirai pas, ma "Nomme" est à moi, et je resterai auprès d'elle jusqu'à ce qu'elle vienne chez moi !

— Retire-toi, je te l'ordonne ! »

À l'appui de mes paroles, je lançai de l'eau bénite sur la femme qui eut de véritables convulsions, mais se calma en quelques instants.

Les stigmates apparurent dès le premier jour dans la paume de la main témoin (la gauche).

Le 7e jour, la lésion saignait et était si apparente qu'un infirmier dut mettre un bandage qui était collé, quelques heures après, par le sang coagulé.

Le vendredi 11 novembre, nous décidâmes de briser les plâtres.

La femme ne voulait pas que des photographies fussent prises mais le photographe de l'hôpital reçut l'ordre d'opérer malgré elle.

Un chirurgien cassa les plâtres devant le professeur Urban et les témoins cités précédemment. Les stigmates apparurent et furent photographiés. Les films sont conservés à l'hôpital d'Innsbruck.

Les blessures étaient humides de sang et de sérum. Le professeur Urban constata officiellement qu'elles transperçaient les deux mains, mais non le pied droit, en raison sans doute de la résistance offerte au fluide psychique par la cornée de la plante.

Il était ainsi prouvé que par la force de la volonté d'un magnétiseur, il était possible de provoquer des réactions physiologiques d'une extrême importance.

Cet événement fut enregistré dans les rapports des docteurs qui en attestent l'authenticité.

À la suite de cette expérience, la malade, que j'avais d'ailleurs dûment chapitrée durant ses sommeils hypnotiques, accepta le fait accompli et se jugea libérée et dégagée de ses promesses. Son amulette, pour plus de précaution, fut brûlée par l'aumônier Amann.

Les stigmates disparurent au bout de trois jours et ne réapparurent plus. »

Le fait le plus extraordinaire est peut-être dans cette particularité ou coïncidence curieuse : la malade envoûtée et stigmatisée s'appelait Thérèse Neumann, comme l'autre stigmatisée célèbre de Konnersreuth en Bavière ; mais elle ne lui était pas apparentée.

Sur le plan scientifique, la production de stigmates naturels est acceptée et reconnue dans son fait, mais aucune explication rationnelle ne peut être avancée. Il est simplement question d'« influences physiologico-pathologiques, jointes à celles d'hystérisme élevé ».

Pour les théologiens, il y a deux sortes de stigmates : les *stigma magicum* (stigmates magiques) attribués au diable, et les stigmates miraculeux réalisés par Dieu.

Plus proches de la science classique, d'autres phénomènes inexpliqués prouvent que des forces jouent à cache-cache avec les physiciens.

La magie et l'atome

Vers 1950, des journaux américains publièrent une information curieuse. Des phénomènes étranges, à caractère magique, s'étaient produits dans un laboratoire où l'on procédait à des expériences atomiques.

Les savants voyaient apparaître, en suspension dans l'air, des images floues mais où l'on reconnaissait pourtant, sans erreur possible, des têtes de personnages. Les apparitions flottaient en se balançant, se montrant de face, de profil et de trois quarts, puis prenaient une netteté et comme une consistance plus grandes avant de s'évanouir peu à peu.

Durant ces apparitions, on entendait des murmures de voix, comme un conciliabule de fantômes. On pouvait même saisir des lambeaux de phrases et des mots anglais à caractère scientifique, ce qui ajoutait à l'étonnement des témoins.

D'un naturel plutôt sceptique, les atomistes menèrent une enquête serrée qui aboutit non à une explication, mais à l'identification de l'origine du phénomène de pseudosthésie.

À n'en pas douter, les paroles entendues avaient été prononcées dans une salle assez proche du laboratoire, durant une réunion à huis clos. Il était cependant hors de doute, en raison de l'éloignement et des portes fermées, que les sons n'avaient pu parvenir jusque-là.

Quant aux images, elles représentaient vraisemblablement les interlocuteurs en présence.

Il y avait donc eu transport de son et d'image par un procédé analogue à celui de la télévision mais, bien entendu, il n'était pas question d'émission et de réception selon les normes connues.

En l'absence de toute explication, on présuma que les très puissants champs électriques développés dans les laboratoires avaient servi de support à la transmission matérielle des photons et des ondes sonores. Une matérialisation, en quelque sorte.

La réunion à huis clos traitant de projets de la défense nationale, le département de la recherche atomique s'inquiéta, car il était désormais prouvé qu'on ne pouvait pas tabler sur la sécurité absolue du secret d'État. On ordonna de ne pas ébruiter l'affaire.

La presse n'en rapporta l'écho que des années plus tard et la divulgation ne suscita aucune réaction officielle.

La boule de feu

Le journal allemand *Ufo-Nachrichten* (Ventla, Verlag, Wiesbaden, Schierstein) publia dans son numéro 53 une nouvelle analogue et tout aussi étonnante :

Au cours du printemps 1959 l'avion civil TU-104 effectuait comme d'habitude son service sur la ligne commerciale Alma Ata-Moscou. Tout se passait normalement à bord, quand on remarqua dans la carlingue des passagers, près de l'entrée du poste de pilotage, une faible lumière qui prit lentement de l'intensité et la forme d'un disque étincelant d'un demi-mètre environ de diamètre.

L'objet demeurait immobile dans une position verticale.

On crut à un incendie que les voyageurs essayèrent d'éteindre — en vain — en projetant de l'eau ; il était manifeste que le disque de lumière avait un caractère surnaturel, et d'ailleurs il disparut comme il était venu.

Mais quelques instants plus tard, il se rematérialisa et se mit en mouvement, longeant les parois de l'avion à hauteur des hublots, touchant presque les passagers qui durent se reculer pour éviter son contact.

D'après les rapports des témoins, le disque de lumière ne dégageait aucune chaleur, ni aucune odeur.

Après s'être promené autour de la carlingue, il retourna près de la porte de la cabine de pilotage et s'évanouit.

Par hasard, un journaliste polonais était parmi les passagers dont il recueillit et publia les déclarations et les témoignages.

Comme le temps n'était pas orageux et que le disque de lumière ne pouvait s'identifier avec les « boules de feu » sifflantes et rapides, produites, pense-t-on, par la foudre ou par des phénomènes électriques, il fallut bien trouver une explication.

On supposa qu'il s'agissait peut-être d'un objet envoyé par les pilotes d'une soucoupe volante, et l'affaire en resta là.

Truquages

Il est rare que les phénomènes supranormaux se manifestent de façon très nette et irrécusable. Aux Indes et en Afrique, les miracles sont monnaie courante, mais la superstition et la naïveté sont telles qu'il faut y voir, dans la plupart des cas, des trucs d'illusionnistes ou des hallucinations collectives.

Il est certain que la fameuse « corde du fakir » procède à la fois de l'un et de l'autre. Jamais l'expérience n'a pu être photographiée.

En 1935, des photos rapportées des Indes par un planteur anglais et représentant un yogi en état de semi-lévitation, un seul bras étant appuyé sur un poteau entouré de voiles blancs, prouvaient indubitablement qu'il s'agissait d'un grossier truquage. Truquage aussi le palmier qui pousse à vue d'œil sous les yeux de l'assistance.

Un observateur critique, habitué des brousses de l'Afrique noire, M. Albert Trapani, nous a pourtant raconté d'étranges histoires. M. Trapani, vers 1953, dirigeait des exploitations forestières, dans la région d'Ekouk, au Gabon, au kilomètre 33 après Kango.

Une fois, il assista à l'éclosion accélérée d'un bananier qui poussa jusqu'à une hauteur de trois mètres et produisit des fruits dont il goûta. C'est le truc du *bouiti*, bien connu aux environs de Libreville.

En réalité, le bananier fut planté à 3 heures de l'après-midi et les bananes ne furent cueillies que le lendemain matin au lever du jour, ce qui enlève un certain crédit à l'expérience. D'ailleurs, M. Trapani, se méfiant de sa mémoire, des circonstances et de l'impression peu nette qu'il ressentit et conserva, pencherait volontiers pour un phénomène hallucinatoire.

De même, il ne vit rien d'extraordinaire dans la marche sur le feu exécutée rituellement par les Gabonais. La prouesse n'excède pas vingt secondes et les Noirs ont à la plante des pieds une épaisseur cornée pouvant atteindre trois centimètres.

Par contre, la tradition du « Jugement coutumier » présente pour lui une énigme.

Le jugement coutumier

Il serait ridicule de croire qu'au Gabon — comme partout ailleurs en Afrique — les indigènes accordent le moindre crédit aux ukases de la justice gouvernementale. En 1953, notamment, quand un crime avait été commis à Ekouk, il était procédé au grand rite du « Jugement coutumier ».

De très loin, des Noirs venaient au village, portant avec précaution, dans le creux d'un bras, un poulet dont les pattes étaient attachées. Comment avaient-ils été informés ? On ne sait pas.

Le principe du Jugement est de lâcher, dans une place entourée par la foule, des poulets auxquels on vient de couper le cou. Les coupables présumés doivent se tenir en bordure de la piste, *à l'endroit de leur choix.* Malheur à eux si les poulets courent dans leur direction et vont s'écrouler à leurs pieds.

Les Noirs qui apportent les volatiles promis au sacrifice connaissent-ils le plaignant ou la victime ? Mystère encore. Il semble d'ailleurs que le fait ait peu d'importance.

M. Trapani pense que la plupart apportent un poulet dans un unique souci de curiosité.

Au jour dit, la foule entoure une place d'une trentaine de mètres de diamètre et les porteurs de poulets, les uns après les autres, détachent la bête, lui tranchent prestement le cou et la lancent dans le champ clos.

Le poulet sans tête se met immédiatement à courir et va s'affaisser aux pieds d'un Noir qui, en général, est le coupable présumé et vraisemblablement le véritable assassin.

L'expérience, s'il y a dix poulets, est dix fois concluante. C'est-à-dire que les dix bêtes décapitées, bien qu'ayant théoriquement le choix entre une infinité de directions, vont *toutes* s'affaisser aux pieds du même homme.

M. Trapani a plusieurs fois assisté à cette expérience et affirme que si le coupable change de place autour de la piste, les poulets, inéluctablement, vont vers lui, où qu'il se trouve.

Le belingo

Les fêtes du 14 Juillet qui se célébraient au Gabon — et s'y célèbrent encore — étaient l'occasion d'autres étonnantes prouesses.

Habituellement, dans le chantier de M. Trapani, les exploitants distribuaient des cadeaux à leurs quatre cents ouvriers : un litre de vin et un paquet de gauloises par personne. La journée étant chômée, les Noirs organisaient

306

spontanément des réjouissances et une d'entre elles consistait en une acrobatique démonstration sur échasses.

Dans la foule qui dansait et chantait, apparaissait un homme masqué, déguisé, portant peau et queue de bête à la manière des sorciers, et qui marchait avec d'étranges échasses hautes de trois mètres. Ces échasses étaient des sortes de piquets de bois terminés par deux petites plates-formes sur lesquelles les pieds de l'acrobate se trouvaient attachés par de fortes lanières.

L'homme marchait donc sur ces piquets, avec tout le corps, les jambes et les bras libres, dans une situation que l'on imagine très instable. Or, il courait, sautait, virevoltait, se laissait tomber à terre de tout son long, se relevait aussitôt, puis se penchait sans tomber, son corps formant un angle de 45° avec le sol.

Comment s'y prenait-il pour jongler ainsi avec la pesanteur et les lois de l'équilibre ? Les Blancs ne le surent jamais.

Après son exhibition, l'homme était déshabillé par les Noirs et courait se cacher dans la brousse afin de garder l'anonymat. Les Noirs de sa race le connaissaient certainement, mais aucun ne voulut jamais révéler son identité à M. Trapani.

Le Noir sait garder un secret. Ainsi, aucun Blanc ne connaît le secret du « belingo » et ne connaîtra jamais la subtile composition de ce poison administré par les sorciers africains.

Entre Lambaréné et Libreville, dans le Haut-Rambwé, Daniel Bouka, « grumier » (bûcheron) de race paouïne, avait commis l'imprudence de coucher avec la femme d'un Noir d'une autre race.

Habituellement, ces sortes d'aventures s'arrangent facilement à l'amiable, moyennant un don en espèces ou en nature, mais en l'occurrence, et sans doute en raison de l'antagonisme racial, il n'y avait aucun compromis possible.

Un ami noir de M. Albert Trapani prévint le forestier :

— Bouka, mauvais pour lui... il sera belingoté !

De fait, on vit le malheureux dépérir à vue d'œil. Il finit par s'aliter et le médecin du district de Kango qui l'examina émit un diagnostic formel :

« Il a le belingo et va mourir. Je ne puis rien pour lui ! »

M. Trapani, lui aussi, savait qu'aucune médecine officielle n'était jamais venue à bout de ce poison. Comme il tenait beaucoup à son « grumier », et qu'il estimait que la punition était trop sévère, il résolut de tenter l'impossible.

Mais il ne savait même pas à quelle race de femmes Bouka s'était attaqué.

Les « races », en Afrique, sont de simples différences de types et de sangs, de même qu'en France il existe la race des Bretons, des Basques, des Bourguignons, des Provençaux. Les Noirs de l'exploitation se groupaient et dormaient par races dans des dortoirs distincts, et le forestier, très aimé de tous ses hommes et jouissant d'une haute estime à leurs yeux, leur fit des remontrances.

« C'est injuste et cruel, dit-il dans chaque dortoir. On ne tue pas un homme parce qu'il a couché avec une femme ! Tout le chantier va se ressentir de cette injustice, nous étions tous de bons compagnons et notre amitié va être détruite. »

Un soir, un vieux Noir vint le trouver et lui expliqua qu'il allait essayer d'intervenir.

« Je ne connais pas le secret du belingo, dit-il, car c'est un secret qui se perd de plus en plus, et rares sont ceux qui le pratiquent. Mais pour te faire plaisir, je vais parler à un ancien d'une autre race... Peut-être pourra-t-il faire quelque chose. »

Le forestier approuva vivement cette initiative, mais il ne gardait que peu d'espoir. Le malade semblait à la dernière extrémité.

Pourtant, le *lendemain matin*, Daniel Bouka se présentait devant lui et demandait à reprendre le travail. Il n'avait pas engraissé, mais il avait l'œil clair et en deux jours il reprit sa bonne mine.

L'extraordinaire, en cette affaire, est qu'un antidote ou un remède avait été assez puissant pour rétablir, en une nuit, un moribond.

La laitue miraculeuse

En Occident, au XVIIIe siècle, on chantait les louanges d'un thaumaturge qui, sur les boulevards de Paris, « faisait croître des fleurs à la minute ».

Il serait facile d'assimiler ce prodige à ceux du même ordre que pratiquent les charlatans africains et hindous ; pourtant un cas singulier de croissance fut contrôlé par l'illustre physicien Denis Papin, alors qu'il résidait en Angleterre.

Un soir, Denis Papin, qui était à juste titre considéré à l'étranger comme un des plus grands physiciens connus, dînait chez le chimiste Edmond Wilde, en compagnie de plusieurs membres de la Société Royale de Londres. Ils y furent tous témoins d'un prodige, sans supercherie décelable.

Denis Papin relata l'événement dans une lettre qu'il adressa à M. Mesmin, de l'Académie des Sciences de Paris :

Monsieur Edmond Wilde, ayant invité quelques personnes à disner chez lui, sema en leur présence, avant de se mettre à table, de la graine de laitue dans une tasse qu'il dit avoir esté deux années de temps à préparer, et l'on trouva après le disner, en moins de deux heures, que la laitue avoit poussé d'environ la longueur d'un pouce (0,027 m) en comptant la racine.

Il dit qu'il est prest à gager dix contre un que la chose lui réussira toujours de mesme ; mais qu'il faudra encore deux ans pour préparer de nouvelle terre.

Cette expérience est, dit-il, la clef de toute agriculture.

Il la publiera quand il aura fait quelque chose encore de plus considérable qu'il a dessein de joindre à celle-ci...

On ne connut jamais le secret de M. Wilde.

La femme qui voit avec ses pieds

L'erreur de certains empiriques est de croire que leur supranormal est étranger et supérieur à la science expérimentale.

Certes, cette dernière exige un prolongement nécessaire, mais le mystérieux inconnu apparaît maintenant comme un facteur commun aux deux méthodes.

Le savant n'est nullement opposé au fantastique et, bien au contraire, on peut assurer que sa foi dans le miracle est beaucoup plus solide que celle de l'empirique.

L'empirique croit aux gnomes, aux fantômes, au mauvais œil, à Nostradamus et à Cagliostro, à la génération spontanée et à la guérison du cancer par la panacée du charlatan. Mais le savant croit au tapis volant, à la parole magique qui fait ouvrir les cavernes et à toutes les possibilités spirituelles de l'homme, y compris celles de devenir invisible, de rapetisser ou d'atteindre une taille colossale. Il sait que les découvertes en biologie dépasseront tous les miracles imaginés.

Il sait, avec Villiers de L'Isle-Adam, qu'*il n'y a pas de rêves...*

En ce sens le cas de la Soviétique Rosa Kuleshova est plus extraordinaire, plus incroyable pour l'occultiste que pour le biologiste et le physicien.

Rosa naquit en 1941 à Nijnii Taghil, ville située au cœur de l'Oural, entre Perm et Sverdlovsk. Plusieurs de ses parents étaient atteints de cécité congénitale, et tout naturellement, après son travail scolaire, l'enfant, au cours des longues soirées familiales, apprit à lire le braille avec ses doigts.

Il fut bien vite évident qu'elle possédait un système nerveux et sensoriel extraordinaire, car bien que dotée d'une vue parfaitement normale par ses yeux, elle voyait aussi avec le bout de ses doigts et même par chaque fibre de sa peau.

Une tare héréditaire modifiant les facultés physiologiques était-elle cause de l'anomalie ? Cette tare avait-elle déterminé une sorte de mutation cellulaire ?

C'est ce que pensent les médecins de l'Institut de Neurologie de Moscou qui, en 1963, étudièrent le cas de Rosa Kuleshova, hospitalisée dans leur service pour des crises d'épilepsie.

Le docteur Isaac Goldberg constata avec stupeur que Rosa lisait du bout du doigt (avec le majeur droit), non seulement les caractères brailles imprimés en relief, mais aussi les textes écrits à l'encre ou imprimés sur un livre ou sur un journal.

Des expériences furent effectuées sous le contrôle des médecins de l'Institut, afin de déceler une supercherie.

On banda soigneusement les yeux de la jeune fille. La lecture visuelle ne pouvait s'exercer par l'espace compris entre le foulard et les joues, truc habituel des illusionnistes.

Rosa, en effleurant chaque ligne avec un doigt, lut d'abord les titres d'un journal disposé devant elle, puis à haute voix, lentement, mais sans marquer de temps d'arrêt, elle déchiffra tout le texte d'un article.

Le test était probant : il n'y avait nulle fraude, mais la plupart des assistants pensèrent que le doigt intelligent, sensible, tâtait et discernait le relief infime de l'impression par encrage. On plaça une plaque de verre sur le journal et Rosa ne put lire les petits caractères en corps 8 ou 10, mais elle lut *parfaitement les gros titres dont les lettres étaient espacées.*

Il s'agissait donc bien de vision par la peau et non de sensibilité extrême d'un épiderme doté d'un réseau nerveux exceptionnel.

La preuve devint plus évidente encore quand on présenta au doigt des photos qui furent formellement identifiées.

— Je vois, dit Rosa, des soldats qui marchent sur une place publique. Ils ont des casques et des fusils. Des avions les survolent... Cette autre photo représente des gens qui déjeunent au bord d'une rivière. Sur celle-ci, je vois un homme âgé. Il a une forte moustache et trois décorations sont épinglées sur sa poitrine.

Elle décrivit fidèlement une photo en couleurs, désignant le vert des arbres, le bleu du ciel, le gris et le rouge des costumes.

Des feuilles de papier diversement teintées furent identifiées avec facilité :

— Cette page est bleue... cette page est rose... cette autre jaune, celle-ci blanche, celle-ci noire, marron, verte, rouge.

Avec des lumières projetées sur un écran, le test se révéla aussi probant, le sujet « voyant » non plus avec son doigt, mais sans doute par la peau de son visage et de son corps, de la même façon, mais en plus nuancé, que les vers de terre, naturellement privés d'yeux, distinguent la lumière et les intensités d'éclairement.

D'autres expériences montrèrent que Rosa pouvait lire et voir les couleurs avec le bout de son nez et avec sa langue.

Avec ses doigts de pied, elle lisait aussi couramment qu'avec son majeur droit, effleurant le texte soit avec le gros doigt soit du bout délicat de ses autres orteils.

Ces phénomènes pouvaient s'expliquer de deux manières : ou bien Rosa lisait avec sa peau pourvue de cellules nerveuses inconnues et sensibles à la lumière ; ou bien elle « voyait » avec son sensorium, comme les médiums et les voyantes.

De toute façon, un mystérieux inconnu entrait en jeu, soit avec les yeux des cellules de l'épiderme, soit avec le Troisième Œil.

Le cas n'est pas unique et de tout temps des phénomènes semblables furent enregistrés. Dans un hôpital de Bangkok, en Thaïlande, on apprend sous hypnose aux jeunes aveugles à distinguer les contours des objets par réception directe des images-lumière sur la peau des joues.

Les biologistes ne sont pas éloignés de croire que chaque cellule du corps humain est un microcosme comportant en puissance toutes les destinations possibles et toutes les spécialisations fonctionnelles. Sont-ce ces pouvoirs inconnus qu'utilisent certains êtres d'exception monstrueusement développés ou que cultivent les initiés à l'ésotérisme transcendant ?

Mais là où les empiriques voient un mystère psychique qu'ils ont peine à croire, les savants décèlent un nouvel élargissement de la science expérimentale.

Pour les biologistes, voir à travers l'opaque, lire dans la pensée, communiquer à distance, émettre et recevoir des messages télépathiques, et même deviner le résultat d'une opération mathématique sont les réalités de demain. C'est dire qu'une conjonction du surnaturel et de l'expérimental dans ce qu'ils ont de plus subtil est le fantastique destin de la science.

Monsieur Julien Cusseau

En 1961, un véritable prodige du supranormal — car appartenant à la prémonition, voire à la voyance — troubla profondément le personnel navigant et les passagers d'un avion d'Air France.

Fait curieux et déroutant, le héros de l'aventure, on est tenté de dire le médium, était l'ex-international de rugby Julien Cusseau, solide gaillard qui ne fait nullement profession dans l'occulte, puisqu'il est masseur diplômé.

Le phénomène se déroula le 2 octobre, dans un quadri-moteur affecté à la ligne Orly-Abidjan.

Il était 23 h 30, l'avion survolait Mâcon en direction de sa prochaine escale : Marseille. Des voyageurs lisaient les journaux du soir de Paris, d'autres somnolaient, quand Julien Cusseau héla discrètement l'hôtesse de l'air :

— Mademoiselle, voulez-vous dire au pilote qu'il s'apprête à faire demi-tour au-dessus de Lyon. L'avion n'ira pas à Marseille.

L'hôtesse sourit.

— N'oubliez pas de prévenir le pilote ! insista Cusseau.

Derechef, un sourire mitigé fut la réponse de la jeune femme.

Et puis, à 23 h 37, coup de théâtre : à la suite d'un incident technique, le pilote décidait de rebrousser chemin. Le quadrimoteur était alors à l'aplomb de Lyon.

Les passagers, à leur arrivée à Orly, furent hébergés pour la nuit au Air-Hôtel de l'aéroport et convoqués pour le lendemain à 19 heures.

À l'heure dite, tous les voyageurs à destination d'Abidjan étaient assis dans la carlingue de l'appareil, ceinture bouclée, attendant l'envol.

« L'avion ne dépassera pas le cap 60 en bout de piste », dit à haute voix Julien Cusseau.

Des regards hostiles se dirigèrent vers le fâcheux qui semblait vouloir jeter un sort au voyage, et Cusseau s'enfonça dans son fauteuil.

Une minute d'attente encore. L'avion roula sur l'aire, cherchant la piste d'envol, puis effectua un demi-tour avant de stopper.

Le haut-parleur annonça :

— Un incident, indépendant de notre volonté, nous contraint à retarder de nouveau le départ. Nous présentons nos excuses à nos passagers.

Après une seconde nuit à l'hôtel, les voyageurs furent informés que leur départ était définitivement fixé à midi. À 11 h 30, à l'appel des partants, Julien Cusseau n'était pas là.

On le découvrit dans sa chambre, faisant la grasse matinée.

— Dépêchez-vous, dit le chasseur, l'avion pour Abidjan part dans 25 minutes. Tout le monde est déjà dans le hall. Il ne manque que vous.

— Erreur, répondit Cusseau. Allez dire à mes compagnons de voyage qu'ils piétinent inutilement : l'avion ne partira pas.

Un tollé général accueillit cette déclaration. Cependant, une fois de plus, le départ fut remis à 23 heures.

— Cette fois, nous partirons et le voyage sera excellent ! dit Julien Cusseau.

Cette prédiction s'accomplit.

Les journaux français relatèrent les faits en s'extasiant sur les dons du devin ; quelques-uns même parlèrent de « curieuses coïncidences » et les choses en restèrent là.

Julien Cusseau est-il un voyant permanent ou occasionnel ? Personne ne le sait, pas même lui.

Consulté sur ce problème, un physicien du CNRS a répondu :

— Un avion part de Paris et va à Tokyo. Aucune machine, si admirable soit-elle, ne peut prévoir le déroulement exact du voyage et les impondérables possibles. De même, aucun homme ne peut réussir ce miracle à coup sûr. Vous me dites : M. Cusseau le pourrait. C'est inexact et M. Cusseau reconnaît qu'il n'est pas toujours en état de grâce. J'ajouterai même qu'il ne l'est pas souvent. Dans ces conditions, et en admettant qu'une compagnie aérienne s'appuie sur des déclarations aussi incertaines, elle irait tout droit à la catastrophe. Il est plus logique de s'en remettre aux ingénieurs et techniciens de la mécanique, aux radars de bord, à l'expérience des pilotes et aux prédictions de la météorologie nationale. Ces diverses disciplines ne sont pas infaillibles, mais leur sécurité moyenne est constante et l'addition de leurs valeurs respectives est incontestablement supérieure aux voyances que pourrait faire un médium disant vrai 9 fois sur 10. Car on connaît à peu près la constante d'erreur des appareils et des connaissances techniques des hommes, mais on ne saurait jamais quelle serait, sur 10 prédictions, la mauvaise.

Le docteur Marcel Lapipe expliquait en ces termes l'apport que la science supranormale était susceptible d'offrir à la connaissance technique :

Le supranormal existe et quand il sera étudié, analysé et disséqué comme l'est la science expérimentale, il pourra certainement s'intégrer dans l'arsenal de nos moyens d'action concernant des problèmes bien définis.

Mais dans l'état actuel des connaissances, il ne peut être mixtionné avec le rationnel et l'expérimental.

Imaginez le jeu mortel du barillet russe : le barillet à six coups du revolver ne contient qu'une cartouche. On fait tourner le barillet en fermant les yeux, on applique le canon contre la tempe et on tire sur la gâchette.

Nous avons un risque sur six d'être tué.

Admettons que le barillet tourne dans un cylindre opaque, que nous ne puissions voir où se trouve la balle et que juste-

ment nous voulions tenter l'expérience avec six chances sur six de réussite.

Nous pourrons passer le revolver aux rayons X, au détecteur, à différents types de radars et acquérir ce que nous pensons être un maximum de sécurité.

Si l'étude expérimentale détecte la balle à côté du canon, nous pourrons tirer en toute sécurité. Si nous voulons nous fier à un voyant, devin, radiesthésiste ou astrologue... alors, nous lui demanderons d'appliquer le revolver contre sa tempe et de faire la démonstration de ses dons sur lui-même !

Le supranormal sera vraisemblablement toujours une aventure.

Pour ou contre la voyance

Les considérations du physicien du CNRS et du Dr Lapipe sont certainement très raisonnables, mais en fait, on ne sait absolument rien sur la nature du supranormal et, en conséquence, il est donc prématuré d'imaginer son utilisation pratique.

Le plus sage, puisque son existence ne fait pas de doute, serait d'abord de l'étudier scientifiquement.

Mais il existe un obstacle majeur qu'il faut bien souligner : la plupart des sujets soumis aux phénomènes supranormaux ne veulent accepter aucun contrôle.

En France, l'Institut Métapsychique, place Wagram, qui groupe des ingénieurs, des médecins, des physiciens et des chimistes, s'attache honnêtement à l'étude du Mystérieux Inconnu. Or, il faut bien l'avouer, les phénomènes demeurent toujours inexplicables.

Alors, que faire ?

Il est vrai que les moyens mis en œuvre à l'Institut Métapsychique sont dérisoires au regard de la puissante organisation des laboratoires de recherche en science expérimentale.

Cependant, et c'est un argument valable, la science expérimentale permet l'étude de phénomènes réalisables pratiquement, ce qui n'est pas le cas de la parapsychologie.

Si les voyants, devins et autres médiums, au lieu de deviner la phrase idiote écrite et enclose dans une enveloppe cachetée, la lettre du cousin d'Amérique qui arrivera demain, le départ retardé des voyageurs, la mort de la cousine Hortense à 200 lieues de là, si les médiums, donc, devinaient le carburant qu'emploient les Russes pour leurs fusées spatiales, un nouveau mode de propulsion astronautique, une nouvelle formule de moteur pour les autos, un carburant pour remplacer le pétrole... et beaucoup plus simple encore : si les médiums qui voient dans l'avenir nous donnaient la formule du remède contre le cancer (que nous vaincrons dans peu de temps) ou même le remède contre l'eczéma et le rhume de cerveau... alors, oui, nous prendrions la parapsychologie au sérieux !

Alors, oui, il faudrait s'incliner !

Mais au lieu de ces preuves qui devraient être faciles à obtenir, les occultistes, techniciens de la perte de temps, nous noient dans un ahurissant galimatias, ne font que des découvertes et des miracles incontrôlables, ou bien devinent avec succès que le chiffre 2 673 est inscrit dans la triple enveloppe cachetée, que la bonne du pharmacien se mariera dans 2 ans et 3 mois avec un employé des P et T. À quoi bon ?

Les occultistes cherchent l'or depuis 2 000 ans. Ils ne l'ont pas trouvé.

Les savants fabriquent de l'or, des diamants, des rubis après quelques années seulement d'étude.

Les occultistes cherchent des panacées, des drogues miracles. Qu'ont-ils apporté contre la tuberculose, le cancer, la poliomyélite, la fièvre aphteuse, l'infarctus du myocarde ?

Ont-ils inventé l'avion, le moteur à explosion, la photographie, la radio, la télévision, le ciment, l'ampoule électrique, l'imprimerie ?

Non ! Mais ils savent que le chiffre 2 673 est inscrit dans la triple enveloppe.

Et qu'ils ne nous disent pas que la science expérimentale est initiatrice de découvertes dangereuses : Montgolfier,

Denis Papin, Niepce, Daguerre, Marconi, Branly, Pasteur, n'étaient pas des magiciens noirs.

Ce sont les parapsychologues, les occultistes qui sont à l'affût des découvertes dangereuses, et les formulaires, rituels et grimoires sont remplis de formules — par bonheur sans effet — pour détruire, tuer, brûler, subjuguer !

Voilà ce que pourrait être un réquisitoire contre la magie. Il ne manquerait pas de force.

Cependant, sous la gangue informe qui l'enveloppe et qui le cache, ne peut-on trouver une parcelle de diamant pur ?

16

Les psychodrogues

Cette magie devient un phénomène d'actualité avec l'avènement des psychodrogues et des drogues pharmaco-dynamiques qui, tout autant que l'atome, vont marquer notre époque.

Il est indéniable que les savants modernes empruntent à la pharmacopée des empiriques, même s'ils échangent la tisane et la décoction contre la piqûre et l'implant.

Les psychodrogues, expérimentées traditionnellement depuis la préhistoire, jusqu'aux initiés et yogis de nos temps, expliquent en partie les hallucinations, les transes, les extases, les prouesses physiques des fakirs et les dons des médiums.

Le Mahatma Gandhi, quand il faisait la grève de la faim, se dopait avec certaines tisanes, ce qui pourrait éclairer d'un jour nouveau ce personnage étonnant, saint homme apparemment, mais qui engendra deux fils, dont l'un devint fou et l'autre si délibérément enclin à l'alcoolisme qu'il se suicida dans une crise de delirium tremens.

C'est par la porte dérobée des bureaux des services secrets que les psychodrogues ont fait leur entrée dans l'arsenal de la science et de l'art militaire. L'essor prodigieux de la physique et de la biochimie a bousculé la routine des services de renseignements. Désormais, le FBI, le GPU, le 2e Bureau français et l'Intelligence Service, luttent de vitesse. On sait que l'arme secrète la plus récente sera péri-

319

mée en quelques années : le temps de mettre à l'essai des prototypes.

Or, les arsenaux de jadis ont fait place à des laboratoires si fermés que l'espionnage classique est devenu pratiquement impossible.

Aussi certains services de renseignements expérimentent-ils actuellement un nouveau procédé où les effets de clairvoyance, d'aperception et d'acuité intellectuelles sont directement déterminés par des psychodrogues.

Les expériences, depuis 1962, sont placées sous le couvert du secret d'État, mais les deux rapports que nous communiquons proviennent d'un enregistrement magnétique, présenté en 1961 par le docteur français François d'Agérac, à la School US of Aviation Medecine, section « Human Engeneering », qui travaille à créer l'homme de la stratosphère sous le contrôle de la Nasa.

Ces enregistrements figurent aux archives sous le n° G-81, suivi de quatre chiffres.

Le pega-palo

Le Dr d'Agérac avait mission officielle, en République Dominicaine, d'étudier une drogue aphrodisiaque : le pega-palo.

Vers 1938, cette drogue miracle, à la fois élixir de longue vie, haschich, marijuana, quinine et cantharide, fit la fortune de Trujillo qui l'avait répandue dans toute l'Amérique.

Voici le rapport du Dr d'Agérac sur cette drogue pharmaco-dynamique :

Dossier n°1 — G — 81
Le pega-palo est connu aux Caraïbes depuis plus de quatre siècles. Le premier Blanc qui en fait état dans ses écrits est l'illustre don Juan Poce de Leon, un vaillant capitaine espagnol. Il avait plus de cinquante ans lorsqu'il voulut éprouver

*les vertus de la plante ; sa jeune femme en avait à peine seize.
Et ceci explique cela.*

À l'instar de beaucoup de spécialités célèbres, digitaline,
cocaïne, éphédrine, mescaline et jusqu'à la pénicilline, le
pega-palo a primitivement été utilisé par des sorciers. La
pharmacopée moderne, en l'annexant, lui donna le nom de
Rhynchosia pyramidalis.

C'est une sorte de vigne sauvage qui pousse à San Domingo
et dans la République d'Haïti où les Noirs l'appellent
pimandé *ou* liane bandée. *Les sorciers vaudous l'utilisent aux
mêmes fins que nous : ils en tirent un philtre qui fait merveille dans les cas d'impuissance ou de carence virile.*

Mais ce qui, à Haïti, n'est encore qu'au stade artisanal
était devenu une industrie prospère à San Domingo sous l'im-
pulsion du président Trujillo qui avait chargé mon confrère,
le Dr José G. Soha, directeur du Service de Santé du pays, de
rationaliser la production de la Rhynchosia pyramidalis *et
d'en répandre les bienfaits à l'extérieur : en Orient d'abord,
en Occident ensuite.*

En Orient, le succès s'est révélé complet : on y diffusa le
produit dans des flacons de fortifiant portant l'étiquette :
Tintura de Pega-Palo, *fortidam.*

Aux États-Unis, où le « Laboratoire Quimico Dominica-
no », nom officiel de l'organisation commerciale, s'est heurté
à la Food an Drug Administration, le pega-palo est clandes-
tinement distillé aux Américains dans les bars de Floride et
de Virginie.

Le yagé

Le rapport n° 2 du Dr d'Agérac, immatriculé G-81-1 B,
comportait une proposition d'une extrême importance
puisqu'il suggérait aux Services Secrets US d'expérimenter
une psychodrogue extraordinaire, le yagé, à des fins
d'espionnage :

*Je propose le yagé de préférence à d'autres végétaux méta-
gnomigènes :* l'olohuqui, l'huachuma, l'ayahuasco, le datura,

321

le *peyotl* et le muchamore sibérien ou bolet des Kamtcha- dales, parce que j'ai étudié ses effets à l'Institut Expérimental de Saint-Domingue.

Le yagé a une prédilection pour les forêts vierges de l'Amazone, mais on le trouve également en d'autres régions des tropiques ; son potentiel pharmaco-dynamique se localise dans la partie la plus proche de la terre.

Quant à la façon de l'utiliser, rien de plus simple : il faut nettoyer la liane sous un jet d'eau courante, la hacher, puis la faire bouillir pendant 36 heures dans un certain volume d'eau. Le decoctum, c'est-à-dire le liquide restant après cette longue cuisson, doit être filtré, mais sans précaution particulière, uniquement pour le rendre absorbable.

Le sujet drogué avec ce decoctum entre en transe, et acquiert des facultés supranormales qui lui donnent le pouvoir psychique de franchir tous les obstacles et de partir en mission, instantanément, dans n'importe quelle région du globe.

Inconsistant, invisible, impondérable, mais pourtant vigilant et compréhensif, il peut devenir un espion en corps astral et se jouer de tous les rideaux de fer et des huis clos les plus formels.

Bien entendu, ces facultés médiumniques ont été scientifiquement contrôlées à l'Institut de Saint-Domingue, en mars et avril 1958, et des rapports officiels certifient l'authenticité des faits relatés.

Les documents sont contresignés par différentes personnalités scientifiques dominicaines et par : le Dr J. G. Soha, chef du Service sanitaire ; Dominguez Albarran, docteur en pharmacie ; Aristote Aris, correspondant de la Duke University ; et par le préfet de police de Ciudad-Trujillo.

Suivait la relation d'une vingtaine d'expériences dont les quatre cas ci-après :

— Découverte à 1 400 km d'un enfant de deux ans enlevé à ses grands-parents (sujet : une fille de salle, noire, travaillant à la cantine des employés de l'Institut de Saint-Domingue).

— *Description d'une salle de jeu de Las Vegas, de 23 h 15 à 24 h (sujet : un adolescent de 17 ans, aide-bûcheron dans la région de Yaqui [Saint-Domingue]).*

— *Description d'une partie de tennis à Sydney (sujet : un campesino âgé d'environ 80 ans, n'ayant jamais quitté son village au pied des monts Cristi [Saint-Domingue]).*

— *Énumération des valeurs enfermées dans un coffre de la succursale de la Chase Bank à Vancouver (sujet : un pêcheur du lac Enriquillo [Saint-Domingue])...*

Il va de soi que les sujets que nous avions sélectionnés étaient des individus sans tare, de constitution robuste et d'intelligence moyenne. Ils ne savaient ni ne soupçonnaient ce qu'on attendait d'eux, le prétexte officiel de leur convocation à l'Institut étant un examen médical, qui expliquait suffisamment le jeûne de 12 heures que nous avions prescrit avant l'expérience.

Le sujet, bien que conservant toujours sa lucidité, ne garde pas le souvenir de ce qu'il dit et voit sous l'influence de la drogue.

C'est là un point d'une extrême importance.

Le docteur d'Agérac explique ainsi l'influence spécifique du yagé sur le cerveau :

À mon avis et d'après les encéphalogrammes recueillis au cours de mes expériences, le phénomène yagé se passe au niveau du cortex cérébral. Il agit sur les neurones, plus particulièrement sur les synapses qui sont les points de jonction interneuroniques... et aussi, mais ce n'est là qu'une hypothèse, sur l'acétylcholine qui est le médiateur chimique réglant la circulation des influx de neurone à neurone.

En agissant indirectement sur ces influx, le yagé provoque l'émergence (provisoire) d'une faculté nouvelle de la conscience et le drogué acquiert le don de bilocation. Tout en demeurant physiquement sur place, son esprit ou une part consciente de lui-même se transporte à l'endroit qu'on lui a demandé d'investiguer. Il est à ce moment précis, dans l'état de superconscience que les yogis qualifient de taijasa.

Il semble donc possible que sous l'action du yagé, l'esprit conscient d'un individu puisse pénétrer dans les centrales atomiques et les laboratoires des savants.

Si un tel pouvoir existe, des agents secrets pratiquent déjà cette forme inédite de l'espionnage moderne.

Les psychodrogues peuvent avoir d'autres utilisations. Il serait possible notamment d'établir télépathiquement une liaison air-sol entre les avions et les tours de contrôle. En ce cas, la transmission de pensée suppléerait le message radio.

Enfin, la distance et le temps se trouvant abolis pour les sujets soumis à l'action du yagé, il serait passionnant de procéder à des explorations — sous forme d'expériences — dans le monde cosmique encore hors d'atteinte. Sur la Lune, par exemple, et même jusqu'aux étoiles distantes de milliers d'années-lumière si les tests se révèlent encourageants.

Il ne nous est pas possible, ne disposant pas de yagé, de savoir si actuellement des espions américains assistent aux conférences secrètes du Kremlin ou accompagnent le Premier ministre soviétique dans sa datcha, au cours de ses week-ends, mais nous pouvons révéler un fait curieux : en août 1962, M. Khrouchtchev a été pris d'une véritable crise de nerfs en apprenant par la presse que M. Kennedy avait déclaré :

« L'URSS vient de signer un traité secret militaire et économique avec Cuba. Le traité a été ratifié par M. Gavara pour la République cubaine. »

Or, l'existence de ce traité ne fut rendue publique que le 3 septembre. C'était la première fois qu'un secret d'État soviétique était éventé par l'Intelligence Department US. Pourtant M. Khrouchtchev a déclaré formellement :

« Il n'y a pas eu de fuite ! »

Toutefois, les psychodrogues présentent un inconvénient majeur : si elles déterminent la voyance, elles rendent aussi aboulique et constituent un véritable sérum de vérité.

Se rattachant au lavage de cerveau et à l'emprise naturelle ou artificielle sur l'intellect, la résistance aux drogues et aux suggestions imposées a été étudiée par des services spécialisés. On sait en particulier combien les Russes étaient passés maîtres dans l'art de provoquer l'autocritique, de dépersonnaliser les individus, de les subjuguer et de les confesser.

Le cardinal Mindszenty, primat de Hongrie, soumis à l'inquisition, au peyotl et autres pseudo-sérums de vérité, fut, sinon le premier, du moins le cas le plus célèbre. Récemment, le colonel US Francis Powers, pilote de l'avion espion *U-2* abattu en 1960 par les Russes, ne put résister au traitement subi.

C'est dire l'importance que revêt la force de caractère des hommes appelés à détenir des secrets d'État et à lutter jusqu'à l'extrême limite des forces humaines pour ne pas les trahir.

L'école de Saclay

En France, l'École Navale, comme la Marine US, participe à la course au cosmos, aux fabrications d'engins à propulsion atomique et d'armes secrètes. Le recrutement des cadres est un problème si difficile que la sélection des ingénieurs est opérée à Saclay où on leur fait subir des tests psychotechniques très poussés qui sont de véritables lavages de cerveaux.

Ceux qui résistent le plus longtemps sont les premiers choisis.

Physiologiquement, ces hommes sont soumis à un examen des plus sévères. Quiconque a plus de 1,11 m de gros intestin est éliminé, car il est prouvé par les travaux du professeur français Pierre Duval, membre de l'Académie de Médecine, que les hommes d'action, à caractère solide, ont un gros intestin plus court que la moyenne (1,11 m pour un poids de 62 kg).

325

Les mystiques, qui ont tous un gros intestin anormalement long, ont tendance à devenir plus raisonnables si on en diminue la longueur. La raison de cette métamorphose n'est pas encore clairement connue, mais le fait a été souvent constaté. Tout se passe comme si le gros intestin déterminait directement le comportement cérébral et une certaine tendance à l'idéalisme.

En 1938, le professeur Duval eut à opérer, à l'hôpital de Vaugirard, pour une occlusion intestinale, une haute personnalité religieuse dont le gros intestin était anormalement long : près de 2 m. On coupa environ 1 m et la guérison s'effectua dans les meilleures conditions.

En 1941, l'ecclésiastique vint remercier le professeur Duval, accompagné de sa femme et de ses deux enfants. Il avait perdu la foi, quitté les ordres et s'était marié.

D'autres cas semblables furent observés sur des personnalités moins importantes, religieux de toutes confessions et spiritualistes.

On peut avancer que les toxines résorbées par le gros intestin conditionnent le caractère de chaque individu.

Une école d'envoûtement

La guerre psychologique — la guerre froide — emprunte ses armes à une panoplie extrêmement complexe, qui va jusqu'à l'envoûtement politique.

Le *Sunday Telegraph*, de Londres, a publié en 1961, sous le titre *Moscou trained me for revolt in Africa, by Anthony G. Okotcha*, une curieuse relation de pratiques de sorcellerie dont l'auteur, étudiant noir nigérien, aurait été le héros [1].

---

1. Publié par le journal *La Nation géorgienne*. Le récit de A. G. Okotcha est en vente au *Sunday Telegraph*, 135 Fleet Street, London EC4. Bien que cette relation ait un caractère de politique tendancieuse elle est certainement exacte. Mais il est probable que les gouvernements anticommunistes ont employé des procédés analogues à des fins politiquement opposées.

Cet étudiant s'était laissé persuader d'aller apprendre le droit international à l'université de l'Amitié-des-Peuples à Moscou. Endoctriné en politique révolutionnaire (le droit international brillait par son absence en ladite université), il a assisté à des cours d'assassinat politique et de sorcellerie à l'usage des peuples d'Afrique. Sorcellerie « scientifique » : crânes parlant par microphones : « Je suis l'esprit de ton ancêtre ; je suis Shango le Grand Esprit des eaux profondes ; va tuer le gouverneur britannique ; inscris-toi au Parti Communiste et obéis, les yeux fermés, à tous ses ordres... »

Okotcha revint à Londres pour recruter des étudiants africains à destination de la même université, puis il fut envoyé en Afrique pour renverser le gouvernement modéré de la Nigeria et y instaurer en 1964 un régime communiste.

Les multiples assassinats de leaders politiques noirs et d'administrateurs jugés irrécupérables, prévus pour atteindre ce but, ont finalement ouvert les yeux de l'étudiant qui se récusa.

Dans notre humanité inquiète et inquiétante, les drogues nouvelles n'ont pas encore donné la mesure de leurs possibilités, mais elles présentent déjà des dangers.

Les psychodrogues ne pouvaient guère servir qu'à une recherche incertaine. Les produits dynamiques et les tranquillisants sont, eux, tout-puissants dans la préparation du monde de demain : celui des robots passifs et consentants que l'on peut transformer en dieux redoutables.

17

Les drogues pharmaco-dynamiques

Les drogues pharmaco-dynamiques, qui appartiennent en propre à nos Temps d'Apocalypse, ont eu dans l'Antiquité des précédents, pourrait-on dire, naturels. Les combattants de *L'Iliade* s'injuriaient pour chauffer leur colère, les Gaulois recherchaient les lâches dans leurs rangs, les chrétiens priaient, chantaient ou lançaient l'anathème. Puis apparurent les véritables drogues pharmaco-dynamiques : le vin et la célèbre « gniole » qui remporta la guerre de 14-18 contre les buveurs de bière.

Les volontaires de la mort japonais, après avoir suivi des cours dans des écoles spéciales et subi des lavages de cerveau, étaient drogués ou enivrés à l'alcool de riz. Les bacchanales antiques, les orgies bachiques, l'éréthisme nerveux, les congestions cérébrales des yogis, la danse et la musique hot procèdent du même principe d'excitation. S'y ajoutent bien entendu les excitants éprouvés, haschich, pega-palo, Maxiton, etc.

Nous vivons dans une ère où l'homme ne peut plus demeurer ce qu'il est : il doit évoluer, muter, ce qui suppose une nécessité de temps inacceptable, s'il ne veut pas être éjecté des engins qu'il invente.

Il doit, lui le pilote, aller à la même vitesse que la fusée qu'il a construite ; or, l'évolution mécanique est infiniment plus rapide que l'évolution physique et l'homme est en retard par rapport aux machines qui dépassent ses possibilités et qui déborderont bientôt son génie. Car il lui faut aussi devenir plus intelligent, plus fort, plus intuitif : en bref, l'homme doit provoquer son surhaussement pour devenir un demi-dieu.

L'héroïsme quotidien

Cette mutation artificielle qu'il est pressé d'acquérir, il la réalise par les drogues pharmaco-dynamiques. Grâce à elles, en quelques heures, il peut devenir un héros.

Depuis une vingtaine d'années, l'héroïsme — qui est souvent une forme du fanatisme, du fatalisme, du désespoir ou de la perversion — est devenu chose plus courante que la lâcheté. On connaît encore des hommes qui ont peur, mais les Léonidas, les Bayard, les Surcouf se multiplient, ce qui ne manque pas d'être inquiétant.

En 1940, les SS d'Adolf Hitler se sacrifiaient avec une sorte de volupté pour leur führer. A Stalingrad, les Russes se firent tuer sur place plutôt que de reculer. En 1944, des régiments alliés briguèrent l'honneur mortel de débarquer les premiers sur les côtes de la Manche. Pour l'opération suicide de Diên Biên Phu, en Indochine, il y eut plus de volontaires que d'appelés, sans parler des *kamikazé* japonais, des hommes-grenouilles suicides italiens, des candidats au voyage dans le Cosmos.

Mais la nature exceptionnelle des missions militaires et scientifiques (elles coïncident la plupart du temps [1]) que l'on confie aux soldats et aux savants oblige à des mesures d'une rigueur extrême. Il ne doit pas exister un risque sur mille que l'homme de confiance — cosmonaute ou espion — ait une défaillance : l'importance de l'enjeu exige la réussite.

La mise à l'épreuve sur le Japon de la première bombe atomique fut à ce point de vue riche d'enseignements. Préalablement, avec une folle inconscience, les Américains avaient confié à des étrangers la direction et l'exploitation

---

1. Les cosmonautes sont tous des militaires : capitaines ou colonels.

de leurs usines nucléaires. À Los Alamos, Oppenheimer et d'autres savants atomistes avaient parié chacun un dollar sur les chances de réussite de la bombe de juillet 1945.

Le pieux président Truman donna son accord au lancement de la bombe A sur Hiroshima, après s'être mis au lit et avoir lu la Bible, comme chaque soir [1].

Le plus grand assassin

La responsabilité de l'anéantissement des deux villes japonaises (Hiroshima et Nagasaki) fut confiée à un groupe d'aviateurs américains dont faisait partie le jeune Claude Eatherly, 25 ans.

Et si Eatherly, tourmenté de scrupules de conscience, l'esprit subitement dérangé, avait lancé les bombes sur New York et San Francisco ? À vrai dire, Eatherly ignorait l'importance du cataclysme qu'il allait déclencher.

Toutefois, devenu fou en 1947, par « complexe de culpabilité », il fut interné plusieurs fois et cria à la face du monde que le gouvernement américain avait fait de lui le plus grand assassin de tous les siècles. Un autre pilote de l'expédition, le sergent Leroy Lehman, rongé de remords, s'était retiré dans un couvent en Italie. Puis, on apprit des détails sur la « belle opération [1] » :

Le colonel P. W. Tibbets junior (35 ans), le capitaine Lewis, le lieutenant Nelson (20 ans) et six autres officiers formaient un équipage sain de corps et d'intellect qui pilotait un B-29 baptisé Enola-Gay [2], *gloire de la mécanique de notre ère scientifique.*

Ils se croyaient également spirituellement sains, car ils avaient à bord de leur B-29 quatre bibles, deux croix et comme talismans, des objets que vous ne sauriez imaginer : trois culottes de femmes !

*Et voilà qui en dit long sur l'équipage de l'*Enola-Gay.

---

1. Collection Noyau, Série A.
2. Enola-Gay : c'était le nom de jeune fille de la mère du colonel Tibbets.

Et tout cet assemblage de bibles et de culottes de femmes vous dira davantage quand vous saurez que le B-29 et son équipage sélectionné, en parfaite santé physique et morale..., furent l'avion et l'équipage qui, le 6 août 1945, lâchèrent la bombe A sur Hiroshima (150 000 morts).

Il n'est plus question maintenant — ni pour les Américains, ni pour les Russes, ni pour qui que ce soit — d'envoyer sur des bombardiers atomiques, et à plus forte raison sur des fusées spatiales, des hommes qui pourraient devenir fous, avoir peur, ou froid ou faim, ou même *qui pourraient penser.*

Tout est réglé d'avance ; de la Terre, on pense, on réagit pour le cosmonaute qui n'aura plus, s'il en réchappe, qu'à débiter la petite leçon apprise, recevoir des bouquets et embrasser en souriant des petites filles endimanchées.

Les cosmonautes sont des robots

Voici comment le deuxième homme de l'espace fut préparé à la mission qu'il devait remplir mort ou vif :

À 4 h 30, Titov, qui dormait dans sa chambre d'isolement, est réveillé par ses gardiens. Il ne sait pas que ce dimanche 6 août 1961 est le jour J.

Les savants chargés de sa précieuse personne épient ses réactions avec une attention sévère. Tout va bien : depuis deux jours, le futur cosmonaute est biologiquement au point ; les drogues, alliées à certaines formules de tranquillisants, ont fait de lui un être parfaitement docile.

Après des semaines d'école spéciale, d'entraînement et de traitements physiques et psychiques, il assumera exactement la mission que l'État va lui confier. Gherman Titov n'aura pas peur, pas froid, pas faim, pas chaud, car il n'a pas de corps à lui ; il n'aura pas de scrupules de conscience, car il n'a pas de conscience ; il ne trahira pas, il sera un rouage télécommandé de la Terre.

Il mange le léger repas chimiquement préparé pour lui et passe aux mains des habilleurs. Un spécialiste fixe sur son crâne et sur tout son corps les contacts d'électrodes qui télédéclencheront ses réflexes et renseigneront les savants sur le comportement de son organisme.

On le revêt de son scaphandre bleu pâle de cosmonaute, et des électroniciens vérifient les lignes qui seront branchées sur un dispatching de bord.

Désormais, Titov n'est plus un homme, pas même un robot, mais une sorte de machine électronique qu'on transporte en car, qu'on hisse par ascenseur, qu'on ajuste comme un rouage parmi d'autres rouages dans le cercueil de céramique-titane.

Titov, pendant 25 heures, ne verra rien — pas même la mappemonde gyroscopique montée « en frime » devant ses yeux aveugles —, il ne sentira rien, il n'aura aucune notion de temps, de danger, de grandeur.

À proximité de ses mains sont des manettes. Il n'aura guère à les manœuvrer : de la Terre, ceux qui le dirigent déclencheront automatiquement, à point voulu, les réflexes de ses mains, par le jeu des électrodes. Il sera en dehors de tout, mais il faut bien donner l'impression qu'il sert à quelque chose.

À 7 heures, Titov est parti, baignant dans une douce euphorie comme un Bienheureux montant au Paradis [1].

Les hommes ne sont pas prêts — ni physiquement ni moralement — à effectuer impunément une navigation sidérale sur des engins qui développent une poussée de 2 millions de tonnes. Déjà, sur les avions à réaction volant à 800 km-heure, de nombreux passagers ont des crises d'épilepsie et de dépression nerveuse. Le 18 septembre 1962, l'actrice Jayne Mansfield, venant de Rome, descendit en larmes à l'aérodrome de New York.

Quand le voyageur est de moindre notoriété, son agitation est calmée par des procédés sans appel. Sur la ligne

---

1. À la seconde du départ il aurait dit : « Et un bonheur jamais éprouvé m'enivra. »

Paris-Bamako, les Noirs qui ne peuvent supporter l'altitude et la vitesse et qui sont pris de crises de nerfs font le trajet « clef à molette », c'est-à-dire qu'on les assomme avec l'instrument précité.

Tous les pilotes et toutes les hôtesses de l'air, sur les lignes rapides, sont victimes de dépression et de troubles pulmonaires. On a même vu — plusieurs fois, mais le fait est tenu secret — équipage, hôtesses et passagers *refuser de prendre l'air* !

Il existe donc une nécessité de préparer les hommes au voyage cosmique en les habituant au préalable sur des jets volant à Mach 3 (plus de 3 000 km/heure) à une altitude de 20 000 mètres environ. Cela pose des problèmes très difficiles à résoudre, si difficiles que les compagnies aériennes n'envisagent pas de lignes supersoniques commerciales avant 1970.

De toute façon, le système « clef à molette » fera place à une médication plus scientifique. Au lieu d'inciter les passagers, comme on le fait aujourd'hui, à prendre un cachet contre le mal de l'air, on délivrera, avec le billet, la drogue qui permettra de supporter aisément le voyage.

Quant aux conséquences subies par les humbles Terriens demeurés au sol, on n'en parle pas. Signalons cependant le rapport du pilote du *B-58* qui parcourut Los Angeles-New York et retour en 4 h 42 mn : *Vitesse en altitude : 1 500 miles à l'heure ; au sol : 13 000 fenêtres brisées.*

Pourtant, il est hors de doute que nous poursuivrons la conquête du ciel. Les temps de cette conquête sont venus. Il n'est plus possible de faire machine arrière. Le destin de l'homme le pousse hors de la Terre.

Comme Titov, il deviendra un robot savamment élaboré par les bons docteurs-électrodes et il s'envolera vers les astres, plongé à distance dans « un bonheur jamais éprouvé ». Ainsi se fera la sélection naturelle : ceux qui ne pourront suivre le rythme disparaîtront ; les autres s'adapteront à la nouvelle ère.

Quand la planète Terre deviendra inhabitable, si elle le devient, seule survivra l'élite préparée à l'évasion cosmique. En attendant cet exode, une véritable guerre scientifique oppose l'Occident à l'Orient.

Les tranquillisants : une redoutable invention

La fin de siècle que nous allons vivre ne sera cependant pas aussi affolante qu'on pourrait le supposer, car, comme dans l'avion supersonique, les tranquillisants aideront à supporter le voyage, et les drogues pharmaco-dynamiques donneront aux hommes l'impression euphorique d'être des demi-dieux.

En découvrant les tranquillisants, le Français Laborit a réalisé une révolution qui va changer la face du monde et former, tout autant que l'avènement de la science atomique, les caractères propres à l'ère nouvelle.

L'homme, par l'intercession des drogues, entre de plain-pied dans un paradis artificiel.

Déjà, de plus en plus, il échange ses qualités réelles contre des qualités apparentes qui sont loin d'être inoffensives.

Qu'un malade drogué affronte une opération en toute quiétude, sous l'influence d'un tranquillisant, soit ! Mais ce sont les hommes « améliorés » qui la nuit s'élancent à 150 à l'heure sur les autoroutes ; les cosmonautes drogués qui montent dans les fusées sidérales ; des femmes enceintes qui abusent de certains médicaments pour affronter l'enfantement.

Les étudiants des lycées se droguent pour passer un examen, et il n'est un secret pour personne que les athlètes russes et américains, que les coureurs cyclistes et les nageurs se « dopent » pour améliorer leurs performances. Bientôt, le savant lui-même — si ce n'est déjà fait — voudra décupler ses facultés intellectuelles.

L'étude de la psychologie sous-marine effectuée par l'explorateur Jean-Albert Foëx[1] a démontré que l'esprit

---

1. Dans son livre : *Les mystères du Monde submergé*, éd. R. Laffont.

humain, à une certaine profondeur, acquiert des aperceptions dans le sens de la quatrième dimension.

Tout cela risque de nous mener très loin.

L'homme artificiel, le demi-dieu de l'an deux mille sera-t-il véritablement plus heureux que nous ?

Le but suprême de la vie étant le bonheur, la science entreprend d'imposer à l'humanité un bonheur obligatoire. Le premier stade est l'abrogation du malheur.

Le malheur ? C'est une situation précaire, subalterne, un mal incurable qui guette, un amoindrissement physique irrémédiable, des soucis ou des deuils familiaux, l'insécurité personnelle ou sociale, des échecs. Qu'importe, si le médicament miracle est là.

Un opium, un haschich, une cocaïne sans effet pernicieux apparent, un tonique, autorisé et même — pourquoi pas ? — imposé à la façon du bromure dans le vin des casernes : voilà le bonheur à la portée de tous. Il suffit pour cela que les gouvernements prennent le monopole de certains produits.

Ainsi naîtra peut-être l'homme robot, s'écartant de son destin naturel et soumis à devenir strictement réglé, épousant la politique, adoptant les jugements dictés. Il est possible que ce bonheur soit une victoire, mais une victoire inquiétante.

Les dieux artificiels

En attendant sa mutation non contrôlable, l'homme de l'an deux mille revêt déjà le *Chaud Manteau des Dieux*, acquiert l'intelligence, l'instinct, la résistance des entités supérieures. Il ne lui reste plus qu'à acquérir l'immortalité.

S'il précipite sa chute, il transforme la culbute en envol, et comme Titov, l'homme de l'an deux mille élabore son dangereux destin avec la sensation d'un Bienheureux au paradis. Peut-on penser — comme certains — que des êtres supérieurs, que nous ne connaissons pas, sacrifient l'homme terrestre pour préparer l'avènement de l'homme du cosmos ? Peut-on penser que ces irradiations, ces drogues, ces mutations accélérées sont une opération sauvetage ?

La conquête du ciel deviendrait-elle une nécessité vitale ?

Il est étrange de constater que les nations engagées dans la course au ciel n'ont pas donné les raisons qui les animaient.

La curiosité scientifique, l'esprit d'aventure ? Peut-être existe-t-il aussi un besoin presque inconscient de fuir notre planète menacée.

On a supposé aussi que nous pourrions obéir à un mystérieux appel venu des profondeurs du ciel, appel télépathique, informulé, transporté par des ondes que nous ne savons pas capter.

On a souvent annoncé que des extraterrestres avaient atterri, soit pour étudier, soit pour contacter les Terriens. Mais alors, si des rapports ont été établis — ce qui est loin d'être certain — on est en droit de penser que le secret des voyages spatiaux a peut-être été révélé. À moins que la science de Vénus, de Mars, ou d'ailleurs, ne soit absolument différente de la nôtre, inadaptable.

À moins que les êtres d'ailleurs n'estiment souhaitable de ne pas encourager les échanges à double sens.

Lointaines semences

Bien entendu, cette extrapolation est fort aventureuse, mais elle est peut-être la vérité de demain. Il y a plus de trente ans, une Anglaise, lady R..., croyait si fermement à la panspermie et à la coexistence cosmique, qu'elle expérimenta sur des adeptes la justesse de ses théories.

Il s'agissait de faire féconder de jeunes femmes par des semences d'êtres du cosmos transportées sur ondes-lumière. Lady R... avait tenté l'expérience elle-même, mais sans succès. Elle en avait conclu que son âge — une soixantaine d'années — prêtait un support douteux à la tentative.

L'expérience se poursuivit avec de belles et jeunes vierges qui, couchées nues dans une propriété privée, cherchaient aventure avec les étoiles. Des écrans judicieusement placés faisaient converger une lumière dense, mais tamisée pour éviter les brûlures. On pensait ainsi augmenter les chances d'insémination.

Les vierges que lady R... destinait à devenir les mères d'une nouvelle humanité étaient, en raison du rôle éminent qui pouvait leur échoir, nourries selon la méthode végétarienne, tenues hors de tout contact humain comme les vestales et n'avaient le droit de lire que la Bible. Elles formaient deux clans : l'un, soumis à la panspermie des étoiles, était composé de jeunes filles qui devaient vivre toutes nues du coucher au lever du soleil ; l'autre — le moins nombreux — était consacré à la fécondation solaire et les filles, couchées sur des lits portatifs orientables selon le déplacement de l'astre, officiaient de l'aube au crépuscule.

Au début, les résultats ne furent guère encourageants. Lady R... commençait à douter de sa théorie, quand une des jeunes filles eut les symptômes d'une maternité que le médecin confirma. Quelques mois après, elle fit une fausse couche.

Lady R..., qui avait toujours pris grand soin d'éloigner le sexe fort de ses sujets, proclama que la « chose » était le fils d'un homme de l'espace. La presse tourna l'affaire en dérision et nul ne voulut croire la jeune mère — elle affirmait être vierge — et la vieille lady qui mourut avec ses fantasmes.

Messages du cosmos

Parallèlement à l'essai de conquête, il devient indispensable de signaler aux extraplanétaires que nous envisageons d'entrer en contact avec eux.

Déjà des fusées sont parties vers la Lune, Vénus et Mars ; mais le bon ton n'exige-t-il pas qu'en toute circonstance on frappe à la porte avant d'entrer ?

Les Russes ont considéré comme l'expédition d'un message l'envoi de Lunik II, le 12 septembre 1959, sur la Lune. Camille Flammarion et les astronomes William Pickering et Robert Barker croyaient que la Lune était habitée !

Barker nota le 12 décembre 1937 et le 16 janvier 1938 des zones colorées laissant croire qu'une végétation se développait sur notre satellite en un cycle végétatif complet de 14 jours 3/4.

L'astronome Percival Lowell vit au télescope, dans la nuit du 7 décembre 1900, une traînée de lumière jaillir de Mars et demeurer visible pendant 1 heure 10 minutes.

S'agissait-il d'un signal ? C'est peu probable, car un signal doit comporter au moins deux caractéristiques : être d'une nature compréhensible, être répété à intervalles réguliers. Giovanni Schiaparelli, directeur de l'Observatoire de Milan, vit sur la planète Mars une croix lumineuse. En 1921, Guglielmo Marconi capta, sur son yacht l'*Elektra*, des messages en morse qu'il assurait provenir d'une zone extraterrestre. Ces messages émis sur 150 000 m de longueur d'onde se répétaient à intervalles réguliers et ne pouvaient provenir de perturbations électriques.

Pour leur part, les hommes doivent eux aussi envoyer des signaux dans le cosmos. Mais quel signal envoyer ? Un message en morse, avec le laser ?

En 1944, un astrophysicien allemand calcula que l'atome d'hydrogène neutre devait émettre un rayonnement hertzien sur une longueur d'onde voisine de 21 centimètres. Ce rayonnement, la *raie 21* de l'hydrogène, a la particularité de ne pas être arrêté par les poussières cosmiques et constitue en quelque sorte « la longueur d'onde type du cosmos ». Il est facilement détecté par les radiotélescopes.

Si donc des civilisations analogues à la nôtre ou, mieux encore, supérieures à la nôtre, existent dans le Cosmos à une distance n'excédant pas 2 millions d'années-lumière [1], nous devons pouvoir communiquer avec elles, car la longueur d'onde de 21 cm est obligatoirement captée par les astronomes extraplanétaires. Il serait évidemment fort instructif d'entretenir ainsi des conversations. Mais comment comprendre le sens des messages ?

Et que dire, de notre côté ?

En Amérique, des techniciens spécialisés s'efforcent d'établir un code de signes idéographiques et phonétiques. Évidemment, ces contacts, ces messages, impliquent la certitude que les extraterrestres ne sont pas parmi nous. Pourtant, des faits curieux mais peu vraisemblables, notés comme indices insolites, figurent aux archives des clubs d'études des UFO.

On y trouve d'abord certaines relations de contacts entre extraterrestres et Terriens, notamment au Japon et en Amérique, mais il est difficile de leur accorder grand crédit. Les Vénusiens qui auraient atterri au mont Shasta, les délégués de Bételgeuse à Muroc Air Field et les débarquements de Martiens par soucoupes volantes ne présentent pas de garanties sérieuses. Nous en avons déjà parlé.

Monica, fille sans père

En juillet 1962, un brusque refroidissement de la température survint à Catane, en Sicile, sans raison apparente, et des témoins assurèrent que « des choses sans consistance, qui étaient peut-être des hommes d'une autre planète », avaient visité plusieurs maisons.

En Allemagne, en 1945, une naissance extraordinaire fut interprétée comme le résultat d'une expérience analogue à celle de lady R..., mais provoquée par les extraterrestres.

---

1. La *raie 21* de l'hydrogène a cependant un pouvoir de pénétration très supérieur à 2 millions d'années-lumière, et on sait par l'observation de la Grande Nébuleuse d'Andromède, qui se situe à cette distance de la Terre, que des communications de cet ordre sont aisément réalisables.

Il s'agit de l'affaire de la petite Monica.

Au cours de l'été 1944, une jeune Allemande de Hambourg, âgée de 26 ans, eut la surprise d'entendre son docteur lui annoncer une maternité proche. Or, la jeune femme était absolument certaine de n'avoir pas connu d'homme depuis quinze mois. En 1945, elle mit au monde la petite Monica, sans essayer de prouver scientifiquement le miracle qui venait de se produire.

Elle se maria, divorça et épousa en 1956 un Anglais qui l'emmena dans son pays.

C'est alors qu'elle répondit à une enquête du journal *Sunday Picturial* qui posait carrément à ses lectrices la question suivante : *Madame, avez-vous eu un enfant sans père ?*

Son cas fut retenu parmi une vingtaine d'autres ; des expertises scientifiques précises, effectuées par un jury médical désigné par le journal, démontrèrent, particulièrement par l'effet d'une greffe réussie aussi bien sur la mère que sur la fille, qu'il y avait eu parthénogenèse. La sérieuse revue médicale anglaise *Lancet* déclara qu'*il n'était pas possible de prouver scientifiquement qu'un père avait participé à la naissance*, les analyses et la greffe démontrant le contraire.

En février 1953, le docteur Lombard, d'Alger, communiqua à l'Académie de Médecine l'extraordinaire aventure d'un garçonnet de 21 mois, le petit Gilles M..., de Loverdo (dans le massif d'Ouarsenis), qui donna naissance à un enfant. Une opération chirurgicale l'avait en effet délivré d'un fœtus mesurant 14 centimètres, pourvu d'un petit squelette et de quelques cheveux.

C'était un authentique fœtus humain qui semblait devoir se développer normalement et dont un accident avait interrompu la croissance. Ce cas de parthénogenèse était exceptionnel, la mère du fœtus étant du sexe masculin. Le Dr Lombard a éliminé l'hypothèse d'un frère jumeau de Gilles. Il assure que le fœtus était bien le *fils* du bébé.

Il y a près de 2 000 ans, un autre cas de parthénogenèse changea le cours de l'Histoire.

Pour les catholiques, la Vierge Marie a conçu par l'opération du Saint-Esprit, mais certains milieux russes lancent actuellement l'hypothèse que Jésus et ses apôtres étaient des voyageurs extraplanétaires [1] !

Enlèvements

Si une parcelle de l'humanité extraterrestre s'ajoute à la nôtre, on peut présumer qu'en contrepartie des prélèvements de notre espèce ont pu être effectués par des visiteurs étrangers.

Là encore, il s'agit d'une hypothèse, mais qui repose sur les inquiétantes disparitions que l'on signale en Amérique.

L'hebdomadaire *La Presse*, en 1961, s'est fait l'écho de ces disparitions dont le caractère est particulièrement insolite, car elles portent sur des familles entières et défient toute explication :

Le 14 août 1952, le boucher Tom Brooke, sa femme et son fils de 11 ans, prenaient congé d'amis à proximité d'un bar, à 60 km de Miami, en Floride ; ils montaient dans leur voiture et démarraient. Il était 23 h 40.

A 7 h 14 le lendemain matin, la police découvrait leur voiture abandonnée à 18 km du bar. Les phares étaient restés allumés, une portière était ouverte et sur la banquette arrière se trouvait le sac à main de Mrs. Brooke, qui contenait une grosse somme d'argent. Dans la prairie bordant la route, on trouva des traces des Brooke. Ils s'étaient avancés d'une dizaine de pas, puis semblaient s'être volatilisés car les traces s'arrêtaient brusquement.

À 11 km de là, une serveuse de restaurant, Mabel Twin, disparaissait *la même nuit, de la même façon.* Jamais plus on ne revit ces quatre personnes et jamais la police n'expliqua ces disparitions.

Un agent du FBI dit en manière de boutade :

---

1. Sur le plan médical, s'il y avait eu parthénogenèse, la Vierge aurait dû engendrer une fille. Le cas est donc extraordinaire.

« On dirait qu'ils ont été enlevés par les Martiens. »

C'était en effet l'époque où les soucoupes volantes sillonnaient le ciel des USA et où quelques Américains disaient avoir aperçu leurs occupants.

À noter encore :

— Le 7 décembre 1959, M. Ken Martin, 54 ans, sa femme et leurs trois filles disparaissent de Portland (Oregon) après avoir annoncé qu'ils vont chercher un sapin de Noël.

— Le 29 décembre, c'est le tour de M. Earl Zrust, de sa femme et de leurs quatre enfants (à Silver Lake, Minnesota).

— Le 11 janvier 1960, D. Carrol Jackson, 29 ans, sa femme et leurs enfants, habitant le comté de Louisa en Virginie, disparaissent en allant rendre visite à des amis. Leur auto est retrouvée près d'un fossé.

Toutes ces disparitions ont eu lieu en rase campagne, avec voiture abandonnée au bord de la route. Une fois un sac contenant de l'argent est laissé sur le siège.

Le mystère est total, à moins qu'on ne veuille admettre l'hypothèse d'un enlèvement hors de notre monde. Dans ce cas, les soucoupes volantes ne seraient peut-être pas une simple hallucination.

Toutes les suppositions sont permises, puisque même à propos des satellites, Russes et Américains ne peuvent faire le point : *il existe plus de satellites autour de la Terre qu'ils n'en ont lancé !*

Outre le mystérieux « Chevalier Noir » qui tourne autour du globe depuis 1958, un autre satellite « en trop » préoccupe les Américains. Non encore identifié, le mystérieux engin est néanmoins repéré. On sait qu'il tourne autour de la Terre en un peu plus de 104 minutes, qu'il s'en éloigne jusqu'à 1 718 km, pour revenir ensuite la frôler à une distance d'environ 214 km. Il marque également, sur son orbite, une nette tendance à l'instabilité.

Le général Dudley Sharp, secrétaire de l'Armée de l'Air, a dit aux journalistes que, tout compte fait, ce morceau de métal pourrait bien être l'enveloppe du *Discoverer-VIII* lancé le 20 novembre 1959.

Mais alors que le général Dudley Sharp énonçait cette hypothèse rassurante, un autre général américain, James Gavin, ancien commandant en chef des Services de Recherche de l'armée US, se montrait fort inquiet. Le général Gavin suppose en effet que le territoire américain se trouve actuellement sous le regard d'un observateur d'origine soviétique.

Aucune voix autorisée aux États-Unis n'a fait écho au général Gavin. À Moscou, c'est le même silence indifférent.

On rapporte que Mme Alla Massevitch, collaboratrice de l'académicien Sedov, doute que le satellite anonyme soit soviétique [1].

Ce mystère, qui dure depuis février 1960, n'a jamais été éclairci.

Le général Courtenay-Gabor

En 1958, paraissait un livre étrange signé Henry Ward et intitulé *L'Enfer est dans le Ciel* [2]. L'écrivain Henry Ward, bien que vivant de façon très mystérieuse, passe pour avoir eu accès à certaines archives secrètes. Son livre est préfacé par un certain général Courtenay-Gabor, habitant le Sussex, directeur d'un Bureau de Contrôle scientifique dont on peut se demander s'il existe vraiment.

Ce qui importe, c'est que la préface de ce général Courtenay-Gabor divulgue, relevant du secret d'État, des faits que nous avons de bonnes raisons de croire authentiques, en particulier le lancement de satellites artificiels US et russes dès 1952, et des tentatives vers la Lune, Mars et Vénus en 1956, avec le *Prospector-M* pour les Yankees et l'*Ypsilon-0001* pour les communistes.

---

1. *Paris-Presse*, 13-2-60.
2. Éditions Del Duca.

Or, depuis septembre 1956, les deux satellites n'ont plus donné de leurs nouvelles. L'un tournerait dans le Cosmos avec sa cargaison de cadavres, *l'autre se serait peut-être posé sur une planète !*

Le paragraphe IX du livre fait état d'un congrès scientifique secret (en réalité, un complot), dont les buts ont été mal interprétés, mais dont l'existence (certaine) n'est connue que de quelques initiés.

Voici ce paragraphe :

IX. — *D'après des renseignements émanant de sources officieuses mais généralement très bien informées, il apparaîtrait qu'un comité international de savants siégerait en secret dans une ville d'Allemagne occidentale, afin d'exploiter conjointement les observations transmises depuis le Vide sur les possibilités infinies de l'énergie cosmique.*

L'aventure extraplanétaire connue aurait commencé en 1952 ou même avant. Les Allemands, en 1917, ont peut-être réussi à envoyer hors de la zone d'attraction terrestre une sorte d'obus qui serait devenu un satellite artificiel. Des hommes se trouvent-ils déjà sur une planète ? Oui, mais à l'état de cadavres.

18

Les armes secrètes

Il n'y aura pas de guerre atomique, car il est exclu que l'Amérique, l'URSS, l'Angleterre et la France fassent usage de leurs bombes A, H, N, P ou G[1]. Dans l'état actuel de la science nucléaire, cette guerre signifierait la fin du Monde.

Mais il n'est pas exclu que les savants arrivent à fabriquer ce qu'ils appellent « la bombe propre ».

La « bombe sale », celle qui actuellement pollue l'atmosphère du globe, a été inventée en plusieurs étapes :

— en 1896, H. Becquerel découvre la radioactivité ;

— de 1932 à 1938, les savants français, anglais, italiens et allemands réalisent la fission de l'atome à l'aide de neutrons, mais ils ne veulent pas encore y croire ;

— en 1934, à Rome, Fermi et Segrè réalisent la première réaction en chaîne de l'uranium, mais ils interprètent mal l'expérience ;

— en 1938, Otto Hahn découvre la fission nucléaire grâce aux travaux d'Irène et de Frédéric Joliot-Curie.

La bombe atomique est périmée

Le 10 décembre 1961, à 20 heures, heure française, les Américains expérimentaient une bombe de 5 kilotonnes

---

1. A = uranium ; H = hydrogène ; N = neutron ; P = plutonium ; G = germanium.

dans un souterrain du Nouveau-Mexique avec l'ambition de provoquer une explosion « propre ».

Le nuage radioactif qui s'échappa en direction nord-nord-ouest avait une intensité de 10 000 roentgens — c'est-à-dire environ 14 fois le taux mortel — et l'on dut fermer au trafic la route de Carlsbad.

Le 30 octobre 1961, les Soviétiques faisaient éclater en Nouvelle-Zemble une bombe de 57 mégatonnes, soit 57 millions de tonnes de TNT. Les Américains annonçaient aussitôt qu'ils avaient une puissance de feu capable de détruire l'URSS à 90 % en 24 heures, en plus des 5 000 armes nucléaires et des 7 000 bombes atomiques de l'OTAN. La Revue US *News and World Report* déclarait :

Les États-Unis possèdent une puissance de feu égale à 35 milliards de tonnes de TNT.

On estime que 3 superbombes de 57 mégatonnes anéantiraient à peu près toute la France. Or, les Américains peuvent faire éclater 35 milliards de tonnes de TNT, de quoi détruire 200 nations grandes comme la France. Et les Russes ont à peu près la même puissance.

Si la guerre éclatait, poursuivait la revue américaine, *il suffirait de presser un bouton pour que plus de 200 missiles à ogive nucléaire s'envolent vers des villes russes déjà repérées. 500 projectiles de moins gros calibre pointeraient vers d'autres objectifs. Plus de 5 000 bombardiers entreraient en action.*

À cette puissance de frappe s'ajouteraient : une escadre de sous-marins atomiques, dont 9 sur les 40 prévus sont déjà à l'affût au large des côtes soviétiques, et bien entendu, tout l'arsenal des guerres traditionnelles.

Mais qu'importe la puissance ?

Les États-Unis possèdent, comme la Russie, mille fois plus de bombes atomiques qu'il n'en faudrait pour détruire la Terre. Si elles éclataient, la contamination de l'atmosphère terrestre serait telle que vainqueurs et vaincus seraient confondus dans le même anéantissement. Sauf erreur technique ou mauvaise interprétation des ordres, la guerre atomique est impossible.

Cependant, aux États-Unis, 40 bombardiers porteurs de bombes non amorcées tiennent l'air 24 heures sur 24, du 1er janvier au 31 décembre, prêts à porter une riposte immédiate — la dernière — au cas où les missiles russes anéantiraient sans préavis les cinquante États US. Quand un bombardier se pose, un autre prend aussitôt le relais. Parfois un appareil s'écrase au sol — deux ou trois fois par an — et la presse annonce :

Un avion porteur de bombe atomique s'est écrasé dans l'État du Michigan... La bombe n'était pas amorcée.

À vrai dire, Américains et Russes recherchent les uns et les autres la bombe propre. Un écueil : les Chinois. Ils ont eux aussi la bombe atomique et n'hésiteront peut-être pas à attaquer — mourir pour mourir — quand l'espace vital ne leur suffira plus [1].

Le 19 juillet 1961, les USA ont mis au point une bombe atomique « sans explosion », sorte de réacteur « non contrôlé » qui produit toutes les radiations d'une explosion nucléaire sans l'explosion et sans le dégagement de chaleur.

La bombe au californium, à peine plus grosse qu'une balle de revolver, pourrait détruire une ville, mais elle dégage une radioactivité intense. La bombe à neutrons — simplement à l'étude, croit-on — est faiblement radioactive et dégage un flux de neutrons qui détruisent non pas la matière solide, mais l'oxygène de l'air en le transformant en azote.

Si cette bombe N était mise au point, elle pourrait anéantir une nation sans que le reste du monde en soit prévenu et peut-être même sans qu'il soit possible de désigner clairement l'agresseur.

---

1. Le père de cette bombe est le savant atomiste T'Sien, qui fut l'élève, à Paris, de deux collaborateurs de Joliot-Curie, les Français Vigneron et Chastel. Pour réaliser leur programme atomique à longue portée, les Chinois seront amenés à dénoncer leur traité avec l'URSS qui les oblige à fournir pendant 99 ans la totalité de leur production d'uranium aux usines russes.

Le journaliste-écrivain Jean Nocher a dit à ce sujet :
On ne saurait jamais quand la guerre serait déclarée.

Une nation pourrait être détruite « sans le savoir » ! Il fau-drait alors une riposte à commandement automatique quand il n'y aurait plus de vivants pour agir.

Le « Doigt du Mort » pourrait quand même détruire l'assaillant.

Cette bombe à neutrons est sans doute « l'arme fantasti-que » russe dont parla, en 1960, M. Khrouchtchev.

La propagande occidentale, à tort ou à raison, a révélé l'existence d'un autre projet : « Le Train de la Mort ».

Il s'agirait d'un Spoutnik entraînant des tenders de bom-bes atomiques dans une longue ronde autour de la Terre, avec, à bord, un poste électronique commandé du sol, capa-ble de précipiter le train sur un point précis.

Pourtant, cet immense arsenal atomique n'est peut-être qu'un vaste chantage. Les armes secrètes véritables sont d'un autre ordre et s'inscrivent dans le cycle de l'évolution scientifique : ces armes sont biologiques, exception faite pour les rayons de la mort, terrifiants et silencieux, connus des Russes, des Français et mis au point par les Américains.

Le rayon de la mort

La presse, en décembre 1961, a écrit qu'une arme ultra-secrète était à l'étude dans les laboratoires de l'usine Mar-tin, près de Denver, Colorado. Cette arme, partiellement nucléaire, destinée à l'aviation, réduirait à l'état de vapeur gazeuse toutes les matières vers lesquelles elle serait diri-gée, jusqu'à une distance de 300 km. Le prototype, réalisé, produirait un rayon dont la température dépasserait 100 000 °, pouvant peut-être même atteindre 1 million de degrés [1].

---

1. Il s'agit peut-être du rayon de protons de 30 milliards d'électronvolts, obtenu au laboratoire atomique de Brookhaven.

L'effet de ce rayon de mort, a déclaré le Dr Carl L. Korber, de la société Martin, serait semblable à celui que produit un four solaire.

Déjà, le 26 août de la même année, un jeune inventeur italien avait essayé un rayon de la mort devant les journalistes convoqués à Lurano, petit village situé à quelques kilomètres de Trévise, en Vénétie. Voici la relation de l'expérience [1] :

Il y avait là deux tables tirées de la cuisine. Sur l'une étaient posés une poupée en chiffons, un petit pot de grès et deux casseroles en aluminium.

Sur l'autre, des appareils étranges, et d'autant plus qu'il était d'une part visible que c'étaient là des machines électriques très compliquées et d'autre part indéniable qu'elles avaient été construites avec des matériaux de fortune.

Autour de cette seconde table s'affairait un homme jeune, grand, maigre, déjà marqué par une calvitie précoce.

Il régnait un étrange silence comme à la veille d'un grand événement.

« Attention ! » dit seulement le jeune homme à un moment donné.

Il braqua alors en direction de la première table une sorte de tube dont à distance on ne pouvait discerner s'il était fait de métal ou de carton. Puis il manipula ses appareils, donna quelques signes d'impatience comme si les machines se montraient rebelles à son désir, rajusta des fils, manœuvra des manettes.

Cela dura quelque temps, puis tout à coup, du petit groupe des journalistes jaillit un cri de stupeur. Des objets posés sur la première table, il ne demeurait rien !

Les deux casseroles en aluminium, le petit pot de grès et la poupée en chiffons avaient été désintégrés [2].

C'est ainsi qu'Aldo Bonassoli présenta à la presse sa dernière invention : le fameux rayon à désintégrer la matière

---

1. *La Presse*, 18-9-61. Jean Blondeau, « Le Rayon de la mort ».
2. Mais pas la table ! C'est ce détail qui semble prouver la supercherie !

que déjà Marconi prétendit avoir découvert mais qu'il ne réalisa jamais.

L'inventeur est extrêmement discret sur le mécanisme de l'appareil, mais il s'agit vraisemblablement d'ultrasons dont Aldo Bonassoli ne veut prévoir que deux applications pratiques : désintégrer l'essence et par là réduire à néant tout usage de véhicules automobiles et d'avions en cas de conflit ; désintégrer les bombes atomiques en des zones déterminées.

Mais l'on comprend la difficulté qu'il peut y avoir à produire la désintégration de certaines matières sans toucher aux autres et surtout à la matière vivante.

En désintégrant devant les journalistes un vieux pot, deux casseroles et une poupée, c'est en réalité aux savants qu'Aldo Bonassoli s'adressait pour les persuader de la réelle valeur de ses inventions.

Il estime que son rayon de la mort est au point et que la distance à laquelle il peut porter ne dépend que de l'intensité du courant électrique qu'on fournit à l'appareil.

Ses recherches se tournent maintenant vers un autre engin qu'il espère pouvoir bientôt montrer au public. C'est un œil électronique qui non seulement permettrait de rendre la vue aux aveugles, mais encore donnerait à chacun la possibilité de voir à travers les murs et les obstacles de ce genre et même peut-être à travers les montagnes.

L'invention du jeune Italien ne sembla pas émouvoir outre mesure les milieux scientifiques qui se désintéressèrent de la question. Il y a tout lieu de croire que le rayon de la mort de Lurano n'était qu'une plaisanterie. Le véritable rayon de la mort, inventé, expérimenté et terriblement efficient, est au point aux USA. Les perfectionnements ne peuvent qu'améliorer sa portée.

Le rayon de la mort a un nom : le laser.

L'arme existe. Elle a foudroyé des animaux à des kilomètres de distance. Des blindés et des avions en sont déjà pourvus.

Le principe du rayon de la mort est parfaitement connu et son explication scientifique n'est un secret pour personne :

Sur un cylindre de rubis de moins de 4 centimètres de long, on projette pendant quelques instants une lumière verte, puis un flash électronique rouge au 1/4 000 de seconde. Alors jaillit du cristal une lueur rouge prodigieuse, un éclair infernal 100 000 fois plus intense que la lumière émise par une surface équivalente de Soleil. Le très faible signal rouge qui a déclenché le phénomène s'est trouvé ainsi amplifié des milliards et des milliards de fois.

Le miracle se rattache à un nouveau procédé d'amplification des signaux lumineux. Cela s'appelle laser, *terme nouveau à bien retenir car nous n'avons pas fini de l'entendre. Il pourrait bien annoncer une révolution technique aussi importante que celle qui fut déterminée par l'apparition des transistors.*

Laser, ce sont les initiales des mots anglais qui signifient : amplification des ondes lumineuses par émission d'un rayonnement stimulé (Light amplification by stimulated emission of radiation).

Comme le transistor, le laser contient des « impuretés », c'est-à-dire quelques atomes d'un corps différent de celui qui forme la masse du cristal. Mais alors que dans le transistor, ce qu'on utilise, c'est le déplacement des électrons d'un atome à l'autre, dans le laser les électrons n'ont pas besoin de changer d'atome : ils se déplacent à l'intérieur et c'est sur les effets d'un tel déplacement que repose toute l'affaire.

(À un moment donné, il y a inversion de sens pour les atomes de chrome. Les électrons passent par quintillions d'un niveau à un autre niveau et cette fantasia fait vibrer et resplendir le rubis.)

Comme la lumière voyage à 300 000 km/seconde, le phénomène prend une allure explosive. Et comme l'une des faces n'est qu'à moitié argentée, les rayons rouges multipliés finissent quand même par s'échapper par cette face, suivant un trajet presque rectiligne et parallèle à l'axe du cristal.

Tout cela en une infime fraction de seconde [1].

---

1. Extrait de la revue *Horizon*, mai 1961, « Le Laser rubis magique », par Michel Rouzé.

L'éclair rouge du laser présente des propriétés remarquables. D'abord, sa puissance : à courte distance il perce des plaques de matière solide. C'est un véritable rayon de la mort. Le faisceau lumineux du laser diverge beaucoup moins que les faisceaux obtenus par n'importe quel autre moyen. À une quarantaine de kilomètres, il ne s'étale que sur une trentaine de mètres de diamètre.

La guerre future

Le rayon de la mort n'est cependant pas l'arme décisive des guerres futures. Il n'appartient qu'à l'arsenal secondaire des armes tactiques. L'arme principale emprunte aux découvertes des biologistes.

Elle n'a pas un caractère bactériologique, mais elle agit exactement comme une sorte d'épidémie non contagieuse : épidémie de peur, d'aboulie, épidémie de perte d'orientation, de manque d'équilibre, etc. La guerre bactériologique, tout aussi dangereuse que la guerre atomique, est frappée de la même impossibilité. C'est une guerre réversible.

L'arme secrète nouvelle est une drogue.

Cette drogue peut provoquer, selon les cas, l'assoupissement ou l'exaltation ; l'effet, immédiat, peut se prolonger pendant plusieurs semaines.

Ces drogues peuvent être administrées par des brouillards naturels ou artificiels.

N'ayant pas un caractère contagieux, ni infectieux, ni mortel, elles ne sont pas à proprement parler génératrices de maladie ; elles créent seulement un « état d'âme » et de ce fait ne sont pas interdites par la Convention Internationale de La Haye.

Des expériences récentes ont été faites avec le gaz LSD 25 qui annihile les réactions du cerveau, déterminant ainsi un complexe de peur : les chats se sauvent devant les souris.

« Moins d'une livre de ce produit suffirait pour neutraliser tous les habitants de New York », a déclaré le général MacCreasy, chef des recherches chimiques de l'armée US.

D'une part, donc, des psychodrogues paralysent les réactions dynamiques : l'ennemi se trouve dans l'incapacité de combattre et de s'organiser.

D'autre part, des drogues pharmaco-dynamiques : l'assaillant dopé acquiert un dynamisme sans égal qui le porte au combat.

Il est relativement facile à des agents secrets de contaminer une ou plusieurs villes dès la déclaration des hostilités et d'ouvrir ainsi la voie à l'invasion. L'agent secret serait une des premières victimes, mais sans risque mortel.

En France, par exemple, il suffirait de contaminer Paris, Lille, Strasbourg, Lyon, Marseille et Bordeaux pour que la nation tout entière, paralysée, soit incapable de soutenir et de ravitailler les combattants. Ceux-ci, soumis aux bombes-brouillards, formeraient une armée sans âme, s'offrant elle-même en holocauste.

Une étonnante expérience

C'est précisément l'expérience qui a été réalisée aux USA en février 1961. Des nappes de brouillard artificiel ont atteint trois groupes de combattants, au total 1 800 hommes.

Ces soldats avaient été sélectionnés dans toute l'armée américaine parmi les plus « durs » et ils appartenaient à des corps francs analogues à notre Légion étrangère et aux groupes de « Parachutistes de la Mort » qui furent envoyés à Diên Biên Phu aux dernières heures de la résistance. Ceux qui ont connu de près la guerre 1914-1918 auront une idée de la qualité de ces hommes en les assimilant aux célèbres « Joyeux », ou nettoyeurs de tranchées, qui appartenaient à des corps disciplinaires.

L'expérience, supervisée par le général Rosebury de la base US d'Edgewood et télévisée par les services de l'armée, s'appelait « Operation Lunacy » (opération Folie) et se déroulait sur un champ de manœuvre de l'État de Maryland.

Les trois groupes, plongés dans trois brouillards différents, révélèrent des comportements extraordinaires.

Groupe 1. — Plongés dans un brouillard de particules analogues aux tranquillisants, 600 hommes erraient sur le terrain semblables à des somnambules, sans but, sans volonté, paraissant poursuivre une action dont ils avaient perdu le sens.

Parfois, ils s'immobilisaient, ne sachant plus que faire.

Des ordres furent lancés et le corps d'armée fantomatique obéit, même si les commandements étaient donnés par un sergent à un colonel.

Les soldats ne parlaient pas et quand la faim se fit sentir, ils saisirent leurs rations militaires qu'ils dévorèrent en silence. Ensuite, ils attendirent on ne sait quoi, pendant des heures, jusqu'à ce que la drogue soit éliminée de leur organisme. Cette période de somnambulisme, qui dura douze heures, ne leur laissa aucun souvenir.

Groupe 2. — Soumis au LSD 25, drogue déterminant l'hallucination et la psychose de la peur, 600 hommes d'un autre groupe réagirent soudain comme s'ils étaient emportés par un ouragan. Ils se serraient les uns contre les autres, comme un troupeau attaqué par les loups, se cachaient la tête, pleuraient et gémissaient.

Parfois, un vent de panique semblait souffler sur la troupe qui s'enfuyait en hurlant, jetant les armes, puis s'arrêtait terrifiée, insensible aux ordres qui parvenaient par haut-parleur.

Ces hommes, des durs à cuire, ne reprirent pas leur sang-froid avant sept ou huit heures.

Groupe 3. — Cette dernière expérience fut hallucinante.

Bien entendu, la composition chimique du brouillard fut tenue secrète. On sait seulement qu'il s'agissait de drogues pharmaco-dynamiques.

Les hommes soumis à l'expérience furent dopés jusqu'à l'extrême limite de l'inconscience téméraire.

Insensibles à la fatigue, à la peur, au raisonnement, les soldats n'eurent plus que le besoin morbide d'accomplir des prouesses hors du commun. Ils se ruaient à l'attaque, tiraient sous tous les angles, se précipitaient vers le danger avec la foi des pilotes suicides et comme s'ils étaient saisis d'une sorte de rage homicide.

Il y eut de nombreux blessés et les soldats ne retrouvèrent leur équilibre naturel qu'après deux jours de repos.

Le *New York Herald Tribune* a révélé que l'armée US possédait aussi le gaz-minute qui tue un homme instantanément si une seule particule touche sa peau.

Selon le général MacCreasy, ni les Allemands ni les Russes n'ont à leur disposition un gaz aussi dangereux sous un si faible volume. Il est mortel sans même pénétrer dans les poumons et aucun masque ne peut le filtrer ou le neutraliser.

L'avènement des tranquillisants et des drogues, qui modifient profondément le comportement humain et jusqu'au plus élémentaire instinct de conservation, annonce sans doute les temps proches où l'homme perdra jusqu'à la conscience de ses responsabilités.

En novembre 1961, de nouvelles applications de ces drogues étaient effectuées en Amérique sous forme d'un dispositif permettant d'influencer à distance le comportement des êtres humains [1] :

L'annonce de l'expérience a été faite devant le congrès annuel de l'Association des Médecins américains et rapportée par le *New York Times*.

Le principe est assez curieux. Des comprimés de produits chimiques sont implantés dans le corps d'un sujet. Ces comprimés sont conçus de telle sorte qu'ils restent inactifs jusqu'au moment où l'on émet, à distance, un signal radio qui déclenche l'absorption du médicament par le corps du sujet. Les expériences actuelles portent sur les produits qui modifient l'état nerveux ou psychique de l'homme, comme les tranquillisants ou les drogues pharmaco-dynamiques.

---

1. C'est-à-dire que la « robotisation » générale des peuples est un fait accompli. *France-Soir*, du 29-11-61, a publié la relation de ces expériences.

L'auteur du rapport lu au congrès américain est le Dr Otto Schmitt, chef du service de biophysique à l'université de Minneapolis.

Il a déclaré notamment :

Il ne fait pas de doute que nous pouvons d'ores et déjà télécommander le comportement d'un homme. Nous pouvons de loin le rendre brutal et agressif, nous pouvons au contraire le calmer. Notre tâche principale consiste maintenant à étudier comment nous pourrons utiliser cette trouvaille pour le bien de l'humanité, c'est-à-dire pour aider un homme à faire mieux son travail.

Le Dr Schmitt a souligné qu'il ne pouvait pas tout dire sur ces expériences car elles sont pratiquées avec le concours et sous la surveillance des forces armées US. Leurs résultats sont considérés comme secrets militaires. Il a néanmoins indiqué que certains essais ont été effectués pour contrôler, par ce système radio, le comportement d'un pilote de bombardier atomique.

D'autre part, le rapport confirme que la médecine s'intéresse à cette technique pour faciliter les diagnostics. Dans ce cas, les implants sont capables d'émettre eux-mêmes une radioactivité ou des signaux radio qui renseignent le médecin sur ce qui se passe à l'intérieur de l'organisme.

Le top-signal

Des services de Santé US auraient expérimenté sur des volontaires cette implantation du produit dit « top-signal ».

De plus en plus, la formule des guerres futures empruntera à la science du biologiste, du chimiste, du physicien. On entrevoit déjà le rôle que l'hibernation va jouer.

La science du froid risque à son tour de bouleverser les tactiques, aussi aventureuses qu'elles soient. Nous sommes près de voir se reproduire sous nos yeux le miracle de la Belle au Bois Dormant.

C'est sur le plan militaire, bien entendu, que l'on pousse les recherches.

Actuellement, en expérience de laboratoires, il est possible de tuer un animal par le froid, en le plongeant dans du glycérol à − 7 °. L'animal, cliniquement mort, peut être conservé très longtemps. Peut-être indéfiniment. On le fait revenir à une vie tout à fait normale en le réanimant par radiothermie, puis par diathermie et respiration artificielle. La limite de refroidissement est actuellement de − 6 ° à − 8 °. Plus bas se produit la cristallisation, ou congélation.

Le tissu cellulaire, plongé dans l'azote liquide (− 196 °), se conserve indéfiniment, ce qui autorise les savants à affirmer que dans l'avenir un homme congelé pourra se conserver pendant des siècles, sinon des millénaires.

Le professeur Heinz-Dombroski, de Bad Nauheim (Allemagne), vient de ressusciter des bactéries mortes depuis 650 millions d'années.

Le cas de l'homme est singulièrement plus compliqué que pour des bactéries. Pourtant cette conservation n'a-t-elle pas, autrefois, été réalisée ?

Les momies incas

Dans la première quinzaine de mai 1959 parvenait d'Amérique une nouvelle étonnante : trente momies vieilles de 10 000 ans au moins et appartenant à une civilisation inconnue avaient été découvertes dans une grotte de la province de Sonora, au Mexique. Elles étaient parfaitement conservées grâce à des procédés d'embaumement dont on ne connaît pas le secret.

Cette découverte remit en mémoire un fait plus étonnant encore, rapporté par Garcilaso de La Vega et commenté récemment par la princesse Marie Wolkonsky et le biologiste espagnol Garcia Beltran :

En 1560, le jeune Inca Garcilaso vit cinq momies d'Incas, transportées dans la maison du licencié Paul Ondegardo. On identifia Huiracocha, cheveux longs, blanchis par un âge avancé, Tupac-Yupanqui, Huayna Cápac et les *coyas* Mama-Runto et Mama-Ocllo.

Les corps étaient si bien conservés qu'il ne leur manquait pas un seul cheveu ni un poil aux sourcils. On les avait habillés comme pendant leur vie. Ils étaient assis, les mains croisées sur l'estomac et les yeux tournés vers la terre.

Le Révérend Père Acoste dit à propos de ces corps :

Ils étaient si entiers et si bien embaumés avec un certain bitume, qu'ils paraissaient être en vie.

En parlant du secret de l'embaumement, Garcilaso écrivit :

J'imagine que tout le secret des Indiens à cet égard consistait à enterrer les corps dans la neige... et à mettre ensuite le bitume dont parle le R. P. Acoste. À la vue de ces corps, il me prit envie de toucher un des doigts de Huayna Cápac. Il me parut aussi en vie...

Lors du transport des momies dans la ville, les passants se jetaient à genoux et les Espagnols ôtaient respectueusement leur chapeau, ce qui causait un vif plaisir aux indigènes. Voyant que les Indiens continuaient à adorer les corps de leurs anciens souverains, le marquis de Caneta, vice-roi du Pérou, les fit transporter à Lima.

La chaleur et l'humidité firent alors leur œuvre : les momies se décomposèrent et furent enterrées à l'hôpital Saint-André (1562).

M. Garcia Beltran assure, sur la foi de cette relation :

Ces momies, avec des dizaines d'autres, furent enlevées du Temple et cachées avant la naissance de Garcilaso. Elles furent retrouvées par erreur.

Scientifiquement, ces momies étaient des corps avec tous leurs organes inertes, mais vivants, *par suite d'hibernation, procédé que connaissaient fort bien les Incas*[1].

Ces sortes d'embaumements avaient un but scientifique, les Incas croyant qu'en un jour lointain la science serait en mesure de redonner une âme et la vie aux momies.

---

1. Et aussi les Égyptiens : la momie de la princesse égyptienne Mène, morte en 322 av. J.-C., dut être mise au réfrigérateur de l'Université d'Oklahoma, en mars 1963, car elle se décomposait. Les biologistes constatèrent que les cellules de la peau étaient demeurées intactes !

Au Vatican aussi on embaume et l'on sait bien que le « bitume » des momies incas était en réalité une crème solide, transparente, formée de trois produits dont l'un était la quinine.

En 1953, la presse américaine annonçait, avec photographies à l'appui, une découverte identique :

Le muletier chilien T. B... vient de trouver, dans un glacier des Andes, un huac *ou cachette contenant la momie d'un enfant inca et de nombreuses statuettes en or massif. Une de ces statuettes avait une tête de crapaud.*

La momie paraissait âgée, après expertise, de 730 ans environ. Elle était en parfait état de conservation.

Le muletier, exalté par la découverte du trésor, avait sans précaution enlevé la momie à son cercueil de glace.

M. Garcia Beltran donne cette explication de la trouvaille :

Garcilaso de La Vega avait nettement déclaré que le Sapo Nelado *(congélation par le système du crapaud) était un secret inca.*

On pense que la fillette devait apporter un message de la science inca à une humanité future, mais qu'elle avait été tuée par sa brusque exhumation.

Les statuettes d'or, et notamment celle à tête de crapaud, donnaient en langage secret l'explication de l'expérience.

M. Beltran assure que d'autres momies *vivantes* sont cachées dans des cratères de volcans ou dans des glaciers des Andes. Les corps sont en état de léthargie par le procédé *curara* quand ils sont dans des cratères. Les momies des glaciers sont en état d'hibernation par la méthode « crapaud ». Il est certain que le crapaud, grâce à ses venins diastasiques, peut demeurer enterré, sans manger, et rester vivant, durant douze ans.

Les Russes et les Américains, dans des laboratoires secrets, travaillent sur la mort apparente, afin d'adapter des individus, par la léthargie ou la somnolence, aux accélérations, à la non-pesanteur, peut-être pour les rendre insensibles aux radiations cosmiques.

Déjà, en 1955, les savants soviétiques annonçaient que des êtres vivants, traités par congélation, pourraient être rappelés à la vie après plusieurs milliers d'années.

L'un d'eux, le professeur Kapterev, s'inspire dans ses recherches des facultés observées chez les crapauds.

Pour l'instant, les découvertes ou études biologiques sont tenues secrètes et envisagées à des fins militaires.

Ce pouvoir des savants, s'il suscite des scrupules chez certains d'entre eux, et explique la nécessité du secret gardé, laisse cependant entrevoir les possibilités du proche avenir. Des armées entières, soumises aux implants « top-signal » et placées en hibernation dans des souterrains, pourront constituer un potentiel militaire « en conserve », non contrôlable. On ne peut assurer que des soldats-crapauds existent déjà, mais il est certain que les bases US et russes du Grand Nord sont sévèrement gardées. Ces zones interdites sont désignées par le sigle *USB n° 1, 2, 3,* etc. (bases ultrasecrètes n° 1, 2, 3, etc.).

D'autre part, au cours des années 1961 et 1962, les Russes et les Américains ont enrôlé un contingent exceptionnel de Lapons et d'Esquimaux dont on est sans nouvelles.

Enfin, il existe peut-être une arme secrète allemande dont on ne connaît rien, sinon la probabilité de son existence, grâce aux fuites qui ont été recueillies par l'état-major français et par un grand organisme scientifique [1].

---

1. L'Institut Pasteur à Paris.

19

Dieu et les sociétés secrètes

Il y avait sur la grand-place de mon village, la pharmacie, la boutique de l'horloger, l'antre de Toralba le marchand de guenilles, l'épicerie, l'église et l'atelier du charron dont les portes étaient toujours ouvertes, et il y avait, sous le marronnier, les belles grandes charrettes ferrées peintes en bleu roi...

Il y avait les billes de noyer du père Boileau où jouaient ensemble le chat de la sage-femme, les gosses de la place, les choux d'âne et les grattons...

Il y avait l'abreuvoir où les bœufs, les chevaux et les ânes allaient boire à pas pressés avant l'angélus du soir... puis revenaient à pas très lents après la beuverie, lourds d'eau et affamés de mystérieux errements...

Il y avait cela avec cent autres choses qui s'entremêlent et chatoient dans le souvenir.

Il y avait cela et puis il y a eu les guerres...

Il n'y a plus de pharmacien sur la petite place de mon village, ni de charron, ni d'horloger, ni de sage-femme et les billes de noyer du père Boileau ont fait place aux buses en ciment armé des Ponts et Chaussées.

Les bêtes ne vont plus à l'abreuvoir, elles ont été remplacées par les tracteurs et par les autos...

Finies les petites places où se groupaient les boutiques comme au Moyen Âge ; finies les routes poudreuses, les charrettes peintes en bleu roi ; finis les chevaux qui musent au long des palisses. Le pittoresque, haché, défriché, effrité,

361

démantelé, ne vit plus qu'en quelques lieux privilégiés ses dernières heures de grâce...

Ces lignes [1], ou d'autres, hanteront longtemps la souvenance des hommes d'autrefois qui ne voient pas sans effroi s'ouvrir les portes de l'ère nouvelle.

Mais que devient Dieu ?

Inconnaissable, Insondable, il ne livre pas la nature de ses desseins. Ce sont les hommes qui ont pris l'habitude de les révéler à sa place, Il est absent, proclament les athées.

Une nouvelle conception de Dieu se forme dans l'esprit de l'homme, assurent les évolutionnistes : les cosmonautes des fusées spatiales ne peuvent avoir sous leurs combinaisons de plastique le même scapulaire que les Croisés sous leurs cottes de mailles.

D'après ces théologiens, les hommes de la nouvelle ère, noyés dans la quiétude psychique et les paradis artificiels, pourraient même se passer à jamais de la Providence.

Il est important de noter que le malaise de Dieu — qui inquiète fortement les milieux chrétiens, bouddhistes et israélites — est tenu pour une conséquence des découvertes scientifiques.

Avant l'avènement de la science, assurent les nouveaux théologiens, l'homme était désarmé devant tout ce qui pour lui était synonyme de péril : tremblements de terre, cyclones, raz de marée, foudre, famine, incendie, guerre, maladie.

Quand la terre tremblait ou quand sévissaient la famine et la peste, quand les pluies diluviennes inondaient les vallées, quand la sécheresse anéantissait les récoltes, les hommes obscurants essayaient les seuls remèdes possibles, l'incantation magique, la prière à Dieu.

En retour, ou en remerciement d'une grâce présumée obtenue (lors de la « fin du monde » de l'an mille par exemple), les hommes édifiaient des églises, des cathédrales et honoraient les représentants de Dieu sur la Terre. Ensuite

---

1. *Ce soir nous serons à Vézelay*, par Moune d'Avril.

vint la science, la médecine, la physique, la chimie, les mathématiques, l'astronomie.

En quelques années, au cours du XIXᵉ siècle notamment, les hommes découvrirent une partie des secrets cachés et perdirent, en face du malheur, leur vieux sentiment d'impuissance.

Ils *retirèrent* une partie de la foi qu'ils avaient mise en la protection divine et la reportèrent sur le paratonnerre, contre le feu du ciel, sur le silo et la conserve contre la famine, sur l'organisation sociale contre l'incendie et la guerre, sur les médicaments contre la maladie.

Le Dieu des hommes gardait encore une parcelle de puissance.

Avec le XXᵉ siècle et les dernières inventions, la foi en la puissance de ce Dieu diminua encore. Par exemple : le béton puissamment armé, l'architecture nouvelle, la reconnaissance des lignes de fractures terrestres, les sismographes ont considérablement réduit la portée des tremblements de terre et des éruptions volcaniques.

Bientôt, les Italiens qui, depuis 2 000 ans, implorent en vain la Madone contre les colères du Vésuve, de l'Etna et du Stromboli, seront officiellement informés par radio, presse et avis placardés dans les mairies, qu'une terrible éruption volcanique aura lieu tel jour...

Les barrages amenuisent les inondations et les raz de marée ; les émissions d'ultrasons résolvent en pluie les nuages ; la maladie de langueur, la consomption, la tuberculose en un mot, est vaincue par le BCG et dix autres vaccins. Restent les dernières calamités : le cancer, l'artérite, la guerre, la bombe atomique, l'insécurité sociale.

Mais les hommes, désormais, ne demandent plus rien à Dieu. Ils n'attendent plus par exemple, d'une révélation ou de la bonté divine, le remède contre le cancer : ils l'attendent des savants et pensent que dix milliards sont mieux placés dans la recherche scientifique que dans les prières et les cierges d'offrandes. La science se substitue à Dieu.

Le problème, pour le savant, n'est pas dans l'authenticité, mais dans la nature de la déité. Penché sur son microscope, il aboutit à un concept qui l'émerveille et qui le trouble.

Sous la lumière et les lentilles de son instrument, le mystère initial de la vie, celui de la molécule vivante, se refuse à livrer son secret. Le biologiste est d'abord frappé par l'intelligence de ce qu'il croyait être un simple germe de vie quelque peu mécanique. Dans l'infiniment petit qu'il analyse, palpite une centrale d'information, de direction et de construction qui, par sa parfaite ordonnance et sa géniale distribution, surpasse les centrales de notre propre civilisation.

La macromolécule est un architecte qui distribue ses ordres à des légions de maçons chargés du travail, selon un plan original, gardé dans la centrale qui seule possède l'intelligence.

L'ordre est donné : il s'agit d'édifier un cheval, un oiseau, un poisson, un homme. Les maçons aussitôt s'affairent, maçonnent, tissent, construisent. Et le mur qu'ils édifient est pourtant morceau d'homme, infiniment complexe, avec déjà, la couleur de ses yeux, de sa peau, de ses cheveux, ses pensées et les nuances de son esprit.

Ces maçons laborieux ont une intelligence limitée ; ils ont besoin d'être reliés à la centrale par des coordonnées magnétiques, mais ils construisent l'Homme du plan original, sans rien oublier de l'extrêmement petit que l'on voit ou que l'on ignore.

L'Homme enfant — c'est-à-dire en croissance non achevée — participe lui-même avec son intelligence subconsciente et une souvenance millénaire à son édification magistrale.

En une vingtaine d'années, les maçons ont monté 70 kg d'édifice à une altitude de 1,72 m, et alors, ils savent que le plan est réalisé.

L'Homme est construit en partant de milliards de centrales atomiques et pourtant il possède aussi une super-centrale électrique : son cerveau.

Réalisée en maquette, à l'échelle du laboratoire, la construction cellulaire se présente comme une forêt d'échafaudages, de mâts, de pylônes, comme un entrelacs de fils, de raccords, constellé de relais, de bornes, de coupe-circuit : toutes les centrales électriques du globe réunies ne correspondraient en complexité qu'à un infime fragment du tissu.

Et cette trame de cauchemar, cette texture qui s'exprime en progression géométrique, qui prolifère et crée, et la super-centrale psychique qui capte sans doute la vie subtile du Cosmos... tout cela qui constitue l'Himalaya moléculaire de l'Homme, part d'un petit point central, encore inconnu, noyé dans un magma... un petit point où grésille et bat comme un cœur quelque chose d'intense, de prodigieusement intelligent et mystérieux.

Dans ce point est la VIE et ce point est la CHOSE.

Et si loin qu'il cherche dans les abysses électroniques de la matière vivante, si loin que sonde son puissant microscope, le savant aboutit toujours au microcosme en pulsation, où palpite la CHOSE...

Est-il là le commencement du monde, le bout de la création qui se développe dans l'infiniment grand ?

Car, par la super-centrale psychique, il semble bien que la création humaine reçoive une induction de tout le cosmos éternellement présent, de toute la création et de toutes les créatures : Aristote, Platon, Descartes, Curie, Bergson, Einstein...

Une induction qui anime la super-centrale et lui donne son potentiel et sa qualité.

De l'infiniment petit inconnu à l'infiniment grand insoupçonné, c'est cela, l'homme qui se penche sur le microscope, qui réfléchit et s'interroge.

Pourquoi ?

Comment ?

Où est Dieu ? Partout ? Ailleurs ?

Certains savants ne veulent pas s'interroger, mais nul qui ait regardé dans le microscope n'oserait affirmer : Dieu n'est pas là !

Pour le biologiste, Dieu n'est pas Jupiter Tonnant ou le terrible Patriarche des Écrits, mais plutôt la Raison inconnue, insaisissable et merveilleuse qui donne une vie et un sens à l'univers.

Les Anciens savaient que tout est dans tout et que le plus grand est à l'image du plus petit.

Mais il est bien douteux que le dieu qui palpite sous la lumière mortelle [1] des microscopes électroniques ait jamais envoyé de prophètes à l'humanité d'autrefois. Ces prophètes ont dû taire le dieu réel, ne dévoilant qu'un dieu virtuel concevable, voilant les vérités essentielles dans la parabole et l'allégorie.

De toute évidence, la religion des hommes nouveaux doit s'intégrer au Cosmos, intégrer aussi tout le cosmos et évoluer avec les acquisitions scientifiques et intellectuelles.

Les Temps sont venus.

Pour ceux qui savent voir, la Raison inconnue ne demeure-t-elle pas toujours présente et miraculeuse en ses plus humbles manifestations ?

Un épillet de folle avoine tombe sur le sol. Il faut le surveiller longtemps, longtemps, mais inéluctablement, à un moment donné, au top-signal de son intelligence, l'épillet se mettra à ramper, à marcher, à sauter, jusqu'à ce qu'il trouve un creux ou une fissure où se loger.

Un dieu nouveau

L'érodium est une plante qui porte sa graine au bout d'une hampe.

En temps voulu, on assiste à un véritable prodige : la hampe se vrille, puis s'incline vers le sol. Quand la graine touche terre, alors la hampe se dévrille, puis se vrille de nouveau à la façon d'une perforeuse.

Et quand le trou est fait dans le sol... quand la graine est logée dans son alvéole, alors la hampe se détache et se flétrit. Faut-il encore voir l'intervention de Dieu dans cette

---

1. La lumière et la chaleur développées par le microscope électronique tuent le noyau vivant.

intelligence des choses ? Faut-il chercher un nouveau dieu ?

En 1961, après la série d'essais atomiques américains et après l'éclatement de la bombe russe de 50 mégatonnes, des hommes, des femmes ont défilé, non pas devant des icônes, mais devant les laboratoires, en brandissant des pancartes où étaient inscrits ces slogans :

Non à la bombe atomique ! Sauvez le monde de la catastrophe !

Ils n'ont pas prié Dieu : ils se sont adressés directement aux savants responsables d'Hiroshima, de Nagasaki, de Bikini et d'Eniwetok.

Les prophètes interplanétaires

D'autre part, la conquête du cosmos a donné naissance à des hypothèses extraordinaires dans les nations non chrétiennes d'Europe. Les Russes, qui n'hésitent pas à enseigner que *Jésus et ses apôtres étaient des extraterrestres en mission sur la Terre,* assurent que nous aurions tort d'imaginer le ciel des textes sacrés comme se situant dans un absolu métaphysique.

Il s'agirait effectivement, véritablement, du ciel, c'est-à-dire des planètes et des étoiles.

Quand la Bible dit : *Élie fut emporté au ciel dans un char de feu, Énoch a été enlevé vivant vers une autre demeure de la Maison de son Père,* il conviendrait de donner un sens littéral à ces phrases.

Le ciel dont il est question serait le vrai ciel, le cosmos ; Élie et Énoch, après leur mission accomplie sur Terre, seraient allés par fusée, ou sur un autre engin spatial, sur l'astre des extraterrestres, souverains de notre galaxie.

En fait, Moïse, Élie, Élisée et Énoch sont des héros de l'histoire des Hébreux. On ne sait pas de quelle race était Moïse ; Élie, suscité par le Seigneur pour détourner Israël des faux dieux, était expert en toutes sortes de magies et savait comme le grand patriarche allumer électriquement des feux (sur le Carmel) et foudroyer ses ennemis à distance. Sa disparition est étrange et miraculeuse : il fut enlevé sur un char de feu en la seule présence de son disciple Élisée, initié aux secrets de son maître.

Énoch (en hébreu : *celui qui sait beaucoup*) est la parfaite incarnation du voyageur interplanétaire, qui explique ses connaissances par le truchement des visions. Son œuvre écrite, Le Livre d'Énoch, que l'on ne connaît que par une traduction éthiopienne, est une somme théologique et cosmologique surprenante.

Énoch raconte les amours des anges (hommes de l'espace) avec les filles des hommes, les naissances de mutants et les fléaux qui en découlent ; il joue le rôle de Prométhée entre Dieu et ses créatures ; il décrit ses voyages merveilleux dans différentes parties du ciel et de la terre ; il déclare connaître les secrets de l'univers, annonce le Messie et révèle un savoir étonnant sur les étoiles, les planètes, leurs mouvements, leurs influences, leurs positions.

Selon la tradition, il aurait inventé l'écriture, l'arithmétique, l'astrologie, et on lui donne le titre de « Père des initiés » ou « Père des dieux ».

Enfin, comme Élie, il est emporté au ciel.

Alors, se pose cette question : LES GRANDS INITIÉS JUIFS N'ÉTAIENT-ILS PAS *TOUS* DES EXTRATERRESTRES ?

Pour les archéologues traditionalistes russes, partisans de cette théorie, il ne fait aucun doute que des hommes venus d'une autre planète ont visité la Terre à une époque ancienne.

Cette hypothèse, que nous avons exprimée sans faire intervenir Dieu à propos de Tiahuanaco et de Prométhée-Atlante, prolongerait la nôtre en accentuant. Moïse aurait donné aux hommes de son temps un dieu virtuel formé à l'image du chef des extraterrestres.

Les exégètes auraient donc mal interprété les textes. Toujours selon les théoriciens de l'Europe centrale, une fausse religion serait née de cette erreur. Les journaux russes, pour leur part, ne se font pas faute d'écrire que si l'idée de Dieu n'est pas encore battue en brèche, la réunion du

Conseil œcuménique prouve que les Églises veulent briser leurs cadres et redessiner le visage de Dieu.

Cette exégèse nouvelle qui, à la vérité, ne heurte pas le dogme des chrétiens, des israélites et des musulmans, est tendancieuse, mais elle trouvera néanmoins un écho auprès des hommes des temps nouveaux. Il est même possible que le pape Jean XXIII ait secrètement évolué vers cette tendance en parrainant l'œuvre du père Teilhard de Chardin et en rénovant certains concepts de son Église.

Ben Gourion et le bouddhisme

Partout, dans le monde religieux, les cadres se désagrègent. Aux Indes, le président Nehru, disciple de Gandhi, essaye délibérément d'échapper aux superstitions qui entachent le clergé bouddhiste. En revanche, M. Ben Gourion, alors président du Conseil de l'État d'Israël, semblait se détacher de la religion ancestrale [1].

En novembre 1961, M. Ben Gourion, pendant une semaine entière, s'est enfermé dans un monastère bouddhiste pour y accomplir une retraite suivant tous les canons de la règle : jeûne partiel dans la journée, menus strictement végétariens, leçons de méditation données par trois moines bouddhistes en robe jaune.

On n'ignore pas l'intérêt que le Président portait depuis longtemps à l'enseignement oriental, mais comment imaginer qu'un jour, au cours d'un voyage officiel, il pratiquerait les rites d'une religion étrangère ?

Les Israéliens — dont beaucoup ne sont plus pratiquants — ont été surpris et inquiets.

L'annonce de la venue en Israël d'une mission d'enseignants birmans, chargés de professer le bouddhisme à l'Université hébraïque de Jérusalem, a augmenté les inquiétudes.

---

1. *Aux Écoutes*, 29-12-1961.

Ces indices montrent l'existence d'une crise qui va s'aggravant au sein de toutes les confessions. Ce bouleversement cyclique correspond-il à l'effondrement d'une race ?

La civilisation blanche projette-t-elle son dernier rayonnement ?

Les fils des Atlantes blancs, parvenus au bout de leur chemin, vont peut-être passer le relais aux Fils du Ciel, descendants directs des extraterrestres et destinés à la conquête du ciel. Le premier chaînon entre le règne noir et le règne blanc, l'Égypte, est, depuis des millénaires, perdu de vue au bout de la chaîne des civilisations blanches. Le dernier chaînon, l'URSS, va assurer la liaison avec les Jaunes sans que l'on sache encore si le flambeau sera d'abord repris par la Chine ou le Japon.

L'élargissement de notre univers sera-t-il le fait d'extraterrestres plus tôt arrivés sur notre globe que nous sur le leur ?

Ce n'est pas impossible. Rien ne sera impossible un jour. Peut-être alors nous rappellerons-nous ces quelques lignes d'André Siegfried :

La science devenue technique risque de compromettre une notion ancienne de la connaissance, car la connaissance cesse d'être désintéressée pour devenir utilitaire... si l'individu est mis au service de la production, s'il devient un moyen au lieu d'être un but.

Cet avènement du savant, successeur du prêtre, se prépare depuis Moïse et les Ptolémées[1]. Cette préparation serait l'œuvre de certaines sociétés secrètes, chargées de préserver les traditions ; ces sociétés secrètes placées depuis des siècles sous le signe hermétique de la plus glorieuse des fleurs, la rose.

Le mystère de la rose

L'histoire de la rose est si secrète que de très rares initiés peuvent en comprendre le sens profond. La rose est par

---

1. Les Ptolémées tentèrent de sauvegarder toute la science antique en créant la bibliothèque d'Alexandrie.

excellence le symbole du secret gardé, car elle est une des rares fleurs qui se referment sur leur cœur. Quand elle ouvre sa corolle, elle est à l'heure de la mort.

La plupart des grandes sociétés secrètes, la Sainte-Vehme, le Temple, la franc-maçonnerie, ont la rose comme emblème et la plus secrète de toutes, celle dont les chefs, sans s'ignorer, ne se rencontrent jamais, la Fraternité des rose-croix, a son nom accolé au symbole hermétique du Christ.

Dès la plus haute antiquité, la rose fut honorée par les dieux et les héros. Elle ornait le bouclier d'Achille, le casque d'Hector, d'Énée et l'écu des preux chevaliers du Moyen Âge, avec cette devise à sens triple : *Quanto si monstro men tanto e piu bella* (Moins elle se montre, plus elle est belle).

Familièrement, découvrir le pot aux roses signifie découvrir un secret, mais l'origine de cette expression est assez peu connue.

Jadis, nos aïeux, pour imposer la loi du silence à leurs convives, posaient sur la table un pot fleuri d'un bouquet de roses. Le bon ton et l'honneur voulaient que toute conversation placée sous ce signe fût tenue rigoureusement secrète.

Cette coutume se pratiquait ailleurs avec une variante : une rose était pendue au-dessus de la table du banquet et c'eût été forfaire à l'honneur que de répéter les conversations faites sous la rose *(sub rosa)*.

Il arrivait, pour qu'on parlât plus librement pendant le repas, qu'on recouvrît le pot avec un voile ; avant de quitter la table, on découvrait le pot aux roses et la loi du silence redevenait une obligation sacrée.

Pour les pythagoriciens, francs-juges, chevaliers errants, templiers, chevaliers de Rhodes, francs-maçons, rose-croix, Rosati, pour le haut clergé chrétien enfin, la rose a une haute signification ésotérique.

Les francs-juges étaient les membres de la Sainte-Vehme constitués en tribunal secret et chargés de l'exécution des individus coupables de troubler l'ordre social et religieux.

Sur le fer de leur hache justicière étaient gravés un poignard et un chevalier tenant un bouquet de roses. Qui trahissait le secret placé sous le signe de la fleur était assassiné avec le poignard.

S'ils passaient à proximité d'une rose coupée, les francs-juges devaient la porter à leur bouche ou la poser sur leur cœur.

Au XIIe siècle apparaît la rosace à vitraux des cathédrales. C'est par une rose multicolore que la lumière (Vérité) entre dans les sanctuaires. Pour réaliser cette merveille qu'est la rosace de Notre-Dame de Paris (12,90 m de diamètre) il a fallu que le maître architecte connaisse le secret du Nombre d'Or, de la résistance du matériau et des formules savantes, transmises seulement aux grands initiés des sociétés secrètes.

Partout où la rose entre en jeu, le secret et le silence l'accompagnent.

On pouvait au début de ce siècle voir à Lyon, 14, rue Thomassin, sur la porte d'entrée et gravée dans la pierre, une petite tête encapuchonnée surmontée d'une énorme rose. Une enseigne d'artisan ? Un signe d'appartenance ? Personne n'a déchiffré cette énigme, mais il est probable que des voyageurs, en voyant l'insigne, en devinaient le sens caché.

Il existait au Moyen Âge de nombreuses auberges portant le mot « Rose » dans leur enseigne : *À la Rose de Provins, La Rose et l'Églantine, Auberge de la Rose, Auberge de la Rose Blanche*, etc.

On a de bonnes raisons de croire que ces auberges qui jalonnaient les grandes routes de l'Occident et le chemin des sanctuaires étaient tenues par des hôteliers affiliés à une société secrète. L'enseigne indiquait aux voyageurs qu'ils se trouvaient « sous la rose » et que tout ce qu'ils diraient ou feraient ne serait jamais divulgué.

D'après Charles Nodier, un édit du parlement de Rouen, à la fin du XVIe siècle, interdit aux habitants de la ville d'aller à la *Taverne de la Rose* et à la *Taverne du Rosier*. C'est de cette même époque que date le schisme de la rose, qui opposa les initiés laïcs aux initiés chrétiens. De plus en plus, les sociétés secrètes placées sous le signe de la fleur s'écartaient du dogme rigide institué par les francs-juges.

Les rose-croix seraient, de nos jours, les derniers tenants de la vérité *sub rosa*, vérité que les grands occultistes considèrent comme la seule qui provienne en droite ligne de nos ancêtres.

Pourtant, avec la rose pour devise, il existe une sorte de super-société secrète qui aurait encore, dit-on, quelques membres au Portugal ou en Amérique du Sud. À la porte de leur demeure seraient plantés — de part et d'autre — un rosier rouge et un rosier blanc.

Jacques Cœur, dont l'immense fortune fut confisquée par Charles VII, puis reconstituée, selon la légende, grâce à l'or philosophal, appartenait à cet ordre hermétique, et aussi, ces « pilotes » de Jean II de Portugal, qui, obligatoirement, prenaient leur retraite dans les îles des Açores ou de Madère, loin des curieux, après avoir, dix ans avant Colomb, rapporté l'or des mines de Brazil.

C'est en 715 que fut instituée la bénédiction des clefs de la Confession de Saint-Pierre, lesquelles furent données ensuite à quelques établissements religieux privilégiés. On pense que de cette coutume dérive le rite de la rose d'or ou rose des papes.

Vers 1048, le pape Léon IX ordonna à deux monastères, détenteurs des clefs de la Confession de Saint-Pierre, de fournir en reconnaissance, chaque année, une rose en or, ou d'en payer la valeur.

La rose d'or était alors le symbole de la fragilité humaine. L'inaltérabilité du métal était une image de l'éternité de l'âme. Elle était une simple fleur d'églantine qu'on peignait en rouge, puis vint l'usage de l'orner, au centre, de rubis et de pierres précieuses. Depuis Sixte IV (1471) la fleur des papes, ciselée en or fin, était faite d'une branche épineuse portant plusieurs roses fleuries ornées d'un feuillage.

La fleur placée au sommet du rameau était plus grosse que les autres et comportait en guise de cœur, au centre de la corolle, une petite coupe percée de trous. Lors de la bénédiction de la rose, le pape déposait dans cette cupule des parfums imitant l'odeur de la rose pour « rappeler aux initiés les propriétés mystérieuses qui sont attachées à la fleur ».

Jamais le sens secret de la rose chrétienne n'a été révélé aux profanes.

Le rôle des sociétés secrètes fut peut-être moins important qu'on ne se plaît à l'imaginer. Toutefois, leur action appartient à l'histoire secrète et à ce titre mérite d'être soulignée.

Le toast à la nation

Eliphas Lévi, plein de parti pris, mais aussi de finesse et de bon sens, raconte une étonnante anecdote qui vaut d'être connue :

Le Toast à la Nation.

Les exterminateurs en France ont toujours été appelés les Jacques.

Il y avait dans le monde un homme profondément indigné de se sentir lâche et vicieux et qui s'en prenait de sa honte mal dévorée à la société tout entière...

Il osa plaider contre la science la cause de l'ignorance, contre la civilisation celle de la barbarie, contre toutes les hauteurs sociales en un mot, celles de toutes les bassesses.

Le peuple par instinct lapida cet insensé, mais les grands l'accueillirent. Après sa mort, le monde s'ébranla pour se retourner, en réalisation des rêves de Jean-Jacques Rousseau, et les conspirateurs qui, depuis la mort de Jacques de Molay, avaient juré la ruine de l'édifice social, établirent, rue Plâtrière, dans la maison même où Jean-Jacques Rousseau avait demeuré, une loge inaugurée sous les auspices du fanatique de Genève.

Cette loge devint le centre du mouvement révolutionnaire et un prince de sang royal vint y jurer la perte des successeurs de Philippe le Bel, sur le tombeau de Jacques de Molay...

374

Le roi était au Temple (Louis XVI) et l'élite du clergé français était en exil ou à l'Abbaye. Le canon tonnait sur le Pont-Neuf et les écriteaux menaçants proclamaient la Patrie en danger.

Alors, des hommes inconnus organisèrent le massacre.

Un personnage hideux, gigantesque, à longue barbe, était partout où il y avait des prêtres à égorger.

— Tiens, leur disait-il avec un ricanement sauvage, voilà pour les Albigeois et les Vaudois ! Tiens, voilà pour les Templiers ! Voilà pour la Saint-Barthélemy ! Voilà pour les proscrits des Cévennes ! et il frappait avec rage et il frappait toujours, avec le sabre, avec le couperet, avec la massue.

Les armes se brisaient et se renouvelaient dans ses mains ; il était rouge de sang, de la tête aux pieds, sa barbe en était toute collée et il jurait avec des blasphèmes épouvantables qu'il ne la laverait qu'avec du sang.

Ce fut cet homme qui proposa un toast à la nation et à l'angélique demoiselle de Sombreuil...

Le Jacobinisme était déjà nommé avant qu'on n'eût choisi l'ancienne église des Jacobins pour y réunir les chefs de la Conjuration ; ce nom vient de celui de Jacques, nom fatal et prédestiné aux révolutions...

Après la mort de Louis XVI, au moment où il venait d'expirer sous la hache de la Révolution, l'homme à la longue barbe, ce juif errant du meurtre et de la vengeance, monta sur l'échafaud devant la foule épouvantée ; il prit du sang royal plein ses deux mains et les secouant sur la tête du peuple, il cria d'une voix terrible :

« Peuple français, je te baptise au nom de Jacques et de la liberté[1] ! »

La moitié de l'œuvre était faite et c'était désormais contre le Pape que l'armée du Temple devait diriger tous ses efforts...

---

1. Prudhomme, dans son journal, rapporte autrement les paroles de cet homme. Nous tenons celles que nous donnons ici d'un vieillard qui les a entendues. (Eliphas Lévi, 1860, *Histoire de la Magie*. La Révolution Française. Pages 443-444.)

Les Junkers

L'Ordre des Jésuites eut, surtout au XIXe siècle, une certaine influence sur le destin du monde, mais on ignore généralement le rôle mystérieux des « Junkers » dont on pourrait contester l'action si Adolf Hitler n'avait précisément mis en honneur dans sa marine deux de ces principaux personnages : Gneisenau et Scharnhorst.

Il convient cependant d'accueillir avec circonspection l'envoûtement dont Napoléon aurait été victime en 1813.

Après Iéna[1], Napoléon a vécu 9 semaines au château de Schlobitten-Dôhna, en Prusse-Orientale, l'un des temples secrets des prêtres d'Ahriman, et son étoile a pâli brusquement : il s'était laissé envoûter, lui qui faisait trembler l'Europe, par les magiciens noirs prussiens.

Ces magiciens étaient les redoutables héritiers des Chevaliers Teutoniques, lesquels avaient ramené en Allemagne la magie orientale des sectateurs d'Ahriman.

Les désastres s'accumulèrent. Il était pris dans le cercle infernal. À Leipzig, les Saxons sur lesquels il comptait marchèrent brusquement contre lui.

Sa « Grande Armée » ne pouvait rien contre les armes invisibles des impitoyables Junkers (hobereaux)...

Le Junker Gneisenau forge en secret une nouvelle armée plus redoutable que celle de Rossbach et cela sous les yeux des contrôleurs de Napoléon.

Le Junker Scharnhorst conçoit le plan d'une offensive foudroyante.

Le Junker Blücher dirige cette offensive et emporte la décision à Waterloo...

Actuellement, une société secrète, créée après la débâcle allemande de 1945, paraît vouloir jouer un rôle politique dans le destin de l'Europe.

Cette société, ou *3e Force Noire*, rassemblait en 1946 les éléments hitlériens et fascistes d'Allemagne, d'Italie, de France, de Belgique, des Pays-Bas, d'Angleterre et d'Ir-

---

1. G. Voisin, *AJ*, n° 31, sept. 1948.

lande. De 1946 à 1950, elle se tint dans une relative clan-
destinité, bornant apparemment son action à des réunions
annuelles lors du solstice d'été sur de hauts lieux où les
jeunes hitlériens faisaient brûler de grands feux. Au cours
de ces veillées rituelles, des mots d'ordre étaient donnés
afin que secrètement se perpétuât l'orientation politique
définie par Adolf Hitler.

La *3ᵉ Force Noire* disposait de ressources énormes que le
Reich avait amassées sous forme de trésors de guerre, en
deux lieux principaux : le Wolfchanze, près de Kœnigsberg
dans l'ancienne Prusse, et le lac Toplitz, dans le Tyrol
autrichien, non loin de Gratz. Il est à noter que Kœnigsberg et Gratz sont deux hauts lieux consacrés par l'Ordre
Teutonique [1].

Les chevaliers de Poséidon

En 1950, du moins en France, les hitlériens, dispersés,
tenus à l'écart des fonctions publiques, paraissaient avoir
usé leurs forces vives. Soudain, dans le monde entier, la
3ᵉ Force Noire resurgissait, et son noyau le plus virulent se
constituait en société secrète, *Les Chevaliers de Poséidon*,
cachant ses desseins occultes sous une activité sportive,
celle des plongeurs sous-marins [2].

En marge des clubs, s'entraînant de façon intensive sur
les côtes américaines, espagnoles et africaines, la *3ᵉ Force
Noire* regroupait ses éléments sur le principe des maquis
communistes clandestins du capitaine El Sol qui, de nos
jours, tiennent solidement position dans le Midi et le Sud-
Ouest, notamment le long de la frontière espagnole.

---

1. Voir *Trésors du Monde*, de Robert Charroux, éd. Fayard, 1962. (Les Mystérieux Trésors du Reich.)
2. La société secrète — non déclarée évidemment — des *Chevaliers de Poséidon*
n'a rien de commun ni aucune relation avec les Clubs et sociétés de pêche et
de chasse sous-marines légalement constitués, tant en France qu'à l'étranger. Nous
espérons qu'aucune association connue n'existe sous ce nom.

Les effectifs des deux groupements politiques, fondamentalement opposés, sont à peu près les mêmes : 15 000 hommes dans les rangs des *Chevaliers de Poséidon*, autant pour les communistes : bûcherons, ouvriers agricoles et maçons qui contrôlent les passages pyrénéens.

L'existence des maquis communistes du Sud-Ouest et de la 3ᵉ *Force Noire* ne trouve pas grand crédit auprès des milieux gouvernementaux. Il ne nous appartient pas de forcer les réserves, mais nous signalons toutefois qu'en 1948 l'hebdomadaire *France-Hebdo* [1], publiant une relation détaillée sur les effectifs, l'armement et les positions clefs tenues par les trois maquis communistes dans les Landes, dans les Pyrénées et dans la région de Montpellier, reçut la visite du capitaine El Sol (Coustellier), bien connu des maquis FTP de 1944, qui reconnut volontiers le bien-fondé de cette information.

Quant à la 3ᵉ *Force Noire*, *France-Dimanche*, malgré des réticences avouées, dut convenir de l'authenticité du groupement devant le témoignage que vint apporter à Guy Goujon, rédacteur en chef, et au secrétaire de rédaction, un collaborateur condamné à mort [2].

Une aventure attire vers les fonds marins des personnages mystérieux. En Europe, un grand nombre de plongeurs célèbres étaient, en 1940, des partisans politiques des régimes totalitaires. Une enquête sur le trésor — contesté — de Rommel dans les eaux côtières de la Corse nous a confirmé l'existence d'un véritable Ordre Teutonique sous-marin. L'ex-condamné à mort, qui avait rencontré le rédacteur en chef de *France-Dimanche*, nous a fait à ce sujet de surprenantes confidences :

Si le trésor existait, il y a belle lurette que nous l'aurions récupéré. Mais peut-être avons-nous la garde d'autres trésors, authentiques ceux-là, vous pouvez me croire...

L'Ère du Verseau est arrivée, c'est-à-dire l'Ère du Trident, de Poséidon, du Cheval Marin et du Cheval du Chevalier...

---

1. *France-Hebdo*, avril 1949, nᵒˢ 264-265-266.
2. Voir *France-Dimanche*, nᵒ 149, 10 juillet 1949.

Sans doute le savez-vous : à l'extrême pointe occidentale des Açores, il existait encore, au XVIe siècle, une statue équestre, celle du Chevalier Noir[1]. Elle regardait l'océan Atlantique, le Nouveau Monde qui était ancien et Atlantis immergée et émergée.

En 1949, vous avez, avec notre autorisation, publié un reportage sur cette jeunesse d'après la défaite, qui jouait aux SS à Ozoir-la-Ferrière. Je puis donc vous faire encore certaines confidences.

Nous faisions alors un baroud d'honneur, histoire de ne pas perdre la face et de nous persuader de quelque confuse certitude.

Bref, tout cela s'est dilué dans des magmas d'indifférence et de veulerie et seuls ont subsisté les plus tenaces, la meilleure trempe : les fils et les filles des Hyperboréens.

Ceux-là ont réfléchi, refait les calculs et réalisé en partie le grotesque et le primaire de certaines conceptions hitlériennes (sic). Oui, avec son sens du grand-guignolesque et avec sa folie, Hitler a mené les Hyperboréens à la mort.

Sans doute même est-il le plus grand criminel du siècle, car il a fait massacrer la véritable élite, celle qui aurait mérité de survivre et de repeupler le troisième millénaire.

Presque inconsciemment, les rescapés de la dernière guerre se sont rassemblés pour une nouvelle aventure. Vous avez dû le remarquer, la conquête du fond des mers est, en certains cas, le fait d'hommes très particuliers, qui ont été amenés là par leur dynamisme et la nécessité de cacher une activité répréhensible.

Seule l'élite est agréée dans notre section, laquelle est très exactement un Ordre de Chevalerie — adapté aux temps nouveaux — avec des rites d'initiation.

Toute formation politique ouvertement déclarée, fasciste, hitlérienne ou nazie, est absolument étrangère à notre bord[2].

---

1. Peut-on faire un rapprochement avec le satellite inconnu « Le Chevalier Noir » dont nous avons parlé au chapitre IX ?
2. Notre interlocuteur a beaucoup insisté pour que l'on dissocie les anciens hitlériens « évolués » devenus les tenants de l'Europe Unitaire des hitlériens « demeurés » dont les chefs de file sont l'Anglais Colin Jordan et l'Américain George Lincoln Rockwell. Bien que s'insurgeant contre cette définition, les *Chevaliers de*

Si nous effleurons cette déplaisante question politique, c'est parce qu'elle revêt soudain un caractère fantastique assez inattendu, qui surgit au-dessus de l'habituel fatras.

Incapables de participer à la grande aventure cosmique qui s'annonce, ils ont voulu affirmer leur présence.

Il s'agit de créer un homme nouveau — l'*homo aquaticus* — artificiellement apparenté aux poissons et capable, comme eux, de vivre dans le milieu marin. Brutalement exprimé, si invraisemblable que cela puisse paraître, les *Chevaliers de Poséidon veulent devenir des poissons et constituer un Empire sous-marin.*

De prime abord, un pareil projet, même étalé sur des millénaires, semble chimérique, pour ne pas dire démentiel. La mutation prévue pour l'*homo aquaticus* vise à le faire nager, respirer, se nourrir et procréer exactement comme les poissons, et sans le secours de scaphandres.

Ce projet, très sérieux, n'appartient pas en propre aux anciens nazis. Ils l'ont emprunté à des organismes officiels absolument étrangers à leur idéologie politique.

Il est vrai que même si les *Chevaliers de Poséidon* ont eu l'idée les premiers, ils n'avaient pas la possibilité de l'exprimer publiquement.

En tout cas, l'aspect sérieux de l'opération *homo aquaticus* est en partie accrédité par l'intérêt que les gouvernements portent aux questions sous-marines. En 1961, écrivant au président du Sénat américain, le Président Kennedy s'exprimait ainsi :

La connaissance des océans est plus que de la simple curiosité. Notre survivance même en dépend peut-être.

Au deuxième Congrès Mondial Subaquatique qui se tint à Londres en octobre 1962, sir Wavelle Wakefield, membre du Parlement, a repris l'idée d'un projet qui avait mystérieusement échoué en 1960.

À cette époque, des plongeurs français et l'Anglais Oscar Gugen, vice-président de la Confédération Mondiale des

---

Poséidon, de même que les néo-hitlériens, sont des communistes, hostiles à l'idée de patrie et pratiquant une politique raciale.

Activités Subaquatiques (CMAS), voulaient prendre place comme passagers à bord d'un transatlantique effectuant la traversée Le Havre-New York.

Arrivés au milieu de l'Océan, ces hommes devaient prier le commandant de réduire la vitesse, puis, solennellement, ils auraient immergé un grand drapeau bleu foncé marqué aux initiales CMAS, en déclarant qu'ils prenaient possession du fond des mers au nom de leur groupement.

Il devenait alors obligatoire pour le commandant de faire un constat de l'incident sur son registre de bord, ce qui, dans l'immédiat, n'avait aucune répercussion, mais pouvait acquérir plus tard, en droit international, une importance encore imprévisible.

Or, ce projet ne fut pas mis à exécution pour des raisons mal définies, et certains y voient maintenant une manœuvre des *Chevaliers de Poséidon* peu enclins à se laisser devancer dans cette entreprise.

Quant à l'opération *homo aquaticus*, elle fut rendue publique au cours du Congrès d'octobre 1962 par le commandant Cousteau qui avait déjà expérimenté sur les côtes méditerranéennes un système de stations sous-marines.

L'opération *homo aquaticus* consiste dans l'étude de la possibilité, pour l'homme, de s'intégrer définitivement au milieu marin. En bref, le commandant Cousteau, représentant officiel de groupements apolitiques et agréés par le gouvernement français, préconisait de remplir la cavité thoracique des plongeurs avec une matière plastique et de remplacer le complexe poumons-cœur par un système pseudo-branchial auquel seraient branchées les veines et les artères.

Ainsi, l'homme ne pourrait plus vivre à l'air libre, mais aurait les fonctions respiratoires des poissons en attendant d'acquérir, sur le plan morphologique, un hydrodynamisme défini par le milieu marin.

On nous a certifié qu'en 1962 des hommes-grenouilles allemands et japonais avaient subi volontairement des interventions chirurgicales.

Nous pouvons rappeler à ce propos les expériences chirurgicales réalisées en 1937-1938, au laboratoire de Physiologie de Berlin, sur des SS taillés en athlètes qui avaient accepté de se faire castrer et de subir des interventions sur le cœur, les glandes et le cerveau, dans le seul but d'études scientifiques, pour préparer l'avènement de l'Aryen nouveau.

Un grand nombre de ces opérations eurent des issues mortelles.

Les documents et le dossier photographique de ces expériences sont la propriété du professeur Lecerf, l'éminent expert graphologue de l'Isle-sur-Tarn.

La mutation artificielle qui annoncerait l'ère de l'*homo aquaticus* apparaît pourtant très improbable, sinon impossible dans l'absolu, mais elle entraînera très certainement une révolution dans la plongée sous-marine ; en particulier, elle conduira à une plus longue immersion. Automatiquement, ce progrès sera utilisé à des fins militaires.

Il entrerait dans les vues des *Chevaliers de Poséidon* de créer une véritable cité sous la mer, pratiquement invulnérable, d'où ils pourraient lancer des raids et contrôler de vastes espaces marins.

S'ils parvenaient un jour à couler un sous-marin atomique russe, américain ou français — ce qui n'est pas exclu de leur programme — ils auraient alors à leur disposition, et pour un temps pratiquement illimité (5 000 ans), une centrale capable d'alimenter toute leur cité.

On distingue mal encore ce qu'il y a d'hypothétique et de réalisable dans ce projet, mais on ne saurait le classer a priori dans l'impossible, attendu qu'il correspond, point par point, au problème de la colonisation des planètes et principalement de la Lune.

L'informateur, de qui nous tenons ces révélations, laisse paraître son pessimisme :

Cette épopée sous-marine que nous sommes contraints de vivre est malgré tout une véritable évasion valable.

Il est certain que nombre d'entre nous accepteraient de faire plastifier leur cage thoracique, par solution de désespoir ou par défi.

En fait, nous n'avons plus d'ambitions politiques et beau-
coup pensent que notre défaite de 1945 est irrémédiable.

Si vous voulez une image historique, je vous dirai que cette
fois, Charles Martel a été vaincu à Poitiers.

Il n'y a guère d'espoir et nous le savons. Cependant, nous
possédons une arme décisive et nulle puissance humaine ne
peut y faire échec. Nous mourrons avec le reste des hommes.

Cette arme irrésistible sortira de la mer.

On peut rapprocher cette menace de deux faits connus :

1° Les services français de renseignements pensent
qu'une puissance (qui n'est ni l'URSS ni les USA) possède
actuellement une arme secrète supérieure à l'arme atomique.

2° Les Allemands, en 1940, avaient mis au point une
arme bactériologique d'une virulence telle qu'Adolf Hitler
l'avait déclarée inutilisable.

Les Français possédaient eux aussi des obus à virus qui,
éventuellement, pouvaient être employés dans une guerre
bactériologique. Ni les Allemands ni les Français n'engagè-
rent les hostilités sur ce terrain, fort heureusement, mais il
se produisit un événement extraordinaire dont le public
n'eut pas connaissance.

Vers mars 1940, les Français firent prisonnier — assez
aisément du reste — un commando allemand dont chaque
homme portait sur la bouche et sur le nez une sorte de
masque de ouate imbibé d'une solution à base de sulfate de
cuivre. Aussitôt, les masques à gaz français furent pourvus
d'un tampon additionnel au sulfate de cuivre, de manière
à établir une protection identique à celle des Allemands
contre un gaz qu'on ne connaissait pas mais qu'on avait
tout lieu de croire inopérant dans ces conditions.

Le résultat fut sensationnel : en quelques jours, les masques à gaz de l'armée française étaient inutilisables, leurs
capsules filtrantes ayant été détruites par le sulfate de
cuivre.

Ce n'était là qu'un épisode de la guerre psychologique.
Toutefois, une arme bactériologique non mortelle, mais
frappant de parésie durant plusieurs semaines, avait été

inventée par les chimistes d'outre-Rhin. Les bouillons de culture existeraient encore, avec d'autres armes bactériologiques plus terribles, dans une usine souterraine dont les murs sont tapissés de plomb, à Spala et à Kouweka en Pologne. L'usine est engloutie sous plusieurs mètres d'eau dans les fortifications du blockhaus Hermann Goering.

Ces révélations ont été publiées par le journal communiste polonais *Trybuna Ludu*, d'après les déclarations d'un ingénieur qui a transmis aux autorités le plan détaillé des souterrains inondés en 1945 lors de la retraite allemande.

On pense qu'un échantillonnage de virus est entre les mains de l'Ordre Teutonique Sous-Marin. Un authentique nazi a fait la déclaration suivante :

Un espion porteur de deux douzaines d'ampoules pourrait — si ce n'est déjà fait — se rendre en Russie Soviétique.

Deux ampoules seraient brisées à Moscou, une à Stalingrad, une à Karkov, et 120 millions de Russes se trouveraient frappés de stupeur ou d'hystérie. Des milliards et des milliards de virus paralyseraient immédiatement la nation soviétique.

Il ne s'agit pas de guerre microbienne. C'est mieux et plus facile (sic).

Le métro, les wagons de chemins de fer, les places publiques, les cinémas, les stades, les fleuves, les brouillards, les vents saisonniers seraient les auxiliaires tout-puissants du contaminateur.

Ces virus ont été préférés aux microbes des maladies contagieuses parce que leur action est spontanée et localisée.

Avec le prix d'une BA on peut paralyser le globe tout entier.

Les fusées, rampes de lancement, avions stratosphériques, sont déjà dépassés.

Un seul espion ferait le travail de 2 000 fusées.

Cette déclaration a été faite en 1952, neuf ans avant l'apparition des psychodrogues.

Depuis, il y a eu les expériences du Maryland, les assassinats de chercheurs de trésors à Ausse et à Rastenbourg[1], les événements raciaux du Katanga et du Mississippi, les meetings internationaux nazis de 1962 à Dead and Bury Hollow et à Narford en Angleterre.

De nouvelles sociétés secrètes sont là.

---

1. Les trésors nazis enterrés sur l'ordre d'Adolf Hitler pour subventionner « le futur Grand Reich Allemand » se situent dans le Tyrol et en Prusse. Quiconque les recherche est assassiné par les SS gardiens des cachettes.

20

Les supérieurs inconnus

En réalité, quelle qu'ait pu être leur puissance, jamais les sociétés secrètes n'ont eu l'empire de la terre.

Pour la première fois dans l'histoire de l'humanité, une véritable conjuration décida, de 1940 à 1945, du sort de la guerre mondiale ; pour la première fois aussi, des hommes de différentes nationalités — une poignée seulement — se groupèrent pour assurer la victoire d'une idéologie.

Ces hommes s'appelaient Enrico Fermi (italien), Leo Szilard, Edward Teller (hongrois), Oppenheimer (américain), Einstein (allemand), Niels Bohr (danois), Samuel Goudsmit (hollandais), H. Bethe, Kistiakowsky, R. F. Bacher, J. W. Kennedy, C. S. Smith, entre autres.

Biologistes, physiciens, chimistes, ils avaient pour la plupart quitté leurs pays d'origine par nécessité vitale (israélites ou persécutés), mais aussi parce qu'ils ne voulaient pas que Hitler et Mussolini aient la possibilité de gagner la guerre.

Ils allèrent aux États-Unis, à Los Alamos et, mettant leurs connaissances en commun, forgèrent une des armes les plus redoutables de tous les temps, la bombe atomique. C'est là un fait sans précédent dans l'histoire.

Le destin du monde était entre leurs mains et il ne fait aucun doute que si au lieu de choisir le camp des États-Unis ils s'étaient assemblés en Allemagne, en Italie ou au Japon, le bloc adverse aurait remporté la victoire.

Un de ces hommes, Robert Oppenheimer, rêva même peut-être de donner une valeur politique à l'association [1].

Il le reconnut implicitement en 1962 à Tokyo, en déclarant que pour les savants *la tentation est grande de réduire le monde à une petite communauté de responsables qui aurait un arrière-goût de Société Secrète.*

Son initiative, décelée par le service de contre-espionnage américain, avorta, mais l'intention demeure.

Un saint serait à l'abri du péché. Mais les savants sont-ils des saints ?

Inquiétudes des savants

Par mégalomanie, ou plus vraisemblablement par désir de sauver une humanité menacée, des savants viennent de s'ériger en directeurs spirituels et temporels du globe.

L'idée d'un Consortium de Savants s'immisçant dans la politique mondiale fut exprimée publiquement le 27 décembre 1960 devant l'Association américaine pour l'avancement de la Science par le physicien américain Charles P. Snow :

La science n'est pas neutre. La plupart des savants sont devenus des soldats sans uniforme et ils le sont obligatoirement dans les pays de l'Est.

Un soldat doit obéir — telle est la base de sa morale ; mais un savant peut poser des questions et si cela est nécessaire, il doit se révolter.

Que l'on me comprenne bien : je ne suis pas un anarchiste et il est hors de doute, en mon esprit, que la loyauté soit une vertu respectable, et je ne prétends pas non plus que toute

---

1. L'interrogatoire d'août 1943 que le colonel Boris Pash, chef du service US de contre-espionnage, fit subir à Oppenheimer fournit la preuve que des communistes avaient — pour le moins — contacté des savants atomistes de Los Alamos. Pash formule ainsi son appréciation dans un rapport adressé à son supérieur, le colonel Lansdale, au Pentagone : « Notre service est d'avis qu'Oppenheimer ne mérite pas pleine confiance et que sa fidélité à la nation est incertaine... »

révolte soit positive, mais je tiens à revendiquer pour les savants le droit absolu de dire « non » en certains cas.

La découverte de la fission de l'atome a provoqué l'éclatement de la communauté internationale des physiciens...

Il est plus que probable que le leadership moral et intellectuel de la science sera désormais le fait des biologistes.

Un début d'association prit corps à l'occasion du Congrès International de Biophysique qui se tint en 1958 à Stockholm, où les savants décidèrent de ne plus communiquer aux gouvernements politiques les découvertes dangereuses issues de leurs travaux. Les biologistes, en particulier, ne voulaient pas que la science devînt un arsenal où l'on puiserait impunément des armes.

Quelques mois plus tard un comité, dont on ne sait s'il parlait au nom de tous les congressistes, se réunit secrètement à Kitzbühl, en Autriche, et établit une sorte de charte.

Le physicien Snow n'avait pas été le premier à dénoncer la mainmise sur les découvertes scientifiques par les gouvernements politiques et militaires. Albert Einstein, en 1946, avait lancé un appel angoissé :

— *Il faut prévenir les hommes qu'ils sont en danger de mort... la science devient criminelle.*

L'atomiste Niels Bohr avait dit à Oppenheimer :

— *Quand il me vient une idée, il me vient aussi l'idée de me suicider.*

C'est parce qu'ils étaient conscients de leur responsabilité que les savants réunis à Stockholm et à Kitzbühl constituèrent un Comité de Salut Public. Leur action s'exerce actuellement au cours de conférences pour le désarmement et par des mesures de protection de la race humaine : détermination du point critique d'irradiation, de pollution de l'atmosphère, évacuation des déchets radioactifs, mise au secret de toute découverte dangereuse.

Déjà, pour tout ce qui a trait à la conquête du cosmos et à la science médicale, leurs interdits sont sans appel et les gouvernements politiques doivent s'incliner.

Dans quelques années, les conjurés créeront une sorte d'ONU spécialement chargée du contrôle absolu des découvertes scientifiques.

Le péril des maladies microbiennes risque de hâter l'avènement de cette Internationale du savoir pour laquelle un surnom est déjà murmuré : la conjuration de l'an deux mille.

L'échec de la Conférence à Quatre de Paris, où les Quatre Grands firent si bon marché de la paix pour une vétille (l'affaire de l'espion US Francis Power), donna une nouvelle preuve de l'incapacité des politiciens à résoudre les grands problèmes.

Le 15 septembre 1961, Michel Gordey écrivait, sur six colonnes, dans un grand quotidien du soir :

Réunis en grand mystère dans une petite ville US, des savants américains et russes discutent du désarmement.

Dans une petite ville de l'État de Vermont, dans le nord-ouest des États-Unis, un dialogue secret se déroule actuellement entre savants et experts du désarmement, soviétiques et américains.

Michel Gordey relatait ensuite les menaces qui avaient entraîné l'intervention des savants et continuait en ces termes :

Dans ce dialogue de sourds où des deux côtés on fourbit les armes de destruction massive en parlant de négociation toujours possible, l'éclaircie sur le désarmement, constatée à la conférence secrète russo-américaine du Vermont, prouve tout au moins que les deux super-grands ne sont pas à la veille de se détruire mutuellement ni de précipiter le monde dans l'Apocalypse atomique.

Cette conférence secrète se tint à Pugwash (Vermont). L'écrivain scientifique Lucien Barnier, un des deux ou trois Français à connaître l'existence du complot, en fit à demi-mot la révélation dans *Paris-Presse* du 7-11-61, page 4 :

L'Internationale des savants est née. Elle ira loin.

On a pris tellement l'habitude des pétitions de savants contre les dangers des expériences atomiques que la dernière en date est passée à peu près inaperçue.

Elle est pourtant d'un intérêt immense, qui ne tient pas tant au fait que 800 savants de 21 pays y aient apposé leur signature qu'à ce qu'on trouve parmi eux des super-vedettes de la science atomique russe : le prix Nobel Igor Tamm et le célèbre transfuge Pontecorvo.

Lucien Barnier poursuivait en annonçant que l'Internationale des Savants ne manquerait pas d'exercer à bref délai une pression politique considérable sur l'Amérique et sur la Russie. Puis il révélait qu'une assemblée beaucoup plus secrète avait au préalable réuni en comité restreint de hautes personnalités scientifiques :

Il y avait là le conseiller scientifique des États-Unis, M. Henry Kissinger, et M. V. F. Emelianov, chef de file des atomistes russes, ainsi que le savant britannique sir Solly Zuckerman, conseiller scientifique du ministère de la Défense de Grande-Bretagne...

On peut presque dire que leur conférence fut clandestine. Et pourtant cette conférence pèsera sans doute d'un poids plus lourd dans le proche avenir de l'humanité que les multiples confrontations diplomatiques de ces dernières semaines.

Beaucoup de ceux qui, ayant surpris le secret, n'ont pas encore été contactés ont pris ombrage d'une initiative qui semble opérer une sélection dans les milieux scientifiques internationaux, sans qu'on sache sur quels critères elle s'appuie.

Bien qu'elles soient tenues rigoureusement secrètes, il est possible d'imaginer les grandes lignes de la Charte élaborée à Kitzbühl[1].

Voici quels en seraient les points principaux :

---

1. Un journaliste spécialisé dans les informations scientifiques passe pour posséder le texte intégral de cette charte.

— tenir secrètes les découvertes scientifiques susceptibles de servir à des buts de guerre ou d'être détournées de leur destination pacifique ;

— informer l'opinion publique du péril mortel de l'irradiation ;

— confier aux savants la responsabilité des conférences de désarmement. Interdire les essais d'armes nucléaires. Trouver un moyen efficace de neutraliser les isotopes déjà libérés ;

— introduire à l'ONU une commission scientifique internationale permanente ayant mission de codifier tout ce qui a trait à la santé publique dans tous les domaines ;

— mettre au service de la Communauté une Centrale militaire dont l'armement serait conçu et gardé secret par la Conjuration ;

— établir des relations avec les peuples pouvant exister sur les planètes du système solaire ;

— étudier et contrôler la fabrication artificielle de surhommes et de mutants.

En fin de compte, cette tentative aboutirait avant l'an deux mille au remplacement de l'ONU et des gouvernements nationaux par un Praesidium dans lequel les nations, de plus en plus réduites à la fonction de régions administratives, ne seraient représentées qu'en raison directe de la qualité de leur potentiel scientifique et intellectuel.

Contrôler l'aventure cosmique

Ces savants veulent aussi contrôler l'aventure extraplanétaire, préparer la Terre à une pénétration pacifique du cosmos et à la défense contre toute invasion. D'où la nécessité de réaliser l'unité terrestre.

Il est incontestable que la politique d'expansion intersidérale est pour l'instant incohérente et qu'elle ne peut trouver de solution positive que par l'association de toutes les forces : l'aventure cosmique implique la nation Terre.

Mais — et c'est là une erreur tactique — quand on prépare ce qui reste malgré tout un projet d'envahissement, on doit prévoir la même éventualité en sens inverse, car s'il est assez logique d'envisager une venue chez nous d'extraterrestres pacifiques, il est raisonnable de prendre des précautions contre des agresseurs possibles. Le péril apparaît néanmoins négligeable.

Il semble en effet impossible qu'une civilisation extraterrestre puisse affronter impunément nos microbes, nos virus, nos épidémies et la nature même de notre atmosphère, sans une longue période d'adaptation.

Il est évident aussi que, pour les Terriens, la vie à l'air libre sur une autre planète est totalement exclue, même dans les hypothèses les plus optimistes. L'acclimatation sur une planète habitée est donc soumise à un accord tacite, à une intégration agréée dans les conditions biologiques les plus favorables aux visiteurs. Les physiciens prépareraient, en vue de cette coopération, un système de signaux électriques, optiques [1] (sans doute avec le laser) et un code propre aux échanges de communications scientifiques.

Ce projet, dont à vrai dire nous ne savons rien, écarte l'éventualité d'un pacte déjà conclu entre l'Amérique, sous le gouvernement d'Eisenhower, et les extraterrestres qui auraient débarqué à Muroc Air Field.

Les Russes prétendent pourtant que ces derniers, qui hantent déjà notre ciel, bombardent les installations militaires et les bases de lancement des satellites US.

Bombardement de la Floride

Cette déclaration repose sur les événements surprenants — et à caractère criminel — qui se sont déroulés dans les États américains proches de Cap Canaveral en Floride, évé-

---

1. Des signaux émis à une distance de millions d'années-lumière pourraient être perçus par le radiotélescope géant de Nançay (Cher) qui a déjà reçu des ondes ultracourtes provenant d'étoiles éloignées de 10 milliards d'années-lumière.

nements qui permettraient de supposer que les extraterrestres attaquent et que la guerre des mondes est commencée.

Les faits, qui semblent relever de la sorcellerie, furent ainsi consignés par la presse, à la fin de 1962 :

À Tampa, toute une famille est trouvée morte ; près de Tuscaloosa, un bûcheron est carbonisé dans une baraque en tôle incombustible ; à Jackson, deux cantonniers tombent raides en travaillant sur une chaussée de route...

Les autopsies ne révèlent aucun accident physiologique, aucune manœuvre criminelle et le suicide est impensable.

Le 17 octobre 1962, 500 tonnes de bombes sautent à Memphis (Tennesee) ; le 18, un missile balistique « Minuteman » dévie de sa trajectoire et explose au-dessus de la Floride ; dans l'Utah, 1 800 kg de carburant pour fusées flambent dans une poudrière...

Tous les jours, des accidents semblables, imprévisibles, inexplicables, se produisent autour de Cap Canaveral ou dans le désert de Nevada, de part et d'autre du 30e parallèle et du méridien 90 (MP).

Autre constatation troublante : des familles entières disparaissent, toujours en rase campagne, et sans laisser de trace.

La Police d'État et le FBI (2e Bureau US) se déclarent dans l'impossibilité de donner une explication raisonnable de ces faits dont la plupart sont cachés au grand public.

Pourtant, plusieurs hypothèses sont avancées et une d'elles retient tout particulièrement l'attention, mais elle est si effarante que l'on n'ose guère la faire circuler que sous le manteau : les coupables seraient les gremlins.

Les gremlins

L'un après l'autre, les projets américains les plus minutieusement étudiés échouent. Sur l'ensemble du territoire, 20 000 ingénieurs et techniciens US, aidés des cerveaux électroniques les plus modernes, font et refont les calculs se rapportant aux engins spatiaux qui trop souvent ratent leur but, disparaissent ou demeurent muets comme carpes.

Les équations sont justes. Le matériel est impeccable : des milliers de *test-shots* l'ont prouvé et le prouvent.

Alors ? De quoi s'agit-il ?

« Des *gremlins* ! » avouent les spécialistes les moins superstitieux.

Gremlin n'est pas un mot scientifique. Jusqu'à présent personne n'a tenu un *gremlin* sous son microscope. Ce serait quelque chose d'aussi farfelu qu'un lutin ou qu'un elfe. Pour certains, ce serait une sorte de rouille, de micro-champignon spontané. Mais de quelque façon qu'on l'imagine, le *gremlin* existe.

D'où vient-il ? D'un autre monde, affirment les aviateurs US qui, au cours de la dernière guerre mondiale, décelèrent les premiers la présence de cet indésirable.

Bien entendu, d'autres hypothèses ont cours, et les *gremlins*, selon certains, seraient des particules cosmiques dirigées, venues des planètes et constituant en quelque sorte un Rayon de la Mort braqué par des extraterrestres sur les installations américaines de Floride.

Ces particules, on leur a donné un nom : *particules transalpha*.

Elles dissocieraient les molécules des corps, les cellules humaines et, selon la nature de l'écran rencontré, détermineraient une combustion instantanée. Concentrées sur Cap Canaveral ou sur les laboratoires américains de l'Ouest, elles seraient parfois déviées et tueraient accidentellement des hommes.

Quelle que soit la nature de ces bizarres manifestations, les Américains s'en montrent fort inquiets et ne sont pas loin d'adopter le point de vue soviétique.

Ils accusent même le mystérieux satellite surnommé « Le Chevalier Noir » d'être le responsable des agressions, et des fusées Minuteman à ogive nucléaire pourvue d'une tête chercheuse vont être lancées sur son orbite approximative avec mission de le détruire.

La plupart des faits étant couverts par le secret d'État, il est difficile de dire si Cap Canaveral est véritablement visé ; dans l'affirmative, l'événement prendrait une telle importance que toute l'histoire des hommes s'en trouverait bouleversée.

Peut-être aussi s'agit-il d'un simple coup de semonce, nous interdisant la conquête du ciel.

Le surhomme du docteur Zamenof

Les savants peuvent-ils nous préserver d'une guerre cosmique qui, à coup sûr, serait une catastrophe ?

En réalité, le problème n'est pas aussi simple. Il nous apparaît même avec une étonnante complexité.

Pour que les savants de la Charte de Kitzbühl voient annihiler tous leurs projets, il suffit que de leur caste se dissocie un seul franc-tireur, qui pourrait bien être le célèbre chimiste américain Zamenof.

Stephan Zamenof qui opère dans la salle 419 du « College of Physicians and Surgeons » à Manhattan, en sa qualité de biochimiste, veut exalter les facultés cérébrales de l'homme actuel, et ressemble beaucoup aux kabbalistes médiévaux dont il s'inspire.

On dit qu'il est « charmeur de rats » et qu'il sculpte dans l'argile des ersatz de surhommes dont le front démesuré rappelle celui de Frankenstein ou du Golem.

(C'est dans le front, près de la glande pinéale, que le rabbin Low et ses confrères introduisaient le manuscrit magique donnant la vie à leur créature. Curieuse coïncidence !)

Le docteur Zamenof ne fait aucun mystère de ses préoccupations : « améliorer le cheptel humain », c'est-à-dire créer des surhommes.

Le 28 décembre 1962, à la télévision, il a expliqué clairement que d'ores et déjà il suffisait de contrôler l'acide nucléique et la répartition des chromosomes et des gènes responsables de notre individualité et de notre essence d'hommes, pour que naissent des êtres supérieurs.

— *Ces êtres*, dit-il, *seraient dotés d'un cerveau d'une qualité telle qu'ils pourraient résoudre des problèmes intellectuels et moraux que nous ne sommes même pas capables de formuler.*

Jean Rostand répondit par une objection de conscience :

— *Ce serait une atteinte au patrimoine héréditaire.*

Et, mettant particulièrement en cause les chimistes — et non les biologistes — qui, à son avis, ont le dessein de modifier l'homme créé par Dieu, il ajouta :

— L'homme n'est pas encore mûr pour prendre la commande chimique de son destin. Et le sera-t-il jamais ?

Cependant, le docteur Zamenof se place sur un terrain strictement scientifique, et hors de toute morale spéculative, pour réaffirmer son point de vue :

— Nous pouvons créer un surhomme, donc, il faut le créer !

Il y a tout lieu de croire que ces surhommes existent déjà, car la compétition scientifique qui oppose les Russes et les Américains doit mettre en œuvre cette arme décisive.

En 1937, Adolf Hitler avait rêvé de donner à l'Allemagne une race de blonds Aryens supérieurs, et des recherches très poussées avaient été entreprises au Laboratoire de Physiologie de Berlin. Aucun surhomme ne s'étant manifesté, on peut conclure que les expériences n'ont pas été couronnées de succès.

En 1962, un Français, M. Jean Frène, né le 24 août 1941 à Longes (Rhône) a étonné le monde par ses facultés intellectuelles soudainement écloses. A priori, il semble que ce cas soit un heureux hasard.

Pourtant, le cas est si étrange qu'il est permis de poser cette question : M. Frène ne servit-il pas de sujet à quelque biologiste qui aurait expérimenté un médicament heureux, de la même manière, mais avec effet inverse, que le docteur espagnol L... avait essayé la formule El Sapo ?

Mme Masera

La réalité de telles expériences ne saurait étonner, et il paraît bien probable que Mme Masera, une jeune Italienne, en ait été la récente victime.

L'affaire, qui fut portée devant le procureur de la République à Gênes, en novembre 1961, ne pouvait trouver une solution devant les tribunaux. Des faits peu ordinaires attestent que les allégations de Mme Masera peuvent être prises au sérieux.

En bref, la jeune femme déclare qu'elle est « devenue un robot téléguidé par des savants ».

Ces savants sont-ils des Génois, des Italiens ? Sont-ils même des êtres terrestres ? On l'ignore et la plainte a été déposée contre X.

L'affaire commença un soir. Mme Masera rentrait chez elle en tramway.

« Je reçus, assure-t-elle, une forte secousse électrique dans les yeux ; à partir de ce moment-là, je suis devenue une autre femme, comme si je subissais la puissance hypnotique d'un magnétiseur... du moins je le présume ainsi, car je ne connais pas de magnétiseur et ne me suis jamais occupée de sciences occultes.

« Immédiatement après la commotion, j'ai senti une angoisse qui m'étreignait le cœur et d'étranges phénomènes se sont déroulés en moi.

« J'ai entendu comme des émissions en morse et aussi des messages scientifiques traitant de sujets qui m'étaient totalement étrangers.

« J'ai cru que j'étais devenue folle et je me suis réfugiée près de mon mari, mais il devint bientôt évident que je jouissais de toutes mes facultés intellectuelles, avec *en plus quelques autres* !

« J'étais bien moi-même, avec mes pensées, mes habitudes, mes manies, mon humble savoir conscient... mais parallèlement à cela s'ajoutait un autre savoir venu dans mon cerveau par télécommande et j'étais comme le témoin impuissant de toutes ces choses qui se produisaient en moi, malgré moi. »

M. Ernesto Masera emmena sa femme en consultation d'abord chez un médecin, puis chez un psychiatre, enfin chez des experts qui tous affirmèrent qu'elle était saine d'esprit. On se perd en suppositions sur la nature et la provenance du phénomène.

« Une question de glandes, peut-être, ou la manifestation de cellules cervicales jusque-là muettes », avancent des neurologues.

« Un phénomène de réception électrique », disent des biophysiciens.

Mais la victime est persuadée que la véritable explication est d'ordre quasi surnaturel :

« Je suis le cobaye de savants qui expérimentent sur moi un terrifiant pouvoir transmis par des ondes électriques. Je reçois des ordres et des messages auxquels je n'obéis pas, mais qui modifient sensiblement mon individualité. »

Les messages sont envoyés sur une longueur d'onde et une fréquence qui sont la longueur et la fréquence spécifiques de Mme Masera, qui ne fut nullement choisie comme sujet pour l'expérience, mais qui se trouva être — par la simple loi des probabilités mathématiques — le poste récepteur accordé pour recevoir l'émission.

Les expérimentateurs résident peut-être en Italie, peut-être en France, en Angleterre, en Russie ou en Amérique. Peut-être, aussi, ailleurs.

Les émissions ont la plupart du temps un caractère scientifique très net : le sujet se met à écrire des formules mathématiques ou chimiques jusqu'à remplir un cahier, mais sans y rien comprendre.

En revanche, les experts en électronique y découvrent des formules classiques savamment conçues et parfois aussi des calculs cohérents mais dont la signification est inconnue. En ce cas, d'où proviendrait l'émission ? Ce phénomène s'apparente-t-il à celui du messianisme ?

La manifestation subite du génie est bien connue, soit en musique, soit en peinture, ou en science, *mais dans le cadre et les limites des connaissances humaines possibles.*

Le cas de Mme Masera est tout différent : ses connaissances n'appartiennent pas à notre savoir et de plus elles ont jailli à l'échelle des hautes mathématiques.

Aucun fou, aucun médium, aucun génie connu n'aurait pu inventer par exemple la formule de résistance du columbium sans connaître au préalable les rudiments de la physique et de la chimie.

Quels que soient le but et l'intérêt de cette expérience, elle ne semble pas devoir aboutir à l'homme artificiel.

En ce sens, ce que nous *présumons* avoir été tenté en Allemagne, en France et en Italie, a été *certainement* réalisé aux USA et en URSS.

Il est bien évident qu'aucune preuve n'existe, sinon celle des implants top-signal, et il faudra attendre les années 1970 à 1980 pour que les hommes « améliorés » mis au monde vers 1950 atteignent leur maturité intellectuelle. D'ici là, les savants seront peut-être parvenus à exciter la totalité des 14 milliards de cellules peuplant notre cerveau, mais il semble bien que la solution définitive soit dans le contrôle des gènes et des chromosomes. Nous pouvons donc considérer comme acquise l'apparition du premier surhomme avec épanouissement de ses facultés supérieures, dans un très bref avenir.

Nous pouvons même imaginer que le professeur Zamenof en fut le parrain sinon le père spirituel, et aussi que le savant chimiste a dû, malgré sa prise de position rationaliste, s'inquiéter des qualités morales de sa créature.

Que sera le surhomme ? Un maître ou un messie ?

Il est probable que le Dr Zamenof ou ses émules ne se contenteront pas de fabriquer un seul sujet avec le risque de trembler incessamment pour sa précieuse vie : ils enfanteront aussi une « superfemme », afin que le nouvel Adam et son Ève puissent procréer et engendrer l'humanité nouvelle, qui rejoindrait ainsi les géants-demi-dieux de l'Antiquité.

Demi-dieux d'un monde d'Apocalypse qui aurait connu, lui aussi, la procréation chimique du surhomme et la désintégration atomique de l'espèce. Éternel recommencement d'un univers intelligent.

Les êtres de demain, qui ne sont encore que des enfants, vont engendrer une humanité supérieure, mais pour quel destin temporaire ?

En attendant quel aboutissement ?

Le monde futur en gestation va donc voir les premiers surhommes.

Dans cette hypothèse, la race nouvelle de l'an 2000 constituerait une caste et notre humanité attardée serait réduite aux rôles subalternes : robots, esclaves... chaînons entre l'animal et le surhomme ou bien entre l'*homo sapiens* périmé et l'Homme-Dieu.

De toute façon, des Maîtres vont venir et s'entre-déchirer pour affirmer leur suprématie.

À Kitzbühl, des physiciens ont conçu la Charte de l'an 2000... dans un laboratoire ignoré un docteur Zamenof inocule à une vierge championne d'athlétisme une semence savamment dosée... dans le ciel de Cap Canaveral un mystérieux satellite surveille une Terre qui est déjà, peut-être, sa proie psychique...

Dans le monde en expansion où nous vivons, les Maîtres du Monde vont s'affirmer, éclore ou atterrir, déclencher une guerre, peut-être à notre insu, et de toute manière, hors des formules classiques ou secrètes que nous pouvons concevoir.

Les Temps sont là. Nous allons vivre un prodigieux avènement dont la conquête cosmique, l'*homo aquaticus*, le surhomme, les extraterrestres et les conjurés de Kitzbühl sont les faits majeurs et crépusculaires. Ce crépuscule qui annonce l'aurore.

Pour ce futur fantastique, d'aucuns avaient rêvé d'un âge d'or où la science exaltée redevenue un secret gardé abolirait la science satanique !

Mais le destin de l'humanité n'est peut-être pas de recouvrer le Paradis Terrestre de l'aube des Temps.

La pomme doit être restituée à l'arbre où elle fut volée.

Sur un silex blond et plat

Ainsi, voilà esquissée l'histoire secrète de l'humanité depuis les lointains millénaires où se développait la prodigieuse science atomique de nos ancêtres supérieurs, jusqu'aux proches années qui verront l'avènement des Maîtres du Monde.

De la désintégration atomique à la désintégration atomique !

De la Conjuration du Grand Secret aux nouveaux Inconnus Supérieurs.

De notre graffite, où s'entremêlent les lignes ébauchées et les courbes de suggestions, jaillira peut-être un jour un dessin moins approximatif.

Les portes de l'histoire ne s'ouvrent pas sur un univers mort.

Nous devions cet essai au Poitevin qui grava les galets de Lussac-les-Châteaux, à l'homme de Tiahuanaco qui sculpta les dessins de la Porte du Soleil, à celui qui grava les tablettes de Glozel, nous le devions en hommage à nos ancêtres inconnus.

Les secrets n'existent que pour être trahis.

Plus tard, dans un million d'années peut-être, nos descendants recommenceront notre aventure et rechercheront à leur tour leurs ancêtres supérieurs du Quaternaire qui auraient pu — comme eux — connaître le secret du feu infernal.

Fasse le Ciel que sur un silex blond et plat, quelque berger patient et appliqué ait gravé, pour passer le temps, un croquis de fusée sidérale et la silhouette d'une jolie contemporaine.

Alors, les hommes du Quinternaire, avec un peu de chance, pourront trouver la preuve que dans leur jadis... dans la primhistoire des temps inconnus, des Ancêtres Supérieurs avaient bien avant eux connu le voyage dans le cosmos, les ondes qui portent le son et l'image... et cela va de soi : la fission atomique qui ferme les portes du Temps.

TABLE DES MATIÈRES

403

Aubin Imprimeur
LIGUGÉ, POITIERS